राममनोहर लोहिया

राममनोहर लोहिया का जन्म 23 मार्च, 1910 को फैजाबाद, उत्तर प्रदेश में हुआ। उन्होंने अकबरपुर, बनारस और कलकत्ता से शिक्षा प्राप्त की। बर्लिन विश्वविद्यालय से 1933 में अर्थशास्त्र में पी-एच.डी.। 1934 में कांग्रेस सोशलिस्ट पार्टी के संस्थापक सदस्य, राष्ट्रीय कार्यकारिणी के सदस्य, अंग्रेजी साप्ताहिक 'कांग्रेस सोशलिस्ट' का सम्पादन। 1936-38, अखिल भारतीय कांग्रेस समिति के विदेश सचिव। 1942 की अगस्त क्रान्ति का नेतृत्व, विशेष रूप में कांग्रेस रेडियो का संचालन। 1944 के आरम्भ में गिरफ्तारी, लाहौर के किले में यातनाएँ। 1946 में बंगाल और बाद में दिल्ली में गांधी जी के शान्ति प्रयत्नों में सक्रिय योग। 1948 में हिन्द किसान पंचायत के अध्यक्ष। 1947-51, समाजवादी दल की विदेश नीति समिति के सम्मेलन में भारतीय प्रतिनिधि के रूप में यूरोप यात्रा, 1951 में विश्व-यात्रा। 1954 में प्रजा सोशलिस्ट पार्टी के महामंत्री। 1955-56, सोशलिस्ट पार्टी की स्थापना, प्रथम अध्यक्ष। 1958 में अंग्रेजी हटाओ, दाम बाँधो और जाति-विनाश आन्दोलनों का सूत्रपात और संगठन निर्माण। 1962 में फर्रुखाबाद, उत्तर प्रदेश से उपचुनाव में लोकसभा के सदस्य निर्वाचित। 1964 में अमरीका यात्रा और रंगभेद के विरुद्ध सिविल नाफरमानी करने पर गिरफ्तारी। 1937 से 1966 के बीच ब्रितानी, पुर्तगाली, और कांग्रेसी शासनों द्वारा कुल 18 बार गिरफ्तार। उन्होंने इतिहास, राजनीति, धर्म, दर्शन, समाजशास्त्र जैसे अनेक विषयों पर लिखी अपनी रचनाओं में आधुनिक और जटिल-से-जटिल विचारों को अपनी अनूठी शैली में अभिव्यक्ति देकर न केवल हिन्दी की अभिव्यंजना शक्ति को प्रदर्शित किया बल्कि भाषा की समता को नया विस्तार दिया।

12 अक्टूबर, 1967 को नई दिल्ली के विलिंग्डन अस्पताल में उनका निधन हुआ।

ओंकार शरद

ओंकार शरद ने अपनी रचनाओं और अनुवादों के माध्यम से हिन्दी साहित्य और समाज को समृद्ध किया है। उनकी प्रमुख पुस्तकें हैं—'अन्तिम बेला', 'नाता-रिश्ता', 'मिट्टी छाया', 'आँचल का आसरा' (उपन्यास); 'लंका महराजिन', 'खाँ साहब', 'कच्ची नींद', 'झपकियाँ', 'हमारी गांधी वापस करो!' (कहानियाँ-स्केच); 'लोहिया : एक प्रामाणिक जीवनी' (जीवनी); 'लोहिया के विचार', 'भारतमाता-धरतीमाता' (सम्पादन)। उनके द्वारा किए गए कुछ महत्त्वपूर्ण अनुवाद हैं—'अन्नपूर्णा', 'मेरा बचपन', 'यह दुनिया!', 'नया बसन्त', 'चरित नायक', 'नारी का रूप'।

समता और सम्पन्नता

अप्रकाशित लेख

रामममनोहर लोहिया

सम्पादक

ओंकार शरद

लोकभारती पेपरबैक्स

पहला सजिल्द संस्करण
लोकभारती प्रकाशन द्वारा
1992 में प्रकाशित

लोकभारती पेपरबैक्स में
पहला संस्करण : 1992
सातवाँ संस्करण : 2025

लोकभारती पेपरबैक्स : उत्कृष्ट साहित्य के जनसुलभ संस्करण

लोकभारती प्रकाशन
पहली मंज़िल, दरबारी बिल्डिंग, महात्मा गांधी मार्ग,
प्रयागराज-211 022
द्वारा प्रकाशित
शाखाएँ : 1-बी, नेताजी सुभाष मार्ग, दरियागंज, नई दिल्ली-110 002
अशोक राजपथ, साइंस कॉलेज के सामने, पटना-800 006
1, अनमोल सोराबजी सन्तुक लेन, धोबी तलाव, मरीन लाइंस, मुम्बई-400 002
वेबसाइट : www.lokbhartiprakashan.com
ई-मेल : info@lokbhartiprakashan.com

विकास कम्प्यूटर एंड प्रिंटर्स
ट्रॉनिका सिटी-201 102
द्वारा मुद्रित

मूल्य : ₹350

SAMTA AUR SAMPANNATA
Articles by Ram Manohar Lohia
Edited by Onkar Sharad

ISBN : 978-81-8031-278-6

भूमिका

भारतीय राजनीति में डॉ. राममनोहर लोहिया एकमात्र ऐसे चिन्तक-नेता हुए हैं, जिन्होंने अपने अनुयायियों को विचार और कर्म का एक खास ढंग सिखाया। मूल में जाकर सोचने का तरीका सिखाया। विचार के अनुसार आचार करने की शिक्षा दी। समाज के सबसे उपेक्षित और कमजोर इनसान को केन्द्र-बिन्दु बनाकर करुणा और क्रोध के सहारे राजनीति चलाने का मार्ग बताया।

सोचने-समझनेवालों की एक बड़ी जमात को अब यह लगने लगा है कि लोहिया उनके मुखर प्रवक्ता थे। समाज में अब यह बात फैल गई है कि लोहिया ने हिन्दुस्तानी समाज की नस को पकड़ लिया था, और उनके विचारों के आधार पर देश का एक नया नक्शा तैयार हो सकता है। तमाम बहसें लोहिया-विचार को लेकर चलने लगी हैं। भारतीय राजनीति और समाज एक ऐसे दौर, एक ऐसी घड़ी में पहुँच गया है, जहाँ देश के एक बहुत बड़े तबके को यह एहसास हो रहा है कि कहीं-न-कहीं लोहिया के हृदय के तार उसके हृदय के तारों से जुड़े हुए हैं।

समाजवादी होते हुए भी लोहिया गांधी के विकासोन्मुख अनुचर थे। उन्होंने गांधी के क्रान्तिकारी साधनों को काल और आवश्यकता के अनुरूप प्रगत और विकसित बनाया। चरखे की जगह छोटी मशीन को दी। ग्रामराज की जगह चौखम्भाराज की कल्पना की। सत्ता से दूर रहकर सत्ताधारियों पर अंकुश रखने वाले व्यक्तियों की गांधी ने कल्पना की थी। लोहिया ने सत्ताविहीन अखंड क्रान्तिकारिता की कल्पना की। हरिजन, शूद्र, आदिवासी, औरत और अल्पसंख्यक पिछड़ों को ऊपर उठाने का लोहिया का तरीका गांधी से अधिक, बल्कि कई गुना अधिक क्रान्तिकारी रहा है।

'गैर-कांग्रेसवाद' लोहिया का मुख्य राजनीतिक चिन्तन व नारा था। आज इतने वर्षों बाद स्पष्ट दिखता है कि यही विपक्ष की सबसे सफल रणनीति का अस्त्र साबित हुआ है।

खुशी की बात है कि लोहिया का चिन्तन आज लेखों के रूप में उपलब्ध है और देश को मार्गदर्शन देने में सक्षम है। इस रूप में उनके प्रत्यक्ष उपस्थित न रहने पर भी वे हमारे बीच विचारों के रूप में मौजूद हैं।

प्रस्तुत संग्रह में उनके जीवन के अन्तिम वर्षों के कुछ महत्त्वपूर्ण लेख संकलित हैं, जो पहले से अधिक परिपक्व व उपयोगी हैं।

नवम्बर, 1990

—ओंकार शरद

क्रम

परिशिष्ट

छोटी राजनीति से क्रान्तिकारिता

हिन्दुस्तान और पाकिस्तान के सम्बन्धों में मुझे कोई आशा दिखाई नहीं देती। हमारे सामने ही इतनी बड़ी दुखद घटना हो रही है और हम इसे बदल नहीं सकते। यूरोप के 10 या 20 वर्ष पहले बने हुए और बेकार समझकर फेंके हुए घटिया किस्म के टैंकों को देखकर जिन्हें हिन्दुस्तान ने नीलामी वगैरह में खरीदा है, हिन्दुस्तानी लोगों की आँखों में चमक आती हुई मैंने देखी है। अहिंसा की सारी बात बिलकुल पिछली है और असल चीज तो यूरोप के बेकार टैंक और हवाई जहाज हैं। और दोनों ही सरकारें ताकत के लिए लोगों की भूखी भावनाओं का फायदा उठाकर उन्हें युद्ध में झोंक सकती हैं। सीमा के झगड़ों आदि के बारे में उनकी सरकारें जो समाचार देती हैं वे सच्चे हैं या केवल जनता का समर्थन करने का एक बहाना, इसे न हिन्दुस्तान के लोग जानते हैं और न पाकिस्तान के। मुझे शंका है कि कांग्रेस पार्टी हिन्दुस्तान के लोगों को डेढ़ साल तक आशंकित रखना चाहती है, ताकि वह आम चुनाव जीत सके। यह बड़ा ही खतरनाक खेल है और इसका फल किसी दिन उसे भुगतना पड़ेगा।

प्रधानमंत्री ने अब यह उचित नीति अपनाई है कि कश्मीर में मतगणना नहीं होनी चाहिए क्योंकि उससे किसी सवाल का हल नहीं होगा। अगर मतगणना हिन्दुस्तान के पक्ष में हुई तो पाकिस्तान जिहाद के नारे को दुगुने जोर से उठाएगा और अगर पाकिस्तान के पक्ष में हुई तो सारे एशिया में धर्मान्धता की जीत होगी। लेकिन इस उचित नीति के पहले 8 वर्ष तक बड़ी ही बेहूदी नीति अपनाई गई। मैं स्वीकार करता हूँ कि यह समझने में मैंने भूल की थी कि प्रधानमंत्री अपनी नीति बदल नहीं सकते। लेकिन इनकी राजनीति इतनी चतुर और काइयाँ है कि बार-बार दुहराए गए वादे तोड़ने पर भी इनकी बदनामी न हो।

दोनों ही देशों के लोगों को अपनी मौजूदा सरकारें हटा देनी चाहिए। दोनों ही सरकारें अपने देश की जनता के प्रति उदासीन हैं और नकली पंख लग कर

फूली फिरती हैं। अगर हिन्दुस्तान और पाकिस्तान दोनों देशों की सरकारें यूरोप और अमेरिका की महाशक्तियों से विदेशी नीति के समझौते बन्द कर दें और साथ ही विदेशी सहायता को मौखिक रूप से अस्वीकार और व्यवहार में स्वीकार करने का धोखा छोड़ दें तो इसकी कुछ आशा हो सकती है कि दोनों देशों की जनता समाज नीतियों के एक न्यूनतम कार्यक्रम को मान ले, जिसका एक अंग कश्मीर सम्बन्धी नीति भी हो।

यह असम्भव नहीं है। आखिरी समय तक, सिवाय उन लोगों के जो आजादी के लिए लड़ रहे थे, आजादी भी असम्भव मालूम पड़ती थी। आज हिन्दुस्तान एक नौकर है और पाकिस्तान एक गुलाम। गुलाम पाकिस्तान अपना मालिक नहीं बदल सकता और नौकर हिन्दुस्तान को समय-समय पर अपना मालिक बदलने की पूरी स्वतंत्रता और अधिकार है।

मैं नहीं समझता कि, जैसा कुछ नासमझ लोगों का खयाल है, हिन्दुस्तान रूस के अधीन है। सारे हथियार रूस से नहीं बल्कि अन्य देशों से खरीदे जा रहे हैं। हथियार देने के मामले में इंग्लैंड और अमेरिका ही सबसे आगे हैं। हिन्दी और साम्राज्यवादी विजेताओं की मूर्तियों के सम्बन्ध में अच्छे कामों के लिए मैं रूस की पहले भी प्रशंसा कर चुका हूँ। अब मैं यह भी कहना चाहूँगा कि रूस किसी भी अन्य गोरे राष्ट्र की अपेक्षा आधे समय में ही हिन्दुस्तान में इस्पात का कारखाना बनाएगा और यह भी कि इंग्लैंड इस्पात के कारखाने के लिए हमारे पौंड पावने पर साढ़े छह फीसदी ब्याज लेगा। केवल इसी एक मद में हमें प्रतिवर्ष लगभग दो करोड़ रुपये की हानि होगी। लेकिन रूस उतना ही अच्छा या बुरा है जितना इंग्लैंड या अमेरिका और आज हिन्दुस्तान की जो भलाई वह कर रहा है, अपनी राष्ट्रीय नीति के हित में ही।

एक और मौके पर मैंने यह भी कहा था कि अगर सफेद मुँहवालों से हथियार और तेल न मिले तो पाकिस्तान सात दिन से ज्यादा कोई युद्ध नहीं चला सकता, ज्यादा-से-ज्यादा 10 दिन, और इसी तरह हिन्दुस्तान भी तीन-चार हफ्तों से ज्यादा नहीं लड़ सकता। लेकिन अखबारों ने जिस विकृत रूप से इसे छापा या नहीं छापा वह आपको मालूम है। आप लोगों में से कुछ को तो नासमझी भी हो गई। ऐसी हालत में अखबारों में छपी हुई चीजों को आप लोग बहुत सावधानी से पढ़ा करो। यह सवाल उठ सकता है कि इस अवस्था में अखबारवालों से बातचीत ही क्यों करता हूँ। इसका एकमात्र उत्तर है कि भाषणों में उपस्थित रहने से तो उन्हें हटाया नहीं जा सकता और फिर थोड़ा-बहुत जो छप जाता है उतना ही अच्छा। यह आप लोगों की समझदारी पर

है कि उसमें से क्या लें और क्या छोड़ें और क्या खुद अपनी समझ से जोड़ दें। इसी तरह जब कुछ अरसा पहिले पंगुओं की तरफ से कई बार समाचार छपे या छपवाए गए कि वे लोग अपनी पार्टी से समझौता कर रहे हैं, तो ऐसी बातों की सफाई देना कतई जरूरी नहीं था। यह आपकी बुद्धि पर ही छोड़ दिया गया कि आप पंगुओं की झूठ स्वयं समझ लें। लेकिन फिर भी मुझे कुछ लोगों ने कहा कि इसके बारे में सफाई क्यों न छपवाई गई। इसी तरह अक्सर लोग चिट्‌ठी लिखते हैं कि अमुक-अमुक मसले पर मैं क्यों न बोला, तो आप समझ लें कि जितना बोला जाता है उसका मुश्किल से सौवाँ हिस्सा अखबारों में छपता है।

सदस्यों, सक्रिय सदस्यों और वोटरों के अन्तर को समझना आवश्यक है। सक्रिय सदस्य वह है जो समाजवाद और दल के सिद्धान्तों को स्वयं भी समझे और दूसरों को समझा सके। सदस्य वह है जो स्वयं समझे और वोटर के लिए जरूरी नहीं हैं कि सिद्धान्त अथवा कार्यक्रम को अच्छी तरह समझे, उसे तो केवल एक भावना रहे कि समाजवाद और उसके दल द्वारा उसका और विश्व का कल्याण होगा। जब तक हम लोग इस अन्तर को अपना न लें, तब तक संगठन और विधान का काम चलाना कठिन है। सक्रिय सदस्यों में समझाने की शक्ति, सदस्यों में समझने की शक्ति और वोटरों में सद्‌भावना की उपज हासिल करना समाजवादी दल का मुख्य काम है।

विधान में सदस्यों और सक्रिय सदस्यों से सम्बन्धित सभी धाराएँ निर्जीव रह जाती हैं, जब तक सदस्यों और विशेषकर सक्रिय सदस्यों को विचार-बैठकों में सम्मिलित होने के लिए प्रोत्साहित नहीं किया जाता, जब तक सक्रिय सदस्य, जो कि अधिकतर किसी-न-किसी कमेटी के सदस्य होते हैं, अपनी-अपनी कमेटी की बैठक महीने में एक बार बिना चूक नहीं करवाते और जब तक सभी सदस्यों की अपनी-अपनी शाखाओं में तीन महीने में एक बार बैठक अचूक रूप से नहीं होती। उन्हीं कमेटियों और विचार-बैठकों द्वारा ही सभी के मन और मानस का परिवर्तन होगा और वह संगठन बनेगा, जिसके समझदार लोग जगह-जगह भरे हुए हैं, बिना आदेश पाए ही समाजवादी सिद्धान्तों के अनुकूल अपना काम चला रहे हैं। भारत के राजनीतिक दल अपने सदस्यों के मानस-परिवर्तन का काम नहीं करते। एक तरफ समाजवाद, साम्यवाद, गांधीवाद इत्यादि ऊपरी बकवास चलती रहती है और दूसरी तरफ जाति-पाँति, धर्म और भाषा के गिरोहों का आधार जैसे का तैसा बना रहता है। मानस-परिवर्तन के अभाव के कारण ही सभी दल परायी पार्टियों के दोषों को देखने की शक्ति

और अपने समूहों के दोषों के लिए अन्धी आँख रखते हैं। दल के अन्दर दूसरे लोगों के दोष देखने की शक्ति और अपने दोषों के बारे में अन्धी औरत सहज है। इसीलिए यह सम्भव होता है कि अपने से ऊपर वालों के खिलाफ जलन और अपने से नीचे वालों के लिए तिरस्कार समाजवाद के लक्षण बन जाते हैं। होना चाहिए की अमीरों के लिए गुस्सा हो और गरीबों के लिए सहानुभूति। लेकिन यह सब तभी हो सकता है जब समाजवादी पार्टी के सदस्यों के दिमाग में एक स्वयम्भू दीया जलता रहे, जिससे वे अपने दिमाग के सभी हिस्सों की सादृश्यता और शीलता कायम करते रहें। अक्सर होता है कि दिमाग में परस्पर विरोधी हिस्से एक साथ चलते रहते हैं। कोई नेता या विचारक प्यार से ऐसे विरोध को देखे तभी वे दूर होते हैं। यह हालत खतरनाक है। आदमी को खुद अपने दीये से अपने दिमाग के परस्पर विरोधी हिस्सों को हटा लेना चाहिए। मिसाल के लिए एक तरफ विश्व में अहिंसा का समझौता और दूसरी तरफ नागाओं के साथ पाशविक दुर्व्यवहार, एक तरफ सरकारी अनियमितता अथवा फिजूलखर्ची की आलोचना और दूसरी तरफ समाजवादी पार्टी के सदस्यों के पैसों को मनचाहा खरचने की आदत, एक तरफ मजदूर और किसान-वर्गों का कवितामयी भाषा में आदर और दूसरी तरफ इन वर्गों में से राष्ट्र या प्रदेशीय नीति-गठन करने की अवहेलना, परस्पर विरोधी दिमाग के लक्षण हैं।

सदस्यों के तीन महीने में एक बार बैठक कभी होती ही नहीं, होती भी है, तो वह सदस्यों की बैठक नहीं बल्कि किसी नेता को सुनने का आयोजन-भर होती है। अभी तक एक पुरानी आदत चली आ रही है कि 'कार्यकर्ताओं और हमदर्दियों' की बैठकें बुलाई जाया करती हैं। कौन हैं कार्यकर्ता और कौन हैं हमदर्द, और कौन-सी दुर्घटना हो गई है कि जिससे हमदर्दियों की आवश्यकता पड़ गई है? कार्यकर्ता किसे कहते हैं? इसका फैसला कौन करता है? आमंत्रण किसको भेजा जाता है? इन सब सवालों का फैसला विधान ने कर दिया है लेकिन मनचले अफसर लोग कदम-कदम पर विधान को तोड़ते रहते हैं। बहुत करके इसलिए कि उनके दिमाग में विधान की धाराओं और पुरानी आदतों का विरोध एक साथ चलता रहता है। विधान में कमेटी, कौंसिल और शाखा तीन अलग-अलग धाराएँ हैं। जहाँ-तहाँ सभी शाखाओं के सदस्यों को एक साथ ही बुलाया जा सकता है। बड़े-बड़े शहरों में जहाँ 5, 10, 20 हजार और इससे भी ज्यादा सदस्य बनेंगे, यह असम्भव होगा। ऐसी जगहों पर कौंसिल के सदस्यों की बैठकें बुलाई जा सकती हैं। जब इस तरह की बैठकें बुलाई जाने लगेंगी तो पक्षपात की सम्भावना नहीं रह जाएगी और किसी अफसर को यह सोचने का

कष्ट भी नहीं उठाना पड़ेगा कि किसको बुलाएँ और किसको न बुलाएँ। इस सम्बन्ध में एक बात की ओर आपका ध्यान खींच दूँ। ऐसी बैठकों की सूचनाएँ और दूसरे समाचार समाजवादी पार्टी की तरफ से अखबारों को भेजे जाया करते हैं। राष्ट्रीय और प्रदेशीय अफसरों और कमेटियों के सदस्यों में एक आतुरता देखी है कि उनके समाचार अंग्रेजी पत्रों में छपें। अंग्रेजी पत्रकारों से दोस्ती और उनके पीछे दौड़ने की अभिलाषा भी देखी है। मैं इसका विरोध नहीं करता। लेकिन मिसाल के लिए जैसे हैदराबाद में हिन्दी-उर्दू, 'मिलाप', तेलुगु 'गोलकुंडा' और 'आन्ध्र जनता' पत्रिका तथा इसी तरह के दूसरे पत्रों के पढ़ने वाले ही हमारी बैठकों और समाजों में आते हैं। यहाँ तक कि सोशलिस्ट पार्टी के मतदाता भी उन्हीं अखबारों को पढ़ते हैं, लेकिन फिर भी अफसरों में उनके प्रति उत्साहहीनता पाई जाती है। भारतीय समाजवाद अब तक कुछ नकली रहा है। इसकी जड़ें हिन्दुस्तानी जमीन में नहीं हैं। यह कुछ अजीब-सा थोड़ा-बहुत अंग्रेजी पढ़े-लिखे लोगों का, खिलौना-सा बन गया है। इसकी तरफ आप जरूर ध्यान दें।

नेताओं को सुनने के लिए बुलाई गई बैठकों के अलावा जो बैठकें विधान के अनुसार तीन महीने में एक बार होनी चाहिए, उन्हें नियमपूर्वक और तैयारी के साथ बुलाना चाहिए। कमेटी और अफसरों को इन बैठकों में पास करने हेतु प्रस्ताव रखना चाहिए। प्रस्ताव पहले से लिखे हुए और कमेटी से पास हुए होने चाहिए। सदस्यों को बिलकुल वाक्-स्वतंत्रता होनी चाहिए और प्रस्तावों को बदलने और ठुकराने की भी स्वतंत्रता। इसी तरह, कमेटियों में तो खास तौर पर, लम्बे भाषण होने ही नहीं चाहिए और कमेटी के सदस्य अपनी-अपनी राय थोड़े में कहना सीखें। राजनीति है क्या? एक महान बकवास या 'वाक् यज्ञ'। अफसोस यही है कि अब तक बकवास कुछ नेताओं तक ही सीमित रही है। इसे हजारों सक्रिय और लाखों सदस्यों तक ले जाना चाहिए, जिससे यह सचमुच महान बकवास बन सके, जिससे सचमुच मानस और आदतों का परिवर्तन हो सके। मुझे अफसोस के साथ लिखना पड़ता है कि समाजवादी पार्टी में एक भी कमेटी नहीं है—प्रदेश, जिले अथवा क्षेत्र या शाखा स्तर की, कोई भी, जिसने महत्त्वपूर्ण और चालू विषयों पर बहस की हो और उन पर प्रस्ताव पास किये हों।

मिसाल के लिए मैं आपको कुछ प्रस्ताव नीचे देता हूँ :

1. सभी आर्ट कॉलेज और कानून कॉलेज दस वर्ष के लिए बन्द कर दिये जाएँ और उनके मौजूदा अध्यापक दूसरी भाषाओं से भारतीय भाषाओं में अनुवाद आदि के कामों में लगा दिये जाएँ। इसी के

साथ-साथ प्राथमिक शिक्षा पूर्णत: नगरपालिकाओं और जिला बोर्डों के जिम्मे कर दी जाए, जिससे खर्चीले विदेशी ढंग के स्कूल बन्द हों।

2. केन्द्रीय सरकारी कार्यालयों में अंग्रेजी का उपयोग तत्काल बन्द होना चाहिए और हिन्दी को तुरन्त उसका स्थान देना चाहिए। साथ-ही-साथ आगामी दस वर्षों के लिए हिन्दी भाषा-भाषियों को केन्द्रीय सरकारी नौकरियों की प्रतियोगिताओं में सम्मिलित न होने दिया जाए।
3. नागरिकता के आधार केवल जन्म और निवास ही न हो बल्कि देश की नागरिकता को अंगीकार करने की गम्भीर इच्छा और उसकी घोषणा के आधार पर भी व्यक्ति को नागरिकता मिल जानी चाहिए।

इससे मिलते-जुलते और विषयों पर आपको विचार करना है। या तो मूढ़ बुद्धि के कारण या डर से, या इसलिए कि बुद्धि भी अपनी पुरानी लकीरों पर चलने में मजा पाती है, और नहीं तो इसलिए कि प्रचलित लोकपथ और लोकमत से अलग जाने में डर लगता है, आप लोगों का जातीयता और प्रदेशीयता सम्बन्धी व्यवहार श्रेष्ठ नहीं है। मैं यह नहीं कहना चाहता कि हम लोग जातीयता और प्रदेशीयता का पक्षपात करते हैं। मैं यह जरूर कहता हूँ कि हम लोग जातीयता और प्रदेशीयता से उस तरह नहीं लड़ते जैसा लड़ना चाहिए। एक तो इसमें पक्षपात करना और दूसरे प्रचलित पक्षपात पर चुप्पी साधना अथवा धीमी बोली बोलना, दोनों में अन्तर अवश्य है लेकिन बड़ा नहीं। प्रदेशीयता अथवा भाषा-वृत्ति की मिसालें देना फिजूल है। मैंने सुना है कि कॉलेज में भर्ती होने के लिए आजकल लड़कों को एक नया कालम भरना पड़ता है—किस राज्य के हो। पहले भरना होता था—किस जाति के हो। जाति का कम-से-कम राज्य के मामले में ऐतिहासिक और परिपाटी का महत्त्व तो होता था। राज्य में तो उतना भी महत्त्व नहीं। फिर भी मालूम होता है कि हिन्दुस्तानी राजनीति इतनी गन्दी हो गई है कि साफ बनना बुरा लगता है। और एक कोना अगर बुहार दिया जाए तो फिर और कूड़ा दूसरे कोने में उड़कर जमा हो जाता है। जब लड़कों की शिक्षा प्रदेशीयता के अथवा जातीयता के आधार पर दी जाने लगे तो समझ लेना चाहिए कि मामला खतरनाक है। देश में एक जगह से दूसरी जगह जाने पर और घुसने पर जो विभिन्न प्रकार के टिकटों की भरमार हो रही है, उससे दस-पन्द्रह प्रदेशीयताएँ नहीं, बल्कि हजारों प्रदेशीयताओं को जन्म दिया जा रहा है। नागरिकता के नियमों का निवास-नियमों के ऊपर मखौल उड़ाया जा रहा है। समाजवादियों को चाहिए कि वे ऐसे सभी नियमों के खिलाफ सचेत रहें। उन पर लिखें और बोलें और चाहे क्षणिक बदनामी भी झेलनी पड़े, इन

नियमों के खिलाफ जनमत को उकसाएँ। इसी तरह जातीयता के बारे में भी सोचना है। कुछ दिनों पहले शूद्र जातियों के एक मंडल ने मुझसे कहा कि उनको भी संरक्षित और समानुपातिक प्रतिनिधित्व सोशलिस्ट पार्टी में मिलना चाहिए जिस तरह हरिजनों को राज्य-सम्बन्धी कामों में मिला हुआ है। मैंने उन लोगों से कहा कि इस तरह के प्रतिनिधित्व से थोड़ा-सा खतरा लगता है, एक तरफ डॉक्टर अम्बेडकर जैसे लोग और दूसरी तरफ श्री जगजीवन राम जैसे लोग पैदा होते हैं। जहाँ द्विजों की शिक्षा किन्तु चालाकी के संस्कार हैं, वहाँ शूद्रों में भी तात्कालिक सफलता अथवा व्यक्तिगत स्वार्थ के कारण जलन के भाव पनप रहे हैं। द्विज और शूद्र दोनों ही संज्ञाओं को मिटाना है। दोनों ही संस्कारों को मिटाकर एक नया, सरल और सहज स्वभाव हर हिन्दुस्तानी का बनाना है। फिर भी आप इस संरक्षित और जनसंख्या के अनुपात से प्रतिनिधित्व पर विचार करें। चाहे इस विधान में जगह न दें लेकिन अपने बर्ताव से ऐसी स्थिति पैदा कर देनी है कि किसान पंचायत, सोशलिस्ट पार्टी और अन्य सभी संस्थाओं में शूद्रों को अधिकाधिक अफसरी करने का मौका मिले और द्विज कुछ अरसे के लिए अपने को उनका सलाहकार बनाएँ।

ये प्रस्ताव पिछले कुछ महीनों में किसी-न-किसी रूप में अखबारों में आते रहे हैं और इसके अलावा समाजवादी आन्दोलनों को तो इनका भलीभाँति परिचय मिलता रहा है। लेकिन हिन्दुस्तानियों का दिमाग कुछ ऐसा मुर्दा बन गया है और साथ ही समाजवाद का भी, कि हम केवल पुरानी लीक पर चल सकते हैं। पुरानी बहसों को चलाते हैं। जो विषय सरकार की ओर से चोट के रूप में आते हैं, उन्हीं का जवाब दे सकते हैं और अपनी तरफ से नई बहस अथवा नया प्रस्ताव उठाने में असमर्थ हो गए हैं। यह बहुत बुरा है। इन प्रस्तावों पर आप सोचें, बहस करें। उन्हें पास करें या फेल करें या उनमें परिवर्तन करें। इसी तरह से आप स्वयं अपनी इच्छा के अनुसार प्रस्ताव बनाएँ और उन पर बहस कराएँ। ऐसी बहस क्षेत्र और शाखा स्तर तक हो सकती है और होनी चाहिए। जहाँ सदस्य बोलने में हिचकिचाते हैं वहाँ उन्हें उकसाना चाहिए। अनुशासन के बारे में आखिरी तौर पर हमें अपना दिमाग साफ कर लेना चाहिए। बोलने की पूरी आजादी रहे। किसी तरह की रुकावट भी अक्षम्य है। समझी-बूझी शक्ति बहस कर सकती है लेकिन रोक नहीं लगा सकती। बहस में समय, असंगति जैसे नियम का पालन तो होना ही चाहिए। लेकिन कर्म पर नियंत्रण होना चाहिए। यह नियंत्रण भी अफसरों की स्वेच्छा से नहीं हो सकता है। कर्म-नियंत्रण सम्मेलन और कमेटी के प्रस्तावों के अनुसार ही हो सकता

है, जो विधान की मर्यादा में हों। अब तक हिन्दुस्तान की सभी राजनीतिक पार्टियों में वाणी-परतंत्रता और कर्म-स्वच्छन्दता रही है। नीति के अनुसार वाणी हो तो अनुशासन सध गया, वरना कर्म में तो मनचाहा करते रहो। अपने वचन को तोड़ते रहो। बैठकें करो न करो। सदस्य बनाओ मत बनाओ। नियंत्रण को तोड़कर चुनाव लड़ो। सदस्यता के पैसों के विभिन्न हिस्सों का हिसाब रखो न रखो। और भी, सम्मेलन-स्वीकृत कर्तव्यों का पालन करो या न करो। 'विशेष परिस्थितियों' की आड़ में सब कुछ जायज हो जाता है। और कर्म-नियंत्रण कुछ रह ही नहीं जाता। कर्म-नियंत्रण दो प्रकार के होते हैं। एक तो सिद्धान्त और विधान वर्जित कामों को न करें, और दूसरा सम्मेलन और विधान द्वारा आदेशित कामों को करें। यों सभी तरह के कर्म का अनुशासन चाहे न भी टूटे, आदेशित कामों का अनुशासन तो हमेशा ही टूटता रहता है। इसकी तरफ आप जरूर ध्यान दें। उत्तर और दक्षिण दोनों ही बोली के अनुकूल एक सभा में बोलते-बोलते मेरे मुँह से कुछ वाक्य निकले, जिनका श्रेय मुझको नहीं, बल्कि दक्षिण में हुई एक सभा को है, जहाँ संस्कृतमय भाषा चलती है।

मैं इन वाक्यों को कुछ मनोरंजन और कुछ सहज स्मृति के लिए दुहरा देता हूँ :

वाक् स्वातंत्र्यम्, कर्म नियंत्रणम,
इति जनतांत्रिक अनुशासनम्।
विपरीतम् कर्म स्वातंत्र्यम्,
वाक् नियंत्रणम भारते प्रचलित पंथ:।

समाजवादी पार्टी की धीमी चाल का एक कारण यह भी हो सकता है कि उसकी उत्पत्ति और उसके अधिकतर नेताओं का मानसिक गठन, कांग्रेस पार्टी के संशोधन और उसकी आलोचना तक ही हुआ। भारतीय समाजवादियों ने बीच-बीच में बहुत बड़े काम किये। लेकिन दिमाग कुछ ऐसा बना कि बड़ा और बुनियादी काम तो कांग्रेस से करवाना है। इसलिए आलोचनात्मक और संशोधनात्मक दिमाग बना, न कि प्रस्तावनात्मक। अब भी आशा की किरणें दीखने पर ज्यादातर लोग कहते सुने जाते हैं, कि कांग्रेस पार्टी अथवा कम्युनिस्ट पार्टी बदनाम हो रही है। जैसे कि इन पार्टियों के बदनाम होने से ही सोशलिस्ट पार्टी सुनाम हो जाती है। वस्तुत: ऐसी बात नहीं। दूसरी पार्टियों के बदनाम होने से अपनी पार्टी का केवल थोड़ा सुनाम हुआ करता है इसके लिए तो अपने विशिष्ट गुण और कार्यक्रम देखने होते हैं। आलोचनात्मक

वृत्ति से उपजा यह रोग बड़ा भयंकर है, जिससे समाजवाद का सुनाम नहीं हो पा रहा है, और समाजवादी सदस्य छोटी राजनीति और व्यक्तिगत सम्बन्धों की तरफ ध्यान नहीं देते। मैं समझता हूँ कि व्यक्तिगत सम्बन्धों की दृष्टि से कांग्रेस पार्टी अब भी हिन्दुस्तान की सबसे सबल पार्टी है। यह सही है कि सरकारी पार्टी होने के नाते यह लोगों का छोटा-मोटा हजार तरह का भला करवा सकती है, जैसे कि वजीफा दिलाना, नौकरी दिलाना, अस्पताल में भर्त्ती कराना इत्यादि। लेकिन जब कांग्रेस पार्टी सरकारी पार्टी नहीं थी, तब भी ऐसे काम करने में उसे रस मिलता था और उसकी प्रेरणा भी होती थी। लोगों के घरों जाना, उनके सुख-दुख का साथी बनना, उनके छोटे-मोटे काम कर देना, जरूरी नहीं कि उनकी पैसे से मदद करना, उनकी तरफ से हल्ला मचाना और उनसे दो मीठी बातें कर देना, यह हर लोकप्रिय दल के लक्षण हैं। सोशलिस्ट पार्टी प्रदेश और राष्ट्र में ऐसे काम क्यों नहीं करती, यह मेरी समझ में नहीं आता। ऐसे कामों में मजा भी मिलता है, अनुभव बढ़ता है, ज्ञान बढ़ता है और छाती चौड़ी होती है। इन कामों के न करने का एकमात्र कारण हो सकता है आलस्य और बुरी आदतें। जब तक हम एक-दूसरे के आलोचक न बनकर ऐसी बुरी आदतों से नहीं लड़ेंगे, तब तक व्यक्तिगत सम्बन्धों वाली सोशलिस्ट पार्टी नहीं बन सकती। व्यक्तिगत सम्बन्धों के साथ-साथ छोटी राजनीति को भी तेजी से बढ़ाना है। बड़ी राजनीति देश के कूड़े को बुहारती है। छोटी राजनीति मुहल्ले अथवा गाँव के कूड़े को बुहारती है। कहीं किसी ने किसी को पीट दिया, पुलिस वाले ने तू-तड़ाक करके बोल दिया, छोटे-मोटे दुकानदार अथवा किरायेदार से इतना किराया ऐंठा कि उसकी छोटी-सी आमदनी का एक-तिहाई हिस्सा चला गया, वजन के बटखरे खराब रहें, पीने और नहाने का पानी पूरा न मिले या पाखानों का प्रबन्ध न रहे, स्कूल-अस्पताल में भर्ती न हो पाए, ऐसी सैकड़ों छोटी-मोटी चीजें हैं, जिनकी तरफ ध्यान देने से ही कोई दल अपने इलाके का सहारा बनता है। आज देश में दीन-दुखियों का कोई सहारा नहीं। ऐसी कोई भी जगह नहीं रह गई, जहाँ लोग अपनी शिकायतों को लेकर जाएँ। समाजवादी पार्टी में जब अधिक संख्या में ऐसे लोग होंगे और ऐसे दफ्तर खुलेंगे, जिनसे मिलकर और जहाँ आकर दीन-दुनिया को सहारा दीख पड़ेगा, तभी समाजवाद का बल बढ़ेगा।

ऐसे व्यक्तिगत सम्बन्धों और छोटी-राजनीति का मूल स्रोत तो समाजवाद की बड़ी राजनीति है। उसके बिना यह सब कीर्ति अधूरी रह जाएँगी। कुछ इने-गिने लोगों को मदद मिल सकेगी, जैसे कांग्रेसियों के हाथों हो जाती है, लेकिन

बहुजन समाज दुखी और असहाय पड़ा रह जाता है। इसीलिए क्रान्तिकारी राजनीति की आवश्यकता है। किन्तु बहुजन समाज क्रान्तिकारी राजनीति को तभी समझता है, जब उसे पता चल जाता है कि उसके लिए छोटे-मोटे काम करवाने की कोशिश बहुत हुई, लेकिन सरकारी इन्तजाम इतना निश्चेष्ट और अज्ञानी रहा कि उसने यह काम नहीं किया। तब क्रान्तिकारी राजनीति की पृष्ठभूमि, उसका इतिहास, उसके सिद्धान्त जानने की भी आवश्यकता होती है। इसी के लिए अब की बार विचार-बैठकों को इतना महत्त्व दिया गया। हर क्षेत्र में एक साप्ताहिक विचार-बैठक करना परम आवश्यक है। लेकिन अफसोस है कि सोशलिस्ट पार्टी के बड़े-बड़े नेताओं को भी अखबार पढ़ने के अलावा और कोई चीज पढ़ना अच्छा नहीं लगता। यह मारक दोष है। जानकारी और सिद्धान्त दोनों की पुस्तकें, विशेषकर अपने दल से छपी हुई पुस्तकें पढ़ना बहुत जरूरी है। जो न पढ़ सकें उन्हें किसी और से पढ़वाकर सुन लेना चाहिए। दिमाग ही अगर नहीं बदला और नये रूप का नहीं बना तो समाजवाद कैसे आएगा? इस साल स्थापना-सम्मेलन के फैसले के अनुसार देश-भर में पाँच सौ विचार-बैठकों का आयोजन करना था। अभी तक केवल सत्तर या अस्सी ऐसी बैठकें बन पाई हैं। उनका भी काम कहाँ तक ठीक तरह से चल रहा है, यह नहीं कहा जा सकता। इसका एक जबरदस्त कारण है कि ऐसी बैठकों में हिस्सा लेने वाले लोग, जो बोलते हैं, सिद्धान्त और जानकारी की पुस्तकों को पढ़कर नहीं आते। दल की तरफ से जो साहित्य प्रकाशित होता है, उसे विचार-बैठकों और क्षेत्र-कमेटी के पुस्तकालयों तक में नहीं रखा जाता। यह बहुत ही शोचनीय अवस्था है। सोशलिस्ट पार्टी के कामों में विचार-बैठकें और कमेटी-बैठकें सर्वश्रेष्ठ हैं। इन्हीं की तरह कमेटियों के वे तीस हजार सदस्य और कौंसिलों के वे तीन लाख सदस्य होंगे जिनका खुद का दिमाग बदला रहेगा, जो जाति, बिरादरी, भाषा और प्रदेश का पक्षपात न करेंगे, क्योंकि भावना और ज्ञान दोनों ही दिशाओं में वे सुथरे हुए होंगे, और जो देश को साधारण और असाधारण, दोनों अवस्थाओं में नेतृत्व प्रदान कर सकेंगे।

लेकिन जिन पर चुनाव का भूत सवार रहता है, वे ऐसे काम कैसे करें? मुझे तो एक और बात नहीं समझ में आती कि चुनाव-पसन्द लोग खास तौर पर ऐसे काम क्यों नहीं करते? ऐसे काम करने पर उनकी जीत निश्चित है। फिर भी क्यों नहीं करते? एक कारण यह भी हो सकता है कि अभी नशा हलका है और यह लोग कुछ नौसिखिये हैं। जिस पर सचमुच चुनाव का नशा चढ़ जाता है वह चुनाव के कुछ महीने इधर या उधर उन्मत्त नहीं रहता, उसे

तो थोड़ा-बहुत हमेशा के लिए उन्मत्त हो जाना चाहिए। इसलिए बहुत जरूरी हो गया है कि समाजवादी पार्टी के सदस्य और कमेटियाँ रोक-थाम रखें और ऐसे लोगों पर लगाम रखें जिन्हें चुनाव का सिर्फ वक्ती नशा चढ़ा करता है। ऐसे लोगों को सोशलिस्ट पार्टी का टिकट और रुतबा हरगिज न दें। कुछ जनता के प्रति निरादर भी बढ़ गया है। नहीं तो निकम्मे, आलसी या नये लोग किस तरह किसी भी पार्टी के नुमाइन्दे बनकर जनता के सामने वोट माँगने की जुर्रत कर बैठते हैं? एक कारण यह भी है कि मध्यवर्ग के कुछ बेकार लोगों को लोकसभा, धारासभा और नगरपालिका का सदस्य बन जाने पर जीविका का द्वार खुला दीखता है। और यह तो ऐसी जीविका है जिसके साथ शक्ति सदा जुड़ी हुई है। मैं जानता हूँ कि बहुत-से लोग जनता के प्रतिनिधित्व को, असेम्बली और पार्लियामेंट की मेम्बरी को धन्धे के रूप में देखते हैं।

लोकसभा इत्यादि की सदस्यता को अगर धन्धा मान भी लें, तो भी जरूरी है कि प्रार्थी लोग अपने को ऐसे धन्धे के योग्य बनाएँ। लेकिन इस धन्धे की विचित्र गति है। जीविका और शक्ति दोनों जिस धन्धे के साथ जुड़ी हुई हैं, ऐसे विलक्षण धन्धे के लिए कम ही लोग योग्यता हासिल करते हैं। सबसे पहले तो जरूरी है कि इस धन्धे में जो जाना चाहे वह जानकारी और सिद्धान्त तथा अपने दल की बुनियादों की पुस्तकें पढ़ें या पढ़वाएँ और उन पर अच्छी तरह मनन करें। ऐसी योग्यता हासिल करते हुए यह भी जरूरी है कि वे प्रार्थी अपनी आदतों को सुधारे रहें और उनकी कमेटियों के सहकर्मी उनकी बुरी आदतों पर लगाम रखें। मिसाल के लिए, इस धन्धे के मासिक वेतन में से एक निश्चित रकम, जो अभी तक केन्द्र में तीस प्रतिशत और प्रदेश में पच्चीस प्रतिशत निर्धारित है, दल को मिलनी चाहिए। क्षेत्र, जिला, प्रदेश और केन्द्र कमेटियों में यह रकम निश्चित प्रतिशत में निर्धारित है। क्षेत्र और जिला कमेटियों को चाहिए कि वे ऐसे असेम्बली के सदस्यों को, जो अपने वेतन का निश्चित हिस्सा कमेटी को नहीं देते, उस इलाके के सभी दल सदस्यों की बैठक बुलाकर उसके द्वारा चेतावनी दिलाएँ। मामला इस पर भी न तय होने पर और भी कड़ी कार्यवाही की माँग करें। इतना काफी नहीं है कि धारासभाई सदस्य अपने क्षेत्र में निर्धारित रकम अपनी इच्छा के अनुसार खर्च कर दें, विधान साफ है कि यह रुपया कमेटी के हाथों में जाएगा, जिसे वह अपनी इच्छा से खर्च करेगी और इसका फैसला करने में धारासभाई की उसके दूसरे सहकर्मियों की तरह एक ही राय, केवल एक ही वोट है। इस नियम का कठोरता से पालन कराना चाहिए क्योंकि इससे व्यक्तिवाद दबा

रहता है और इसके द्वारा धारासभाई और दूसरे सदस्यों के जीवन-स्तर की खाई निरन्तर बढ़ने नहीं पाती। इसी तरह और मर्यादाओं तथा नियमों का भी पालन होना चाहिए। धारासभाइयों को सदस्यता के द्वारा जो रुतबा और शक्ति मिलती है, उनसे अगर कोई चाहे तो अपने स्वार्थ साध सकता है। जरूरी नहीं कि वे घूस ही लें। रहने, खाने-पीने तथा आराम के दूसरे साधनों को दोस्ती के नाम पर ले सकता है। करों की वसूली रुकवा देना, उनको घटवा देना, मकान अथवा खेती की जमीन को थोड़ा इधर-उधर सरका, सरकारी सम्पत्ति में से बढ़वा देना, नौकरी दिलवा देना वगैरह प्रतिनिधियों के लिए सहज होता है। नगर अथवा क्षेत्र की सोशलिस्ट कमेटियों को पूरा ध्यान रखना चाहिए कि कब और कहाँ उनका सदस्य प्रतिनिधि ऐसे कामों को करवा रहा है, जो नियमों के प्रतिकूल हैं। नगरपालिका और गाँव सभाओं की सदस्यता से माहवार वेतन तो मिलता नहीं, लेकिन इनका सदस्य बनने में कोई-न-कोई स्वार्थ सध जाया करता है। यह नहीं होना चाहिए।

कुछ लोग कह सकते हैं कि सब बातें कोरे आदर्श हैं। यह सच नहीं। क्यों जरूरी है कि जो आदमी पहले तो पचहत्तर या सौ रुपये महीने में अपना जीवन चला चुका है, धारासभाई और लोकसभाई बन जाने के बाद तीन सौ, पाँच सौ अथवा छह सौ भी उसे पूरा नहीं पड़ता? इसके अलावा, नगरपालिका वगैरह के सदस्य के लिए आवश्यक है कि उस क्षेत्र के सोशलिस्ट कुछ-न-कुछ इन्तजाम करें। एवज रुपया तो बिलकुल बन्द होना चाहिए। यानी अगर किसी ने कुछ काम करवा दिया तो उसके बदले में उसे कुछ रुपये मिल गए। ऐसे मौके पर जिसका भला हुआ है उसका समाजवादी दल से सम्बन्ध रहना चाहिए न कि उस समाजवादी व्यक्ति से जिसने भला करवाया। पार्टी का काम चलाने के लिए बीच-बीच में ऐसे लोगों से रुपया इकट्ठा किया जा सकता है और करना चाहिए। और इस रुपये में से ऐसे सदस्यों को जिनका और कोई धन्धा नहीं, निश्चित माहवार मिलना चाहिए। समाजवादी पार्टी की सभी कमेटियाँ इस ममाले में सचेत होना शुरू करें। कार्यकर्ताओं की जीविका की तरफ ध्यान देना जरूरी है। लेकिन नौकरी के रूप में नहीं। कुछ ऐसी जगहें अवश्य हैं जहाँ निश्चित मेहनताने के बिना काम चलना मुश्किल हो जाता है। दूसरे कार्यकर्ताओं के लिए, जिनकी संख्या काम बढ़ने पर बीसियों हासिल होगी, कोई दूसरी पद्धति सोचनी पड़ेगी। सोशलिस्ट कार्यकर्ताओं को मेहनताने के मामले में नौकरी की तरह बिलकुल निश्चित नहीं कर देना चाहिए। तब उनकी स्वयं स्फूर्ति मर जाएगी, कुछ परतंत्र जैसे हो जाएँगे, काम

करें या न करें अपने मेहनताने के सहारे पर निर्भर रहेंगे और सोशलिस्ट पार्टी एक क्रान्तिकारी हथियार बनने के बजाय कुछ निश्चित नौकरों का समुदाय बन जाएगी। ऐसी पद्धति सोचनी चाहिए जिससे एक तरफ कार्यकर्ताओं को थोड़ा-बहुत सहारा रहे और दूसरी तरफ उन्हें पूरी निश्चिन्तता तभी हासिल हो जब वे अपने इलाके में अपने काम द्वारा लोकप्रिय बने रहें। कुछ मिली-जुली पद्धति निकालनी चाहिए। थोड़ा-बहुत बँधा मेहनताना और थोड़ा-बहुत क्षेत्र का आश्रय। लेकिन हर हालत में एवजी आमदनी बन्द कर देनी चाहिए। एक और तरीका है। मैंने कुछ जगहों में देखा है कि पार्टी के बीसों कार्यकर्ता हैं जिन्हें और कोई धन्धा नहीं। इनमें से कुछ कार्यकर्ताओं का तो एक ही काम रहता है और वे सोशलिस्ट पार्टी का प्रचार रोज दो-चार ऐसे लोगों के बीच में करते हैं जिनमें से कोई एक तो उन्हें कुछ पैसे दे दे। दल को मदद देने वाले लोगों की संख्या सीमित है। उन पर अत्यधिक बोझा नहीं डालना चाहिए और कार्यकर्ता का सारा समय या अधिक समय लोगों से पैसे वसूलने में ही निकल जाए और इसी को प्रचार समझें, इससे अधिक निन्दनीय और कोई चीज नहीं हो सकती। यह सब कड़ाई से बन्द होना चाहिए। ऐसी जगहों के सभी निधन्धे कार्यकर्ता इकट्ठा होकर आपस में फैसला करें कि कितनों को अपना सारा समय राजनीति में लगाना है और कितनों को जीविका का कोई दूसरा मार्ग ढूँढ़ लेना है। जो लोग कोई दूसरा धन्धा अपनाएँ वे दस-पन्द्रह रुपये अपनी नौकरी में से निकालकर अपने दूसरे निधन्धे साथियों को निश्चिन्त करने में लगाएँ। इससे पार्टी का काम बढ़ जाएगा। बदनामी भी घटेगी।

एक तरीका और भी हो सकता है। ये सभी कार्यकर्ता एक-दूसरे के साथ और अपने साथ कठोर होकर, अपनी पुरानी आदतों को बदलें। छोटी राजनीति और व्यक्तिगत सम्बन्धों का अध्याय आरम्भ करें। किसी सत्कार रूप से दीन और दुखियों का सहारा बनने की कोशिश करें। ऐसी अवस्था में उनके इलाके के लोग समाजवादी दल की इतनी मदद अवश्य करेंगे कि उसके कार्यकर्ता की जीविका किसी तरह चल पाए। लेकिन गपबाजी, अड्डेबाजी, हमेशा आपस में ही बातचीत और प्रचार तथा बहुत हुआ तो कुछ मध्यम श्रेणी के पैसे वालों से बातचीत जैसी मौजूदा आदतें निर्मोही होकर बन्द करवा देनी चाहिए। ऐसी आदतें खत्म करने के लिए यदि एक-दूसरे का कोपभाजन बनना पड़े तो भी आप लोग बनें।

प्रतिनिधित्व का धन्धा ईमानदारी का धन्धा है; सीधे दिमाग, सीधी बात और सीधे व्यवहार का। जो आदमी जनता का प्रतिनिधित्व करना चाहता है

वह कभी भी सीधेपन की मर्यादा को तोड़कर कल्याण नहीं कर सकेगा। हालत कुछ और होती है। लोग चालाकी सीखते हैं और करते हैं, और ऐसे पाप भी करते हैं कि यदि दूसरे करें तो वह तिलमिला उठें। मिसाल के लिए, किसी भी इलाके या जिले में किसी भी दल के दो-पाँच-दस या पन्द्रह नेता होते हैं। यह नेता आपस में बातचीत कर फैसला कर लेते हैं कि किस सीट को कौन लड़े। अपने चुनाव के लिए उन्हें रुपये की आवश्यकता होती है। तब दो-एक आदमियों की ढूँढ़ होती है जिनके पास पैसा हो, चाहे वह कितना ही निकम्मा और नौसिखिया क्यों न हो। ऐसे आदमियों के रुपये से इन नेताओं के चुनाव का खर्चा भी, थोड़ा-बहुत निकल जाता है। कभी-कभी तो ऐसा होता है कि किसी नये अथवा निकम्मे अमीर के लिए पुराने कार्यकर्ता की पीठ में छुरा भोंक दिया जाता है। यह तो विशुद्ध रूप से घूस लेना है। सिर्फ घूस लेना नहीं है, घूस के साथ-साथ हत्या करना भी है। ऐसा हो जाता है क्योंकि कमेटियाँ सजीव नहीं हैं और न कौंसिलें। यदि जिले के दो-पाँच अथवा दस नेता अपने जिले के प्राय: पचास या सौ कौंसिलरों से घिरे रहें और इसी तरह से प्रदेश के दस-पाँच नेता अपनी कमेटी अथवा दो-तीन सौ सचेत प्रतिनिधियों से घिरे रहें तो ऐसे काम कभी नहीं हो सकते। और सबसे बड़ी बात तो यह है कि समाजवादी मानस को बदलना चाहिए। अभी तक एक गलत विचार फैला हुआ है कि राजनीति का अर्थ होता है चालाकी और चालाकी के बिना सफलता नहीं मिल सकती है। सच और वचन की प्रतिष्ठा के हजार उपदेश होते रहें लेकिन दूसरी दिशाओं से आती हुई और कितनी भी झिलमिलाती हुई सफलता की एक किरण उन्हें चीरकर ढेर कर देती है। लेकिन सफलता की यह किरण मृगमरीचिका की तरह है, रेगिस्तान के पानी की तरह। ऐसी चालाकियों से पुरानी, बड़ी और लभ्य शक्ति वाली पार्टियाँ ही जीता करती हैं। नया रास्ता खोजने वाले दल ऐसी चालाकियों से नहीं जीत पाते। मैं समाजवादियों से निवेदन करता हूँ कि वे बराबर क्यों हारते रहे हैं, इस पर सोचें। उन्हें लभ्य शक्तिवाली कांग्रेस पार्टी का अनुकरण नहीं करना चाहिए। वे तभी जीतेंगे जब चालाकी छोड़कर सच और कौल की महिमा सीखेंगे और छोटी राजनीति करना शुरू करेंगे। सोशलिस्ट पार्टी जैसी नया रास्ता खोजनेवाली पार्टी के लिए सच और कौल ही चालाकी है। इसके साथ-साथ दिमाग के अन्दर का दीया जलाना चाहिए। हिन्दुस्तान के सभी लोगों के दिमाग, और समाजवादियों के भी, दो हिस्सों में बँटे हुए हैं, एक सगुण और दूसरा निर्गुण। जब दिमाग का निर्गुण सिद्धान्तों का फव्वारा खुलता है तब छटा देखने ही वाली होती है। घूस, भ्रष्टाचार, बेईमानी और अयोग्यता

के विरुद्ध कौन-सी गाली और कौन-सी गोली नहीं दागी जाती है। लेकिन जब उन्हीं निर्गुण सिद्धान्तों को अपने ही कार्यक्षेत्र में सगुण और साकार रूप देने का समय आता है, तब चालाकियाँ और कपट होता है, यह सोचकर कि उनके बिना जीत सम्भव नहीं। मेरी राय है कि जीत संसार के सभी बड़े गुणों में है। विजय मनुष्य के अच्छे गुणों को उभारती है। हार अधिकतर अवगुणों को ही निकालती है। जीतना तो चाहिए ही, लेकिन मैंने साबित किया है कि कपट, झूठ, वचन-भंग इत्यादि से पुरानी और सफल कांग्रेस पार्टी ही जीत सकती है। नया रास्ता खोजने वाली सोशलिस्ट पार्टी को तो दूसरे गुणों से ही जीत मिल सकती है। लेकिन फिर भी दिमाग के दोनों अंग, सगुण और निर्गुण में सादृश्य होना चाहिए, कम-से-कम सादृश्य कायम करने का निरन्तर प्रयत्न होना चाहिए। जो मनुष्य कांग्रेस पार्टी के कपट, भ्रष्टाचार और अयोग्यता का निरन्तर बखान करेगा, उसके लिए यह कैसे सम्भव है कि चुनाव के दिनों में दल के लिए अच्छी रकम प्राप्त करने हेतु नये अथवा निकम्मे लोगों को दल का टिकट दे देने का समर्थन करे। यह कोई न समझे कि मैं निर्धन को धनी के मुकाबले अच्छा समझता हूँ। धनी और निर्धन दोनों ही समाजवाद की लड़ाई में हिस्सा ले सकते हैं। यह सही है कि समाजवादी पलटन में निर्धनों की संख्या बहुत अधिक होगी। लेकिन जो धनी सोच-समझकर आएगा, जरूरी नहीं है कि वह निर्धन से कम लड़ाकू हो। बस, सिर्फ एक मर्यादा का पालन होना चाहिए। धनी अथवा अयोग्य व्यक्ति का दल में प्रवेश करते ही अत्यधिक मूल्यांकन नहीं हो जाना चाहिए। कल ही चुनाव, सुबह मेम्बरी, दोपहर को टिकट, यह घिनौनी चीज है। इसी तरह धनी और योग्य लोगों को एकदम किसी ओहदे पर नहीं पहुँचा देना चाहिए। इससे उनका भी दिमाग बिगड़ता है और जो बहुसंख्यक निर्धन समाजवादी हैं उनके अवगुण-ही-अवगुण निकलते हैं। यह सही है कि एक धनी, जो योग्य अथवा सहृदय अथवा निडर है, दूसरों की अपेक्षा दल के ओहदों के लिए छलाँग मार सकेगा। इसमें विशेष हर्ज नहीं। असली चीज यह है कि प्रतिनिधित्व के धन्धे के लिए किसी भी आदमी को कुछ अपरेंटिस करनी पड़ेगी। यह अपरेंटिस दल के विभिन्न कार्यों द्वारा हुआ करती है। जब कोई आदमी रगड़ा जाता है, चोटें खाता है, 50 तरह के जीवन का अनुभव करता है, सैकड़ों तरह की बातें सुनकर कुछ आदी हो जाता है और जान लेता है कि किस बात को केवल सुने और किसको माने, जब वह अपने ही दिमाग के दोनों हिस्सों को समान रूप से उजाला देता है, जब वह रगड़, चोट खाकर उसमें निडर और ईमानदार बनता है, तब वह प्रतिनिधित्व के धन्धे के योग्य

बनता है। सबसे जरूरी है कि सभी समाजवादी, चाहे गाँव-नेता और चाहे राष्ट्र-नेता और चाहे बीच वाले, रोज कुछ समय के लिए मनन करें कि उनके दिमाग के सगुण और निर्गुण हिस्सों में कितना परस्पर विरोध है। हो सके तो कभी-कभी इस मनन को कुछ घंटे के लिए किया करें। हमेशा इसकी अपेक्षा न करके कि कोई दूसरा आदमी उनको उनकी गलतियाँ अथवा बेईमानियाँ बताता रहेगा, अपने दिमाग के दीये को खुद जलाएँ, उसके प्रकाश से देखें कि कहाँ कितना परस्पर विरोध है। यह भी हो सकता है कि एक ही बेईमानी के कभी-कभी दो विभिन्न सगुण रूप हों। जिस तरह एक तो है किसी से नगद रूप में घूस लेना और दूसरा मकान अथवा किसी और आवश्यक वस्तु की भेंट ले लेना, एक है पैसा लेकर पार्लियामेंट अथवा नगरपालिका में किसी का काम करवा देना और दूसरा नियमों को तोड़कर ऐसे मित्र का काम करवा देना जिससे लगातार अथवा मौकों पर लाभ हुआ करता है। जिस विषय की मैं आपसे चर्चा कर रहा हूँ, वह केवल आदेशों से नहीं हासिल होता। वह विषय है मानस को बदलने का। इसके लिए हममें से हर एक को अपनी कोशिश करनी पड़ेगी। यह प्रकाश एक-दो आदेशों से हासिल नहीं होता। इन आदेशों के पीछे जो भूमिका है, यानी सगुण और निर्गुण का सादृश्य, उसे समझाने से ही दिमाग का दीया जलता है।

कुछ लोग कहने लगे हैं कि मेरी पहली उड़ान खत्म हो चली है। यह बिलकुल गलत है। उड़ान में कुछ थोड़ा-सा ठोसपन आया है। अब मैं समझ रहा हूँ कि मुँह से हजार जनतंत्र अथवा विकेन्द्रीकरण का सिद्धान्त बघारते रहें और उनका झूठ निखारते रहें, लेकिन अगर अपना ही संगठन केन्द्रीकरण और वाक्नियंत्रण के आधार पर चलता है और उसमें कर्मनियंत्रण नहीं है तो कुछ नहीं हासिल हो सकेगा। इसी तरह अगर कमेटियाँ, कौंसिलें और विचार-बैठकें अक्सर और नियमपूर्वक नहीं होतीं तो व्यक्तिवाद, स्वच्छन्दता और बेईमानी का रुकना असम्भव है। साथ ही संघर्ष और संगठन का जबरदस्त पारस्परिक सम्बन्ध समझना चाहिए। केवल संघर्ष करते-करते शायद बेईमानी की सम्भावना है कि दो-तीन वर्ष कुछ न किया या दस महीने कुछ न किया केवल 2 महीने के लिए कुछ हाथ-पैर झपट दिये। न अपना दिमाग बदला न दूसरों के दिमाग बदले, न बुरी आदतें छोड़ीं और न कोई शक्तिशाली संगठन बना। इसी तरह केवल संगठन से एक बेईमानी उपजती है और लोग क्रान्ति के नाम पर नौकरशाही का ढाँचा खड़ा करते हैं कि राजनीति कल्याण का मार्ग न होकर केवल एक धन्धा-भर रह जाए। मैं फिर दोहराता हूँ कि धर्म

और संघ दोनों ही आवश्यक हैं। अभी तक ऐसे ही संघ बने कि जिन्होंने धर्म को थोड़ा-बहुत निष्प्राण किया और ऐसा ही धर्म निकाला कि जिन्होंने अपने संगठन की समीक्षा नहीं की। इस बार आप लोगों का प्रयास कोई मामूली नहीं। धर्म और संघ यानी सिद्धान्तों और संगठन की उस परस्पर नीति और मार्ग को आप ढूँढ़ रहे हैं जिससे ऐसी राजनीति में एक नई क्रान्ति पैदा हो। इतना बड़ा काम आप लोगों ने उठाया है कि इसमें घबराने अथवा निराश होने की जरा भी गुंजाइश नहीं है।

सुधार हो रहा है। बुनियादें तेजी से बदल रही हैं, यद्यपि प्रगति धीमी है। यह सही है कि बुनियादों के बदलने में अभी तक समकक्षी कमेटी-सदस्य अपने साथियों पर उतनी लगाम नहीं लगा रहे हैं, जितनी ऊपर से लगानी पड़ती है। हिसार, विन्ध्य इत्यादि में बहुत कसकर लगाम लगानी पड़ी, जबकि प्रायः सभी उसको ढीली कर दिये थे। हैदराबाद के चुनाव में भी बहुत बड़ी गलती हुई कि 26 जून के नामजदगी का दिन था और 25 जून तक केन्द्रीय दफ्तर में अर्जियाँ जमा कर सर्टीफिकेट लिये गए। यह काम अच्छा नहीं था, और मेरी गलती यह थी कि इसके सम्बन्ध में भी दूसरों के लिए नियम नहीं बनाए। उसी के बाद आपने देखा होगा कि आम चुनाव को छोड़कर बाकी चुनाव के लिए नामजदगी के दिन और सर्टीफिकेट के दिन के बीच में कुछ हालत में 15 दिन और कुछ में एक महीने का अन्तर अवश्य रखा गया है। ऐसा न किया जाए तो शर्तों का मखौल उड़ेगा और आखिरी वक्त पर इधर-उधर से सच्चे-झूठे मेम्बरों को बनाकर अथवा हाथ-पैर जोड़कर किसी-न-किसी तरह लोग सर्टीफिकेट लेते रहेंगे। सच बोलो, वचन निभाओ, इन दोनों आदतों का थोड़ा-बहुत सोशलिस्ट पार्टी में समावेश हो रहा है। अभी भी हालत भयावह है। क्योंकि ऊपर की कड़ाई से इन दोनों गुणों का प्रादुर्भाव हो रहा है। ऐसी हालत में ये गुण नकली और अस्थायी रहेंगे। ऊपर की लगाम कब तक चल सकती है? या तो टूटेगी, नहीं तो घोड़े को अर्धजीवित बना देगी। इसलिए जरूरी हो गया है कि सब स्तर की सभी कमेटियों के सदस्य इन दोनों गुणों के बारे में सचेत हो जाएँ। दिमाग के स्वयम्भू दीये को जलाने का प्रयत्न करें। दूसरों को टोकें जब भी वे इन अवगुणों का प्रदर्शन करें, और इस तरह टोकने में न हिचकें, न लजाएँ। अपने ऊपर भी निगाह रखें और अपने दिमाग के अँधेरे हिस्सों को जगाएँ। हिन्दुस्तान की आज की राजनीति में वचन निभाना भी एक बड़ी चालाकी है। वचन बदलने वाले तो सभी दल हो गए हैं। यदि किसी दल ने वचन निभाना शुरू किया तो जनता का ध्यान बिजली की तरह

उसकी तरफ खिंचेगा। इससे बड़ी क्या चालाकी होगी? उन लोगों से भी जो ताकत हासिल करने के बाद वचन तोड़ना चाहेंगे, मैं कहूँगा कि कम-से-कम उसके हासिल करने के लिए तो वचन निभाओ। शायद ऐसा करते-करते वचन निभाने की आदत भी पड़ जाए।

दूसरी बुनियादें भी थोड़ी-बहुत बदल रही हैं और मामूली प्रगति तो हो ही रही है। ढाई-तीन सौ कमेटियाँ बन चुकी हैं, उनकी बैठकें भी हो रही हैं, कहीं-कहीं साधारण सभाएँ भी होती हैं। थोड़ी-बहुत खुशी की बात यह भी है कि चुनाव-वर्ष में भी 100 के करीब विचार-बैठकों का गठन हुआ है। यह सब बहुत कम है। लेकिन शुरुआत यह दिखाती है कि शायद वर्ष के अन्त तक हम वर्ष-कर्म कर लें। करीब चालीस हजार सदस्यों की अर्जियाँ केन्द्रीय दफ्तर में आ चुकी हैं। जगह-जगह दफ्तर का निरीक्षण करने के बाद मैंने यह नतीजा निकाला है कि सम्भवतः एक लाख सदस्यों की अर्जियाँ भर चुकी होंगी, यदि क्षेत्र, जिला और प्रदेशीय दफ्तर को भी गिना जाए। हममें से अधिकतर लोग कर्तव्यच्युत हैं। यदि आपमें से अधिकतर लोगों ने अपना कर्तव्य निभाना शुरू कर दिया, जैसा कि कुछ लोगों ने शुरू कर दिया है, तो कोई सन्देह नहीं है कि सप्तवर्षीय योजना के पहले वर्ष का काम पूरा हो जाएगा।

[1956]

साम्यवाद

अपने युग और परिवेश के सन्दर्भ में अधिक-से-अधिक व्यापक दृष्टि भी बहुत-सी चीजों को नहीं देख पाती, यह मानव-मन की अपर्याप्तता का लगभग उतना ही संकेत करता है जितना देश और काल को जीतने की मनुष्य की निरन्तर चेष्टा मानव-चेतना की सार्वभौमिकता और अमरता का निदर्शन करती है। यूरोप के परम्परावादी समाजवादी का मन विश्व-मन नहीं है इसलिए वह अपने दिमाग को देश की सीमाओं के भीतर ही जीवन-स्तर को ऊपर उठाने में और सामाजिक व आर्थिक समानता के प्रश्नों में लगाए रहता है; राष्ट्र की सीमाओं के बाहर के अप्रीतिकर तथ्य उसे हमेशा परेशान करते हैं और प्राय: उसके राष्ट्रीय जीवन के ढाँचे में गड़बड़ी पैदा करते हैं। अपने हर अगले कदम में वह समाजवाद से बराबर दूर होता चला जाता है। दूसरी ओर मार्क्सवाद का रूढ़िवादी पहलू यूरोप के कम्युनिस्ट को, अपने गुरु से विरासत में मिले हुए दृष्टि-दोष सहित, अपनी विश्व-दृष्टि बनाए रखने की क्षमता प्रदान करता है। इसके विपरीत आधुनिक यूरोपीय सभ्यता के दायरे के बाहर के साम्यवादियों में यह एक प्रकार के खंडित और विभक्त दिमाग को जन्म देता है जिसके द्वारा वह अपने देश के नये समाज और विश्व की नई सभ्यता से साम्यवाद को कुछ अस्पष्ट, धुँधले रूप में, बुद्धिजन्य मान्यता की बजाय बहुत कुछ धार्मिक विश्वास के रूप में जोड़ लेता है।

मार्क्स के पश्चिमी आलोचकों ने मार्क्स की तर्क-पद्धति के दोषों की अनेक बार चर्चा की है और उसकी तमाम भविष्यवाणियों के असत्य होने का संकेत किया है। उदाहरण के लिए मार्क्स ने कहा था कि पूँजीवाद के कारण समाज बुर्जुआ और सर्वहारा—इन दो वर्गों में बँट जाएगा, किन्तु ऐसा नहीं हुआ, बल्कि एक बहुसंख्यक सशक्त मध्यवर्ग का जन्म हुआ; अथवा यह कि औद्योगिक विकास में आगे (मार्क्स के अनुसार 'सभ्य') देशों ने साम्यवादी क्रान्ति को

बिना किसी अपवाद के अस्वीकार कर दिया है। उससे आगे ये आलोचक नहीं जाते। इसके बाद वे पश्चिमी सभ्यता की वर्तमान असलियत की पूजा करना शुरू कर देते हैं। इसके समानान्तर सोवियत रूस की असलियत से साम्यवाद को आजकल जिस रूप में जिस सीमा तक अभिन्न समझा जाने लगा है वह साम्यवाद के पतन का परिचायक है।

मार्क्स ने दोनों ही बातों में गलती की; एक तो वह आधुनिक पश्चिमी सभ्यता के एकपक्षीय और क्षेत्रीय स्वरूप को और शेष दुनिया से उसके रिश्ते को पहचानने में असफल रहा और वह इस बात को भी महसूस न कर सका कि पश्चिमी सभ्यता पश्चिम के मनुष्य को भी आनन्दपूर्ण जिन्दगी देने के लिए अपर्याप्त है। मार्क्स जब दुनिया को सभ्य और बर्बर देशों में बाँटता है और उनके पारस्परिक सम्बन्धों को शहर और देहात के पारस्परिक सम्बन्धों के समान बताता है, उस समय ऐसा लगता है कि उसे पहली बात का धुँधले रूप में एहसास था। चूँकि उसकी अपनी दृष्टि भी संकीर्ण थी और यह निश्चित है कि उसके दिमाग में पूरी दुनिया का नक्शा न था, इसलिए पूँजीवाद की प्रगतिशील भूमिका में उसका अन्धविश्वास और इतिहास की उसकी संकीर्ण व्याख्या के कारण वह इस रिश्ते के शोषक-शोषित स्वरूप को नहीं समझ पाता और मान लेता है कि पूँजीवाद के विश्वजनीन स्वरूप के कारण उत्पादन की पूँजीवादी पद्धति को सभी समाज स्वीकार कर लेंगे। इस मूलभूत दृष्टि-दोष के कारण उसके लिए इस ऐतिहासिक तथ्य को समझना सम्भव नहीं हो सका कि पूँजीवाद का विकास केवल पूँजी और श्रम के शोषक सम्बन्धों के आधार पर ही नहीं होता, बल्कि कृषि और उद्योग-धन्धे और पश्चिम के 'सभ्य' देशों व शेष संसार के 'बर्बर' देशों के पारस्परिक शोषक-शोषित सम्बन्धों के कारण भी होता है।

इस दोष का स्वाभाविक परिणाम थी एक अन्य भूल, यह समझने में असफलता कि उत्पादन की पूँजीवादी पद्धति दुनिया के अधिकांश देशों में नहीं लागू की जा सकती और यह कि पूँजीवादी तकनीकी विज्ञान के जरिये आने वाले जिस 'पर्याप्तता के समाज' की कल्पना की गई है, वह समाज एक मृगतृष्णा है।

मार्क्स को पश्चिमी तकनीक के इस पहलू की भी कुछ चेतना थी कि यह मनुष्य में, विशेष रूप से मजदूरों के सन्दर्भ में, मनुष्यत्व के गुणों को नष्ट करती है, पूँजीवादी तकनीक मनुष्य की सम्पूर्णता को खत्म करती है। लेकिन

अन्य स्थलों की भाँति यहाँ भी उसके मन में पश्चिमी सभ्यता के प्रगतिशील होने का जो भूत सवार है वह इन तथ्यों का पूर्ण आकलन नहीं करने देता। उसे इस बात का एहसास नहीं है कि उसकी यह मूलभूत मान्यता कि पूँजीवादी तकनीक पर्याप्तता के समाज को जन्म देगी, इसके लिए साक्ष्य की जरूरत है; और ये साक्ष्य न पहले थे और न आज ही हैं। पश्चिमी समाज चाहे वह साम्यवादी हो या पूँजीवादी, उसमें खेती के साथ अब भी सौतेला बर्ताव किया जा रहा है, कम-से-कम उसकी समस्या तो है ही, और गोरे क्षेत्र के बाहर के निवासियों और गोरे लोगों के पारस्परिक सम्बन्ध अभी भी रंगीन लोगों के शोषण पर आधारित हैं, भले ही इन क्षेत्रों के कुछ हिस्से जैसे साइबेरिया और मध्य एशिया उस राज्य के अंग हों, जो आधुनिक पश्चिमी सभ्यता के अन्तर्गत है।

कम्युनिस्ट घोषणा-पत्र के लिखे जाने के एक शताब्दी बाद मार्क्सवादी साम्यवाद में अपनी सारी पुरानी कमजोरियाँ हैं और कुछ नई बुराइयाँ भी आ गई हैं। मार्क्स का यह विश्वास था कि पूँजीवाद एक विश्व सभ्यता है; फलस्वरूप समाजवाद भी विश्वव्यापी हो जाएगा। किन्तु उसने इसमें समय के व्यवधान को स्वीकृति दे दी और इस बात पर अपनी आशा सँजोई कि 'सभ्य देश' विशेषकर, जर्मनी समाजवादी क्रान्ति की अगुआई करेंगे। एक शताब्दी से भी अधिक का विश्व इतिहास इन मान्यताओं को पूरी तरह झुठला देता है, लेकिन ये मान्यताएँ आज भी विश्व स्थिति के साम्यवादी आकलन का आधार बनी हुई हैं। यहाँ इस बात की ओर भी संकेत किया जा सकता है कि साम्यवाद के घोषणा-पत्र में बहुत धीमी रफ्तार के कार्यक्रम को प्रस्तुत किया गया है। इस कार्यक्रम का औचित्य भी तभी है जब यह मान लिया जाए कि पूँजीवादी सभ्यता विश्व सभ्यता है।

1960 के बाद के इन वर्षों में साम्यवाद अब केवल विचारों के क्षेत्र की चीज नहीं है। वह दुनिया में उभरती हुई एक शक्ति है। इसलिए 81 कम्युनिस्ट पार्टियों की मास्को घोषणा को सामान्य विचार-दर्शन के वक्तव्य के रूप में उतना नहीं देखना चाहिए, बल्कि उसे विभिन्न परिस्थितियों में ठोस रूप में लागू करके देखना चाहिए। घोषणा-पत्र अब भी, विश्व की पूँजीवादी-व्यवस्था के विघटन और विनाश की चर्चा करता है, पूँजीवादी सम्बन्धों के कारण उत्पादन की शक्तियों के बाधित होने की बात करता है और यह कहता है कि 'स्वचालन' और 'नवीकरण' कामगारों पर और भी कहर ढाएँगे, लेकिन पूँजी और श्रम के बीच का वर्ग-संघर्ष साम्यवादी कार्यक्रम में अब पहले नम्बर पर नहीं रह गया। सच यह है कि सभ्य देशों में साम्यवाद की सम्भावना कहीं दिखाई नहीं देती,

साम्यवादी स्वयं इसे भूल चुके हैं। पूँजीवादी देशों में श्रमिक-वर्ग को सीमित लक्ष्य बता दिये गए हैं और ये लक्ष्य हैं—नये युद्ध की तैयारी को रोकना और अपनी 'रोजमर्रा की महत्त्वपूर्ण और लोकतांत्रिक माँगों को मनवाना'।

असल में 'क्रान्ति' के बजाय 'शान्ति', परिवर्तन के बजाय 'बचाव', साम्यवादी राज्यों के रक्षण के लिए शान्ति, ये अब महान नारे हो गए हैं। घोषणा-पत्र तीन कार्यक्रम बताता है—शान्ति, समाजवादी निर्माण और उपनिवेशों और भूतपूर्व उपनिवेशों के लिए कार्यक्रम—इनमें से केवल शान्ति वाला कार्यक्रम ही ऐसा है जिसे सम्पूर्ण विश्व के सन्दर्भ में लागू किया जा सकता है। घोषणा-पत्र निकट भविष्य के लिए पूँजीवादी देशों में समाजवाद की सम्भावना का केवल एक ही अवसर देखता है। "यदि साम्राज्यवादी पिपाषुओं ने युद्ध आरम्भ कर दिया तो लोग पूँजीवाद को दफनाकर रख देंगे।" इसके अलावा घोषणा-पत्र केवल यह कहकर सन्तुष्ट है कि वे 'शान्तिपूर्ण तरीकों से समाजवादी क्रान्ति' चाहते हैं और यह कि 'अनेक पूँजीवादी देशों में...सर्वहारा वर्ग प्रतिक्रियावादी, अलोकप्रिय ताकतों को हराकर संसद में दृढ़ बहुमत बना सकता है और आज की संसद जो बुर्जुआ लोगों के स्वार्थ साधन का एक माध्यम है उसे मजदूर-वर्ग के हित-साधन के माध्यम में रूपान्तरित कर सकता है।' इस वक्तव्य की सार्थकता यह है कि इसमें आधुनिक केन्द्रीकृत राज्य को 'समाजवादी क्रान्ति' यानी विकसित पूँजीवादी देशों में क्रान्ति के माध्यम के रूप में स्वीकार कर लिया गया है। साम्यवादी जब पूँजीवादी प्रणाली के केन्द्रीकृत उत्पादन को मान चुके तो ऐसा होना ही था, लेकिन इसे स्वीकार करने में साम्यवादी अब तक शरमाते थे, यद्यपि यह सच है कि जहाँ कहीं भी वे सत्ता में आए उन्होंने इससे कहीं अधिक कसी हुई केन्द्रीकृत राजनैतिक व्यवस्था को संक्रमण कालीन व्यवस्था कहकर अपना लिया है।

मास्को घोषणा का केन्द्र-बिन्दु है समाजवादी व्यवस्था दृढ़ करने की बात। अपने कार्यक्रम में मार्क्स ने 'शहर और गाँव के अन्तर को धीरे-धीरे खतम करने के लिए' खेती के साथ उद्योगों के समन्वय की वकालत की थी। किन्तु पूँजीवादी विकास के साथ इसका मेल नहीं बैठा। सभी मार्क्सवादियों के सामने दो ही विकल्प थे—या तो वे समस्या की ओर से आँख मूँद लेते और अपने गुरु की तरह यह माने रहते कि उत्पादन की पूँजीवादी प्रणाली केवल नये पर्याप्तता के समाज का सृजन ही नहीं कर सकती अपितु श्रमिक मनुष्य की सम्पूर्णता को भी पुनः प्रतिष्ठित कर सकेगी या वे अपने गुरु से आगे जाकर किसी ऐसी व्यवस्था की खोज करते जो इस अन्तर्विरोध की समस्या को हल

करता। कम्युनिस्टों ने पहला रास्ता अपनाया, जिसके फलस्वरूप हम देखते हैं कि मास्को घोषणा में यांत्रिकीकरण और 'स्वचालन' को साम्यवादी समाज में अपरिहार्य माना गया है, जबकि इन्हीं चीजों को, पूँजी-श्रम सम्बन्धों के अलावा, पूँजीवादी देशों में मजदूरों के लिए अत्यन्त घातक माना गया है। खेती के 'बड़े पैमाने के सहकारी फार्मों' में रूपान्तर के कार्य को 'समाजवादी निर्माण' की सबसे कठिन समस्या माना गया है। किन्तु इसके हल होने के बाद भी खेती की समस्या साम्यवादी देशों में उतनी ही बनी रहेगी जितनी पूँजीवादी देशों में, क्योंकि खेती में पूँजीवादी उत्पादन-प्रणाली को लागू नहीं किया जा सकता।

असल में हाल में आजाद हुए देशों के सन्दर्भ में साम्यवाद का जो रुख है और अपने लिए उसने जो भूमिका नियत की है उसे यदि देखा जाए तो वहाँ साम्यवाद एक वैचारिक आन्दोलन के रूप में नहीं, बल्कि विश्वसत्ता के रूप में काम कर रहा है। चीन की क्रान्ति को मार्क्स के सन्दर्भ में समझाने के लिए चीन के माओ-त्से-तुंग ने साम्यवादी दल के नेतृत्व में राष्ट्रीय और समाजवादी क्रान्तियों के समन्वय के सिद्धान्त की खोज की थी। आज यह सिद्धान्त बहुत कुछ पिछड़ गया है, यद्यपि जिन देशों में साम्यवादी दल स्वयं सत्ता में आएँ, वहाँ यह अब भी सार्थक हो सकता है। अब इस सिद्धान्त की जगह पर यह तर्क दिया जाने लगा है कि सामन्तवाद को खतम करने, विदेशी एकाधिपत्य को समाप्त करने, साम्राज्यवादी आर्थिक आधिपत्य को खतम करने, 'और एक स्वतंत्र शान्तिपूर्ण विदेश नीति चलाने, समाजवादी और अन्य मैत्रीपूर्ण देशों के साथ सांस्कृतिक और आर्थिक सहकार में विकास करने के लिए' सभी 'देशभक्त' और 'प्रगतिशील' ताकतों को एक हो जाना चाहिए।

यहाँ कोई विश्व-मन नहीं है। इस वैचारिक लफ्फाजी के पीछे एक आधुनिक पश्चिमी ताकत का मन काम कर रहा है। यदि इसमें से लफ्फाजी को निकाल दिया जाए और साम्राज्यवाद के बदले हुए स्वरूप के सन्दर्भ में उसे देखा जाए, तो इस नीति का अर्थ स्पष्ट हो जाता है। मास्को घोषणा में जब संयुक्त राज्य अमरीका को सबसे बड़ी साम्राज्यवादी ताकत कहा गया है, पश्चिमी जर्मनी और जापान पर अपने आर्थिक साम्राज्य को बढ़ाने के आरोप लगाए गए हैं और फ्रांस व ब्रिटेन को दुराग्रह के द्वारा अपने साम्राज्य बनाए रखने के लिए दोषी ठहराया गया है, तो इनमें इस परिवर्तन की ही ओर संकेत मिलता है। रूस की विदेश नीति के कारण सम्भवतः इस प्रकार का वर्गीकरण सम्भव हुआ है। क्योंकि ब्रिटेन, फ्रांस, बेल्जियम, पुर्तगाल और स्पेन का पुराना उपनिवेशवाद यदि आज के आर्थिक साम्राज्यवाद से ज्यादा दूषित और कठोर नहीं है तो

कम भी नहीं है, भले ही उतना ताकतवर और बारीक न हो। और ताज्जुब की बात है कि अफ्रीका में गोरे अल्पसंख्यकों के शासन की कोई चर्चा नहीं है।

तब सवाल है कि नये साम्राज्यवाद की प्रकृति क्या है? इन सम्बन्धों में शोषण का स्वरूप क्या है? आधुनिक पूँजीवादी राष्ट्रों को भूतपूर्व उपनिवेशों के, आजाद होने के बाद भी, शोषण की शक्ति प्रदान करने वाला तथ्य यह है कि दोनों की उत्पादकता में बहुत बड़ा अन्तर है। असल में पश्चिमी सभ्यता के दायरे के बाहर के जो देश हैं, उनमें पूँजीवाद ने उत्पादन-व्यवस्था को सड़ा डाला है। अल्प विकसित देशों में जो पश्चिमी पूँजी लगाई गई है, शोषण का एकमात्र स्त्रोत वही नहीं है। इससे भी ज्यादा, इन दो प्रकार की अर्थव्यवस्था वाले देशों में, आधुनिक विकसित और अविकसित देशों में, परस्पर माल और वस्तुओं के आदान-प्रदान और इनकी उत्पादकता में जितना ज्यादा अन्तर होगा, शोषण की मात्रा भी उतनी अधिक होगी। वास्तव में, इन देशों के बीच माल का जो विनिमय होता है वह माल देखने में ऊपर से चाहे समान मूल्य वाला मालूम होता हो असलियत में यह विकसित अर्थव्यवस्था वाले देश के मनुष्य के एक घंटे के श्रम से उत्पन्न वस्तु का अल्प विकसित अर्थव्यवस्था वाले देश के मनुष्य के पाँच या दस गुने समय के श्रम से उत्पन्न वस्तु से विनिमय होता है।

मास्को घोषणा एक ओर जहाँ विदेशी पूँजी के बहिष्कार की बात करती है वहाँ इस मूल समस्या का उसके पास कोई समाधान नहीं है। असल में इस सन्दर्भ में पश्चिमी साम्यवादी दिमाग अपने गुरु मार्क्स की इस उम्मीद पर, कि बर्बर राष्ट्रों की अर्थव्यवस्थाएँ धीरे-धीरे पूँजीवादी उत्पादन-प्रणाली को अपना लेंगी, अपना मन टिकाए रहता है। (ऐसा ही हो जाएगा यह बिना किसी प्रकार के तर्क के मान लिया जाता है।) यदि यह मान भी लिया जाए कि वे अपने इस विश्वास के प्रति निष्ठावान हैं, तो उनकी नीति का कुल मिलाकर परिणाम यह होता है कि अतलांतिक गुट के स्थान पर सोवियत रूस और अन्य अपेक्षाकृत विकसित अर्थव्यवस्था वाले साम्यवादी देशों का दूसरे देशों और वर्गों के साथ शोषण का रिश्ता कायम हो जाएगा। इधर साम्यवाद का जो विकास हुआ है उसका सबसे महत्त्वपूर्ण तथ्य यह है कि सोवियत रूस अब पश्चिमी सभ्यता की एक बड़ी सामरिक और आर्थिक ताकत के रूप में बालिग हो चुका है। कभी-कभी ऐसा भी लगता है कि सोवियत रूस के नेता साम्यवादी आन्दोलन में इस प्रकार का लचीलापन पैदा करना चाहते हैं, जिससे आर्थिक दृष्टि से अल्प-विकसित देशों को साम्यवादी बनाए बिना भी उनसे आर्थिक सम्बन्ध

बनाए रखे जा सकें। यह खास तौर से उन देशों के बारे में ज्यादा सही है जिनमें कोई ढंग का साम्यवादी आन्दोलन नहीं हो रहा है।

मास्को घोषणा में, अभी हाल में आजाद हुए देशों में साम्यवादी दलों की देशभक्त शक्तियों के सम्मिलित मोर्चे में एक कनिष्ठ सहभागी के रूप में कल्पना की गई है। इससे भी यह शक होता है कि सोवियत रूस की विदेश नीति की नई जरूरतों के मुताबिक अपने को बदलने की ताकत क्या इन जगहों के साम्यवाद में रह सकेगी? यह सही है कि लोकप्रिय मोर्चे साम्यवादियों के लिए नये नहीं हैं। किन्तु आज की-सी स्थिति पहले कभी नहीं रही। हाल में स्वाधीन हुए अधिकांश देशों में एक भ्रष्ट और लफ्फाजी-पसन्द वामपन्थ को ताकत मिल गई है। यूरोप की ओर झुके हुए मध्यवर्ग से आने वाले ये शासक एक ओर जहाँ लोकहित में काम करने की शपथ लेते हैं, वहीं दूसरी ओर अपने-अपने परिवार और अपने मित्रों के लिए सत्ता और सम्पत्ति प्राप्त करने में लगे हुए बेहद दिखावे और घिनौने प्रदर्शन से भरी हुई जिन्दगी बिता रहे हैं। और इन्हें ही देशभक्त और प्रगतिशील मानकर साम्यवादी अपने को इनसे जोड़ रहे हैं। विदेशी शासन के खिलाफ संयुक्त राष्ट्रीय लोकतंत्रीय मोर्चे के अंग के रूप में जहाँ कहीं भी साम्यवादियों ने अपने को इनके साथ जोड़ा, वहाँ उन्होंने न केवल अपना अलग अस्तित्व बनाए रखा बल्कि अपनी गतिशीलता और स्वतंत्र रूप में काम करने की अपनी क्षमता को भी कायम रखा। एक भ्रष्ट और नौकरशाही शासक-वर्ग के अंग के रूप में भी वे क्या ऐसा कर सकेंगे?

[1961]

हिमालय बचाओ

हिमालय के जैसा मौसम है, हवा भी है, ठंड भी है, और एक मानी में यह ठीक भी है अब हम लोग हिमालय पर कुछ सोच-विचार करें।

सबसे पहले तो हमें अपने दिमाग से यह बात दूर कर देनी चाहिए कि हिमालय किसी तरह का सन्तरी है, पहरेदार। बहुत-से हिन्दुस्तानियों के दिमाग में यह बात घुसी हुई है कि वह दुनिया का सबसे ऊँचा पर्वत है, इसलिए वह हमारा पहरेदार है। लेकिन यह विचार हमेशा उसी जमाने में हिन्दुस्तानियों के मन में आया है जब वे लोग बेखबर रहे हैं। ताकत के दिनों में हिमालय कभी किसी चीज का पहरेदार नहीं रहा। दोनों तरफ की ताकत, हिमालय के उस पार के देशों में अगर ताकत रही है, और हिमालय के इस पार हिन्दुस्तान में अगर ताकत रही है, तो हिमालय सन्तरी और पहरेदार की शकल में नहीं सोचा गया। आना-जाना बहुत रहता था। न जाने कितने दर्रे हैं। उनकी गिनती करें तो सैकड़ों की तादाद में निकलें—पूर्व से पश्चिम तक, खैबर से लगाकर वह जोजिला, नाथूला वगैरह, और सिर्फ ऐसे दर्रे नहीं कि जिनसे सौ, पचास हजार यात्री आते-जाते रहे हों, धर्मवाले या सौदागर, बल्कि लाखों की तादाद में लोग। पलटन कितनी आई-गई है, इसे मुझे बताने की ज्यादा जरूरत नहीं, आखिर खैबर दर्रा तो मशहूर है। हिन्दुस्तान न जाने कितनी बार गुलाम हुआ है, इसी हिमालय के रास्ते से ही ताकत के दिनों में हिन्दुस्तान कितनी बार उस तरफ गया है, चाहे हमला करने न गया हो, यह भी किसी से छिपा नहीं है।

आज भी, अगर पूरा हिमालय पार करके न सही, लेकिन मध्य हिमालय के कुछ इलाकों तक लाखों की तादाद में हिन्दुस्तानी हर साल सफर किया करते हैं। हजारों की तादाद में नहीं, लाखों की तादाद में, क्योंकि बद्रीनाथ निचले हिमालय नहीं, बल्कि मध्य हिमालय का गंगोत्री, केदारनाथ आदि। हर साल 4 लाख, 5 लाख, 6 लाख लोग यात्रा करते हैं, चाहे जिस लिए

करते हों। बहुतों के मन में धर्म ही रहता है, लेकिन जाते तो हैं उतनी ऊँचाई पर चढ़ करके।

जब से पहाड़ों पर चढ़ाई आदमी का एक बड़ा खेल और बड़ा पराक्रम बन चुका है, तब से सरगामाथा की शकल, रास्ते, उसकी गलियाँ—जिस किसी को भी पहाड़ों से दिलचस्पी रही है, उसके लिए एक दूर के शहर की सड़कों से ज्यादा पहचानी हुई हैं। जो कोई भी चढ़ाई करता था, वह किताबें लिखता था—उत्तरी रास्ता, दक्षिणी रास्ता, फिर बर्फ की गलियाँ, जिनके अलग-अलग नाम भी हैं।

ऐसी सूरत में, हिमालय के बारे में पहला खयाल हमें यह बनाना है कि वह हमारा सन्तरी नहीं है। वह दुनिया का सबसे ऊँचा पर्वत है जरूर, बर्फ भी इसमें बहुत है, इतनी बर्फ जितनी और किसी पर्वत में नहीं, लेकिन आने-जाने के रास्ते इसमें बहुत हैं, और कभी इस पार से उस पार आना-जाना रुका नहीं। ताकत के जमाने में यह आना-जाना, अगर इधर वाले लोग ताकत के रहे; तो उधर तक उन्होंने अपना असर जमाया है, और उधर वाले ताकत के रहे, तो इधर तक अपना असर जमाया है। इधर कुछ बरसों में जो कुछ हमें भुगतना पड़ा है, उसका मैं समझता हूँ सबसे बड़ा सबब है दिमाग की कमी। दिमाग के अन्दर इतिहास के बारे में गलत खयाल है—यह गलत खयाल है कि वह तो हिमालय है, इतना ऊँचा है, वहाँ क्या हो सकता है, वह तो हमारा सन्तरी और पहरेदार है और वहाँ के लोग तो एक खास किस्म के लोग हैं, वे अगर अपने पुराने ढंग से रहते हैं, न इधर से न उधर से उन्हें बिगाड़ा जाता है, न बदलने की कोशिश की जाती है, तो कोई खास घबड़ाने वगैरह की बात नहीं।

अब हिमालय गरमा गया है। यह बात मैं आज ही सिर्फ नहीं कह रहा हूँ, आज से कोई 13 बरस पहले, जुमला ही मेरा यह था कि दुनिया के सबसे ठंडे पर्वत भी गरमा रहे हैं, और सिर्फ इसी मतलब में नहीं कि हवाई जहाजों ने उन ऊँचाइयों को खतम कर डाला या लड़ने के नये साज-समान ने सारी शकल बदल दी बल्कि इस मानी में भी कि अब दुनिया में जो-जो विचारधाराएँ चल रही हैं, हिन्दुस्तान और दूसरे देशों में, उनको देखते हुए हिमालय में बसने वाले लोग अब हमेशा एक पुरानी सभ्यता, पुराने तरीके, नाच-गाने, कपड़े-लत्ते में फैले नहीं रह सकते, बल्कि उनको नई दुनिया वाला बनना है। यह बात बिलकुल साफ हो चली थी, जिस किसी के आँख थी उसके लिए, कि हिमालय में बसने वाले लोग अब एक पुराने जमाने के तरीकों में फाँस कर नहीं रखे जा सकते, रखे नहीं रहेंगे। उनको या तो हिन्दुस्तान नये जमाने में

लाएगा और अगर वह लाने से इनकार करता है तो कोई पराया आकर उनको नये जमाने में लाएगा।

इस हिमालय को हमें जरा और अच्छी तरह जानना चाहिए। कभी भी हिन्दुस्तान की पुरानी कविता में या साहित्य में, इतिहास में खैर साफ ही है, इस वक्त जो पुरानी बातों को ज्यादा जानते हैं, उनके दिमाग में हिमालय की सन्तरी वाली शकल नहीं रही, बल्कि रही है एक तपस्या की भूमि की शकल या देवालय की। बर्फ का घर और देवों का घर, ये करीब-करीब एक ही मतलब के शब्द रहे हैं—हिमालय, देवालय। हिन्दुओं के जितने भी छह, सात या आठ बड़े देवता होंगे, उनमें से कम-से-कम दो छोटे देवताओं का मैं इस वक्त जिक्र नहीं करता, वे इधर-उधर भी बसते हैं—तो हिमालय में ही रहते हैं। हिमालय की लड़की है, उनमें से एक। उन दिनों के साथ-साथ वक्त-वक्त पर जो और दो बड़े देवता हैं, या तीन हैं, वे भी किसी-न-किसी शकल में वहाँ बसा दिये गए हैं। देवताओं का या तपस्या का यह इलाका कितना रहा है, यह थोड़ा-बहुत मैं सामने लाने की कोशिश करूँगा। पहले जरा एक मोटी निगाह इस हिमालय पर मैं दौड़ाता हूँ। एक तो निचला हिमालय है। वह करीब-करीब सारा हिन्दुस्तान का राजकीय हिस्सा है। बिलकुल ऐसा आँकड़ा तो मैं नहीं दे सकता जो सैकड़ों में सही हो, लेकिन लाखों में जरूर सही है। इस भारतीय हिमालय की आबादी या थोड़ा-सा इसमें निचले हिमालय का हिस्सा आ जाए क्योंकि कई दफे बड़ा मुश्किल हो जाता है हिन्दुस्तान-पाकिस्तान को अलग-अलग करना—मोटे तौर से करीब आप एक करोड़ आदमी समझो। दूसरा, जो भाई हिमालय है। मध्य हिमालय का ज्यादा बड़ा हिस्सा और ऊपर वाले हिमालय का और भी आगे जाकर उसकी आबादी भी मोटे तौर से करीब दो करोड़ आप समझो। पूरे हिमालय में आखिर आदमी तो बसते ही हैं। बिलकुल हिमालय की जो तराई है, वहाँ का तो कहना ही क्या। उसको मैं छोड़े देता हूँ—तराई वाला हिस्सा, मैदान वाला हिस्सा। मैं तो सिर्फ हिमालय की पहाड़ी जहाँ शुरू होती है, उस आबादी के आँकड़ों को बता रहा हूँ। मोटे तौर से हिन्दुस्तानी हिमालय एक करोड़, और भाई हिमालय जैसे नेपाल है, तिब्बत है, उनकी जनसंख्या दो करोड़ है।

अब हिन्दुस्तानी हिमालय के अलग-अलग हिस्सों को थोड़ा-सा हम जान लें। सबसे पहले तो मैं उस इलाके की बातें बताऊँगा जिसे नेफा कहा जाता है। हिन्दुस्तानी हिमालय का यह हिस्सा करीब-करीब 35 हजार वर्ग मील का है और इसकी आबादी करीब छह लाख है। वहाँ कई तरह के लोग हैं।

जातियों और भाषा के हिसाब से उनके नाम अलग-अलग हैं। अभोर, दाफला, मिशमी, मोनपा जैसी 20-20 जातियाँ हैं। इस हिमालय के बारे में एक खास बात हमें याद रखना है कि वहाँ आबादी घनी नहीं है। जैसे उर्वसीअम् में 35 हजार वर्ग मील पर 6 लाख आदमी हैं, यानी एक वर्ग मील पर कोई 20 से भी कम आदमी पड़े, समझो 16-17 आदमी। इतनी कम आबादी इसलिए है कि वहाँ रहने की इतनी सुविधाएँ नहीं हैं। ऐसे इलाकों में ऊँचाई-निचाई का फर्क, बर्फ के कारण अलगाव, बोलियाँ बहुत किसम की हैं कि इकट्ठा नहीं हो पाते। इसीलिए वहाँ राष्ट्रीय गठन होना इतना आसान नहीं रहा है जितना मैदानी इलाकों में। यह बात सिर्फ उर्वसीअम् में ही नहीं, बल्कि सारे हिमालय में भारतीय हिमालय और भाई हिमालय में—यह कमी रही है। नये जमाने की कसौटी पर वहाँ लोग बँटे हुए हैं, इलाके के हिसाब से बँटे हुए हैं, बोली के हिसाब से, राज्य के गठन के हिसाब से। और अगर हिन्दुस्तानी राज ने अपनी आँख को जरा भी खोलकर रखा होता तो इस बात को अच्छी तरह जान लिया होता है कि यह इलाका बहुत ज्यादा बँटा हुआ रहा है और अगर इसे नये जमाने के लायक बनाना है तो फिर कोई-न-कोई दवा इस्तेमाल करनी पड़ेगी कि जिससे यह इलाका गुँथे, बँधे, एक धागे में समेटा जा सके। क्योंकि नये जमाने की ताकत तभी आया करती है जब कोई इलाका इकट्ठा होता है। इतने छोटे इलाके रह जाते हैं, जैसे मिशमी, जिनकी तादाद कोई 40 हजार या 50 हजार है। उसी तरह से दाफला कुछ हजारों में ही रह जाते हैं। खाली अभोर हैं, जो एक लाख के आसपास पहुँचते होंगे।

हिन्दुस्तान के कौन आदमी उर्वसीअम् में जाते थे? एक तो सरकारी नौकर; दूसरे व्यापारी; तीसरे पादरी। कोई एकाएक आना-जाना रुक गया था बिलकुल, यह बात सही नहीं है। ये तीनों आते-जाते रहते थे। इनके लिए दरवाजे खुले थे। दरवाजा बन्द किनके लिए था? बाकी हिन्दुस्तान के नुमाइन्दा बनकर सचमुच उर्वसीअम् के लोगों के दिमागों को जो बदल सकते थे, उनके लिए बन्द था, और वह क्यों बन्द रहा? आप अचरज करते होंगे कि ऐसी बेवकूफी का काम कैसे किया इस दिल्ली सरकार ने। मैं नहीं समझता कि वह बेवकूफी भी सोचकर किया करती है। आम तौर पर बेवकूफी उससे हो जाया करती है। अगर कोई पुरानी चीज है तो वे उसे चलाते रहते हैं—पुराने कायदे-कानून, पुरानी परम्परा। अंग्रेजों ने उस दरवाजे को बन्द कर रखा था और वह कानून बनी हुई थी, इसलिए वह चालू रह गई।...उस इलाके में कबायली लोग थे, पहाड़ी थे। घने जंगल जहाँ थे वहाँ अगर हिन्दुस्तान के आतंकवादी, हथियारों

से लड़ाई लड़ने वाले, आजादी के लिए पहुँच जाते तो अंग्रेजों को डर था कि वहाँ से वे अपना सारा काम-काज चलाएँगे, उसे अपना पड़ाव बना लेंगे, वहाँ हो सकता है आरजी हुकूमत वगैरह बना लेते। वह बात तो समझ में आती है एक साम्राज्यशाही विदेशी हुकूमत के लिए, लेकिन जब एक देशी हुकूमत आ जाती है तो इसे इन सब पुरानी चालों को समझ करके बदल देना चाहिए। ऐसा इन्होंने किया नहीं। या तो उन्हें फुरसत नहीं थी, या आम तौर से जैसा किया है, अंग्रेजों की हर बात की नकल की, इसलिए इसमें भी नकल कर डाली। गलती हो गई तो उसके लिए पचास तरह के दर्शन बताने लग गए, जैसा कि आम तौर से हिन्दुस्तानियों का तरीका हुआ करता है कि जब कोई गलती हो जाए तो कोई बड़े भारी उसूल की बात कह डालें। ये कहते हैं कि मैदान के व्यापारी या मैदान के पैसे वाले लोग वहाँ आकर बस न जाएँ, जमीनें खरीद न लें, इसलिए हमने सीमा बन्द कर रखी थी। यह बात बिलकुल गलत है। उसके लिए दूसरे कानून बन सकते थे, जमीन के कानून कि किसी मैदानी को जमीन खरीदने का हक नहीं रहेगा। अगर और इसी तरह की जरूरतें थीं तो उसके कानून बन सकते थे। लेकिन हिन्दुस्तानी के लिए 35 हजार वर्ग मील को बन्द रखना, यह किसी नीति के हिसाब से, किसी कानून के हिसाब से, किसी लोक-कल्याण के हिसाब से सही नहीं साबित किया जा सकता।

हाँ, इतना मैं आपको बता दूँ कि इसमें साल में दो-तीन दिन के लिए साधुओं के लिए भी यह इलाका खुला छोड़ दिया जाता है—खोल दिया जाता है क्योंकि वहाँ एक परशुराम कुंड है, जो पुराने परशुराम से ताल्लुक रखता है। और यह एक शहर है जिसका नाम है रुक्मिणी नगर। वह शहर तो नहीं है, मामूली-सी बस्ती है। वहाँ शहर क्या? वह बहुत ऊँचे जाकर बिलकुल ऊपरी हिमालय में है। लोगों का खयाल है कि किंवदन्ती चली आई है, वह कहाँ तक सच है, कहाँ तक गलत है इस बात को छोड़ दीजिए, यह भी हो सकता है कि कृष्ण के जमाने से शायद वह कहावत नहीं आ रही है बल्कि कुछ हिन्दुस्तानियों ने, हो सकता है मध्यकालीन युग में या पुराण युग में उन कबायली मिशमी लोगों को बता दिया कि तुम तो रुक्मिणी के खानदान के हो। मैं इस बहस में नहीं पड़ता कि कब बात चली। यह बात 80 बरस पहले चली या 800 बरस या 1800 बरस पहले, या कृष्ण के जमाने से चली आ रही है यानी तीन एक हजार बरस पहले या चार एक हजार बरस पहले, लेकिन यह बात वहाँ के लोगों में धँसी हुई है कि वे रुक्मिणी की औलाद हैं या रुक्मिणी उनके घर की थी। वह है रुक्मिणी नगर। परशुराम कुंड तक तो साधुओं और

यात्रियों को साल में दो-तीन दिन जाने देते हैं, लेकिन रुक्मिणी नगर में, जहाँ तक मुझे मालूम है, कभी किसी को जाने नहीं दिया, अगर वह व्यापारी या पादरी या सरकारी नौकर न रहा हो। इतना तो सभी जानते ही हैं कि किसी एक कौम की, किसी देश की राष्ट्रीयता को ले जाने के लिए अगर सबसे खराब तबके कोई ढूँढ़ने हों, तो फिर ये तीन हैं। इनमें भी खराबी का आप ओहदा या रुतबा बना सकते हैं। सबसे ज्यादा खराब तो हैं सरकारी नौकर, क्योंकि उनके कारण से उर्वसीअम् के लोगों को हिन्दुस्तान की सरकार और जनता का जो पता चला वह भाईचारे का नहीं था, लोकनीति का नहीं था, वह नौकरशाही का था, और नौकरशाही के स्वाद से अगर कोई कौम का तबका किसी दूसरी कौम या तबके का पता चलाना चाहे, तो वह बहुत ही गलत और खराब होगा। इसमें कोई शक नहीं।

उसी तरह से जो भारतीय हिमालय का कुमाऊँ या दार्जिलिंग वाला हिस्सा है, उस पर मैं कुछ ज्यादा इस वक्त नहीं कहूँगा। हाँ, कुछ अच्छे दिलचस्प किस्से जो मेरे साथ बीते, थोड़े-बहुत मैं बता देता हूँ कि हिमालय का कितना स्थान है हिन्दुस्तान के इतिहास में, साहित्य में, और लोकमन में। लोकमन सबसे बड़ी चीज है। वैसे, इन सब चीजों को मैंने स्कूल-कॉलेज नें नहीं पढ़ा है, लेकिन लोकमन हिमालय के साथ कितना जुड़ा हुआ है, वह इसी बात से साबित है कि मेरे साथ एक संस्कृत का प्रोफेसर बद्रीनाथ की यात्रा में हो लिया और रास्ते-भर यानी तीन दिन में जो किस्से और श्लोक उन्होंने मुझे सुनाए, वे अब तक कम या ज्यादा दिमाग में हैं। जैसे उन्होंने मुझे किस्सा बताया कि मध्य हिमालय में जहाँ बद्रीनाथ है, और दूसरे इलाके, वहाँ पार्वती की तपस्या की अब तक दो जगहें हैं। उनके नाम भी अब तक ऐसे हैं कि जो पार्वती की याद दिलाते हैं। उस इलाके को शहर, कस्बा या गाँव कहना गलत होगा, क्योंकि बड़े निर्जन स्थान होते हैं। एक का नाम है परणा जहाँ पार्वती पत्ता खाती हुई तपस्या करती थी, परणा, पत्तेवाली। दूसरे का नाम है अपरणा, बिना पत्ते। जब वह तपस्या करते-करते और आगे बढ़ना चाहती थी तो पत्ता खाना भी उसने छोड़ दिया। दोनों में कोई सात-आठ मील का फर्क है। एक जगह गरम सोते का पानी है, शायद अपरणा में। और फिर, कालिदास तो सबसे ज्यादा रस और रंग के कवि हैं। संस्कृत में कालिदास ने लिखा और सबसे बड़ा है कुमारसम्भव। शिव तक पिघल गए। मैं समझता हूँ बर्फ भी पिघली होगी। मेरे बोलने के तरीके से आप समझ गए होंगे कि मुझे इस बहस से मतलब नहीं कि शिव और पार्वती हुए या नहीं हुए। यह बहस उठाना ही फिजूल है, हालाँकि

कुछ लोग साबित करने की कोशिश करते हैं कि शिव महाराज शुरू में बहुत बड़े इंजीनियर थे जो गंगा को ऐसी पहाड़ियों से तोड़कर लाए जहाँ वह कैद पड़ी हुई थी, इसीलिए हिन्दुस्तान में उनकी बहुत बड़ी इज्जत हो गई। इन सब किस्सेबाजियों को मैं पसन्द नहीं करता। असल में वे देवताओं की शकल में ही हिन्दुस्तानी दिमाग में आए हैं। शिव महाराज के मुँह में कालिदास ने जो श्लोक रखा है वह क्या है? पार्वती से आकर शिव कहते हैं कि यह तुम क्या कर रही हो, क्यों इतनी तकलीफ उठा रही हो? पहले अपने शरीर को ठीक रखो, फिर उसके बाद दूसरे कोई धर्म तुम्हें मिल सकेंगे। वह सारा इलाका है बद्रीनाथ वाला, परणा-अपरणा वाला, गंगोत्री-गोमुख वाला।

वैसे, मैं तो माना तक गया था। माना हिन्दुस्तान का सबसे आखिरी गाँव है। सर्दी के दिनों में वह खाली हो जाता है। गर्मी के दिनों में बसता है। वहाँ अपने जो देशवासी रहते हैं, उनका नाम, उनकी जाति का नाम है तालचा और मालचा। वे कैसे लोग हैं उसकी एक तसवीर मैं आपको बताए देता हूँ। जब मैं बद्रीनाथ से लौटकर आ रहा था, तो बगल से एक तालचा या मालचा लड़की बहुत तेजी के साथ निकल गई। एक आवाज सर्र जैसी हुई और फिर मैंने देखा, पर चेहरा तो मैं उसका देख नहीं पाया था। मैंने देखा कि एक लड़की अपने दोनों हाथों को पीठ के पीछे कोहनी से मोड़ करके रखे हुए है और थोड़ा-सा सामने की तरफ झुकी हुई ऐसी तेजी से जा रही है कि जैसा किसी हट्टे-कट्टे नौजवान के लिए मैदान में चलना मुश्किल हो जाए। शरीर तो, जिसको आम तौर पर आप लोग कहते हो, अप्सरा जैसा शरीर, जितना मैं देख पा रहा था, क्योंकि वह इतनी तेजी से चली जा रही थी कि पता नहीं चल पा रहा था। मन में मैंने बहुत मनाया कि वह जरा पीछे मुड़कर देखे, तो देखूँ तो सही चेहरा कैसा है। लेकिन वह मुड़ी नहीं, और इतनी देर बाद जाकर मुड़ी कि मैं बहुत अच्छी तरह से देख नहीं पाया उसके चेहरे को। लेकिन इतना मुझे याद है कि जो किस्से-कहानियाँ हम लोग अप्सराओं के बारे में, किन्नरियों के बारे में, सुना और पढ़ा करते थे, उसका एक नमूना उस दिन मुझे देखने को मिला। कैसी शरीर की ताकत और उसके साथ-साथ सुन्दरता, और किस ढंग से वह चली जा रही थी, वह अलकरमणा तो थी नहीं, वह तो तेज चली जा रही थी और श्रोंणी का भार था नहीं, वह तो पीठ पर सामान का बंडल रखे हुए थी।

इस इलाके के लोग अपने भाई-बहिन हैं, अपने देशवासी हैं। माना में उस ठंड में जाकर रहते हैं। बद्रीनाथ माना, बद्रीनाथ का सारा इलाका इस वक्त बर्फ से ढँका हुआ होगा। वहीं जाकर मुझे पता लगा कि क्यों हमारे पुरखे यहाँ

तपस्या करने आते थे। बर्फ के बारे में मुझे पहले ही पता था। कुछ थोड़ा-बहुत उस बर्फ को देखा, दूर वाली बर्फ को, जैसे नीलकंठ वाली बर्फ को और कंचनजंगा वाली बर्फ को। बचपन से ही बर्फ देखता आ रहा हूँ। फिर एकाएक खयाल आया जब लोगों ने मुझे यह बताया कि यह पूरा इलाका बर्फ से ढँक जाता है, सिर्फ वह जगह जहाँ गरम पानी का सोता है, थोड़ा-सा खुला रहता है, लेकिन दूर से देखने पर वह भी ढँका हुआ दिखाई देता है। गंगा भी बर्फ से ढँक जाती है। सब बर्फ, सब सफेद। मुझे एकाएक लगा कि दुनिया में अगर कोई चीज है जो सब चीजें बराबर कर देती है तो वह बर्फ है, और कोई चीज नहीं। बद्रीनाथ की उसी यात्रा में एक बार मैंने रात के कोई साढ़े ग्यारह-बारह बजे पहाड़, गंगा, छोटी-मोटी झोंपड़ियाँ, इन सबको अलग-अलग देखने की कोशिश की। रात बहुत हो चुकी थी, अँधेरा था इसलिए पहले दस-पन्द्रह मिनट कुछ नहीं दिखाई पड़ा। सब बराबर-सा दिखाई पड़ा। लेकिन कोई पच्चीस-तीस मिनट के बाद कुछ थोड़ा आकार दिखाई पड़ने लगा। चाहे जितना अँधेरा हो, कुछ-न-कुछ दिखाई पड़ने लग जाता है। लेकिन जब बर्फ गिर जाती है, सब चीजों पर गिर जाती है, मकान पर, पहाड़ पर, नदी पर, तो फिर सब समान हो जाता है। और, मैं समझता हूँ ऐसे ही किसी इलाके में खड़े होकर शंकराचार्य ने वह बात कही होगी—*एकोऽवशिष्यच्छिव: केवलोऽहम*—वही एक है, और कुछ नहीं—एक वशिष्ठ, एक शिव, एक केवल। तो यह है हिमालय। हिन्दुस्तान के साथ कितना जुड़ा हुआ है वह। अगर मैं थोड़ी भी बात आपके सामने रख पाया हूँ तो यह है भारतीय हिमालय।

हालाँकि, असल में वह भाई हिमालय का किस्सा होगा लेकिन मैं सिक्किम को अलग देश नहीं मानता, है भी नहीं। वह तो एक मानी में हिन्दुस्तान का एक जिला है। बहुत-से लोग भूटान, सिक्किम वगैरह गिना जाया करते हैं, लेकिन सिक्किम तो, थोड़ी-बहुत बातों को छोड़कर हिन्दुस्तान का एक जिला जैसा है। तो वहाँ जो तिब्बत के साथ बहुत घना व्यापार चला था, करीब आठ-नौ बरस चला, गंगटोक में और कलिम्पोंग में भी चला, कलिम्पोंग वाला हिस्सा आप चाहे छोड़ दो। गंगटोक को लो। गंगटोक में एक पुराना बाजार है। पुराने बाजार के अलावा वहाँ एक बिलकुल नया बाजार अब बस गया। बड़ी चहल-पहल, याक और सामान ढोने के दूसरे जानवर। याक तो एक तरह के गाय या बैल समझो...हम लोगों ने पूछा क्या-क्या सामान वहाँ जाता है? दो बार मैं गया हूँ गंगटोक। पता चला कि न सिर्फ खाने-पहनने का सामान, बल्कि काफी और सामान जाता था, जो छोटी-मोटी लड़ाई में भी काम आ जाए, जैसे लोहे

के कुछ पहिये या मशीन या मोटरसाइकिल, ऐसे भी सामान गए और खैर, खाने-पहनने के तो बहुत ही गए। तब उनकी तरफ से आता क्या था? चाँदी के डालर, 1909-10 वाले जब कि चीन में एक दूसरी हुकूमत थी, उसके चाँदी के डालर। कई करोड़ रुपयों का व्यापार हुआ। हिन्दुस्तान के व्यापारियों को चाँदी के डालर बहुत प्रिय होते थे, क्योंकि उनको गलाकर काफी नफा होता था। दस-पन्द्रह करोड़ रुपयों का व्यापार हुआ हो उन दिनों, तो आसानी से 15 करोड़ में से तीन-चार करोड़ रुपयों का नफा हुआ हो, या पाँच का हुआ हो तो मुझे ताज्जुब नहीं होगा। यह सिलसिला 7-8 बरस तक चलता रहा। मुझ जैसे लोगों को ताज्जुब हुआ कि यह क्या हो रहा है। आखिर कहाँ यह व्यापार हमको ले जाएगा। लेकिन हिन्दुस्तान की सरकार और हिन्दुस्तान के व्यापारी इतने ज्यादा लालची हैं कि उनको अपने देश की मर्यादा, देश के हित और देश की ताकत का मान नहीं रहा करता जब वे ऐसी चीजें चलने देते हैं।

यह तो मैंने आपको गंगटोक की हालत बताई। वैसे, थोड़ा-सा भूटान के नीचे, तराई में, जहाँ से भूटान जाने का रास्ता है, वहाँ की कुछ बातें मैंने देखी थीं और सुनी थीं। एक चीनी वहाँ लकड़ी का कारखाना चला रहा था, और खुशी से हिन्दुस्तान की सरकार उसे कारखाना चलाने देती थी। भूटान की राजधानी में जो थोड़े-बहुत मकान राजा या राजा के दरबार के लिए बनाए गए थे, उनका बनाने वाला भी चीनी था। चीनियों की हालत कैसी थी, यह माकूम वाले किस्से से पता चलती है। माकूम एक हिन्दुस्तानी चाय बागानों का कस्बा है। वहाँ से चारों तरफ के चाय के बगीचों से सम्बन्ध रहता है। वहाँ चीनी लोगों की काफी बस्ती हैं। उनके होटल रेस्तराँ भी हैं। वे आपस में खेलते-कूदते भी हैं। कुछ-काफी तादाद में चीनी वहाँ बस भी गए हैं। इस सिलसिले में मैं एक चीज और बताए देता हूँ। हम हिन्दुस्तानी एक बात में बड़े नालायक हैं। एक बात में क्या, बहुत-सी बातों में, लेकिन इस बात में जिसका मैं जिक्र करता हूँ वह यह है कि वहाँ से आया हुआ चीनी कैंटोन से या दक्षिण चीन से यहाँ असम और उर्वसीअम् के इलाके में बसता है यहाँ के लोगों से दोस्ती करता है, उनके साथ उठता-बैठता है, खाता-पीता है और शादियाँ कर लेता है, उन्हीं के जैसा बन जाता है और अपने देश के प्रति ऐसे इलाकों में ममता जगाता है। और हम हिन्दुस्तानी, खैर दोस्तियाँ तो करना जानते हैं लेकिन शादी-विवाह करना नहीं जानते, इसलिए कि वह पता नहीं कौन जाति के हैं, पता नहीं कौन धर्म के हैं। खाने-पीने में भी हममें से कई लोग एक दूसरे ढाँचे में ढले हुए हैं। मैं यह मान सकता हूँ

कि कोई आदमी मांस खाता है, कोई नहीं खाता है। यह फर्क रहे। लेकिन यह कि किसी के साथ खाने-पीने में हमारी जाति चली जाएगी, किसी के साथ शादी होने पर हम कहाँ अपना मुँह दिखाने लायक रह जाएँगे, मैं नहीं मानता। नतीजा होता है कि हिन्दुस्तान का जो प्रतीक जाता है इन इलाकों में, चाहे वह सरकारी नौकर हो, चाहे वह व्यापारी हो, वह उनमें उनका बनकर नहीं रह सकता, उनके मन को अपनी तरफ नहीं खींच पाता। चीनी लोग तो बाकायदा मार्गेरिका में, लीडो में, न जाने कितनी जगहों पर बस गए हैं।...

...मैंने तो बहुत बरसों पहले से कहा है कि इस भारतीय हिमालय के लिए हो सके तो एक नीति बनाओ, अलग से मंत्रालय जरूरी हो तो बनाओ। मिसाल के लिए उन सब पहाड़ियों में जहाँ छत की जैसी खेती होती है, कुमाऊँ वगैरह में, यानी छोटा-सा टुकड़ा पहाड़ से छीन लिया, फिर उसके ऊपर छोटा-सा टुकड़ा छीन लिया, फिर उसके ऊपर छोटा-सा टुकड़ा छीन लिया। इसी तरह, इस पूरे हिमालय की घाटियों में सैकड़ों मील की फलों की खेती कराई जा सकती है, एक तरह की फल सेना भरती करके। वहाँ के लोग मेहनत बहुत करते हैं। जैसे बद्रीनाथ जाते वक्त कुलियों को आप देखते होंगे, कि वे अपनी पीठ पर मन-डेढ़ मन का बोझा लाद करके 12,000 फीट ऊँचा चढ़ते हैं या एक-दो आदमियों को डंडी में बैठा कर वही 12 हजार फीट ऊँचा ले जाते हैं। ये लोग कम मेहनत नहीं करते। माथे से पट्टी बाँधते हैं और उससे डेढ़ मन बोझ ढोते हैं। वह माथा क्या रह जाता होगा, यह सवाल अलग है। यही लोग किसी और काम में लगाए जा सकते हैं। मैंने लोगों से एक बार कहा था कि यहाँ तो कानूनी तौर से आदमी आदमी को न ढो सके, ऐसा कानून पास कर देना चाहिए। इस पर उन्होंने कहा कि ये क्या खाएँगे बेचारे। इसका तो सीधा-सादा जवाब है कि अगर निजी दायरा न कर सके तो सरकारी दायरे की तरफ से सैकड़ों मील की खेती हो। तो, हिमालय का एक मंत्रालय हो, हिमालय के बारे में आर्थिक योजना बना करके पूरे सैकड़ों मील की बात सोचने के लिए कुछ लोग हों जो उस काम को करें जिसमें कि वहाँ के लोग नये जमाने के लायक बनें।

इस वक्त सब जगह के लोग टूटे हुए हैं। कुछ तफरीह के, कुछ हँसी के, मजाक के, या खुशी के पात्र बन गए हैं। ऐसी सूरत में, भारतोय हिमालय को नये जमाने के लायक बनाना बहुत ही जरूरी हो गया है। इकट्ठा करना, उनके मन को बाँधना, राष्ट्रीयता लाना, उनमें एक तरह की विश्व नागरिकता भी खड़ी करना, उनके खेती-कारखानों को सुधारना, उनके बगीचों को, उनके

फलों की नई खेती को। यह सारा इलाका पुकार-पुकारकर कह रहा है जो हमने खो दिया वह तो खोया ही है। पता नहीं कब उसको वापस ले सकेंगे।

...इसी दिल्ली में शायद पहली दफा हम लोग हिन्द सरकार से टकराए थे नेपाल के मामले को लेकर। तब हिन्द सरकार ने हम लोगों पर आँसू की गोलियाँ चलाई थीं और नेपाल वाला मामला उठा था। वहाँ से राणाशाही खतम हुई, राजा आए, और पहले राजा थे त्रिभुवन, अब हैं राजा महेन्द्र। मैंने सुना है कि राजा त्रिभुवन को कुछ अन्दाज लग गया था कि क्या होने वाला है और वे यह नहीं चाहते थे कि नेपाल का विदेश मामला और रक्षा का मामला नेपाल के ही हाथ में रहे। उन्होंने हिन्द सरकार के सामने एक प्रस्ताव रखा कि हम स्वतंत्र रहें अपने इलाके में, अपने राज को हम खुद चलाएँ, हमारे यहाँ लोकशाही कायम होगी, चुनाव होंगे, सरकार हमारे यहाँ बनेगी, लेकिन मेहरबानी करके पलटन का मामला और विदेश का मामला हिन्द सरकार अपने हाथों में ले ले। वह नहीं लिया गया। जैसा मैंने आपसे कहा, इसके दस्तावेज तो हैं नहीं। जिन लोगों ने मुझे यह खबर दी, उनसे मैंने पूछा, कहीं तुम्हारे पास चिट्ठी-पत्री है, उसकी नकल ही हो। उन्होंने कहा यह एक ऐसा मामला है कि हमारे यहाँ कुछ नहीं है। जो कुछ होगा, दिल्ली की सरकार के राष्ट्रीय अभिलेखागार में होगा। मुझे उस बारे में भी कुछ खबर मिली है कि उसमें कोई कागज ज्यादा अड़चन वाले होते हैं तो उन्हें हटा देना कोई बड़ा मुश्किल काम नहीं हुआ करता। अच्छा, अगर यह बात सही है और हिन्दुस्तान ने नेपाल के विदेशी और पलटनी मामलों को हाथ में लेने से इनकार किया तो उसका सबब क्या है? साफ है कि हिन्दुस्तान का दिमाग विश्वशान्ति और दूसरे देशों की खुदमुख्तारी के मामले में इतना ज्यादा जालों से ढँक गया है, कई तरह के भ्रम, कई तरह के जाल कि वे सोच नहीं पाते कि कब क्या जमाना आने वाला है और क्या करना चाहिए। उन्होंने यह अन्दाज लगा रखा था कि अब तो दुनिया शान्ति की तरफ जा रही है, कुछ बिगाड़ होने वाला है नहीं, चीन हमारा दोस्त है। तो अगर हिन्दुस्तान नेपाल के विदेश और पलटनी मामले अपने हाथों में लेता है तो बाकी दुनिया को बेमतलब यह कहने का मौका दे देता है कि हिन्दुस्तान तो विस्तारवादी है, हिन्दुस्तान तो अपना फैलाव कर रहा है। खुद नेपाल के अन्दर कुछ लोगों को मौका मिल जाएगा हिन्दुस्तान के खिलाफ बातचीत करने का। यह तो खैर बिना मामला लिये ही मौका आ गया। यह बहुत अचरज की बात है और बहुत शर्म की बात है कि इतना हमारा दोस्त, इतना गहरा भाई नेपाल जिस पर इतना हमारे दूसरे लोग नाज किया करते थे, इस हिन्द-चीन

के मामले में कैसा किनारे खड़ा रहा। यह तो मैं नहीं कहूँगा कि उसने चीन का साथ दिया, लेकिन उसे हिन्दुस्तान का साथ देना चाहिए था, जो उसने नहीं किया। अब इस पर खाली उसी को दोष दोगे तो काम नहीं चलेगा। दोष आखिर हमारा भी तो रहा है। एक की तो अभी मैंने मिसाल दी कि हिन्दुस्तान ने नकली और झूठी विश्व आजादी के मोह में फँसकर अपनी हिमालय की और उत्तर की नीति को ठीक-ठाक नहीं चलाया। यह काफी बड़ा सबूत है। इसके अलावा और भी सबूत मैं देता हूँ।

भूटान, और जो यह जिला सिक्किम है बार-बार मैं इसको जिला ही कहना चाहूँगा, कुछ बातों में सिक्किम का राजा जरूर एक जमींदार के मुकाबले में ज्यादा ताकत वाला है—उसकी जनता लोकशाही के लिए पिछले कई बरसों से लड़ रही है। सैकड़ों की तादाद में लोग जेल गए। जिस तरह से नेपाल में हजारों की तादाद पहुँच पाई, और एक बार तो मामला ऐसा हो गया कि छोटी-मोटी लड़ाई भी हो गई थी और आरजी हुकूमत कायम हुई थी विराटनगर वगैरह में, उस तरह से भूटान और सिक्किम में कोई पलटनी लड़ाई तो नहीं हुई वहाँ के राजाओं के खिलाफ, लेकिन सत्याग्रह वाली, जेल जाने वाली लड़ाइयाँ दोनों जगह हुईं। भूटान में फैल नहीं पाई। उसका सबब यह रहा कि भूटान बहुत दूर था। वहाँ हमारे जैसे लोगों का आना-जाना तो बिलकुल बन्द था। खबरें तक नहीं पहुँच पाती थीं। एक किस्सा पता नहीं कहाँ तक सही है। उस इलाके में इतना ज्यादा आतंक इतना ज्यादा अज्ञान है कि जो भी दस-पाँच आदमी आए, वही कार्यकर्ता, वही नेता। एक नेता को भूटान की हुकूमत ने जिन्दा एक बोरे में बाँध दिया और उसे एक नदी में फेंक दिया। इस तरह की कई एक घटनाएँ हुई हैं, लेकिन एक का तो मुझे नाम समेत पता दिया गया। भूटान और सिक्किम में खास बात ध्यान देने वाली यह है कि हालाँकि वहाँ के दरबार और राजा की जाति और उनके कुटुम्ब तिब्बती पैदाइश के हैं—तिब्बती नहीं, तिब्बती पैदाइश के—लेकिन लोगों की जनसंख्या का बड़ा हिस्सा नेपाली पैदाइश का है।

अब यह बात बिलकुल साफ हो जाती है कि अगर नेपाल के साथ हम लोगों की नीति ठीक-ठाक रही होती और नेपालियों का मन हिन्दुस्तानियों के मन के साथ मित्रता और भाईचारे के धागे में बँध गया होता तो फिर भूटान और सिक्किम का मामला अपने-आप हल हो जाता। नेपाली पैदाइश का खास असर पड़ता। उस जमाने में नेपाली लोग मुझे भी कुछ अपना आदमी समझते थे, तो जहाँ कहीं इन इलाकों में मैं चला जाता था, बड़े प्रेम और आदर के

साथ वे मुझसे मिला करते थे। वह चीज नेपाल के साथ बढ़ क्यों नहीं पाई। ...नेपाल के साथ हिन्दुस्तान ने जो भी रवैया अपनाया वहाँ क्या था? कूटनीति का था। चतुराई का था। होना क्या चाहिए? सिर्फ पड़ोसी नहीं, बहुत नजदीक के पड़ोसी, रिश्तेदारी है, भाई है। वह चीन और रूस वाला भाई नहीं जैसा रूसी कहता है कि चीन तो हमारा भाई है। वह तो खाली दिमागी भाई है। यहाँ तो भाईपन बिलकुल एक ही मुल्क जैसा है। उस नेपाल के साथ कौन-सी नीति चलानी चाहिए थी? कूटनीति नहीं, लोकनीति। वैसे तो आज पूरी दुनिया में अन्तरराष्ट्रीय सम्बन्ध ज्यादा कूटनीति पर चलाने ही नहीं चाहिए। रूस के सबसे अच्छे दोस्त, चीन के सबसे अच्छे दोस्त कौन होते हैं? कूटनीति वाले। जैसे रूस की हिन्दुस्तान के साथ दोस्ती कूटनीति वाली है। लेकिन रूस की रूमानिया, या पोलैंड, या चेकोस्लोवाकिया या चीन व मुखतलिफ देशों की जो कम्युनिस्ट पार्टियाँ हैं, उनके साथ दोस्ती कूटनीति वाली नहीं लोकनीति वाली है, विचार वाली है, वह इनकलाब के लिए लड़ने वालों में जो मोहब्बत होती है, वैसी नीति है। लोकनीति है, राजनीति। मुझे ऐसा लगता है कि हिन्दुस्तान की सरकार ने नेपाल के साथ अपना सम्बन्ध ज्यादा कूटनीति के आधार पर रखा। वहाँ की जनता, वहाँ की जनता के संगठन के साथ सम्बन्ध गहरा नहीं रखा। कहा जा सकता है कि कांग्रेस पार्टी की सरकार है; अगर कांग्रेस पार्टी सीधे नेपाल के मामलों में दखल देने लग जाए तो कुछ नेपाली लोगों को बुरा लगे और वह एक मौका ढूँढ़ करके हिन्दुस्तान के खिलाफ जेहाद बोल दें। यह भी मैं माने लेता हूँ। ऐसी हालत में हर एक सरकार यह कोशिश किया करती है कि जनता के अन्दर कुछ ऐसे संगठन खड़ा करके कि जिनके कामकाज के लिए उनकी कोई जिम्मेदारी न आए उनके जरिये से वह लोकनीति चलाया करे क्योंकि आखिरकार नेपाली हमारे सिर्फ पड़ोसी नहीं, हमारे भाई हैं। जो भी नेपाली, 80 लाख 90 लाख हैं, उनका मन, उनके खाने-पीने का स्तर, उनकी विचारधारा, उनके सोचने के तरीके, जब तक पक्की तौर से एक तरफ आजादी पसन्द और दूसरी तरफ सच्चे मानी में विश्व-शान्ति वाले और हिन्दुस्तान से दोस्ती वाले नहीं बनते तब तक नेपाल के साथ हमारा सम्बन्ध ठीक रह नहीं सकता। खाली कूटनीति के आधार पर नहीं।

मुझे शक होता है कि जब नेपाल के राजा दिल्ली सरकार से बात करते थे तब बात के तराजू को ऐसी डंडी मार दी जाती थी कि नेपाल का राजा भी अपने मन में थोड़ा खुश हो कि हिन्द सरकार मेरे जैसा कुछ सोच रही है या कम-से-कम मेरे कामों में दखल नहीं देगी। और जब नेपाली कांग्रेस के नेता

दिल्ली सरकार से बात करते थे, तब बात के तराजू की डंडी कुछ ऐसी मार देती थी दिल्ली सरकार कि नेपाली जनता का प्रतिनिधि सोच बैठता था कि दिल्ली सरकार कुछ हमारी तरफ झुकी हुई है। और मैं यह बहुत दृढ़ता के साथ कहना चाहता हूँ कि ऐसे मामलों में सरकार को दोनों के साथ बिलकुल एक जैसी बात करनी चाहिए थी, कुछ हेर-फेर नहीं, बिलकुल खुली एक-सी, बिना लल्लो-चप्पो की, बिना डंडी मारे हुए ताकि नेपाल के राजा और प्रधानमंत्री दोनों को अच्छी तरह मालूम हो जाता कि दिल्ली सरकार की क्या राय है। कोई गलतफहमी की गुंजाइश नहीं रहती और हिन्दुस्तान की राजनीतिक पार्टियों या संगठनों में ऐसे लोग रहते, संगठन रहते जो नेपाल की पार्टी और संगठन के साथ न सिर्फ ऊपरी भाईचारा रखते, बल्कि विचार का, मन का भाईचारा रखते। ऐसे भाईचारे से क्या फायदा कि नेपाल की गद्दी को खाली इस्तेमाल कर लिया जाए इसलिए कि कभी कोई अन्तरराष्ट्रीय सम्मेलन हो तो वे भी चार आदमी बैठ जाएँ हम भी चार आदमी बैठ जाएँ, आपस में कुछ थोड़ी मोहब्बत की बातें हो जाएँ, और जरूरत पड़ने पर जब चुनाव आएँ तो वे हमारी मदद कर दें। इस तरह से राष्ट्र की नीतियाँ नहीं चला करतीं। नेपाल से हमारी दोस्ती के मानी होते थे कि नेपाल में अन्दरूनी राजनीति में चाहे सरकार, चाहे गैर-सरकार, चाहे कोई राजनीतिक पार्टी के जरिये से विचार और कर्म का ऐसा सम्बन्ध जोड़ा जाता कि दोनों इलाकों के लोगों का मन एक दिशा में चलता। जब मन एक दिशा में चलता तब ताकत होती। चीन की क्या ताकत, यही तो उसकी ताकत थी। चाहे वह राक्षसी ढंग से इस काम को करता है, मुझे उसका काम कतई पसन्द नहीं, लेकिन चीन की ताकत इसलिए बढ़ जाती है कि चीन इन सब इलाकों के लोगों के मन ऐसे बदलता है कि मन उसके मन के साथ पहुँच जाता है और फिर सब इलाकों के लोग एक दिशा में चल पड़ते हैं। नेपाल में ऐसा नहीं हुआ। इतना मुझे नेपाल, भूटान, सिक्किम के बारे में कहना था।...

अब तिब्बत। तिब्बत की बात तो कई बार मैं दोहरा चुका हूँ। उसे तो खाली गिना देता हूँ। एक भाषा; दूसरे लिपि; तीसरे रहन-सहन; चौथे धर्म; पाँचवें जमीन का ढलाव; छठे इतिहास; सातवें लोकइच्छा। इन सातों कसौटियों पर तिब्बत चीन का हिस्सा हरगिज नहीं है। चीन से ज्यादा हिन्दुस्तान के नजदीक है, मैं हिस्से की बात नहीं कह रहा हूँ। मैं यह नहीं कहना चाहता कि तिब्बत हिन्दुस्तान का अंग है, लेकिन तिब्बत का और हिन्दुस्तान का बिलकुल नजदीकी सम्बन्ध है? अगर मोटी, बाजारू भाषा में मुझे कहना पड़े, तो तिब्बत

तिब्बत है, स्वतंत्र है, उसका अपना ढंग है, उसके लोगों की स्वतंत्र रहने की इच्छा है। वही सबसे बड़ा सत्य है, क्योंकि मैं यह कहना चाहता हूँ, चाहे जितने सत्य किसी तरफ जा रहे हों लेकिन अगर किसी बड़े इलाके के लोग चाहते हैं कि वे स्वतंत्र रहें तब वही बात सबसे बड़ी हुआ करती है। तिब्बत के लोग स्वतंत्र रहना चाहते हैं। उनका इलाका कोई पाँच लाख वर्ग मील का है। उनकी आबादी कोई 40-50 लाख की है। वह कोई छोटा-मोटा इलाका तो है नहीं। रहन-सहन का उनका ढंग रहा है। उनका अपना इतिहास है। स्वतंत्र रहना चाहते हैं; उनको स्वतंत्र रहना चाहिए। लेकिन उसके बाद दूसरे नम्बर का सवाल उठता है कि तिब्बती किसके ज्यादा नजदीक हैं। अस्सी सैकड़ा वे हिन्दुस्तानियों के नजदीक हैं तो मुश्किल से 15-20 सैकड़ा वे चीनियों के नजदीक होंगे। इससे ज्यादा उनका चीन से कोई ताल्लुक है नहीं।

मुश्किल यह है कि पिछले हजार बरसों में जो कुछ घटनाएँ हुई हैं वे कौन-सी? जब तक इतिहास पर एक लम्बान की दृष्टि से सोच-विचार नहीं करेंगे बड़ी चीज को पकड़ नहीं पाएँगे। पिछले हजार बरसों में हिन्दुस्तान गिरा हुआ रहा, पिटा हुआ रहा है। गुलाम रहा है, कमजोर रहा है।...क्या इनके सबब रहे, उसे छोड़ दीजिए। हम यह मानकर चलें कि पिछले हजार बरस में हिन्दुस्तानी नपुंसक रहा है और परदेशी अपनी ताकत से इस मुल्क को, गुलाम बनाता रहा है। बाबर आता है परदेशी की शकल में तो फतह करता है मुल्क को और तैमूर लंग का तो कहना ही क्या! और जब बाबर की औलाद बहादुरशाह की शकल में देशी बन जाती है, तो शायरी करने के सिवाय उसके पास और कुछ रह नहीं जाता। देशी और परदेशी की यह लड़ाई रही और इस हजार बरस में जो कुछ भी हिमालय के बारे में हुआ है, सन्धियाँ, लड़ाई, या हिमालय के ऊपर राजकीय अधिकार, उसको नजीर या उदाहरण बनाकर यह कहना कि यह हिमालय की शकल है, निहायत गन्दी बात होगी। पिछले हजार बरस को ही क्यों देखा जाए? क्यों न पिछले दो-तीन हजार बरस को देखा जाए, चार हजार बरस को देखा जाए? आखिर पिछले हजार बरस में चंगेज खाँ और कुबलाई खाँ भी तो हुए हैं। उसके अलावा, चीनी राजाओं की कभी ताकत रही, वे आगे बढ़े, हमारे हिमालय की तरफ भी किसी-किसी जमाने में आए। और हम हिन्दुस्तानी पिछले हजार बरस में कभी भी अपने मुल्क के बाहर की बात सोचने के लायक थे ही नहीं। मुल्क के अन्दर की बातों में ही इतना फँसे रहते थे कि हमेशा हमको गुलामी से बचने के लिए तैयार रहना पड़ता था, लड़ाई करनी पड़ती थी। यह रही हिन्दुस्तान की हालत। हमेशा

बार-बार मैं अर्ज करूँगा कि पिछले हजार बरस के इतिहास और सुलहनामों को कोई भी हिन्दुस्तानी कभी उदाहरण के रूप में न ले। यह बड़ी भारी गलती होगी, अगर वह लेगा।

तिब्बत और चीन के मामलों में जितने भी सुलहनामे हैं, उनसे एक बात तो यह साबित होती है कि चाहे 10-15-20 बरस के लिए ही सही क्यों न हो, तिब्बत ने चीन के ऊपर राज किया। अगर सुलहनामों को ही आप आधार बनाना चाहते हों तो क्यों न चीन को तिब्बत के मातहत बना दिया जाए? दूसरे, यह बात साबित होगी कि जो कोई सुलहनामे मिलते भी हैं तिब्बत और चीन के सम्बन्ध बताने वाले तो वे सिर्फ इतना बताते हैं कि तिब्बत का राजा चीन को किसी प्रकार की भेंट दिया करता था। उसे सत्ता नहीं, एक तरह का दूर का आधिपत्य कहा जा सकता है। अन्दरूनी मामलों में कोई मतलब रहता नहीं था तिब्बत के राज से, उस वक्त भी जब चीन की ताकत ज्यादा होती थी। अन्दरूनी मामलों में बिलकुल नहीं, विदेशी मामलों में भी नहीं क्योंकि तिब्बत ने जाने कितनी सन्धियाँ की हैं दूसरे देशों से, बिना चीन के रहते हुए, या चीन जिसमें दखल नहीं देता था।

इसी सिलसिले में एक बात और ध्यान देने लायक है। वह यह है कि हिन्दुस्तान में अंग्रेजी सरकार के काम करने के तरीके और दृष्टि। एक बड़ी बढ़िया किताब छपी थी। मुझे नहीं मालूम कि उसका अंग्रेजी में तर्जुमा हुआ या नहीं हुआ। प्रो. हेरमन ओंकिन ने एक किताब लिखी है, छोटी है, 125 सफे की, लेकिन मैंने बहुत कम किताबें पढ़ी हैं जो ऐसी दिमाग की दिशा को बताने वाली हों, और वह किताब है, 'अंग्रेजी विदेश नीति : एक सौ बीस बरस या हिन्दुस्तान की पलटनी सुरक्षा का सवाल।' जर्मन लोग अपनी किताब के नाम बड़े लम्बे रखा करते हैं। किताब के नाम से ही आप समझ गए होंगे कि लन्दन की विदेश नीति 125 बरस यानी पूरी उन्नीसवीं सदी और 20वीं सदी के कुछ बरस में ऐसी रही है कि उसका अगर कोई केन्द्र ढूँढ़ना हो, या कि उसकी सबसे बड़ी बात, तो उसकी सबसे बड़ी बात यह थी कि किस तरह से हिन्दुस्तान को सुरक्षित रखो सेना के हिसाब से। और हिन्दुस्तान को सुरक्षित करने में अंग्रेजों के दुश्मन कौन होते थे? एक तरफ फ्रांस; दूसरी तरफ रूस; और तीसरी तरफ जर्मनी। फ्रांस, रूस और जर्मनी, इन तीनों से अंग्रेजों की होड़ चलती थी।

इस लम्बे किस्से को छोटा करके, इतना ही मैं बता दूँ कि जब रूस से अंग्रेज अपनी होड़ चलाता था और रूस से डरता था कि कभी रूस हिन्दुस्तान पर कब्जा न कर ले तो उसे जरूरत थी किसी ऐसे दोस्त को पकड़ने की जो

कमजोर हो, और कमजोर की हुकूमत या इलाके में वह कम-से-कम अपनी मैनेजरी कायम कर देता। उसने ऐसे दोस्त को पकड़ा। चीन 19वीं सदी में कमजोर रहा है। अंग्रेजों ने चीन को पकड़ा। औरों ने भी पकड़ा, लेकिन ज्यादा अंग्रेजों ने। चीन का सम्राट और जो भी सन्धि, सुलहनामे पुराने थे, बड़े लचर थे, पतले थे। उनका सहारा लेकर अंग्रेज ने चीन के आधिपत्य को तिब्बत पर कायम किया कानूनी ढंग से और उसको असल में चलाया खुद, क्योंकि वे चीन की तरफ से बोल सकते थे, काम कर लेते थे।

और इनका यह नया तरीका नहीं। हिन्दुस्तान में जब भी उन्होंने अपनी हुकूमत कायम की तो शुरू में उन्होंने अपने नाम से राज नहीं चलाया। राज चलाया मुगल के नाम पर और खुद बन गए मैनेजर। बंगाल में जब उन्होंने अपनी पहली हुकूमत कायम की तो पहले 5-10 बरस तक अंग्रेजों की सीधी हुकूमत नहीं थी। वह तो नवाब की थी और नवाब के नाम पर ये मैनेजर बन गए मुनीम। यह अंग्रेजों का तरीका रहा, और हर अक्लमन्द कौम का यही रहता है जो दुनिया के ऊपर—अक्लमन्द मत कहो, अक्लमन्द और बदमाश कौम का—राज करना चाहती है।

जब चीनी लोग अंग्रेजों की नजीर देते हैं कि अंग्रेजों ने मान ली थी तिब्बत के ऊपर चीन की सत्ता, तो अंग्रेजों ने इसलिए मानी कि चीन का राजा कमजोर, नपुंसक था इसलिए उसकी सत्ता मान ली और उस सत्ता का इस्तेमाल उन्होंने खुद किया। तिब्बत के ऊपर इनका सिक्का चलता था। तो, अंग्रेजों का तिब्बत के ऊपर चीन की सत्ता मान लेना कोई भी मतलब नहीं रखता। यह तो 18वीं सदी की होड़ का नतीजा रहा है। उनके अपने अन्तरराष्ट्रीय रिश्तों को चलाने के तरीकों का नतीजा रहा है।

और जब चीन वाले कहते हैं कि यह मैकमोहन रेखा तो अंग्रेजों की बनाई हुई है, साम्राज्यशाही रेखा है तो मैं खुद भी कहता हूँ कि यह साम्राज्यशाही रेखा है, मैकमोहन रेखा उसकी असली रेखा नहीं। असली रेखा बनानी है तो कहीं और बनेगी। पहले तो मैं यह सबब बतलाना चाहता हूँ कि मैकमोहन रेखा तो अंग्रेजों की बनाई हुई है, साम्राज्यशाही की है, लेकिन तिब्बत के ऊपर चीन का आधिपत्य साबित करने के लिए अंग्रेजों के कायदे-कानून और जुमलों तथा अंग्रेजों की लिखी हुई बातों को क्यों चीनी लोग इतनी अहमियत देते हैं। एक तो कह देते हैं कि साम्राज्यशाही की और उन्हीं अंग्रेजों की बातों को सिर पर चढ़ाकर कहते हैं नजीर की तरह कि देखो अंग्रेजों ने भी मान ली, तुम कौन होते हो इसे इनकार करने वाले। मैं कहना चाहता हूँ कि तिब्बत के ऊपर चीन

की प्रभुसत्ता मानने के लिए अंग्रेजों की साम्राज्यशाही चालें बहुत बड़ा सबब रही हैं और इसलिए उनको लेकर कोई खास उदाहरण नहीं दिया जा सकता।

इस मैकमोहन रेखा के मामले में तिब्बत का जो कैलाश मानसरोवर वगैरह का इलाका है—मनसर का एक बड़ा प्रमाण मैंने दिया ही है—उसके अलावा मोटा-सा सवाल है। कौन कौम है जो अपने बड़े देवी-देवताओं को परदेश में बसाया करती है? छोटे-मोटे को बसा भी दे लेकिन बड़ों को, शिव और पार्वती को परदेश में बसाएँ? यह कभी हुआ है? उन्हें कब बसाया, मैं नहीं कह सकता। शिव-पार्वती के किस्से कब गढ़े गए? मैं तो बिलकुल एक आधुनिक आदमी की तरह बोल रहा हूँ। हो सकता है कि कुछ आधुनिक लोग कहें कि अन्तरराष्ट्रीय बहस में कूटनीति की बहस में शिव-पार्वती को क्यों लाते हो? मैं मानकर चलता हूँ कि ये किस्से कभी भी गढ़े, कभी भी ये किस्से बनाए गए, हिन्दुस्तानियों ने बनाए। कब बनाए इसके ऊपर तहकीकात करो। मान लो 400-500 बरस पहले बनाए या 4-5 हजार बरस पहले। जब भी ये किस्से बनाए गए तब कैलाश और मानसरोवर भारत का हिस्सा जरूर रहा होगा तभी तो कैलाश और मानसरोवर में इन बड़े देवी-देवताओं को बसाया, नहीं तो और कहीं बसाते। खाली पिछले 2-3 सौ बरस की टूटी-फूटी, सड़ी किसी सन्धि को, दस्तावेज को लेकर साबित कर देना कि तिब्बत चीन के साथ जुड़ा हुआ है, यह कोई मतलब नहीं रखता है। तिब्बत में कैलाश और मानसरोवर का इलाका है। कैलाश और मानसरोवर हिन्दुस्तान का कभी-न-कभी रहा होगा। यह बात बिलकुल तय है। एक तो मनसर की सबब से और दूसरे कैलाश मानसरोवर की सबब से। और खैर, जमीन का ढलाव, ये सबब जो होते हैं, उनके ऊपर हिन्दुस्तानी और चीनी अफसरों ने बड़ी लम्बी-चौड़ी बातें की हैं। वह इलाका ले लो जहाँ की नदियाँ चीन की तरफ बहती हैं। लेकिन इधर जो बहती हैं, वह तो बिलकुल साफ कैलाश और मानसरोवर और पूर्ववाहिनी ब्रह्मपुत्र का इलाका है।

इसलिए, बार-बार मुझ जैसे लोगों ने कहा है कि मैकमोहन रेखा हिन्दुस्तान और चीन की रेखा तो है ही नहीं, थी नहीं, हो नहीं सकती, होनी नहीं चाहिए। अगर तिब्बत आजाद रहता है तब हम अपने कैलाश और मानसरोवर के इलाके का जो कभी हिन्दुस्तान के राजकीय हिस्से थे, तिब्बत की रखवाली में रख सकते हैं; क्योंकि तिब्बत हमारा भाई है नेपाल की ही तरह, करीब-करीब। लेकिन अगर तिब्बत आजाद नहीं रहता है तब हिन्दुस्तान और चीन की सीमा-रेखा मैकमोहन न हो करके और 70-80-90 मील उत्तर जा करके

जहाँ पर कि कैलाश और मानसरोवर हैं, होती है। हो सकता है कि कुछ कहें कि यहाँ तो 15 अगस्त, 1947 की रक्षा कर ही नहीं पाते, जो 1947 को मिला था तो मैकमोहन से भी 70-80 मील दूर उत्तर जा रहे हो। इस पर मेरा एक छोटा-सा ही जवाब होगा। हिन्दुस्तान की गद्दी पर हमेशा नपुंसक लोग नहीं बैठे रहेंगे। इसके अलावा मेरा और कोई जवाब नहीं है। हिन्दुस्तान की जनता कभी-न-कभी इन मामलों के ऊपर सोच-विचार करके तय करेगी।

...यह हुई कुछ भाई हिमालय के बारे में मोटी बातें। एक चीज से आपको जरूर बचकर रहना है कि इस इलाके के बारे में—हिमालय भाई हिमालय और भारतीय हिमालय—एक गलतफहमी चीनियों ने बड़ी अच्छी तरह से फैलाई, असल में शुरुआत उन्होंने नहीं की। शुरुआत तो की है दूसरों ने। मेरी समझ से जो यह पादरी-क्रिस्तान पादरी हुआ करते थे—बड़े लायक हुआ करते थे। कोई-कोई इतिहास भी पढ़ा करते थे, किताबें भी लिखते थे। उन्होंने खोज-खाजकर एक बात को निकाला कि हिमालय के इलाके में मंगोल लोग बसते हैं। हम भी इसी इतिहास को पढ़ते हैं। हमारे बच्चों को करीब-करीब हर स्कूल, कॉलेज में क्या सिखाया जाता है? शुरू का जो हिस्सा है, इतिहास का, उसमें बताया जाता है कि आर्य, मंगोल, द्रविड़ ये सब जातियाँ थीं जो अलग-अलग इलाकों में बसी हुई हैं और इधर-उधर फैलती हैं और हिमालय के इलाके में जो लोग बसे हुए हैं नेपाली या तिब्बती या मोनपा या अभोर या डाफला इन सबको मंगोल नाम दिया जाता है। और हम 45 करोड़ हिन्दुस्तानी भी इस गलतफहमी के शिकार बन जाते हैं। प्रत्यक्ष अपनी आँखों से देखते हैं कि चीनी का पीला रंग, चपटी नाक और तिरछी आँखें। हिमालय के उन लोगों को छोड़ दीजिए जो भारतीय हिमालय के, कश्मीर के या कुछ हिमालय प्रदेश और पंजाब के इलाके में पड़ते हैं, लेकिन ज्यादातर ये तिरछी आँख और चपटी नाक और पीले रंग ने इतना सितम ढाया है हिन्दुस्तानी दिमाग के ऊपर कि यह सोच बैठा है कि हिमालय तो ऐसे लोगों से बसा हुआ है कि जो चीनियों के साथ ज्यादा नजदीक हैं।

इस सम्बन्ध में एक बात बता दूँ कि परदेशी को हम जब देखते हैं, अगर बड़ी सावधानी से न देखें, खूब गौर करके उसके एक-एक अंग को, तब तक परदेशी के नख-शिख को पहचानने में बड़ी कठिनाई हुआ करती है। अपने-आपस के जो देशी लोग हैं उनको देख लेना तो आसान होता है। उनका क्या नख-शिख है, उनका क्या रंग है, वह जानने भी लगते हैं क्योंकि दिन-रातें उनको देखा करते हैं। लेकिन परदेशी सामने आया जैसे बर्मी है, चीनी है,

तिब्बती है, नेपाली है तो इतना फौरन आँखें हमारे दिमाग को सन्देशा पहुँचा देती हैं कि यह परदेशी है, और जहाँ यह सन्देशा पहुँचा कि यह परदेशी है कि आँखें और दिमाग दोनों ढीले पड़ जाते हैं, ज्यादा गौर से देखते नहीं, समझ बैठते हैं सब एक जैसे हैं, तिरछी आँखें, चपटी नाक, पीला रंग वगैरह-वगैरह। अगर हम गौर से देखें जिस तरह से अपने देश में गौर से देखते हैं या उनको जिनके साथ बहुत ज्यादा नाता-रिश्ता रहा है गौर से देखते हैं तो फर्क मालूम पड़ जाएँगे। वास्तव में देखा जाए तो हिमालय के इलाके में जो लोग बसते हैं उनका चीनियों के साथ शारीरिक सम्बन्ध भी करीब-करीब नहीं है। दिमागी तो है नहीं, लिखावट, भाषा का भी नहीं, लेकिन शारीरिक सम्बन्ध तक भी नहीं है। जिन्हें आप मंगोल कहते हो, मंगोलिया के लोग, कुबलाई खाँ और चंगेज खाँ वाले लोग, उन मंगोलों के साथ चीनियों का बहुत कम रिश्ता है। 60 करोड़ चीनी जनसंख्या में से तीन-चौथाई से बल्कि सच पूछो तो 60 करोड़ में 50 करोड़ के आसपास—40-50 करोड़ दो जातियों से बनी है जिनका आधार था 3-4 हजार बरस पहले एक तो हान जाति और एक मंचू जाति। मंगोल से उसका कोई ताल्लुक नहीं था। और हिमालय के इलाके में जो लोग बसते हैं, उनका 3-4-5 हजार बरस पहले कोई मंगोल सम्बन्ध शायद रहा हो, हान और मंचू से तो बिलकुल नहीं था, हालाँकि मुझे उसमें भी शक है, अभी जो मैंने परदेशी वाला तर्क बताया उसके कारण। लेकिन पिछले तीन हजार बरस में तो यह तर्क बिलकुल गलत है, क्योंकि पिछले तीन हजार बरस में रक्त-बीज के सिद्धान्त ने बहुत ज्यादा काम किया है।

रक्त-बीज का सिद्धान्त क्या है? जिस तरह से पौधों का बीज होता है, उसी तरह से अलग-अलग कौमों को मिलाने का जो रक्त-बीज होता है, उसकी सबब से यह हिमालय का इलाका बिलकुल ही मंगोल या चीन से अलग पड़ गया है और यह इलाका नख और शिख के हिसाब से अपनी अलग खास हैसियत रखता है जो हैसियत उसकी अपनी खुद की है। मैं उसे मानता हूँ लेकिन अगर किसी के नजदीक है तो वह ज्यादा हिन्दुस्तान के नजदीक है। शारीरिक ढंग से भी नजदीक है। भाई हिमालय के इलाकों को तो आप जानते ही हो, लेकिन तिब्बत और नेपाल वाला इलाका, भूटान वाला इलाका और उसके साथ—मैं तो खैर, चीन की मौजूदा ताकत को देखते हुए, यह बात जरा बड़े मुँह की हो जाएगी हालाँकि ताकत तो क्या उसकी है, हमारी बेवकूफी की सबब से ताकत उसकी रही है—सिक्यांग भी जो चीन का एक सूबा है, वह भी चीन से दूर है, शायद इस हिमालय वाले इलाके के नजदीक हो और उस

मानी में हिन्दुस्तान के भी नजदीक हो। तो इन सब बातों पर ध्यान करते हुए मैं आप सब लोगों से अर्ज करूँगा कि हिमालय के इस पूरे चित्र को अपनी आँखों के सामने रखें।

जो दो श्लोक उसी बद्रीनाथ की यात्रा में, संस्कृत के अध्यापक ने मुझे सुनाए और कम-से-कम 12-15-20 दफे सुना होगा, उनका दिमाग पर असर रहा। बद्रीनाथ का पूरा रास्ता, जोशीमठ है करीब 7000 फीट की ऊँचाई पर, वहाँ तक तो अभी मोटर पहुँच जाती है। जोशीमठ अब नाम पड़ गया है। लोग कहते हैं कि शंकराचार्य ने जब उसे बसाया था तो ज्योतिर्मठ था। ज्योतिर्मठ से जोशीमठ हो गया। तो जोशीमठ तक मोटर जाती है। उसके बाद 7 हजार से 12 हजार फीट तक पैदल जाना पड़ता है। बड़े सुहावने दृश्य मिलते हैं जो दिमाग पर हमेशा का असर डालने वाले हैं, और शान्ति का कितना जबरदस्त असर पड़ता है। कहीं छोटे-मोटे झरने, पानी जरा-जरा-सा सैकड़ों जगह पहाड़ों में, कोई पहाड़ 2 हजार फीट ऊँचा है, कहीं पर 1 हजार फीट ऊँचा है। पानी के नाले बह रहे हैं, अलग-अलग जगहों के नाम बताए जा रहे हैं, कहाँ कौन-सा हिन्दुस्तान के साथ सम्बन्ध था। उसी हिमालय के बारे में कालिदास ने कुमार सम्भव में जो दो सबसे पहले श्लोक लिखे हैं, फिर मैं आपको बता दूँ, सन्तरी वाले श्लोक नहीं, वे श्लोक हैं हिमालय की तपस्या के बारे में, देवालय तो नहीं लेकिन सारी दुनिया के लिए हिमालय की कितनी जबरदस्त जगह रहती है उसके बारे में। उसका अर्थ मैं पहले बता देता हूँ, फिर मैं श्लोक पढ़ दूँगा। उत्तर दिशा में एक पर्वतराज है जिसका नाम है हिमालय, जो पूर्व और पश्चिम के समुद्र में इस तरह गोता लगाए हुए बैठा है जैसे दुनिया को नाप रहा हो, जिसके हजारों अनन्त किस्म के, अनेक किस्म के धन हैं, रत्न हैं, फिर भी एक दोष जो उसकी तकदीर को खराब करता है, नहीं जाता, और वह है बर्फ, हिम जिससे उसका नाम पड़ा हिमालय। लेकिन अगर गुणों का समूह, इकट्ठा हो जाए—सब गुण-ही-गुण हों, तो एक दोष के होने से कुछ बिगड़ता नहीं, जैसे चन्द्रमा की किरणें आती हैं तो उसके एक दोष को, धब्बे को, वे छिपा लिया करती हैं। अब मैं यह दो श्लोक पढ़ देता हूँ। मैंने कई बार अध्यापकों से कहा कि आप कोशिश करो, पता लगाओ, चीनी साहित्य में, वाङ्मय में, चीनी कथाओं, किंवदन्तियों में भी, कि हिमालय के लिए कुछ है क्या? कोई कविता इस ढंग की है, इस पैमाने की या इस तरह के किस्से-कहानियाँ हैं। अभी तक किसी ने वह मुझको ढूँढ़कर नहीं दिया। शायद है भी नहीं। इस पैमाने का तो खैर है ही नहीं, लेकिन कोई छोटे पैमाने का भी नहीं है अगर

कोई हिन्दुस्तानी विद्यार्थी या प्रोफेसर इस काम को करे तो बड़ा अच्छा होगा। एक तरफ तो पिछले 3-4 हजार बरस का हिमालय का हिन्दुस्तानी दिमाग के लिए स्थान और दूसरी तरफ चीनी दिमाग के लिए हिमालय का स्थान, इसका पता चलेगा। मेरा जो खयाल है वह बिलकुल साबित हो जाएगा कि चीन का हिमालय के साथ सम्बन्ध बहुत नाजुक है और वह चंगेज खाँ और कुबलाई खाँ जैसों तक ही सीमित है और हिन्दुस्तान का हिमालय के साथ सम्बन्ध वैसा ही है जैसा देश के कई इलाकों का या भाई इलाके का। वे श्लोक हैं :

अस्त्युत्तरस्यां दिशि देवात्मा हिमालयो नाम नगाधिराज:।
पूर्वापरौ तोयनिधि वगाह्य स्थित पृथिव्या इव मानदंड:।
अनन्त रत्न प्रभवस्य यस्य हिमं न सौभाग्य विलोपि जातम्।
एको हि दोषो गुणसन्निपाते निमज्जतीन्दो: किरणेष्विवांक्॥

अब इस हिमालय की रक्षा करने की बारी आ गई।...अभी जो पिछले ढाई-तीन महीनों में चपत खाई है, उसके और सबब न बताकर खाली इतना कहूँ कि हिन्दुस्तानी दिमाग में सरकार ने खास तौर से और जनता ने भी, इस हिमालय की अवहेलना की है जो हिमालय हमारे साहित्य, हमारी किंवदन्ती, हमारी कथाओं, हमारे देवालयों के साथ जुड़ा हुआ है, और कैसी अवहेलना की है उस वक्त जब हिमालय के एक हिस्से पर चीनियों ने अपना कब्जा जमाया, अक्साईचिन का रास्ता बनाने के लिए, सिक्यांग और तिब्बत से सड़क। एक बार चीन ने तिब्बत पर अपनी प्रभुसत्ता कायम करने के लिए अपना सबसे बड़ा जरनैल सेनापति भेजा था, यह दिखाने के लिए कि हम तिब्बत के मालिक हैं। वह सेनापति किस रास्ते से आया था? गंगटोक के रास्ते आया था। हिन्दुस्तान ने उसे रास्ता दिया था, और यह आज ही मुझे किसी ने बताया कि दलाई लामा ने, जब अंग्रेजी राज खत्म हुआ और चीनियों ने तिब्बत की तरफ आँखें उठाईं तो चार खत लिखे थे। एक अंग्रेजों को; एक अमरीकियों को, एक हिन्दुस्तान को और चौथा किसे, यह उन साहब को याद नहीं रहा। दलाई लामा की एक किताब निकली है। अभी वह हिन्दुस्तान में काफी संख्या में नहीं आई है। सभी का यही जवाब आया—अमरीका का तो यह कि बड़ी दूर है मामला और भौगोलिक कारणों से हम इसमें दिलचस्पी नहीं ले सकते; अंग्रेजों का यह कि हम अपना हाथ धो चुके हैं इस मामले से, हिन्दुस्तानी जाने और आप जानो; और हिन्दुस्तानियों का जवाब कि अच्छा हुआ, आप चीनियों से दोस्ती कर लो। एक राक्षस ने एक नन्हे बच्चे की हत्या की थी।

जिस वक्त यह हत्या हुई थी उस वक्त हिन्दुस्तान में बहुत कम लोग बोले। प्राय: सभी अचेत थे, चीन से दोस्ती करने की इतनी उत्कट इच्छा हो रही थी कि सब नीति, सब धर्म, सब आदर्श भूलकर न सिर्फ चुप रहे, बल्कि उस हत्या में किसी हद तक मदद पहुँचाई, यह कहकर कि चीन से समझौता कर लो, चीन से दोस्ती कर लो।

और लद्दाख के इलाके पर जब दूसरी बार चीन ने कब्जा किया, 13 बरस पहले तिब्बत पर, 6-7 बरस पहले लद्दाख पर, और सिक्यांग और तिब्बत में सड़क बनाने के लिए लद्दाख का इस्तेमाल किया, तब दिल्ली सरकार के अफसरों ने क्या कहा था? वह जुमला भी अपने मुँह से निकालना बहुत ही गन्दी चीज है। मैं समझ नहीं सकता कि किसी हिन्दुस्तानी के मुँह से वह जुमला कैसे निकल सकता है, सो भी प्रधानमंत्री के मुँह से। वह था कि लद्दाख का कुछ इलाका जो चीनियों के कब्जे में चला गया है, वह ऐसा है, पथरीला है, ऊसर है, और उस पर घास की एक दूब तक उगती नहीं। इसमें कई दोष हैं। एक दोष हो और कई गुण हों तो वह छिप जाता है। इसमें तो दोष-ही-दोष हैं। मातृभूमि का कोई भी टुकड़ा परदेशियों के हाथ में चला जाए तब उसके बारे में निरादर के शब्द कहना सपूत का नहीं, कपूत का काम है। जब वह परदेशियों के कब्जे में न रहे, अपना हो, स्वतंत्र हो, खुदमुख्तारी वहाँ पर हो, तब उसको सुधारने के लिए जो भी आप बोलो, लेकिन जब वह परदेशियों के कब्जे में चला जाए उस वक्त उसका निरादर करना क्या मतलब रखता है। सिर्फ इतना ही नहीं, हम इतिहास को लेकर के और आज के भूगोल और आर्थिक जीवन को लेकर बड़े गुमान के साथ बातें कह दिया करते हैं कि फलाना हिस्सा तो मतलब रखता है, फलाना हिस्सा नहीं रखता, यह जमीन पथरीली, वह जमीन खराब है, सो अब ऐसी बातें कहना बन्द करो। एक तरफ तो कहेंगे दुनिया बदल रही है, तेजी से बदल रही है, अणुशस्त्र बन रहे हैं, विज्ञान बढ़ रहा है और दूसरी तरफ जमीन के बारे में इस तरह से मजबूती के साथ एक पुराने खयाल को बताएँ, क्या मतलब रखता है? खाली घास ही उगा करती है। हो सकता है कि वही जमीन औरों के हाथ जाकर कुछ ऐसी चीजें पैदा कर दे कि जिससे बाद में हिन्दुस्तान सरकार को सोचना पड़े, कहना पड़े कि अरे वह हिस्सा तो बड़ा ही मतलब वाला था, क्योंकि खाली घास ही तो नहीं उगा करती, कई दफे खनिज-पदार्थ भी मिल जाया करते हैं, कई दफे न जाने और कौन-सी चीजें मिल जाया करती हैं। उस मानी में भी यह जुमला खराब है।

...जो नीतियाँ हैं विदेश और रणनीति उन्हें बाद में ही उठाऊँगा। अभी खाली बार-बार मैं यही कह सकता हूँ कि यह हिमालय, निचला पूरा-का-पूरा और मध्य हिमालय का काफी बड़ा हिस्सा हिन्दुस्तान का अंग रहा है, राजकीय अंग रहा है, और बाकी जितना हिमालय है तिब्बत, नेपाल जैसा, वह भाई हिमालय रहा है, चीन का उससे कोई सरोकार नहीं रहा और इसी हिमालय की रक्षा करना ताकत का सवाल है। यह ताकत किस तरह की होगी, कब आएगी यह बात अलग है। लेकिन कम-से-कम हम अपना दिमाग तो बनाएँ कि हिमालय कौन? अगर हमारे दिमाग में वह फितूर बना रह गया तिब्बत वाला, अंग्रेजी साम्राज्यशाही के दस्तावेजों वाला, मंगोल वाला या यह कि एक उधर वाली ताकत के साथ दोस्ती रखने के लिए इन सब सच्चे मामलों के ऊपर पर्दा डाल देना है, तब हम हिमालय पर कुछ भी सोच-समझ नहीं पाएँगे।

[1963]

कुजात गांधीवाद

अहिंसा लगभग हमेशा ही मेरे विचारों का एक मूलाधार रही है। यह सच है कि देश के अन्दरूनी मामलों में, और अन्तरराष्ट्रीय विवादों में अहिंसा के प्रयोग के बीच में मैं हमेशा फर्क करता रहा हूँ, और अन्तरराष्ट्रीय मामलों में अहिंसा के प्रयोग के बारे में मुझे कुछ शंका रही है। फिर भी, अन्तरराष्ट्रीय अहिंसा तार्किक दृष्टि से आवश्यक रही है, और उसकी एक धुँधली-सी उम्मीद भी रही है। भारत-चीन संघर्ष के प्रत्यक्ष रूप में शुरू होने के बाद से मैं बाध्य होकर ताकत के साथ हथियारों के इस्तेमाल का समर्थन करता रहा हूँ। कोई गलतफहमी न रहे, इसलिए मैंने जान-बूझकर अपनी बात कुछ बढ़ा-चढ़ाकर रखी है। मैंने कहा कि अणुबम अगर मिल सके तो वह भी हासिल करना चाहिए। मैं किसी और के घर में दखल करने के लिए हथियारों का इस्तेमाल नहीं करूँगा, लेकिन जब मेरे अपने देश पर हमला होता तो फिर जो भी हथियार जरूरी हो और मिल सके, उसका इस्तेमाल करने से मैं नहीं चूकूँगा।

लगभग पन्द्रह साल पहले यूरोप की एक राजधानी में मैंने कहा था कि महात्मा गांधी और अणुबम, हमारी सदी की यही दो मौलिक देने हैं, और इस सदी के बीतने के पहले एक पर दूसरे की विजय हो जाएगी। उस समय श्री एच. एन. ब्रेल्सफोर्ड ने पूछा था कि क्या लेनिन हमारे युग की एक और मौलिक घटना नहीं थे। मैंने उत्तर दिया था कि लेनिन केवल मार्क्स की एक प्रतिध्वनि थे, जिस पर श्री ब्रेल्सफोर्ड ने आगे जोड़ दिया था, 'जो इतिहास के गलियारों में गूँजकर बड़ी हो गई।' आज मैं निश्चित रूप से नहीं कह सकता कि प्रतिध्वनियाँ जिन आवाजों से पैदा होती हैं, हमेशा उनसे कम निर्णायक या कम ताकतवर ही होती हैं। लेकिन यहाँ यह सवाल नहीं है। सोचना यह चाहिए कि क्या गांधी जी और अणु-बम सचमुच एक-दूसरे को पूरी तरह काट देते

हैं, जैसा कि मैंने पहले सोचा था, और यह कि मैंने अन्तरराष्ट्रीय अहिंसा की सम्भावनाओं को खोजने की कोशिश क्यों नहीं की।

भारतीय स्थिति की एक खासियत यह है कि लम्बे अरसे से भारतीय लोगों का अपना कोई राज्य नहीं रहा। लगभग एक हजार सालों तक कोई भारतीय राज्य नहीं था। जब भी कोई परदेशी शासन देशी बनने लगता, कोई नया हमलावर आकर उस पर हावी हो जाता। सारी व्यवस्था फिर गड़बड़ हो जाती। कभी कोई देशी और सशक्त राज्य विकसित नहीं होने पाया। पिछले एक हजार सालों में भारतीय राज्य या तो ताकतवर परदेशी रहा है या शक्तिहीन देशी। देशी बनने की प्रक्रिया में परदेशी भी शक्तिहीन बन जाता। शक्तिहीन देशी और विजेता परदेशी के बीच इस निरन्तर संघर्ष को गलत ढंग से हिन्दू-मुस्लिम संघर्ष कहा जाता है, जबकि हिन्दू-मुस्लिम संघर्ष इस प्रक्रिया का केवल एक गौण रूप है। इससे दृष्टिकोण और बढ़ जाता है।

लम्बे समय तक देशी राज्य के अभाव को न तो झूठे सन्तोष में डूबे मुसलमान ने पहचाना, न रोग की असलियत को न जानने वाले हिन्दू ने। जिसने पिछले एक हजार साल या और लम्बे अरसे के हिन्दुस्तानी इतिहास को समझा है, उसके लिए राज्य एक शारीरिक आवश्यकता जैसा है। अन्य हर चीज बाद में आती है, मनुष्य और मनुष्यता भी। राज्य के बिना हिन्दुस्तान में आदमी नहीं, चूहे पैदा होते रहे हैं और बड़े-बड़े हिन्दुस्तानी की मनुष्यता उसके गन्दे व्यक्तिवाद के लिए एक अमूर्त आवरण का काम करती रही है, वह व्यक्तिवाद चाहे गुलाम हो या लालची। लोग अभी कोई जोखिम नहीं उठा सकते। वे अपने राज्य के साथ खिलवाड़ नहीं कर सकते। जिन कौमों को स्वतंत्र राज्य का ज्यादा लम्बा अनुभव है, उनमें तरह-तरह के रक्षात्मक उपायों के लिए शक्ति और सम्भावनाएँ मौजूद हैं।

ऐसी विशिष्ट राष्ट्रीय स्थिति में राज्य पर हमला हुआ है। अन्याय के सभी जहरीले सोतों के फूट पड़ने का खतरा है। उन्हें थामने के लिए सभी तरह के हथियारों की जरूरत है, और चूँकि खुद अपने घर की रक्षा करने का सवाल है, इसलिए यहाँ आकर अणु-बम की भी जरूरत है। गांधी जी और अणुबम की समानता इस जगह प्रकट हो जाती है। दोनों का ही स्रोत अन्याय का मुकाबला करने में है। अणुबम दूसरों पर अन्याय करने का औजार भी बन सकता है। गांधी जी का तरीका सिर्फ न्याय के पक्ष में काम करता है। अणुबम अन्याय के पक्ष में भी।

हथियार खतम हों, इसके लिए जरूरी है कि अन्याय से लड़ने के अन्य तरीके उपलब्ध हों। युद्ध शुरू होने के काफी पहले से ही अगर अहिंसक प्रतिरोध

के ये अन्य तरीके न निकाले गए हों, तो हथियारों का इस्तेमाल अपरिहार्य हो जाता है। हिंसा और अहिंसा का मिश्रण करने की कोई कोशिश नहीं होनी चाहिए। न कमजोर हिंसा और अहिंसा में ही कोई घपला करना चाहिए। लेकिन हिन्दुस्तान में यही हो रहा है। पलटन रखने वाले और उनके गांधीवादी महन्त बराबर भावुकतापूर्ण ढंग से अहिंसा की बात करते रहते हैं। पलटन जब हारती है तो अहिंसा की बात कुछ ज्यादा होने लगती है। वे शायद यह भी नहीं समझते कि उनकी बातें कितनी हास्यास्पद और तिरस्कार के लायक होती हैं। न उन्हें इसका ही एहसास होता है कि उनकी परस्पर विरोधी बातें राष्ट्र के संकल्प को कमजोर करती हैं। अपने सुनने वालों के दिमाग को भी वे उसी तरह खंडित करते हैं जैसा खुद उनका दिमाग है—एक तरफ तो कमजोर पलटन रखते हैं, दूसरी तरफ अहिंसा की नीति तो चलाते नहीं, अहिंसा की भावना का प्रचार जरूर करते हैं। जब दिमाग हिंसा और अहिंसा के बीच बँट जाता है, तो फल होता है कमजोर हिंसा, जिसमें कभी तो आदमी युद्ध के लिए ललकारता है, तो कभी आँसू बहाकर अहिंसा की दुहाई देता है।

गांधीवाद के इस पतन का क्या कारण है? राज्य-प्राप्ति के बाद से मठी गांधीवाद सरकारी गांधीवाद के खूँटे से बँधा रहा है। यद्यपि इसने ऊपरी तौर पर सादगी को अपनाया है, और ऐसा प्रकट किया है जैसे उसे सत्ता की इच्छा नहीं है, लेकिन उसकी कोशिश रही है कि सत्ता के केन्द्रों से बहुत दूर न जाए और उससे मिलने वाले पैसे और प्रभाव का लाभ उठाता रहे। मठी गांधीवाद बराबर निःशस्त्रीकरण की, एकतरफा निःशस्त्रीकरण की भी बात करता रहा है, और साथ ही पलटन को कायम रखने और बढ़ाने वाले सरकारी गांधीवाद से अपनी जरूरत-भर को या और ज्यादा पैसा और अन्य साधन लेता रहा है।

मठी गांधीवाद समय-समय पर अन्तरराष्ट्रीय सम्मेलन करता रहा है और सरकार से उसे तरह-तरह की सहायता मिलती रही है। उसने हर तरह के शान्ति आन्दोलनों और उदारवादी आन्दोलनों से सम्बन्ध बनाए हैं। ऐसा प्रतीत होता रहा है जैसे वह आणविक हथियारों और अन्य ऐसे अन्यायों के विरुद्ध चलने वाले विश्व आन्दोलनों के साथ है, या उनसे भी आगे है। इस सबसे उसे अन्तरराष्ट्रीय नेतृत्व की एक झूठी प्रतिष्ठा मिल गई है। यूरोप-अमरीका के लोग या तो जल्दबाजी में और भारत सरकार के पैसे और प्रभाव से भ्रष्ट होकर मठी गांधीवाद का सही मूल्यांकन करने में असफल रहे हैं, या फिर महात्मा गांधी के नाम का असर उन पर इतना ज्यादा रहा

है कि वे गांधी जी के उत्तराधिकारियों को परखने में असमर्थ रहे हैं। उन्होंने मठी गांधीवाद पर असली कसौटी लागू नहीं की—वह अपने विश्वास पर अमल कहाँ तक करता रहा है।

गांधी जी की मृत्यु के बाद गांधीवाद दो हिस्सों में बँट गया, मठी और सरकारी। मठी गांधीवाद का सरकारी गांधीवाद के साथ ऐसा मेल बैठ गया कि इतने सालों में उसने किसी एक अन्याय के विरुद्ध भी संघर्ष नहीं किया। जाति या पूँजीवाद या मुट्ठी-भर लोगों का प्रभुत्व, या भाषा या दाम, उसने किसी के भी विरुद्ध संघर्ष नहीं किया। इंगलिस्तान-अमरीका का उदारवादी इससे खुश रहा क्योंकि इसने उनकी भाषा के अन्यायी इस्तेमाल को खतम करने के लिए, या व्यापार अथवा राजनयिक और साम्राज्यवादी सम्बन्धों को बदलने की कोई कोशिश नहीं की। रूसी साम्यवादी इससे खुश रहा क्योंकि यह सह-अस्तित्व की और शोषण के विरोध की कुछ बातें करता रहा, और इसने विरोधी खेमे के राजनयिक प्रभाव को बढ़ाने का समर्थन किया। लेकिन मठी गांधीवाद की यह सारी ऊपरी चमक-दमक उसके अन्दरूनी खोखलेपन को ज्यादा दिनों तक नहीं छिपा सकती। दुनिया के लिए उसकी कोई भी सार्थकता नहीं है। यह न अन्याय के विरुद्ध संघर्ष कर रहा है, न मनुष्य के नवीकरण के लिए किन्हीं नये स्रोतों का निर्माण कर रहा है और हथियारों के विरुद्ध इसकी सारी बात केवल पाखंड है, क्योंकि अन्यायपूर्ण राज्य की स्थापना होने पर ही हथियार खतम हो सकते हैं।

रूढ़ गांधीवाद के इस पतन से कुजात या हथियारों और युद्ध से सचमुच घृणा करने वाले गांधीवाद की जिम्मेदारी खतम नहीं हो जाती। अपने स्वभाव से ही, रूढ़ि की तुलना में रूढ़ि-विरोध को अधिक जिम्मेदार होना चाहिए। रूढ़ि विरोध का जन्म सिद्धान्तों के प्रति अधिक गहरे लगाव से होता है। अतः कुजात गांधीवाद को रूढ़ गांधीवाद की अपेक्षा युद्ध और अहिंसा के सवालों की ओर अधिक ध्यान देना चाहिए था। एक तरह से उसने ऐसा किया भी है। शुरू से ही उसके सामने एक सवाल रहा है कि वह राष्ट्र के अन्दर और रोजमर्रा के वर्तमान अन्यायों के विरुद्ध संघर्ष पर ध्यान केन्द्रित करे या कि युद्ध और हथियारों के अन्तरराष्ट्रीय अन्याय से लड़ने को अपना पहला काम माने।

कुजात गांधीवाद लगभग पूरी तरह केवल समाजवादी दल के अन्दर रहा है। अगर उसे अन्य पूरक और अधिक प्रतिष्ठित संस्थाओं में जगह मिली होती, तो भी वह गांधीवाद का प्रवक्ता बनने, प्रतिष्ठा और मान्यता हासिल नहीं कर सकता था। दुनिया उसकी बात नहीं सुनती क्योंकि उसके पास न पैसा होता न

शक्ति न प्रभाव। अगर वह झूठी अन्तरराष्ट्रीय समस्याओं की हवाई चुनौतियों को पहली जगह देता तो देश उसकी बात न सुनता। शक्ति और पैसे वालों की जो बातें लोग सुन लेते हैं, वही बात अगर बराबरी की हैसियत वाले करें तो लोग उनका तिरस्कार करेंगे। सरकारी गांधीवाद आसानी के साथ भारत-चीन युद्ध के बारे में कभी ललकारता रहा है तो कभी आँसू बहाता रहा है। मठी गांधीवाद क्षण-क्षण में बात बदलता रहा है, एकतरफा नि:शस्त्रीकरण, मध्यस्थता, प्रतिरक्षा की तैयारी, पंच फैसला, पीकिंग की पद-यात्रा, द्विपक्षी बातचीत, आणविक परीक्षणों पर पाबन्दी, कुछ ऐसे ही जैसे कोई बन्दर एक डाल से दूसरी पर उछलता फिरे। दोनों में से किसी एक के भी साथ जाने पर कुजात गांधीवाद हास्यास्पद हो जाता।

राष्ट्र के अन्दर वर्तमान अन्यायों से लड़ने के अलावा कोई और रास्ता नहीं था। केवल इसी तरीके से कुजात गांधीवाद आवश्यक शक्ति और जनता का समर्थन हासिल कर सकता था। अगर इसने सफलतापूर्वक ऐसा किया होता तो वह युद्ध और अहिंसा के मामले में भी सचमुच कारगर ढंग से कार्रवाई कर सकता था। अभी तक वह लोगों के मन में अपने को गांधीवाद के एकमात्र या सबसे महत्त्वपूर्ण प्रवक्ता के रूप में प्रतिष्ठित नहीं कर पाया है। अत: उसे फिलहाल अपनी स्थिति स्पष्ट करने पर ही सन्तोष करना पड़ेगा। अगर वह इसके आगे जाता है तो बिना काफी ताकत के ही अहिंसा के पक्ष में कार्रवाई करने का खतरा होगा, जिससे केवल शत्रु को ही मदद मिल सकती है।

यह सवाल पूछा जा सकता है कि जब तक आन्तरिक अहिंसा में काफी ताकत नहीं आ जाती तब तक अन्तरराष्ट्रीय मामलों में अहिंसा के पक्ष में कार्रवाई को क्या स्थगित किया जा सकता है। इसमें खतरे कम नहीं हैं। हिन्दुस्तान, आज उद्योग-धन्धों और पलटन की दृष्टि से कमजोर है। अन्तरराष्ट्रीय अहिंसा के बीज को अभी यहाँ उपजाऊ भूमि मिल सकती है। जब उद्योग-धन्धे और पलटन में बढ़ोतरी हो जाएगी, तो फिर लोगों को अहिंसात्मक प्रतिरक्षा के लिए राजी करना और अधिक मुश्किल होगा। यह जोखिम तो है, लेकिन कोई और रास्ता नहीं है।

अहिंसा के दो गुण हैं, निहत्थापन और प्रतिरोध। इनमें से किसी एक को छोटा करना बड़ी भारी गलती होगी। अगर प्रतिरोध के गुण में कमी आई तो केवल निहत्थापन, कायरता और अन्याय के आगे सिर झुकाना पड़ जाएगा। अन्याय के आगे इस तरह सिर झुकाना आगे चलकर हथियारों और युद्ध को बढ़ावा देगा। इसलिए सिर्फ एक ही रास्ता है कि आन्तरिक अन्याय के विरुद्ध

अहिंसात्मक प्रतिकार के गुण का विकास किया जाए और यह उम्मीद की जाए कि आगे चलकर इसका कार्यक्षेत्र फैलकर अन्तरराष्ट्रीय मामलों को भी समेटेगा। तार्किक दृष्टि से अन्दरूनी और अन्तरराष्ट्रीय अहिंसा में कोई फर्क नहीं है। दोनों के बारे में एक साथ ही सोचना और बात करना चाहिए। लेकिन दोनों में कालभेद अनिवार्य है।

इससे ऐसा प्रतीत होता है कि रंगीन चमड़ी वाले और पिछड़े लोगों की युद्ध और हथियारों के मामले में केवल एक छोटी भूमिका है। मोटे तौर पर यह बात सच है। यह बात खास तौर पर हिंसा की स्थिति का मुकाबला करने के बारे में सच है। एक बार युद्ध शुरू हो जाने पर या सीमाओं के लिए खतरा पैदा हो जाने पर, रंगीन चमड़ी वालों के सामने पूरी शक्ति से मुकाबला करने के सिवाय और कोई रास्ता नहीं रह जाता। अगर उसने काफी पहले से अहिंसा की तैयारी कर रखी हो, और अहिंसात्मक प्रतिरक्षा के हक में अपनी पलटन को बरखास्त कर दिया हो, तो स्थिति दूसरी होगी। पलटन को इस तरह बरखास्त करना रूढ़ गांधीवाद के वश की बात नहीं, न सरकारी गांधीवाद के, न मठी के। इसलिए कि उनका सारा अस्तित्व कर्म में बोली का खंडन करने पर आधारित है। कुजात गांधीवाद उस वक्त तक पलटन को बरखास्त करने की बात नहीं कह सकता, जब तक कि वह काफी हद तक लोगों में सिविल नाफरमानी के गुण का विकास न कर ले। सिविल नाफरमानी का यह गुण हथियारों को खतम करने और एक विश्व-व्यवस्था कायम करने में बड़ी भूमिका अदा कर सकता है, बशर्ते कि दुनिया को इसके लिए काफी वक्त मिले।

रूसी और अमरीकी अगर टकराएँ नहीं, और अपने हथियारों का विरोध करना शुरू कर दें, तो विश्व-पंचायत की स्थापना के विचार को फैलाने के लिए उपयुक्त वातावरण बन सकता है। रंगीन चमड़ी वाले राष्ट्र खास तौर पर ऐसे राष्ट्र जो सिविल नाफरमानी के गुण का विकास कर रहे हैं, इस विचार को फैलाने में महत्त्वपूर्ण भूमिका अदा कर सकते हैं। हथियार खतम होने से जो शून्य पैदा होगा, उसे तुलनात्मक न्याय और सिविल नाफरमानी के गुण से ही भरा जा सकता है। अगर कभी विश्व-पंचायत की स्थापना के लिए सारी दुनिया में सिविल नाफरमानी हो, तो निरोधक अहिंसा द्वारा युद्ध और हथियारों की समस्या का यह ठोस उत्तर होगा। आज जो कोशिश हो रही है, और वह भी केवल यूरोप, अमरीका के लोगों के कुछ हिस्सों के द्वारा, वह आणविक परीक्षण जैसी समस्या के हिंसात्मक निदान का नकारात्मक उत्तर है। अहिंसात्मक निदान के ये नकारात्मक उत्तर अगर बढ़कर निरोधक अहिंसा के ठोस उत्तर

बन जाएँ, तो फिर विश्व-व्यवस्था की स्थापना में रंगीन चमड़ी वाले लोगों की भूमिका गोरों के समान ही महत्त्वपूर्ण हो सकती है।

अन्याय और अत्याचार से लड़ने का सर्वोच्च महत्त्व भारत-चीन युद्ध से प्रकट हो जाता है। आज हिन्दुस्तान में दो प्रभावी दर्शन चल रहे हैं, भ्रष्ट और नकली वामपक्ष, या दूसरे शब्दों में ऊपर से चलने वाला वामपक्ष, और दूसरी तरफ आत्मसम्मान रहित निकम्मा दक्षिणपक्ष। दोनों में बुनियादी तौर पर मेल है, यद्यपि अपनी हैसियत बढ़ाने के लिए दोनों अक्सर पैंतरेबाजी और छेड़खानी करते रहते हैं। ये दोनों दर्शन अलग-अलग या मिलकर भी साम्यवादी चुनौती का मुकाबला नहीं कर सकते। रंगीन चमड़ी वाले लगभग सभी देशों में यही स्थिति है। यूरोप में साम्यवाद का मुकाबला अपने जैसे ही, बल्कि कुछ मामलों में अधिक ताकतवर दक्षिण पक्ष से और लोकतांत्रिक व्यवस्था के साथ एक ऐसे पूँजीवाद से था जिसमें अन्दरूनी ताकत मौजूद थी। इसलिए वहाँ उसे कुछ संयम बरतना पड़ा। एशिया में साम्यवाद का मुकाबला निकम्मे दक्षिण पक्ष और भ्रष्ट वामपक्ष से है। अत: उसे पूरी शैतानियत का लालच होता है। इसका एकमात्र उत्तर ऐसा वामपक्ष है जो नीचे से उभरे, और अन्दरूनी अन्याय के विरुद्ध अहिंसात्मक संघर्ष के रूप में सामाजिक क्रान्ति को एक ऐसी राष्ट्रीय क्रान्ति के साथ जोड़े जो कम-से-कम फिलहाल अपनी क्षेत्रीय अखंडता पर हमला होने की सूरत में अपनी और अपने मित्रों की पूरी पलटनी ताकत के साथ उस हमले का जवाब देने को तैयार हो।

सोवियत रूस शायद बिना समझे हुए ऊपरी वामपक्ष को बढ़ावा देता रहा है, अमरीका बारी-बारी से या एक साथ निकम्मे दक्षिणपक्ष और भ्रष्ट वामपक्ष दोनों को बढ़ावा देता रहता है, वह भी शायद बिना समझे हुए। इसलिए चीन जैसे देशों को मौका मिल जाता है कि वे नीचे से उभरने वाले नकली वामपक्ष के समर्थक बन जाएँ, जिसमें प्रकट राष्ट्रीय स्फूर्ति के साथ अन्तरराष्ट्रीय अत्याचार का विनाशकारी मेल है। नीचे से उभरने वाला असली वामपक्ष, जो सहात क्रान्तियों और (लोक-नियोजन की) एक भलाई के लिए लोगों को उभारने से न डरे, और जो अपने चारों ओर के अन्तरराष्ट्रीय खतरों के प्रति समान रूप से जागरूक होने के साथ-साथ जहाँ से भी मिले मदद लेने को तैयार हो, यही हमारे युग का विश्वास है।

[1963]

उदार दर्शन—उग्र कार्यक्रम

जब से मैंने सोचना शुरू किया, मैं एक उदार दर्शन को मानता रहा हूँ। मुमकिन है कहीं कुछ अँधेरे कोने रहे हों, लेकिन मैंने कभी बड़े पैमाने पर उदारवादी दर्शन के आधार को छोड़ा हो, ऐसा मुझे याद नहीं पड़ता। कम उम्र में मैं अक्सर कहा करता था कि सत्य की अवधारणा एक ऐसी रेखा है जिसके एक सिरे पर हाँ है तो दूसरे सिरे पर ना और दोनों के बीच में हाँ-ना के अलग-अलग रंग हैं। इस धारणा को कायम रखना शायद हमारी राष्ट्रीय स्थिति की कुछ खासियतों के कारण आसान रहा हो। आजादी की लड़ाई का हमारा तरीका अहिंसक और इसलिए बुनियादी तौर पर सहिष्णु था। स्वाधीनता के लक्ष्य के बारे में एक तरह की अन्तिमता थी, और उसमें सन्देह की गुंजाइश नहीं थी। किसी हद तक कार्यक्रम की दृढ़ता के साथ दार्शनिक उदारता चल सकती थी। छलपूर्ण अमूर्त सिद्धान्तों के दलदल में फँसने का खतरा कम था। कार्रवाई होती थी। यह कार्रवाई सही दिशा में होती थी, गो हमेशा सीधी और साफ नहीं। आदमी उदारवादी होते हुए अन्याय के विरुद्ध सक्रिय हो सकता था।

पिछले कुछ सालों में मुझे खुद अपने बारे में सावधान रहना पड़ा है। कार्यक्रम सम्बन्धी अपनी उग्रता या सख्ती से मेरे मन में कुछ आशंका उठती रही है। दर्शन या सिद्धान्त के कुछ निरूपणों में भी इसका असर पड़ा है। ऐसे विचार को कम लोग मंजूर करेंगे, इससे मुझे इतनी चिन्ता नहीं होती, जितनी इस बात से कि शायद यह सत्य की कई पहलुओं वाली धारणा के अनुरूप न हो। असहिष्णुता मुझे बहुत बुरी लगती है। राजनीति के अलावा मेरा खयाल है और किसी मामले में मैं असहिष्णु नहीं हूँ। क्या यह राजनीतिक असहिष्णुता उचित है? क्या इसकी जगह कोई और बेहतर रुख नहीं हो सकता? इन सवालों का जवाब देने के लिए यह समझना जरूरी है कि इस समय राष्ट्र में लगभग पूरी तरह झूठ व्याप्त होने के कारण मुझे कार्यक्रम के बारे में सख्ती अपनानी

पड़ी है। राष्ट्र की राजनीति के दलदल में कोई चीज टिकती नहीं, कोई अच्छी चीज कायम और मजबूत नहीं रहती। संकुचित स्वार्थ ही सबसे बड़ा हो गया है। व्यक्ति केवल अपने या अपने छोटे समूह के हितों को देखता है। नैतिक उपदेशों या पिटे-पिटाए दार्शनिक सिद्धान्तों के पीछे कोई झूठ या छल, संकीर्ण हितों के लिए जनता के साथ कोई धोखा छिपा रहता है। जब राष्ट्र की हालत ऐसी है, तो झूठ के इस सर्वग्राही दलदल में पक्की जमीन बनाना किसी नरम या व्यापक सदिच्छा वाले कार्यक्रम से सम्भव नहीं। दलदल में सिद्धान्त और नीति के मजबूत खूँटे गाड़ने होंगे। मौजूदा वातावरण के कारण ही वे जितने उग्र हैं उससे अधिक उग्र प्रतीत होते हैं।

राष्ट्र की हालत सचमुच विचित्र है। इसमें एक तरफ तो एक हजार साल पुराना खानदानी गुलामों का वर्ग है, जो दूसरे दर्जे के शासक भी हैं। दूसरी ओर जातियों की एक और भी पुरानी व्यवस्था है जो निष्क्रिय, कुचली हुई और निर्जीव कौम की योग्यता को सीमित करती और सड़ाती है। ऐसी हालत में उदारवादी दर्शन और कार्यक्रम केवल अन्दर की सड़न के ऊपर स्वास्थ्य का एक झूठा आवरण डाल देते हैं। राष्ट्र के समान ही किसी हद तक अन्तरराष्ट्रीय स्थिति भी है। सम्पन्न इलाकों में दर्शन और कार्यक्रम का उदारवाद उतना क्रूर व्यंग्य नहीं प्रतीत होता जैसा गरीबी और जाति के इलाकों में, लेकिन निश्चय ही वह झूठा और बेमतलब की बातें करने वाला होता है। उसके पीछे निश्चय ही एक अच्छी खाती-पीती कौम होती है, लेकिन उसमें मानवता के लिए नया सन्देश नहीं होता। मजबूती और उग्रता का कार्यक्रम जरूरी है।

इससे दर्शन और कार्यक्रम के सम्बन्धों का बड़ा सवाल उठ खड़ा होता है। दुनिया में दर्शन और कार्यक्रम का एक ऐसा मेल हो चुका है जिसमें दोनों एक-दूसरे से लगभग पूरी तरह असम्बद्ध हैं। शंकर ने एक उग्र दर्शन रखा, जो अद्वैतवादी और कट्टर है। उनकी नजर में सत्य के कई पहलू नहीं होते। एक अकेला सिद्धान्त ही सत्य है। यह एक सिद्धान्त भाववादी था, ऐसी चीज जो सिर्फ आदमी के मन में है, जिस पर दुनिया की असलियतों का किसी तरह कोई असर नहीं है। दुनिया की असलियतें केवल सच्चा ज्ञान प्राप्त करने के मार्ग में बाधाएँ हैं, और इसलिए उन पर काबू पाना जरूरी है। यहाँ मन का एक जबरदस्त खेल सामने आता है। प्रकट यथार्थ पर काबू पाने के दो तरीके हैं। एक तरीका है कि उनसे लड़ें और सत्य को जैसा हम देखते हैं उसके अनुसार उन्हें ढालें। दूसरा तरीका यह है कि असलियतों को ज्यों-का-त्यों रहने दें, लेकिन उनको कोई आध्यात्मिक महत्त्व न दें। इससे एक उदार कार्यक्रम

जन्म लेता है। मनुष्य को, जो कुछ है उसके साथ समन्वय करना सिखाया जाता है, क्योंकि जो कुछ है उसका कोई महत्त्व नहीं है। मन का एक द्वैध पैदा होता है। एक तरफ अति उग्र दर्शन, दूसरी ओर बिलकुल उदार कार्यक्रम। सर्वथा शुद्ध सिद्धान्त का दर्शन और सर्वथा गन्दगी से भरा कार्यक्रम। मन का ऐसा विभाजन हिन्दुस्तान के बाहर कहीं नहीं है, और हिन्दुस्तान का मन आज भी बहुत कुछ वैसा ही है जैसा शंकर ने बनाया था। यह ऐसा मन है जिसके लिए ठोस सच्चाई और तर्क बिलकुल सापेक्ष और निरर्थक बन गए हैं, गन्दगी और पीड़ा विरोध व क्रोध की चीजें नहीं, उदासीनता या अधिक-से-अधिक सहानुभूति की वस्तुएँ हैं। समता और भाईचारे की भावना इस मन में समभाव का रूप ले लेती है, शुद्ध सिद्धान्त की चीजें बन जाती हैं। कुछ लोग कहेंगे कि समता का समभाव में बदलना ऊँचे उठना है, दूसरों की राय में यह अधोगति है।

दर्शन की उग्रता कार्ल मार्क्स में भी थी। उन्होंने अपने दर्शन के समान ही उग्र कार्यक्रम भी रखा। उनकी नजर में विश्व को वहीं तक समझा जा सकता था, जहाँ तक उसे बदलने की कोशिश की जाए। इस दर्शन में मनन या शान्ति के लिए जगह नहीं। यह सक्रियता का दर्शन था जो उग्रता की पराकाष्ठा तक पहुँचा। परिवर्तन का लक्ष्य ही ज्ञान की कुंजी बन गया। स्वामी वर्गों का विनाश और समता परिवर्तन इस लक्ष्य के केन्द्र में थे। इसके पहले कभी कोई ऐसा दर्शन निरूपित नहीं किया गया था, जिसमें एक खास किस्म की सक्रियता को ही सत्य का पर्यायवाची मान लिया गया हो। मात्र सक्रियता नहीं, बल्कि एक खास किस्म की सक्रियता। सम्पत्ति के कानूनों को बदलने वाली ऐसी सक्रियता अनिवार्य ही अपने समर्थकों और विरोधियों दोनों में बड़ी उथल-पुथल पैदा करती है। कार्यक्रम का लड़ाकू होना जरूरी है, अपने मूल रूप के साथ मालिकों के संघर्ष के विरोध में भी। इस तरह कार्यक्रम भी उग्रता की पराकाष्ठा तक जाता है। शंकर का अगर दर्शन उग्र और कार्यक्रम उदार था, तो मार्क्स कार्यक्रम में कट्टरपन्थी थे, और उनका दर्शन भी कार्यक्रम की उग्रता के अनुरूप था। शंकर के प्रयास के नतीजे सदियों से सबके सामने हैं। मार्क्स के नतीजे अभी स्पष्ट नहीं हैं। लेकिन एक ऐसी शक्ल बनती प्रतीत होती है कि जिस चीज को नष्ट करने की कोशिश की गई, वह बदली हुई शक्ल में फिर से सामने आ रही है, सत्य आदमी की नजर से उतना ही दूर है जितना पहले था, जबकि शान्ति शायद और ज्यादा दूर हो गई है।

यह सोचने का लालच होता है कि अगर शंकर की दार्शनिक उग्रता को मार्क्स के उग्र कार्यक्रम के साथ जोड़ दिया जाए, तो क्या नतीजा निकलेग। क्या यह सम्भव है? क्या ऐसा मुमकिन है कि आदमी हिमालय पर पड़ी बर्फ

को देखे, जिसके नीचे सब चीजें एक जैसी और समान हो जाती हैं, और उसमें शंकर के अपरिवर्तनीय साररूप को खोजने के साथ-साथ उसमें से समता लाने वाले परिवर्तन को भी निकाले? विचारों की ऐसी अटकलबाजी में एक खूबसूरत कल्पना तो है, लेकिन यह शायद उतनी ही अयथार्थ है जितनी एक ही चित्र में सभी रंगों को शामिल करने की कल्पना। फिर भी, यह सच है कि बिलकुल अयथार्थ कल्पनाओं के भी नतीजे निकल सकते हैं, अगर वे सच्ची हों, और काफी ताकतवर हों। इस दिशा में कुछ दुर्बल प्रयत्न किये भी जा चुके हैं। विचार की इन साहसिकताओं में यह प्रवृत्ति दिखाई देती है कि, खास तौर पर उम्र के साथ-साथ मार्क्स का अंश घटता है और शंकर का बढ़ता जाता है। यह कल्पना ही शायद मूल रूप में झूठी है।

गांधी अपने को शंकर की तरह अद्वैतवादी कहते थे। लेकिन उनके दर्शन का माध्यम शब्द नहीं थे, कर्म था। वे ऋषि नहीं थे, सन्त या साधक थे। बहुत कम साधक स्वयं अपने दर्शन की प्रकृति को समझ पाते हैं। इसके लिए पर्याप्त आत्म-विश्लेषण उनमें नहीं होता। गांधी जी वास्तव में उदारवादी दार्शनिक थे। जिसे वे ईश्वर या सत्य या अहिंसा या अन्तरात्मा कहते थे वह तात्त्विक दृष्टि से कोई एक चीज नहीं थी, नैतिक दृष्टि से भले ही एक रही हो। इसमें सन्देह है कि गांधी जी के लिए किसी भाववादी या भौतिकवादी सिद्धान्त के रूप में परम सत्य सर्वव्यापी था। वे ईश्वर की बात बहुत किया करते थे, लेकिन और कुछ नहीं। वे कारणों और परिणामों की बहुलता को अच्छी तरह समझते थे और मानते थे। वे किसी स्थिति की सारी सम्भावनाओं को, कारणों और परिणामों को देखते थे और न्याय या आजादी, अहिंसा या जनकल्याण की कसौटियों को छोड़कर उनके विचारों में कोई एक सबकुछ समेटने वाला तत्त्व नहीं था। उनके सारे तर्क किसी एक नतीजे तक ही नहीं जाते थे। यह दार्शनिक उदारवाद एक अत्यन्त लचीले कार्यक्रम से जुड़ा था। न केवल विभिन्न प्रकार के कम या ज्यादा तेज कार्यक्रम एक साथ चलते थे, बल्कि एक-दूसरे को काटने वाले कार्यक्रम भी गांधी जी की कार्यक्रम सम्बन्धी उदारता में एक साथ चलते थे।

गांधी जी ने दार्शनिक और कार्यक्रम-सम्बन्धी उदारवाद का जो मेल बिठाया, उसका मूल्यांकन करने का समय शायद अभी नहीं आया है। ऐसा लगता है कि कम-से-कम उनके अधिकांश देशवासी आजादी की प्राप्ति को ही उनकी सबसे बड़ी उपलब्धि मानते हैं। दरअसल वह कोई उपलब्धि नहीं है। उनके बिना भी देश अपनी आजादी हासिल कर लेता, शायद ज्यादा जल्दी, और ज्यादा अच्छी तरह। उनके रहते कौम और देश का बँटवारा हुआ।

कुछ विवेकशील विदेशियों की राय में गांधी दुखी, पीड़ित और दबे हुए लोगों की सच्ची आवाज थे। यह सच है। लेकिन इस शताब्दी में और भी ऐसी आवाजें, शायद ज्यादा सशक्त और उद्‌देश्यपूर्ण आवाजें रही हैं। आजादी के बाद उनकी कौम का जो हाल हुआ, उसका किस्सा उतना ही दर्दनाक है जितना कि सत्ता के अंग्रेजों से हिन्दुस्तानियों के हाथ में आने के समय हुई घटनाओं का किस्सा। इस दुष्परिणाम का कितना हिस्सा गांधी जी के कार्यक्रम सम्बन्धी उदारवाद के कारण आया, और कितना राष्ट्र का चरित्र बिगड़ा होने के कारण, इसकी सन्तोषजनक पड़ताल तो इस दौर के खतम हो जाने के बाद ही हो सकेगी।

ऐसा कहा जा सकता था कि विदेशी राज से विद्रोह के समय इतिहास में जिस तरह की चीजें आम तौर पर प्रकट हुआ करती हैं, गांधी जी का दर्शन और कार्यक्रम भी वैसा ही था। लेकिन उसमें अहिंसा का असामान्य तत्त्व शामिल था। शुद्ध आजादी की लड़ाई ने, जिसमें सन्देह बहुत कम पैदा होते हैं, गांधी जी के उदारवाद को असाधारण मजबूती प्रदान की, और अहिंसा की पद्धति ने आजादी की लड़ाई को, जो अन्यथा बड़ी उग्र होती है, उदारवादी स्वर प्रदान किये। अगर यह अहिंसा इस सदी में और उसके आगे भी चलती रहे, तो दर्शन और कार्यक्रम-सम्बन्धी उदारवाद के गांधीवादी मेल को फिर से सार्थकता प्राप्त हो सकती है, जो इस समय लगभग पूरी तरह नष्ट हो चुकी है।

यूरोप-अमरीका एक लम्बे अरसे से अहिंसा के बिना ही इस मेल से परिचित रहे हैं। वे सम्पन्न हैं। उनके लोग, कम-से-कम आर्थिक और तुलनात्मक दृष्टि से सुखी रहते हैं, सिवाय युद्ध-काल के। उनके पास ताकत भी है। ऐसी शक्ति और सम्पन्नता की हालत में दर्शन और कार्यक्रम का उदारवाद उतना बड़ा छल नहीं प्रतीत होता जितना कि वह वास्तव में है। वह दरअसल कभी-कभी एकाध अच्छे काम करने में सफल हो जाता है, जिससे उसकी बात कुछ यकीन करने लायक प्रतीत होने लगती है। तकलीफ और पिछड़ेपन की हालत में उदारवादी कार्यक्रम एक अपराध बन जाता है।

सारी दुनिया में एक दृढ़ कार्यक्रम जरूरी हो गया है। पिछड़ी दुनिया के लिए तो एक उग्र कार्यक्रम की जरूरत है। कोई भी समझदार आदमी किसी भी प्रकार की उग्रता पर कुछ-न-कुछ चिन्तित होगा, क्योंकि उग्रता सत्य के अनुरूप नहीं होती। लेकिन जब यथार्थ एक ऐसा दलदल बन गया हो जिसमें हर अच्छी चीज बिना कोई निशान या असर छोड़े डूब जाती है, तो कम-से-कम वक्ती तौर पर सत्य को ही उग्र स्वर अपनाना होगा। इस प्रकार दार्शनिक उदारवाद के साथ कार्यक्रम की मजबूती का मेल आवश्यक प्रतीत होता है।

यह सच है कि दर्शन और कार्यक्रम में उदारता और उग्रता का मेल विभिन्न अनुपातों में हो सकता है। यह मेल उग्रता और उदारवाद की विभिन्न शकलों पर निर्भर होगा। दर्शन में उदारवाद और कार्यक्रम में उग्रता, या अगर 'उग्रता' शब्द से सन्देह या असत्य की ध्वनि आती हो तो कम-से-कम कार्यक्रम में मजबूती एक अनिवार्य आवश्यकता प्रतीत होती है।

कार्यक्रमों के बारे में, चाहे वे क्रमिक विकास के हों या अन्य किसी प्रकार के, शंकालु होना स्वाभाविक है। जैसा कि बहुधा क्रान्तियों के बारे में कहा गया है, बहुत कुछ बदलता है, फिर भी सब कुछ पहले जैसा ही रहता है। हाल में रूस में एक छोटी अदालत ने एक ऐसे मकान मालिक को बरी कर दिया जिसने अपने हाते में कुछ फल के पेड़ लगाए थे, और अँधेरे में फल चुराने आए कुछ किशोरों पर उसने अपनी सम्पत्ति की रक्षा करने के लिए गोली चलाकर उन्हें घायल कर दिया था। सारी दुनिया के दकियानूसी लोग ऐसे किस्सों को लेकर क्रान्ति की व्यर्थता सिद्ध करने की कोशिश करते हैं। परम्परा से बँधा हिन्दुस्तानी दिमाग, जो जाति-प्रथा में जकड़ा है, एक तरफ बिलकुल आशाविहीन है तो दूसरी तरफ परिवर्तन से डरता है। क्रान्तिकारी कार्यक्रमों पर वह हँसता है तो उनसे डरता भी है। जाने कैसे-कैसे विचित्र और विकृत तर्कों के सहारे ऐसे दृष्टिकोण कायम रहते हैं।

हिन्दुस्तान के दूसरों द्वारा तय किये जाने वाले विवाहों की तुलना अक्सर यूरोप-अमरीका के स्वेच्छित वरण वाले विवाहों से की जाती है। यूरोप-अमरीका में तलाकों की संख्या दकियानूसी आलोचना का अच्छा लक्ष्य होता है, और उससे नतीजा निकाला जाता है कि वहाँ लोग कम सुखी हैं। ज्यादा होशियार दकियानूसी लोग दूसरा तर्क अपनाते हैं। विवाह चाहे दूसरे तय करें, या अपनी मर्जी से किया जाए, निवासस्थान, बचपन का परिचय, सामाजिक प्रतिष्ठा, और पेशे आदि का उसमें एक जैसा प्रभाव रहता है। यूरोप या अमरीका में भी ऐसी शादियाँ बहुत कम होती हैं जो इस अर्थ में पूर्णतः स्वतंत्र हो कि व्यक्तित्व से अलग सामाजिक परिस्थितियों का उन पर कोई भी प्रभाव न हो। 'स्व' का 'स्व' से मिलन कम-से-कम विवाह के बहुत बाद तक, यूरोप में भी उतना ही कम होता है जितना हिन्दुस्तान में। इससे नतीजा निकाला जाता है कि सारी बहस बे-मतलब है, शादी चाहे दूसरे तय करें, चाहे स्वेच्छा से हो, नतीजा हर हालत में एक ही निकलता है।

ऐसे तर्कों का आंशिक सत्य एक बड़े झूठ पर परदा डालता है। हो सकता है कि वरण एक मामले में प्रत्यक्ष और दूसरे में अप्रत्यक्ष, समाज की मर्जी के मुताबिक ही होता है। दोनों सूरतों में दम्पति के जीवन में सुख-दुख दोनों आते

हैं। लेकिन एक में फैसला दूसरे करते हैं, दूसरे में फैसला स्वेच्छा से होता है। यही बड़ा भारी फर्क है। हो सकता है कुल मिलाकर दोनों मामलों में सुख की मात्रा एक जैसी हो। लेकिन यूरोप-अमरीका के स्वेच्छित विवाह में सुख और दुख दोनों ज्यादा तीव्र होते हैं। कुल मिला कर, हो सकता है जो नतीजा निकले उसमें सम्बन्धों का स्वर मन्द हो, लेकिन सुख जब तक रहता है, तब तक लगभग स्वर्गीय प्रतीत होता है। यही असल फर्क है। एक गतिशील है, दूसरा स्थिर। हो सकता है कि दोनों पहुँचें एक ही जगह, लेकिन उनके रास्ते अलग-अलग हैं और लक्ष्य की समानता भ्रामक हो सकती है।

अकाल और भुखमरी की मौतों तथा युद्ध की मौतों की समानता केवल भ्रम है। एक तो यूरोप-अमरीका में युद्ध से होने वाली मौतों की संख्या हिन्दुस्तान और अन्य स्थानों में भुखमरी से होने वाली मौतों से कम है। दूसरे, एक मामले में कुछ समय के तीव्र दुख के बाद जीवन के सुखों की बारी रहती है, जब के दूसरे मामलें में धीमी पीड़ा निरन्तर चलती रहती है। दोनों ही स्थितियाँ असन्तुलन की हैं। एक में अकर्मण्यता के साथ असन्तुलन है, दूसरे में कलह के साथ। एक अगर सक्रियता, तनाव और गतिशीलता के सिद्धान्त पर चलता है, जो बिगड़कर कलह बन जाती है तो दूसरे में स्थिरता और स्थायित्व बिगड़कर अकर्मण्यता और गरीबी बन जाते हैं। दोनों मामले में अन्त:करण की शान्ति लगभग एक जैसी दूर रहती है।

जो आधुनिकतावादी वर्तमान यथार्थ के आगे जाना चाहता है, उसे बहुधा एक दोहरे तर्क में फँसना पड़ता है जो उसके अनुकूल नहीं है। पुनरुत्थानवादियों के साथ बहस करते हुए इसका खतरा होता है कि वह वर्तमान स्थिति की तारीफ करने लगे, अपनी आगे-देखू आधुनिकता को छोड़कर बगल-देखू बन जाए। बगल-देखू विश्व यार के साथ बहस करते हुए इसका खतरा होता है कि वह आगे-देखू विश्वमैत्री की नई बात रखने से घबड़ाकर पीछे-देखू दृष्टि का समर्थन करने लगे।

यह जानने के लिए कि उग्रता या मजबूती के विशेष महत्त्वपूर्ण कार्यक्रम क्या हैं, अपने युग के विशेष मारक रोगों को जानना जरूरी है। हथियारों के रोग का शोर सबसे ज्यादा है। लेकिन इसका यह आवश्यक मतलब नहीं कि यह रोग सबसे ज्यादा मारक है। यों सारी दुनिया ही इस रोग की शिकार है, लेकिन जिस रोगी पर इसका असर सबसे ज्यादा है, वह ताकतवर है और इस कारण सबसे ज्यादा शोर करता है। लेकिन वास्तव में गरीबी का रोग सबसे ज्यादा मारक है।

[1963]

गांधीवाद, सम्पत्ति और सिविल नाफरमानी

गांधीवाद कुछ अधिक नाकाफी साबित हुआ है। ऐसा कहा जा सकता है कि देश में आज जो कुछ चल रहा है वह गांधीवाद नहीं है, बल्कि गांधीवाद और मार्क्सवाद का एक घटिया सम्मिश्रण है। यह बात सार रूप में सही है, लेकिन इससे गांधीवाद की कमजोरी साबित होती है, कि मार्क्सवाद उसे सम्मिश्रण के लिए मजबूर कर देता है, और यह भी कि उसका सर्वश्रेष्ठ अंश ऊपर नहीं आ पाता। गांधीवाद आज अपनी दो शाखाओं में प्रकट हो रहा है, सरकारी और मठी। जिसे गांधीवाद माना जाता है, उसमें ये दोनों, सरकारी और मठी रूप ही शामिल हैं। कुजात गांधीवाद के बारे में आगे कहूँगा। अपने मान्य रूप में गांधीवाद, जीत हासिल करने के बाद बेजान साबित हुआ है। उसमें कोई तेजी नहीं रह गई है, जिससे शक पैदा होता है कि शायद उसमें कभी तेजी थी ही नहीं। मठी गांधीवाद पूरी तरह सरकारी सहारे पर जिन्दा है। सरकारी गांधीवाद एक सीमित सरकारी क्षेत्र वाले नियोजन की हवाई चीज के पीछे भागने के अलावा कुछ नहीं करता। दोनों ही आत्मतुष्ट और खुश हैं, जिसमें नीचे से ऊपर तक बढ़ती हुई विलासिता का भी अभाव नहीं है।

विपक्ष के रूप में गांधीवाद अपने ढंग से क्रान्तिकारी था। सरकारी गांधीवाद बिलकुल रूढ़िवादी, प्रतिष्ठित और बेजान रूप में दकियानूसी हैं। मार्क्सवाद, अपनी सीमाओं के अन्दर विपक्ष और सरकार दोनों ही रूपों में क्रान्तिकारी होता है। उसके क्रान्तिकारी चरित्र में सरकारी होने या न होने से कोई बाधा या फर्क नहीं पड़ता। समय-समय पर उसकी गतिशीलता में जो बाधा आती है, वह मुख्य रूप से तात्कालिक विदेश नीति के कारण, और दूसरे नम्बर पर सैद्धान्तिक प्रश्नों की विकृत समझ से पैदा होती है। उसके सत्तारूढ़ होने का उसके उत्साह में कमी आने से कोई खास सम्बन्ध नहीं होता, उत्साह में कमी दूसरे कारणों से आती है। वास्तव में मार्क्सवाद जब सत्ता के लिए संघर्ष करता

है, उसकी तुलना में सत्ता हासिल करने के बाद अधिक क्रान्तिकारी होता है। सत्ता हासिल करने के बाद उसके लिए जरूरी होता है कि वह सम्पत्ति, धर्म और अन्य सम्बन्धों की पुरानी व्यवस्था को बदले। गांधीवाद के साथ ऐसा नहीं है। सरकार में आने के बाद गांधीवाद का आचरण ऐसा रहा है जैसे उसे कुछ करना ही नहीं, उसके अपने कोई कार्य ही नहीं हैं। सरकारी गांधीवाद ने अपने रोजमर्रा के काम की सूची गैर-गांधीवादी किताबों से बनाई है, जिसका आधार है कि परिवर्तन जितना कम हो उतना अच्छा, और जिसका उद्देश्य यह नहीं है कि वह अन्य सिद्धान्तों से भिन्न रीति से शासन चला सकता है, बल्कि यह कि वह अन्य सिद्धान्तों जितना ही अच्छा शासन चला सकता है। सरकारी गांधीवाद बिलकुल परिवर्तन नहीं करता, वह हर चीज को, या लगभग हर चीज को पहले जैसी रहने देता है।

सरकार बनने के बाद गांधीवाद के इस पलायन को दो दृष्टियों से देखना होगा—गांधीवाद जब विपक्ष में था, तो उसके अन्दर क्या था, और क्या नहीं था। उसमें चरखा था, और राकेट नहीं थे। यह वाक्य केवल मुहावरेबाजी नहीं है। यह गांधीवाद का कुछ अति सरलीकरण तो है, लेकिन यह वाक्य गांधीवाद के सार को ठोस रूप देकर प्रस्तुत करता है। इस सार के ऊपर पड़े आवरण को हटा दें, तो यह ऐसा अनाकर्षक भी नहीं है। लेकिन दुर्भाग्यवश, गांधी जी में असली टिकाऊ बातें वक्ती बातों के साथ जिस तरह जुड़ी हुई हैं, जीवन की अनश्वरता के प्रति आश्वस्त आदमी ही उसका जोखिम उठा सकता था। वे शायद सोचते थे कि उनके प्रिय शिष्य उनके सिद्धान्त की टिकाऊ बातों को जीवित रखेंगे, और जरूरत के मुताबिक बदलने वाली वक्ती बातों से उसे सजाते रहेंगे। किन्तु शिष्यों के मामले में कोई पैगम्बर गांधी जी जैसा अभाग्यशाली नहीं रहा। बहरहाल, इसके बारे में आगे फिर कहूँगा। चरखा वक्ती चीज है। इसी तरह प्राकृतिक चिकित्सा अंश-महत्त्व की चीज है यद्यपि सर्वथा वक्ती नहीं। गांधी जी का ठोस प्रतीक तात्कालिक कार्य के लिए बहुत जरूरी है, लेकिन सक्रियता को जारी रखने के लिए यह भी उतना ही जरूरी है कि ठोस प्रतीक में से उसका अमूर्त सिद्धान्त निकाला जाए। ये सिद्धान्त हैं : आदमी के पास ऐसे औजार होने चाहिए जिन पर कई अर्थों में उसका नियंत्रण हो। उसका तात्कालिक निवास क्षेत्र आत्म-निर्भर और प्रत्यक्ष लोकतंत्र द्वारा शासित हो। चर्खे का सन्देश है नियंत्रण-योग्य मशीनें और गाँव-शासन।

सामान्य सिद्धान्त निकालने की निष्ठा होने पर भी यह सिद्धान्त अभी नाकाफी है। गांधी जी में सादगी और छोटी मशीनों पर आग्रह साफ है, जबकि

दुनिया बराबर पेचीदा मशीनों और विलासिता की ओर बढ़ रही है, कम-से-कम दुनिया के गोरे लोग बढ़ रहे हैं। उनकी मिसाल का दबाव जबरदस्त है, और उनके नमूने के असर से कोई नहीं बच सकता। इसी कारण गांधी जी का आर्थिक चिन्तन स्वतंत्र स्थापना से अधिक एक संशोधन है। उनके अपने देशवासी यूरोप-अमरीका के मशीनी ढाँचे की नकल करने को आतुर हैं, और गांधी जी के संशोधन की बात अगर ज्यादा शोर से की जाए तो आसानी से रद्द कर दी जाती है। चर्खा और बिना सिले कपड़े, इनके साथ अभी ही एक तरह की पुराण-पन्थी गन्ध जुड़ गई है, और सिद्धान्त के शत्रु इसे हँसी में ही उड़ा देने को तैयार बैठे हैं। अगर कोई ऐसा आर्थिक चिन्तन विकसित हो सकता जो वर्तमान युग के मशीनी ढाँचे से बिलकुल इनकार न करे, बल्कि उसमें गांधीवादी संशोधन को जोड़े, उसके ठोस प्रतीक को नहीं, तो गांधीवाद सरकारी रूप में भी सार्थक हो सकता है। कट्टरपन्थी मठी गांधीवादी ऐसे सिद्धान्त के बारे में कह सकते हैं कि उसका गांधी जी से कोई ताल्लुक नहीं। और बाल की खाल निकालने वाले आलोचक उसे एक विकृति कहकर मखौल उड़ा सकते हैं। लेकिन सरकार के एक नये विधेयात्मक सिद्धान्त के रूप में दुनिया उसका स्वागत करेगी।

गांधीवादी सिद्धान्त के रहन-सहन में सादगी और कमखर्ची वाले हिस्से को दुनिया के लोगों ने पसन्द नहीं किया है। किसी उल्लेखनीय संख्या में किसी प्रकार के चुने हुए लोगों ने भी इसे नहीं अपनाया है। पिछड़े हुए लोगों के लिए यह एक व्यंग्य है, और विकसित लोगों के लिए एक मजाक। फिर भी रहन-सहन की सादगी अपने-आप में एक क्रान्ति है, क्योंकि यह सामान्य रुचि और अर्थव्यवस्था के विरुद्ध है। वस्तुओं की संख्या बढ़ने और जरूरतों की संख्या घटने का द्वैध किसी हद तक नकली है, सम्पूर्ण जीवन के लिए इसमें किसी प्रकार का तालमेल आवश्यक है। जो आदमी, बहुत कुछ अनजाने ही, स्वभाव और आदत से अपनी जरूरतें नहीं घटाता, वह भौतिक या आध्यात्मिक दृष्टि से, या सौन्दर्यात्मक दृष्टि से भी अच्छी तरह या सुख से नहीं रह सकता। आज की दुनिया में सार्थक होने के लिए जरूरत घटाने की धारणा को सापेक्ष होना पड़ेगा, पूरे राष्ट्र की कुल सम्भावनाओं के सन्दर्भ में, या उन चीजों के सन्दर्भ में जो मिल सकती हैं, लेकिन स्वभाववश या सोच-समझकर छोड़ दी जाती हैं। इस तरह सादगी और विलासिता की सीमाएँ कुछ लचीली हैं।

सादगी गांधीवादी सिद्धान्त की अनोखी विशिष्टता नहीं है। साम्यवादी हो ची मिन बिलकुल सादगी से रहते हैं, शायद दुनिया के सत्तारूढ़ व्यक्तियों में

सबसे ज्यादा। लेकिन सादगी साम्यवादी सिद्धान्त का अंग नहीं है, गांधीवाद का है। जीवन की एक कला के रूप में सादगी से रहने की इच्छा शायद उतनी ही पुरानी है जितना विचार, और समूची मनुष्य-जाति में ही कुछ खास लोगों में मिलती है। बेल्जियम की एक औरत, जेने जेवर्ट, जो विश्व संघ की समर्थक भी है, पाँच साल से अधिक हो गया, उत्तरी यूरोप में आठ आना रोज पर बसर करती रही है। यह अपने-आप में एक विलक्षण घटना है। यह प्रवृत्ति अगर बढ़ और फैल सके तो इससे इतनी बड़ी क्रान्ति होगी जितनी बड़ी यूरोप में अभी तक नहीं हुई है। समाज-व्यवस्था से नैतिक नियम निकलना चाहिए, या नैतिक नियम पर आधारित व्यवस्था बननी चाहिए, अन्यथा ऐसी चीजें केवल विलक्षण या व्यवस्था का उल्लंघन रह जाएँगी। जब तक सादगी से रहने की इच्छा को आधुनिक मशीनी ढाँचे में गूँथ कर संस्था और विचार की एक संगत व्यवस्था नहीं बनाई जाती, तब तक कलाकार या सनकी लोग ही गांधीवाद के इस पहलू का इस्तेमाल करेंगे।

जब आधुनिक मशीनों ने सम्पन्नता की सम्भावना प्रस्तुत कर दी हो—पुराने अनुभव से यह बात कुछ अविश्वसनीय लगती है, लेकिन दुनिया का शासक-वर्ग इस पर यकीन करता है—उस समय सम्पूर्ण त्याग का दर्शन या इससे मिलती-जुलती कोई बात निरर्थक हो जाती है। सभी मनुष्यों के लिए अच्छा रहन-सहन नीति का एक आवश्यक लक्ष्य है। लेकिन 'अच्छे रहन-सहन' की सीमा क्या है? और कुछ थोड़ी-बहुत विलासिता का बँटवारा कैसे हो? नीति के संकेत-चिह्नों के रूप में नहीं, बल्कि दिशा-निर्देश के रूप में ही इन प्रश्नों का उत्तर दिया जा सकता है। लेकिन ये सवाल सम्पत्ति की संस्था और उसके पुरस्कार से जुड़े हुए हैं। सम्पत्ति-सम्बन्धी गांधी जी के विचारों के साथ झंझट यह है कि वे जब अस्पष्टता से निकल रहे थे तभी गांधी जी की मृत्यु हो गई, जबकि मार्क्स इस मामले में पक्के थे और उन्होंने परिवर्तन का समर्थन किया था।

मनुष्यों में जब से सन्त और ऋषि होने लगे, तभी से उनका ध्यान सम्पत्ति के सवाल की ओर जाता रहा है। सम्पत्ति अप्रिय या बुरे मनोविकारों का स्रोत थी, जो मन को विकृत करते थे। अत: इसका इलाज था कि सम्पत्ति के प्रति मोह न रहे। अलग-अलग रूपों में और विभिन्न सीमाओं तक सभी देशों में अपरिग्रह का दर्शन विकसित हुआ। एक भावात्मक अनुशासन के अलावा इसका कोई खास नतीजा नहीं निकला। यह अनुशासन अपने-आप में शक्तिहीन था, लेकिन कुछ अन्य बातों के मिल जाने पर इसमें बड़ी सम्भावनाएँ थीं। अपरिग्रह का दर्शन जहाँ सबसे अधिक विकसित हुआ, उस देश में ही सबसे अधिक

मोह बढ़ा, जीवन और सम्पत्ति के ऐसे रूपों का भी मोह बढ़ा जो स्वीकार करने लायक नहीं थे। पिछली दो शताब्दियों में यूरोप-अमरीका ने सम्पत्ति के सवाल को एक अन्य कोण से देखा है—एक संस्था के रूप में। खास तौर पर मार्क्सवाद के अनुसार, सम्पत्ति से जो बुराई पैदा होती है, उसे केवल एक संस्था के रूप में सम्पत्ति का नाश करने पर ही मिटाया जा सकता है। निजी सम्पत्ति खतम हो। सामूहिक सम्पत्ति बने। अभी भी इसके बहुतेरे संकेत हैं कि संस्था के स्तर पर सम्पत्ति के सवाल का सामना करना शायद उतना ही नाकाफी सिद्ध हो, जैसा पहले भावनात्मक स्तर पर हुआ। फिर भी, संस्थात्मक कार्रवाई के कुछ तो नतीजे निकलते हैं, जबकि भावनात्मक स्तर पर कोई भी नतीजा नहीं निकलता। यही कारण है कि सरकारी मार्क्सवाद किसी हद तक क्रान्तिकारी होता है, जबकि सरकारी गांधीवाद भावनात्मक रूप में बड़बोला और भौतिक रूप में हवाई साबित हुआ है।

एक संस्था के रूप में उत्पादन के साधनों की निजी मिल्कियत को खतम कर देने के बाद भी विकास और सम्पन्नता की समस्या रह जाती है। यहीं पर सामूहिक और निजी सम्पत्ति की अलग-अलग भूमिकाएँ सहायक हो सकती हैं। सामूहिक सम्पत्ति मुख्य रूप से उत्पादन के लिए होती है, और इसलिए वह बढ़े। निजी सम्पत्ति उपभोग के लिए होती है, और इसलिए उस पर रोक लगे। सामूहिक सम्पत्ति का लगभग असीमित विस्तार और उपभोग की सम्पत्ति पर एक अधिकतम सीमा को मिलाने पर ऐसी स्थिति उत्पन्न हो सकती है जिसमें सम्पन्नता भी हो और आत्म-सन्तोष भी, और जिसमें अपूर्ण इच्छाओं की कसक के लिए गुंजाइश बहुत कम रह जाए। उत्पादन की सम्पत्ति का विस्तार और उपभोग की सम्पत्ति पर रोक, यह बात तार्किक दृष्टि से असंगत और कुछ बेमतलब लगती है। इसकी संगति मनुष्य की मानसिकता में है। इस मेल के द्वारा ही वह सम्बन्ध बनता है जिसमें दुनिया के सभी लोगों की कुल सम्भावनाएँ ध्यान में रहती हैं, और जिसमें व्यक्ति जितना कर सकता है उससे कम वस्तुओं का उपभोग करता है। इस सन्दर्भ में उपभोग की सम्पत्ति की अधिकतम सीमा कुछ लचीली हो जाती है। सामूहिक विस्तार और निजी सीमा का ऐसा दिमाग बनाना असम्भव नहीं होना चाहिए। संस्था के रूप में सम्पत्ति का विनाश एक संस्थात्मक ढाँचा प्रदान करेगा। भावनात्मक स्तर पर सम्पत्ति के मोह के विनाश से इस ढाँचे के फिर कभी टूट जाने का खतरा नहीं रहेगा। अगर गांधीवाद, या उसके सुफल को आप जो भी नाम दें, निष्फल बातों को दोहराने तक ही सीमित नहीं हो जाता, चाहे उपनिषदों की सम्पत्ति

के अपरिग्रह की बात हो, या मार्क्स की निजी सम्पत्ति की संस्था का नाश करने की बात हो, बल्कि दोनों को मिलाने की, और ऐसा संस्थात्मक ढाँचा बनाने की कोशिश करता है जिसमें मनुष्य आशा के साथ अच्छा बनने की चेष्टा कर सके, तो वह सरकारी सिद्धान्त के रूप में भी स्वीकार करने लायक हो सकता है। कोई यह समझने की गलती न करे कि भावना के स्तर पर सम्पत्ति-मोह के नाश से, संस्था के रूप में सम्पत्ति के नाश की जरूरत जरा भी कम होती है। यहाँ केवल इस बात पर आग्रह किया गया है कि संस्था के रूप में सम्पत्ति के विनाश से, भावना के स्तर पर उसके विनाश की जरूरत जरा भी कम नहीं होती।

अच्छे काम करने के सरकारी सिद्धान्त के रूप में गांधीवाद की कमियों के बारे में चाहे जो भी कहा जाए, बुराई का विरोध करने के जन-सिद्धान्त के रूप में यह अनुपम था। व्यक्ति की आदत, और सामूहिक संकल्प, दोनों ही रूपों में सिविल नाफरमानी बुद्धि को ताकत से जोड़ती है, ताकतवर बुद्धि है, जबकि अन्य सभी तरीके या तो निर्बल बुद्धि के होते हैं या अबुद्धिपूर्ण ताकत के। ऐसी सिविल नाफरमानी मनुष्य-जाति को गांधी जी की प्रत्यक्ष देन है। लेकिन गांधी जी और उनके सिद्धान्त ने जिस सरकार को बनाने में योग दिया, उसने गांधी जी की सीख के इस सबसे अधिक क्रान्तिकारी मर्म को नष्ट करने की पूरी कोशिश की है। इतिहास में कभी किसी सन्तान ने इस तरह अपनी माँ की कोख पर लात नहीं मारी। कभी कोई सिद्धान्त विपक्ष में जैसा था, सरकार में आने पर इस तरह बिलकुल उसका उलटा नहीं बना। लेकिन यह स्वाभाविक है कि सरकारी गांधीवाद विपक्षी गांधीवाद से टकराए, जब तक कि उनके अन्तर्विरोध को दूर करने वाली कोई बेहतर चीज उनके मेल से नहीं बनती। ऐसी सम्भावना पर विचार करने के पहले एक विचित्र बात की ओर ध्यान देना जरूरी है। गांधी जी के सबसे नजदीकी शिष्यों ने जिस तरह उनका प्रकट तिरस्कर किया, वैसा पहले कभी किसी सिद्धान्त या पैगम्बर के साथ नहीं हुआ। जिस घड़ी उनकी जीत हुई, उसी समय से उनका अपमान भी शुरू हुआ। उनके सिद्धान्त के तिरस्कार के अलावा, उनके व्यक्तित्व का मान भी घटा। गांधी जी की बराबरी करने वाले किसी महान व्यक्ति के ऐसे शिष्य नहीं हुए जो किसी अन्य व्यक्ति को अपने गुरु से अधिक महान घोषित करें। सवाल यह नहीं है कि बुद्ध वास्तव में गांधी से बड़े हैं या नहीं। शायद हैं, शायद नहीं हैं। लेकिन गांधी के शिष्य जब भी मौका मिले बुद्ध को हिन्दुस्तान का सबसे बड़ा आदमी घोषित करें, यह अनोखी बात है। ऐसे कोई शिष्य न बुद्ध के थे,

न ईसा के, न सुकरात के, यहाँ तक कि मार्क्स के भी नहीं। यह सम्भव है कि गांधी उनकी बराबरी की नहीं। ऐसी सूरत में बात यहीं खतम हो जाती है। लेकिन इस शक को दूर करना आसान नहीं कि सरकारी गांधीवाद के लिए विपक्षी गांधीवाद का निरादर करना अनिवार्य है। बुद्ध से किसी सरकार को डर नहीं लगता। गांधी से शायद हर सरकार को डर लगता है। गांधी के शिष्य उनका निरादर चोरी-छिपे ज्यादा करते हैं, क्योंकि सिविल नाफरमानी से उन्हें डर लगता है, सिविल नाफरमानी का भूत उन्हें सताए रखता है।

कोई भी सरकार, कोई सचमुच गांधीवादी सरकार भी, उन लोगों से प्रेम नहीं कर सकती तो उसका या उसके कार्यों का प्रतिरोध, चाहे कितने भी सविनय ढंग से करते हैं। सिविल नाफरमानी करने वालों को कानून तोड़ने पर सरकार की नाखुशी झेलने को और उसके परिणाम भुगतने को तैयार रहना चाहिए। अगर सरकार और सिविल नाफरमानी करने वाले दोनों यह मानकर चलें कि दोनों को ही अपनी उचित मर्यादाओं के अन्दर काम करना चाहिए, तो सरकारी गांधीवाद और विपक्षी गांधीवाद के अन्तर्विरोध को दूर करने वाली कोई बड़ी चीज निकल सकती है। सिविल नाफरमानी करने वाले किसी भी हालत में हिंसा का इस्तेमाल न करें। ऐसी सूरत में सरकार गिरफ्तारी और उचित कैद के सिवाय और सभी प्रकार के दमन का परित्याग करे। दोनों पक्षों की स्थितियों के प्रति परस्पर आदर हो। इस रिश्ते में प्रेम को शामिल करना जरूरी नहीं। इसका सामान्य रूप इतना ही रहे कि एक-दूसरे के विरुद्ध संघर्ष तो हो, लेकिन सीमाओं के अन्दर, मर्यादित।

सिविल नाफरमानी की कमजोरियाँ सामने आई हैं। ये कमजोरियाँ सामयिक थीं, या सिविल नाफरमानी में ही निहित थीं, यह तो आगे अनुभव से ही पता चलेगा। अंग्रेजी राज के विरुद्ध अहिंसक संघर्ष करने वालों की सेना में अधैर्य की और टिकाऊ लगन की कमी प्रतीत होती थी। उस सेना के सामने अपने संघर्ष की कोई तार्किक परिणिति नहीं थी। बिरले आस्थावानों को छोड़कर, यह सेना अपने संघर्ष को एक बढ़ती हुई लहर के रूप में, शत्रु की घटती हुई ताकत और अपनी बढ़ती हुई शक्ति के रूप में नहीं देखती थी। हिंसक सैनिक जब लड़ाइयों में हारते हैं, तब भी उन्हें यह सन्तोष मिलता है कि शत्रु को जान और माल का नुकसान हुआ। यह सन्तोष उनकी एकता और मनोबल को बनाए रखता है। जब वे गुप्त रूप से, या किसी छोटे-से इलाके में भी, सैनिक टुकड़ियाँ बनाने लगते हैं, तभी से वे उस दिन का सपना देखने लगते हैं जब शत्रु पराजित होगा। अहिंसक सेना के लिए ऐसे सपने देखना सम्भव

नहीं रहा, सिवाय कुछ कल्पनाशील लोगों के। इसके परिणाम विनाशकारी हुए। हिन्दुस्तान के स्वाधीनता संघर्ष ने समझौते किये, और आगे चलकर अपने लक्ष्य हासिल नहीं कर सका। वास्तव में उसने अपने कुछ लक्ष्य छोड़कर उलटे लक्ष्य अपना लिये। सरकारी गांधीवाद की कमियाँ शायद इसी का परिणाम हैं कि विपक्षी गांधीवाद संघर्ष को आखिर तक नहीं लड़ सका। लेकिन इस अकेले अनुभव के आधार पर यह सिद्धान्त बना लेना उचित नहीं होगा कि समझौते की प्रक्रिया अहिंसा में निहित होती है। सन्देह जरूर पैदा हो गया है, और भविष्य में सत्याग्रह का प्रयोग करने वालों को समझौते करने की, संघर्ष के क्रान्तिकारी चरित्र को धुँधला करने की प्रवृत्ति से सावधान रहना होगा।

रोग की जड़ें शायद और ज्यादा गहरी हैं। इस पर कई सदियों का असर है। दुनिया की कोई कौम अपने स्वतंत्र राज्य से इतने समय तक वंचित नहीं रही जितना कि हिन्दुस्तान। सामूहिक अनैतिकता भारतीय चरित्र का एक अंग बन गई और कभी-कभी शक होता है कि कहीं यह स्थायी तो नहीं। देश के शासक-वर्ग ने सदियों के दौरान दास का समन्वय करने में अनुपम कौशल हासिल कर लिया है। देश में जो कुछ भी आता है और ताकतवर होता है, उसके साथ वे समन्वय कर लेते हैं। कोई कौम इस हद तक, और इतने अरसे तक निश्चेष्ट और उदासीन नहीं रही, जितने कि हिन्दुस्तानी। यह आश्चर्य की बात है कि हिन्दुस्तानी लोग और उनका शासक-वर्ग, सदियों से सामूहिक गन्दगी के दलदल में गर्दन तक फँसे रहने के बाद भी बिलकुल डूब नहीं गए। चाहे कितने भी बुरे हाल में, उन्होंने अपने अस्तित्व को बनाए रखा है। लेकिन इस कथा की चर्चा करना यहाँ जरूरी नहीं। हमारी बात के सन्दर्भ में उदासीनता और निश्चेष्टता ही प्रासंगिक हैं। गांधी जी के क्रान्तिकारी विचारों और पद्धतियों को दासवृत्ति और निश्चेष्टता के इस दलदल में काम करना पड़ा। देशी और विदेशी दोनों ही तरह के उदार और अज्ञानी लोग इस दासवृत्ति और निश्चेष्टता को समन्वय प्रतिभा कहते हैं। विजेता की चापलूसी करने के लिए नये या विदेशी तत्त्वों की स्वीकृति या विजेता की अन्धी नकल दासवृत्ति या असभ्यता है। वास्तविक समन्वय तब होता है जब किसी नई या स्वस्थ व विदेशी चीज को सोच-समझकर और विवेकपूर्ण ढंग से चुना और अपनाया जाता है। अगर हिन्दुस्तानी लोग कभी दास-वृत्ति और समन्वय में फर्क करना सीख लें, तो मुमकिन है कि गांधी का विचार सचमुच विकसित हो और फले-फूले।

[1963]

छोटी मशीन

सत्य का ज्ञान किसी पहलू या किसी कोण से होता है। इसका यह मतलब नहीं कि सत्य आंशिक होता है। वास्तव में आंशिक सत्य कहने में एक भाषा-दोष है। सत्य या तो पूर्ण होता है या नहीं होता। आंशिक सत्य का अक्सर इस्तेमाल करने में तात्पर्य शायद पूर्ण सत्य से इनकार करना नहीं होता, बल्कि ढीले-ढाले अर्थ में सत्य पहलू से या किसी कोण से देखे गए सत्य से ही होता है। सारा सत्य उस पहलू या कोण से जाना जाता है, जिसे सत्य का खोजी या ज्ञाता अपनाता है। गलत-सही कोण को न अपनाने में हो सकती है। या, सही पहलू या दृष्टिकोण अपनाने पर भी गलती हो सकती है अगर देखने में जल्दबाजी या लापरवाही की जाए या दृष्टि धुँधली हो। ऐसी गलतियों के परिणाम को या तो झूठ कहा जाता है, या कभी-कभी, सापेक्ष सत्य। सापेक्ष सत्य उस समय झूठ बन जाता है, जब पहलू या दृष्टि में साफ दोष होता है, या जिन्दगी की पेचीदगियों की नासमझी होती है। अर्थात अधिक संस्कारयुक्त और सुधरे हुए पहलू की, या अधिक देर तक, अधिक विस्तार से या पूर्वाग्रह के बिना देखने की जरूरत होती है। आंशिक सत्य या सापेक्ष सत्य जैसे शब्दों में भाषा की भूल होती है, लेकिन ये इस गम्भीर सत्य को प्रकट करते हैं कि सत्य किसी कोण से, दृष्टि से, या सीधी नजर से प्राप्त होता है। जब दृष्टि सधी नहीं होती, या ठीक से देखा नहीं जाता, तो हो सकता है उसका नतीजा झूठ न हो, बल्कि वह सापेक्ष या आंशिक सत्य भी हो सकता है।

मैं शायद एक कमी को सिद्धान्त के रूप दे रहा हूँ। मैंने किताबें नहीं लिखीं। क्या इस कारण कि मेरे पास इसके लिए वक्त नहीं था या योग्यता थी? या ऐसा है कि मेरे मन का गठन किसी हद तक सत्य के गठन के अनुरूप है, जिससे वह 'पहलू' या 'खंड' ही प्रस्तुत करता है? मेरी दो पुस्तकें पहले प्रकाशित हुई हैं जिनके नामों में इन शब्दों का इस्तेमाल किया गया है। मेरी

परिभाषा के अनुसार बहुत अच्छी तरह और अन्त तक सोच-विचार कर लिखी गई किताब भी सत्य को किसी पहलू से ही प्रकट करेगी। लेकिन पुस्तक-लेखक को आम तौर पर सत्य के पहलू वाले रूप की चेतना उस तरह नहीं होती जैसी मुझे रही है। पहलुओं के बारे में समझकर पहलू की दृष्टि से लिखने पर तथ्यों को किसी सिद्धान्त में बिठाने के लिए उन्हें तोड़ना-मरोड़ना नहीं पड़ता, न सभी तथ्यों को शामिल करने की गरज से सिद्धान्त के साथ कोई ज्यादती ही करनी पड़ती है। इन बातों की पृष्ठभूमि में ऐसा उचित समझा गया कि जहाँ तक सम्भव हो अधिक-से-अधिक संख्या में मेरे सैद्धान्तिक लेखों का एक किताब में संग्रह किया जाए। अगर इन लेखों में अलग-अलग सार्थकता रही है, और अब भी है, तो महज इसलिए कि वे देखने में असम्बद्ध हैं, उनके संग्रह में वह सार्थकता खतम नहीं हो जाती। उनकी सार्थकता कुल मिलाकर शायद बढ़ गई हो। अगर ये लेख अलग-अलग मूल्यहीन रहे हैं, और उनमें केवल क्षणिक उपयोगिता का किसी बात को स्थायी सत्य का जामा पहना दिया गया है, तो उनका संग्रह अगर हानिकारक नहीं तो बेमतलब साबित होगा। काल निर्णय करेगा।

यहाँ जो सिद्धान्त प्रस्तुत किये गए हैं, उनमें से दो सिद्धान्त बाद के घटनाक्रम से कुछ हिल गए लगते हैं। एक है छोटी मशीन का सिद्धान्त। अन्तरिक्ष-यात्रा, संचार उपग्रह, रॉकेट, हाइड्रोजन बम, और इलेक्ट्रानिक औजारों के तेजी से बढ़ते हुए उद्योगों को देखते हुए, छोटी मशीन की बात सोचने के लिए ऐसे साहस की जरूरत प्रतीत होती है जो बुद्धि और तर्क के परे जाता हो। उसकी बात करने में इतनी विस्तृत व्याख्या करनी पड़ती है जो असहनीय लगती है। दुनिया के मंच पर दैत्य-मशीनों का ही बोलबाला है, जितनी ज्यादा बड़ी हो, उतनी ही बेहतर। छोटी मशीन का यह प्रकट खंडन, किस हद तक असली और स्थायी है?

छोटी मशीन का विचार भारतीय स्थिति की एक खास जरूरत से पैदा हुआ था, जो दरअसल रंगीन चमड़ी वाले सभी पिछड़े लोगों की जरूरत है। यूरोपीय-अमरीकी लोगों में आबादी और पूँजी का जो रिश्ता है, पिछड़े राष्ट्रों में उसके लगभग बिलकुल उलटा रिश्ता है। पिछड़े देशों में जनशक्ति की बहुतायत है, जो यूरोप अमरीका में पूँजी बहुत है। पिछड़े देशों में पूँजी की बड़ी कमी है तो जनशक्ति है उसका ज्यादा-से-ज्यादा बुद्धिपूर्ण इस्तेमाल करने के लिए एक ऐसे ढंग की मशीन की बात सोची गई, जो उतनी बचत से ही बनाई जा सके जितनी उन इलाकों में सम्भव है। यहाँ तक बात बिलकुल तर्कसंगत लगती है।

इस तर्क को और आगे बढ़ाया गया। जो बात पिछड़े इलाकों की दिक्कतों से निकली थी, वह मनुष्य की ज्यादा लम्बान की जरूरतों के भी अनुरूप प्रतीत हुई। दैत्य-मशीन समझ और काबू दोनों के ही बाहर है। मामूली आदमी उसे समझ नहीं पाता। वह उसे चलाता भी है तो उसका एक पुर्जा जैसा बनकर। लेकिन माना यह जाता है कि समूह की सर्वोच्च सत्ता की एक इकाई के रूप में वह मशीन पर नियंत्रण रखता है और उसे चलाता है। समझ में न आने वाली मशीन बेकाबू मशीन भी बन जाती है, और इस तरह जनता द्वारा शासन के विचार का उल्लंघन करती है। इसके उलटे छोटी मशीन अपनी परिभाषा के अनुसार ही ज्यादा आसानी से समझी और काबू में रखी जा सकने वाली है। यहाँ सवाल उठाया जा सकता है कि परिभाषा के शब्द पूरी तरह ठीक नहीं हैं। मिसाल के लिए ट्रांजिस्टर रेडियो एक छोटी मशीन है जिसे आसानी से चलाया जा सकता है, लेकिन उसके छोटे आकार के कारण क्या इस्तेमाल करने वाला उसे ज्यादा आसानी से समझ भी सकता है? मशीन को समझने के तत्त्व अगर मशीन के अन्दर ही हों, तो वे मनुष्य के मन में भी बने रहते हैं, खास तौर पर अगर मशीन आकार में अधिक छोटी होते जाने के साथ अधिक आधुनिक और पेचीदा भी बनती जाती है। समझ और काबू की बात से भी अधिक कमजोर प्रतीत होने वाला तर्क यह था कि छोटी मशीन आर्थिक दृष्टि से सक्षम होगी।

दैत्य मशीनें साफ तौर पर युद्ध की बरबादी से, युद्ध की तैयारी, और उससे होने वाले विनाश की हानि से जुड़ी हैं। यह सम्बन्ध क्या अनिवार्य है? अगर है, तो छोटी मशीन आर्थिक दृष्टि से लाभकारी बन जाती है। दैत्य मशीन की एक और खासियत को भी अगर हम नजर में रखें, तो छोटी मशीन की आर्थिक क्षमता बिलकुल पक्की और अकाट्य बन जाती है। दैत्य मशीन वाले समाज में सांस्कृतिक एकरसता जिन्दगी को खोखला कर देती है। यहाँ भी सवाल उठता है कि सांस्कृतिक एकरसता से पैदा होने वाली ऊब, युद्ध की बरबादी के समान, दैत्य मशीन के साथ अनिवार्य रूप से जुड़ी है, या केवल प्रासंगिक है। इस सवाल का फैसला किसी तरह की बहस से नहीं हो सकता। शुद्ध तर्क के रूप में, ऐसा कहा गया है कि युद्ध और जिन्दगी की ऊब के कारण मशीनों के आकार या पेचीदगी में नहीं हैं, बल्कि और कहीं हैं। लेकिन इस सवाल का जवाब आखिरी तौर पर नहीं दिया जा सका है और न दिया ही जा सकता है, कि दैत्य मशीनों और युद्ध व एकरसता के बीच अगर कोई अनिवार्य सम्बन्ध नहीं हैं, तो भी वे एक-दूसरे को कायम रखते और बढ़ाते-बनाते हैं या नहीं।

ज्यादा-से-ज्यादा पेचीदा और बड़ी मशीनों से सम्पन्नता आती है, यह बात साफ है, और यह तर्क अकाट्य है। ऐसा लगता है कि बड़ी मशीनों की पद्धति पर युद्ध की बरबादी का भी कोई खास असर नहीं पड़ता। जिन देशों में यह पद्धति बहुत अधिक विकसित होती है, युद्ध में उनकी हार होने पर भले ही ऐसा लगता है कि वे अब कभी उठ नहीं पाएँगे, लेकिन वे अपने को जल्दी ही फिर सँभाल लेते हैं। इसके उल्टे, जहाँ मशीनें उतनी विकसित नहीं होतीं, ऐसे देश लड़ाई में जीत जाते हैं तो भी उनको फिर से सँभलने से ज्यादा झंझट होती है। यूरोपीय-अमरीकी सम्पन्नता पर सन्देह की सिर्फ एक ही छाया है, किसी सम्भव अणु-युद्ध से होने वाली बरबादी की। लेकिन ऐसी सम्भावना का तर्क खुद ही सन्देहात्मक है। लोगों की आत्मा के बारे में अनुमान लगाकर एक बड़ा ही अटकल भरा तर्क रखा गया है कि उसकी स्फूर्ति में कमी आ सकती है, मशीनों के विकास में उसकी दिलचस्पी खतम हो सकती है, या खुद मशीन जैसी बन जा सकती है। दैत्य मशीन के सम्बन्ध में ये सन्देह और अनुमान अधिक-से-अधिक लाक्षणिक कहे जा सकते हैं, तार्किक नहीं। इसके विपरीत, दैत्य मशीन की शक्ति और समृद्धि लाने की क्षमता सन्देह से परे है। विशाल शक्ति और समृद्धि को देखकर सन्देह होता है कि छोटी मशीन की बात केवल किसी तरह का आदिम बचकाना खिलवाड़ तो नहीं है।

कुछ स्तरों पर शक्ति, और शायद समृद्धि की भी सम्भावनाओं को ज्यादा नजदीक से परखने पर बहस फिर उसी जगह आ जाती है जहाँ से शुरू हुई थी। पिछड़े राष्ट्रों में पूँजी की कमी ने छोटी मशीन के विचार को जन्म दिया था। क्या इस कमी को सापेक्ष रूपों में दूर किया जा सकता है? जरूरी वस्तुओं और पूँजीगत वस्तुओं के लिए उत्पादक औजार बनाने के सिलसिले में यह कमी शायद पूरी की जा सकती है। लेकिन क्या कभी अन्तरिक्ष यान, राकेट, पेचीदा इलेक्ट्रानिक औजार और अन्य ऐसी वस्तुओं के लिए भी पूँजी जुटाई जा सकती है? पश्चिमी यूरोप के देश अलग-अलग ऐसा नहीं कर पा रहे हैं। साझा बाजार में ही नहीं, राजनीतिक कार्यों में और अन्तरिक्ष-विज्ञान जैसी चीजों के लिए भी उन्हें मिलकर काम करना पड़ता है। अमरीका, रूस और पश्चिमी यूरोप—दुनिया में यही तीन इलाके हैं, तीनों ही गोरे इलाके, जिनमें सभी तरह की मशीनों में पूँजी लगाने की क्षमता है। चीन अगर कभी उस स्तर तक पहुँच भी सका, तो इसमें उसे बहुत वक्त लगेगा। बाकी दुनिया में सिर्फ ब्राजील एक ऐसा हिस्सा है जिसमें कोई सम्भावना हो सकती है। इस बारे में सोचा जा सकता है कि ऐसे उद्योगों के लिए पूँजी की कमी पूरी करने की

गरज से, जिनके द्वारा अन्तरिक्ष-विज्ञान आदि का विकास मुमकिन हो, दुनिया के छोटे राष्ट्र मिलकर काम करने को मजबूर हों। हर हालत में पूँजी की कमी का सवाल सापेक्ष रूपों में उठता रहेगा, भले ही बेरोजगारी दूर करने और लोगों को अच्छा रहन-सहन देने की हद तक यह कमी दूर की जा सके।

छोटी मशीन के विचार के पीछे उसे समझने और चलान में आसानी, आर्थिक उत्पादन-क्षमता और पूँजी की कमी के तत्त्व थे। बड़ी मशीनों से प्राप्त समृद्धि और शक्ति ने इन समस्याओं और तत्त्वों की तीव्रता को केवल कुछ कम किया है, इन्हें दूर करने में उसे सफलता नहीं मिली है। छोटी मशीन शब्द शायद बहुत अच्छा नहीं लगता, लेकिन इस विचार के पीछे जो तत्त्व और समस्याएँ थीं, वे अब भी हैं। हम अधिक-से-अधिक छोटी मशीन के बारे में कोई आखिरी राय बनाना फिलहाल स्थगित कर सकते हैं, लेकिन सत्य के जिस पहलू से यह विचार जन्मा था, वह भ्रम नहीं था।

दूसरे एक सिद्धान्त पर भी कुछ हँसी हुई है। वह सिद्धान्त है कि मार्क्सवाद एशिया के विरुद्ध यूरोप का हथियार है। चीन में मार्क्सवाद के जो नतीजे निकले हैं, जिसमें ऐसा प्रतीत होता है कि सोए हुए दैत्य को मार्क्सवाद ने जगा दिया है, उसके फलस्वरूप बहुत-से लोग मानने लगे हैं कि मार्क्सवाद खास तौर पर पिछड़े हुए राष्ट्रों का सिद्धान्त है। ऐसा लगता है कि मार्क्सवाद उन्हें जगा देता है, उनके सोए हुए अंगों में छिपी ताकत को बाहर ले आता है। क्या वास्तव में यह बात सच है? निश्चय ही चीन कुछ यूरोपीय-अमरीकी लोगों के लिए परेशानी का कारण बन गया है। लेकिन ऐसा तो च्यांग काइ-शेक के जमाने में भी था, जिसे मार्क्सवादी फासिस्ट या पलटनी जमाना कहते हैं। पिछली लड़ाई के चार बड़े मित्र राष्ट्रों में चीन भी एक था। संयुक्त राष्ट्र संघ की स्थापना होने पर चीन अकेला रंगीन चमड़ी वाला राष्ट्र था, जिसे सुरक्षा परिषद की स्थायी सदस्यता और रोक वोट का हक दिया गया। फिर भी, कुछ परिवर्तन हुआ है। पहले जो चीजें थीं वे चीन की सम्भव शक्ति को मान्यता देती थीं। वह सम्भव शक्ति अब किसी हद तक वास्तविक यथार्थ बन गई है। चीन के उद्योग-धन्धे बढ़े हैं। इस्पात की पैदावार जापान के बराबर हो रही है। चीन अभी तक अणु-बम नहीं बना पाया है, लेकिन वह दिन ज्यादा दूर नहीं हो सकता, और पुराने ढंग के हथियार बनाने की उसकी क्षमता को तो सभी लोग स्वीकार करते हैं। सबसे बड़ी बात है कि चीन के लोगों का मन अपने लक्ष्य की प्राप्ति के लिए दुख-तकलीफ सहने और कड़ी मेहनत करने को तैयार मालूम होता है।

किन्तु चीन की इन सारी उपलब्धियों का मूल्यांकन सिद्धान्त की दृष्टि से करने के लिए उन्हें दुनिया के परिप्रेक्ष्य में देखना होगा, खास तौर पर ऐसे सिद्धान्त में जो यूरोप और एशिया के सम्बन्धों को असलियत के अनुसार निरूपित करे। चीन की प्रगति को हमें तुलनात्मक दृष्टि से देखना होगा, पहले यूरोपीय-अमरीकी राष्ट्रों की तुलना में, दूसरे जापान की तुलना में जो रंगीन चमड़ी वाले राष्ट्रों में सबसे अधिक विकसित होने के अलावा गैर-मार्क्सवादी है, और तीसरे भारत की तुलना में, जो विकास की दौड़ में लगभग चीन के साथ ही, लेकिन भिन्न दृष्टिकोण लेकर शामिल हुआ था।

बाद की दोनों तुलनाएँ आसान हैं। चीन भारत से आगे निकल गया है, और इस तरह उसने सिद्ध किया है कि कम-से-कम जहाँ तक भौतिक प्रगति का सवाल है, मार्क्सवाद उस सिद्धान्त से श्रेष्ठ है जो इस समय भारत में चल रहा है, उसे आप जो भी नाम दें। भारत की तुलना में इस्पात की पैदावार चीन में पाँच गुनी है, यद्यपि पन्द्रह बरस पहले जब दौड़ हुई थी तो चीन भारत के बराबर, बल्कि कुछ पीछे ही था। दूसरी ओर जापान की बराबरी करने की कोशिश में चीन हाँफने लगा है, जबकि उसकी आबादी जापान की छह गुनी है, और जापान का मार्क्सवाद से दूर का भी रिश्ता नहीं। यह तर्क कि जापान में विकास सत्तर साल पहले शुरू हो गया था, बहुत मतलब नहीं रखता, क्योंकि लड़ाई में हारने और आबादी में छठा हिस्सा होने पर भी जापान बराबर चीन से आगे ही रहा है, भले ही फर्क ज्यादा न हो। जिस सिद्धान्त को लेकर जापान एशिया के देशों में, और इस तरह सभी पिछड़े या रंगीन चमड़ी वाले देशों में पहले स्थान पर बना रहा है, उसके लिए सबसे सही शब्द है पूँजीवादी लोकतंत्र।

वास्तव में यूरोप-अमरीका को देखते हुए किसी एशियाई देश के बारे में पहले स्थान या और किसी स्थान की बात करना बेमतलब है। अंग्रेजी राज के जमाने में भी हिन्दुस्तान को दुनिया का सातवाँ या आठवाँ औद्योगिक देश कहा जाता था। यह बात अर्थशास्त्र की अधिकांश पाठ्य-पुस्तकों में बड़े गर्व से बताई जाती थी। लेकिन वास्तव में उस गर्व के पीछे कुछ था नहीं, सिर्फ एक स्वामी की झूठी न्यायप्रियता थी, और एक दास का झूठा अहंकार था। एशियाई प्रगति के सभी कब्लअजबक्त मूल्यांकनों के पीछे ऐसी ही दम्भ भरी मूढ़ता छिपी रहती है। यूरोप-अमरीका के सामने चीन या जापान की भी हैसियत ही क्या है। छोटा-सा पश्चिमी जर्मनी, या इंगलिस्तान, या फ्रांस, या चेकोस्लोवाकिया चीन से आगे है। अमरीका या रूस के सामने चीन एक बौना है। अक्सर इस मामले में ऐसे तर्क दिये जाते हैं कि यूरोप-अमरीका में विकास

बहुत पहले से हो रहा है, और एशिया में अब प्रगति तेजी से हो रही है। इस प्रगति का तुलनात्मक मूल्यांकन करना चाहिए, जो एशिया के लोग, एशियाई मार्क्सवादी भी, शायद ही कभी करते हैं।

एशिया के लोग गलती यह करते हैं कि वे अपनी आज की हालत की तुलना सिर्फ अपनी पुरानी हालत से करते हैं, बस। इस हिसाब से चीन ने प्रगति की है, भारत ने भी की है, और अन्य सभी एशियाई देशों ने भी की है, भले ही कुछ कम की है। ज्यादा जरूरी चीज है कि इस प्रगति की तुलना हम यूरोप-अमरीका की प्रगति से करें। इस तरह देखें तो अब तक की हालत बुरी रही है और भविष्य निराशाजनक है। जापान एशिया के देशों में पहला है। लेकिन यूरोपीय देशों में आखिरी, उसे शिष्टाचारवश ही कहा जा सकता है। सचमुच ऐसा कहलाने का अधिकार हासिल करने में उसे अभी बहुत वक्त लगेगा। एशिया और यूरोप-अमरीका के बीच खाई पहले ही बहुत बड़ी थी, बराबर बढ़ती जाती है। यूरोप-अमरीका में उत्पादकता एशिया की दस गुनी है, और रोज-ब-रोज फर्क बढ़ता जाता है। यह बात हथियारों के मामले में भी सच है और भोजन के मामले में भी। दोनों ही मामलों में यूरोप-अमरीका की श्रेष्ठता में कोई शक नहीं। चीन और मार्क्सवाद इन दोनों ने अभी तक जो कुछ किया है, उससे हालत में कुछ थोड़ा-सा फर्क भी नहीं पड़ा। न भविष्य में कोई फर्क पड़ने के संकेत हैं। यूरोप के कई प्रौढ़ देशों में विकास की गति चीन से अधिक है। प्रौढ़ता बढ़ने पर अगर यूरोप में गति कुछ धीमी पड़ती दिखाई देती है, तो चीन में अभी कच्ची जबान की स्फूर्ति होने पर भी वैसे ही उतार-चढ़ाव दिखाई देते हैं। यूरोप-अमरीका की श्रेष्ठता, कम-से-कम चीनी नमूने की तुलना में तो सिद्ध है। यूरोप-अमरीका अपने-आप ही ढीले पड़कर सापेक्षिक निष्क्रियता में फँस जाएँ, या उन पर कोई बड़ी विपत्ति आ जाए, तभी यह सम्भव हो सकता है कि मार्क्सवाद एशिया को या उसके किसी हिस्से को यूरोप-अमरीका के बराबर ले जाए।

आजकल जैसा प्रचार हो रहा है, उसके विपरीत एशिया और यूरोप-अमरीका की उत्पादकता में बढ़ते हुए फर्क के साथ, उनकी आबादी में भी इसी तरह फर्क बढ़ रहा है। यूरोप अमरीका की, या कम-से-कम उसके कुछ हिस्सों की आबादी चीन और हिन्दुस्तान को मिलाकर एशिया की आबादी की तुलना में ज्यादा तेजी से बढ़ रही है। लगभग डेढ़ सौ साल पहले दुनिया में रंगीन चमड़ी वाले नौ व्यक्तियों के पीछे एक गोरा था। अब रंगीन चमड़ी वाले दो व्यक्तियों के पीछे, एक गोरा है। दुनिया की कुल तीन अरब की आबादी

में दो अरब रंगीन चमड़ी वाले हैं, एक अरब गोरे। यह सिलसिला अभी बन्द नहीं हुआ है। यह खयाल गलत सिद्ध हुआ है कि आर्थिक समृद्धि और प्रौढ़ता आने पर जन्म-दर अपने-आप घट जाती है। अगर रूस और अमरीका की आबादी लगातार मौजूदा रफ्तार से ही बढ़ती चली जाए, और एशिया व अन्य इलाकों में भी आबादी बढ़ने की रफ्तार वही रहे जो आज है, तो आगे चलकर गोरों की संख्या रंगीन चमड़ी वालों से ज्यादा हो जाएगी। किसी बड़ी विपत्ति की हालत में ऐसा भी हो सकता है कि गोरे सारी दुनिया पर अकेले ही कब्जा कर लें। एशिया का मार्क्सवाद इस स्थिति में कोई परिवर्तन नहीं करता।

एशिया में मार्क्सवाद का एक और रोग प्रकट हो रहा है। शायद इस कारण कि दुनिया अभी भी बहुत बड़ी है, किसी यूरोपीय सिद्धान्त ने अभी तक इसको बढ़ावा नहीं दिया कि यूरोप के देश एक-दूसरे पर हमला करें, सिवाय कभी-कभी बड़े गौण रूप में। किसी एशियाई देश में आज यह ताकत नहीं है कि वह किसी यूरोपीय देश को उस तरह हरा सके जैसे कभी जापान ने रूस को हराया था। यहाँ मामला एक तरफ तो तुलनात्मक शक्ति का है, दूसरी तरफ यूरोपीय जागृति और एकता का, हालाँकि यह एकता दो विरोधी खेमों में हुई है। मार्क्सवाद ने उस यूरोप को खतम कर दिया है जिसमें एक यूरोपीय देश लड़ाई में फँसकर हार जाता तो बाकी यूरोप चुपचाप देखता रहता। पश्चिमी यूरोप के किसी हिस्से पर हमला हो तो सारा पश्चिमी यूरोप उसकी रक्षा को दौड़ पड़ेगा। पूर्वी यूरोप में भी यही स्थिति है। लेकिन एशिया में मार्क्सवाद जो कुछ कर रहा है, उसका किस्सा बिलकुल उलटा है। चीन ने अपने अंगों में शक्ति-संचार होने का अनुभव किया है, जो कुछ भी शक्ति उसकी है। इस शक्ति का प्रदर्शन वह यूरोप-अमरीका के खिलाफ नहीं कर सकता, उन इलाकों में भी नहीं जिन पर गोरे देशों ने अनैतिक और गैर-कानूनी ढंग से कब्जा कर रखा है। लेकिन अपने में शक्ति का अनुभव उसे होता है, और यह शक्ति उसे बेचैन करती है। इसलिए अपनी इस शक्ति को चीन अन्य एशियाई देशों पर आजमा रहा है। जिस समय यह सिद्धान्त निरूपित किया गया था कि मार्क्सवाद एशिया के विरुद्ध यूरोप का हथियार है, उस वक्त गृह-युद्ध ने चीन को तोड़ रखा था। वह गृह-युद्ध अब सारे एशिया में फैल गया है। अब एशिया की बारी तोड़े जाने की है, कभी-कभी हथियारों के इस्तेमाल से, अक्सर उसकी धमकी से।

मार्क्सवाद ऐसा अकेला सिद्धान्त नहीं है जिसने रंगीन चमड़ी वालों पर यूरोप की श्रेष्ठता स्थापित करनी या कायम रखनी चाही है। यूरोपीय प्रभुत्व

के पिछले तीन सौ सालों में निकलने वाले सभी सिद्धान्तों ने यही किया है। पूँजीवाद या उदारवाद के बारे में कोई सबूत देने की जरूरत नहीं, क्योंकि उनका सारा इतिहास एशिया और रंगीन चमड़ी वाले अन्य लोगों के दमन और शोषण से जुड़ा है। ऐसा लगता है कि सभी सिद्धान्त शक्ति के खास ढाँचे के अन्दर काम करते हैं। जब तक उनका जन्म ही उस ढाँचे के बाहर न हुआ हो, वे ढाँचे के बाहर नहीं निकल पाते। रूसो, लाक और हीगेल के सिद्धान्तों के समान ही एडम स्मिथ और मार्क्स के सिद्धान्तों ने यूरोपीय आत्मा और उसके लक्ष्यों की सेवा की है। यूरोप-अमरीका के किसी बड़ी विपत्ति से ग्रस्त होने की सम्भावना बहुत कम है, लेकिन ऐसा हो सकता है कि अगर कभी ऐसी सम्भावना सामने आए, तो इनमें से कोई भी सिद्धान्त उसे रोक नहीं सकेगा। उस हालत में मार्क्सवाद अन्य किसी भी यूरोपीय सिद्धान्त की तरह, यूरोप के विनाश का लक्षण और अंश-कारण होगा, गो बिना इरादे के।

कोई भी बड़ा सिद्धान्त सचेत रूप में अपने लिए ऐसा कोई लक्ष्य निर्धारित नहीं करता, जो समूची मनुष्य-जाति को अपने दायरे में न समेटता हो। अपने प्रकट लक्ष्यों में मार्क्सवाद ने बढ़िया ढंग से मनुष्य-जाति को एक सूत में जोड़ा है। उसने मनुष्य की बात कही है, खाली यूरोपीय मनुष्य की नहीं। उसने मनुष्य-जाति के किसी अंग के लिए नहीं, बल्कि सारी मनुष्य-जाति के लिए समता, सम्पन्नता और शान्ति का ऐसा ढाँचा खड़ा किया है जिसमें संगति है। लगातार विकसित होती हुई उत्पादन की शक्तियाँ जब स्वामित्व के दमघोंटू सम्बन्धों से मुक्त हो जाएँगी तो सम्पन्नता आएगी। उस स्थापना में, खास तौर पर जिस ढंग से इसे रखा गया है उसमें कोई यूरोपीय खासियत नहीं है। लेकिन, दुर्भाग्यवश, उत्पादन की मुक्त शक्तियाँ जिस ढंग से यूरोप में काम करती हैं, उस ढंग से एशिया में नहीं। मुक्त होने के पहले यूरोप में उनकी बहुतायत होती है, एशिया में नहीं। पूँजीवाद और साम्राज्यवाद ने गोरे इलाकों में उत्पादन की शक्तियों की बहुतायत पैदा की है। मशीनों का विकास उनको लगातार और बढ़ता जाता है। अगर यह मान भी लें कि इस मशीनी विकास से, चाहे कितने भी सुदूर भविष्य में, रंगन चमड़ी वाले देशों में भी सम्पन्नता आ जाएगी, तो भी सिद्धान्त रूप में सम्भावना यह है कि गोरे इलाकों में सम्पन्नता हमेशा अधिक रहेगी। मार्क्सवाद को इस समस्या का एहसास भी नहीं रहा है।

उत्पादन के साधनों में निजी स्वामित्व खतम होने पर समता आनी थी। एक हद तक, राष्ट्र के अन्दर ऐसा होता भी है। लेकिन एक इलाके और दूसरे इलाके के बीच बाहरी असमानता, दोनों इलाकों के मार्क्सवादी या साम्यवादी

हो जाने पर भी कायम रहती है। यह बाहरी असमानता किस प्रकार अन्दरूनी असमानता से जुड़ी हुई प्रतीत होती है, और दोनों एक-दूसरी को बढ़ाती हैं। और इस तरह शान्ति आज भी सपना ही है। फिर भी, समता, सम्पन्नता और शान्ति के मनुष्य-जाति के इस सनातन सपने को कुछ ऐसे स्वर, रंग और आकार मिले हैं जो केवल मार्क्सवाद ही दे सकता था, क्योंकि निजी सम्पत्ति का अन्त, जो मार्क्सवाद का मर्म है, केवल यूरोपीय नहीं, बल्कि मानवीय लक्ष्य है, और नई शक्तियों को मुक्त करता है, यद्यपि यह शक्ति अलग-अलग इलाकों में असमान होती है। सम्भव है कि मनुष्यों पर शासन के बजाय वस्तुओं के प्रशासन की कल्पना एक झूठी आशा हो, या इसे पूरी तरह और सफाई से सोचे बिना ही प्रस्तुत कर दिया गया हो। लेकिन इस आशा को पहली बार, भले ही अधूरा और क्रूर, मूर्त रूप मिला है, और यह मार्क्स का दोष नहीं कि लोग मार्क्सवाद पर ठहरे रहते हैं।

सापेक्ष घटनाओं की इस दुनिया में दक्षिण वियतनाम और दक्षिण कोरिया के विरुद्ध उत्तरी वियतनाम और उत्तरी कोरिया, तथा तैवान (फारमोसा) के विरुद्ध क्यूबा की ज्यादा बड़ी उपलब्धियों को स्वीकार करके उनका विश्लेषण करना होगा। यह ठीक है कि उनकी तुलना यूरोप से नहीं की सकती, न पूर्वी जर्मनी, न पश्चिमी जर्मनी, यहाँ तक कि बुल्गारिया से भी नहीं, और इसी में मार्क्सवाद की असली कमी है। लेकिन इस बड़ी कमी के अन्दर उपलब्धियों का एक छोटा क्षेत्र भी है। रंगीन चमड़ी वाले राष्ट्रों में जिन राष्ट्रों पर मार्क्सवाद का असर है, उनमें ऐसे देशों की अपेक्षा ज्यादा गर्मी है, जहाँ मार्क्सवाद का असर नहीं। चीन में न सिर्फ तिब्बत पर और भारतीय सीमाओं पर आक्रमण करने के मामले में, बल्कि उद्योग-धन्धों के मामले में और लोगों के मन में भी, भारत की तुलना में ज्यादा गर्मी है। ऐसा कहना बेमतलब होगा कि यह मार्क्सवादी तानाशाही के कारण है। रंगीन चमड़ी वाले देशों में और भी कई तरह की तानाशाहियाँ हैं। तानाशाही निश्चय ही मार्क्सवाद से जुड़ी एक बुरी चीज है। तानाशाही क्या अनिवार्य रूप में निजी सम्पत्ति के विनाश से जुड़ी है? इसकी जाँच होना अभी बाकी है। मार्क्सवाद को स्वीकार करने वाले रंगीन देशों में तुलनात्मक दृष्टि से जो थोड़ी-बहुत गर्मी आई है, उसका कारण है उनकी अन्दरूनी क्रान्ति, निजी सम्पत्ति के खिलाफ उनकी कार्रवाई, जिस हद तक भी ऐसी कार्रवाई हुई है। पहले लोग जागते हैं, फिर उनमें आपस में टकराव होता है, गर्मी पैदा होती है, पुरानी व्यवस्था में कुछ उलट-फेर होते हैं, जागृति बढ़ती है, लोग ज्यादा मेहनत करने और ज्यादा सहने के लिए तैयार होते हैं।

जहाँ सही और गलत के बीच या जिसे लोग सही-गलत समझते हैं, बड़े पैमाने पर टकराव नहीं होता, वहाँ कोई नई शक्ति नहीं फूटती।

तैवान या च्यांग काइ-शेक के बारे में और एक बात कहना जरूरी है। मरे हुए, या मर रहे शेर को ठोकर मारने का चलन पुराना है। वैसा कोई इरादा मेरा नहीं है। हिन्दुस्तान जब आजाद नहीं था, तब च्यांग-काइ-शेक किसी राज्य के अकेले अध्यक्ष थे जिन्होंने हिन्दुस्तान की आजादी की जोरदार वकालत की थी। चाहे जो भी हो जाए, इसके लिए हमको हमेशा उनका कृतज्ञ रहना चाहिए। जहाँ चुप्पी से काम चल सकता हो, वहाँ बोलना बेहूदे फूहड़पन का ही काम है। यहाँ मैं ऐसा नहीं कह रहा कि विदेश नीति को केवल पुरानी कृतज्ञता या विरोध के आधार पर बनना चाहिए। इसके अलावा यहाँ सम्पूर्णता में तैवान का मूल्यांकन नहीं करना। तैवान और क्यूबा की भौतिक उपलब्धियों की तुलना करना है। दोनों की आबादी लगभग बराबर है। क्यूबा नई चीजें गढ़ने, मेहनत और उपलब्धियों के स्फूर्ति वाले मार्ग पर चल रहा है, क्योंकि वहाँ अन्दरूनी टकराव है और जागृति है। तैवान में न कोई ऐसे टकराव है, न जागृति। वास्तव में ब्राजील या वेनेजुला में भी, जो अन्य मामलों में क्यूबा से अधिक सभ्य आचरण वाले देश हैं, कोई तुलनीय अन्दरूनी टकराव नहीं है। किसी पुराने समाज में जब तक अन्दरूनी उथल-पुथल न हो, जरूरी नहीं कि एकदम हो, एक प्रक्रिया भी हो सकती है, तब तक नई शक्ति नहीं फूटती।

सामाजिक व्यवस्था में संकल्प के साथ किया गया परिवर्तन और निजी सम्पत्ति का खातमा ये दो बातें मार्क्सवाद का सार हैं। अब एक नया और उलटा सिलसिला दिखाई देने लगा है। नकली मार्क्सवादी बने रंगीन चमड़ी वाले देश, जिन्हें मार्क्सवादी देश उनकी विदेश नीति के कारण अपना मित्र मानते हैं, मार्क्सवाद का एक नया रूप गढ़ रहे हैं। उन्होंने बुनियाद और ऊपरी ढाँचा, आर्थिक बुनियाद और भावात्मक ऊपरी ढाँचे के सम्बन्ध में मार्क्स की शिक्षा को बड़ी ललक के साथ पकड़ लिया है। मार्क्सवाद कहता है कि भाषा, धर्म और जाति वगैरह का भावात्मक ऊपरी ढाँचा आर्थिक बुनियाद से ही विकसित होता है। इसलिए ये नकली मार्क्सवादी, जो कुछ रंगीन देशों में गद्दी पर गए हैं, कहते हैं कि हम बुनियाद को बदलें। बाकी सब अपने-आप हो जाएगा। इसके फलस्वरूप ऊपरी ढाँचा अपने-आप स्वच्छ हो जाएगा। मूल रूप में मार्क्सवाद के लिए आर्थिक बुनियाद बदलने का मतलब उत्पादन की शक्तियों का मशीनी विकास भी था और उत्पादन के सम्बन्धों में निजी सम्पत्ति का खातमा भी। मार्क्सवाद ने सिद्धान्त रूप में भावात्मक पहलू की

चाहे जितनी उपेक्षा की हो, व्यवहार में वह बराबर भावात्मक समस्याओं का सामना करता रहा, क्योंकि उसे निजी सम्पत्ति को खतम करना था। एक खास किस्म के रंगीन चमड़ी वाले मार्क्सवादी, व्यवहार को सिद्धान्त के कुछ ज्यादा नजदीक ले गए हैं। अपने को यह विश्वास दिलाकर कि सरकारी क्षेत्र के बढ़ने से जरूरी तौर पर निजी सम्पत्ति घटती है और अगर यह प्रक्रिया लगातार चलती रहे तो नतीजा यह होगा कि उत्पादन के सम्बन्ध बदल जाएँगे, उन्होंने मार्क्सवाद के एकमात्र क्रान्तिकारी अंश, निजी सम्पत्ति के खातमे को त्याग दिया है और मशीनी ढाँचे को बदलने में बड़े उत्साह से लग गए हैं। बुनियाद वाले ये नये सच्चे मार्क्सवादी ऊपरी ढाँचे वाले पुराने मार्क्सवादियों पर अब हँसते हैं। मार्क्सवाद से उसकी सारी भावात्मक क्रान्तिकारिता को निकालकर वे मार्क्स की बुनियाद और ऊपरी ढाँचे सम्बन्धी शिक्षा को उसकी तार्किक परिणति तक ले गए हैं। केवल आदिम मार्क्सवादी ही जाति, भाषा और धर्म, या सम्पत्ति की भी समस्याओं की चिन्ता करते हैं, क्योंकि बुनियाद वाले इन नये सच्चे मार्क्सवादियों के अनुसार ये सब तो ऊपरी चीजें हैं। द्वन्द्ववाद सचमुच बड़ी विचित्र स्थितियाँ पैदा करता है। ऊपरी ढाँचे की उपेक्षा अब पूर्ण हो गई है। लेकिन इसके साथ ही अन्दरूनी टकराव और जागृति का भी अब लगभग पूर्ण अभाव है। मार्क्सवाद कई तरह से एशिया और रंगीन चमड़ी वाले अन्य देशों के विरुद्ध यूरोप का हथियार बन जाता है।

[1953]

अंग्रेजी कैसे हटे

इस सभा की माँग मैंने स्वयं की थी। मुझे कोई व्याख्यान नहीं देना है क्योंकि आपको मैं आखिर बताऊँगा ही क्या। तबियत तो यह थी कि कुछ इस ढंग से बातचीत होती कि मैं आपसे भी कुछ जानता और हम सब इस पर विचार करते कि अंग्रेजी हटाने के लिए आप और मेरे जैसे लोग मिलकर क्या कर सकते हैं। अध्यक्ष महोदय ने कोई रास्ता निकाला हो तो अच्छी बात होगी, इस समय मैं तो एक बात ही बताने आया हूँ। अगर हिन्दी के मामले में आप लोगों ने कुछ न किया और हिन्दुस्तान की जनता ने कुछ न किया तो दिल्ली और लोकसभा, मैं इसी लोकसभा के लिए नहीं कहता, वरन 100-50 साल बाद भी जो लोकसभा होगी उसके लिए भी कहता हूँ, अंग्रेजी को हटा नहीं पाएगी, हटाना भी नहीं चाहेगी। दो वर्ष के अनुभव के बाद जो मैंने देखा है वह मैं आपको बताना चाहता हूँ। मैं एक साधारण आदमी हूँ, बहुत बड़ा व्याख्यान वगैरह देने की मेरी आदत भी नहीं है। इस वक्त तो दिल्ली की हालत को देखकर ही आपको नतीजा निकालना है। आज किसी के सामने यह सवाल नहीं है कि आगे कौन-सा कदम उठाया जाए, अंग्रेजी को हटाने के लिए। कुछ लोग कहते हैं कि संविधान में परिवर्तन करो। कुछ कहते हैं कि हम परिवर्तन नहीं करेंगे, जो स्थिति आज है उसी को चलने देना चाहिए, और जो स्थिति है उसे आप सभी अच्छी तरह से जानते हैं। आज की स्थिति अंग्रेजी को हटाने वाली तो है नहीं, बल्कि अंग्रेजी को कायम रखनेवाली है। यह भी सत्य है कि पिछले 17 सालों में अंग्रेजी बढ़ी है। अंग्रेजी राज्य में दसवें दर्जे के विद्यार्थियों की संख्या 2-3 लाख के करीब होती थी, आज 15 लाख तक पहुँच गई है। इस तरह अंग्रेजी जानने वालों की संख्या भी बढ़ी है। वे इसे तबियत से पढ़ते हैं क्योंकि रुतबा और पैसा उसी के साथ जुड़ा हुआ है।

यह सम्भव नहीं है कि वर्तमान नीति के चलते रहते बंगाल और तमिलनाडु स्वेच्छा से अंग्रेजी हटा देंगे। करोड़ों कंठ से हिन्दी मुर्दाबाद के नारे लगते हैं। और बंगाल में तो यहाँ तक नारे चल पड़े हैं कि जय हिन्दी देश को तोड़ती है और जय अंग्रेजी देश को जोड़ती है। यह सही है कि नहीं पर मैं बंगाल के बारे में अपनी एक राय साफ कर दूँ कि वहाँ दो विचारधाराएँ 150-200 वर्षों से हैं। एक तो प्राय: हिन्दी को मातृभाषा के रूप में स्वीकार करने की और दूसरी धारा है हिन्दी का तिरस्कार करने की। मैं नहीं जानता कि किस हद तक आपकी मुख्यमंत्री श्रीमती सुचेता कृपलानी ने यह किया है। लेकिन मुझको खुशी हुई कि शायद मुख्यमंत्रियों के सम्मेलन में उन्होंने ही सबसे जोर से अंग्रेजी हटाने के लिए अपनी बात कही थी, हालाँकि मैं चाहता था कि वे मेरी भी बात सुन लेतीं। जब उन्होंने यह बात कही थी तो मुझे उम्मीद थी कि वे जरूर कुछ पग उठाएँगी। यहाँ एक बात मैं और कह दूँ, यह हिन्दुस्तानी विधान का एक बहुत भारी लक्षण है कि घोषणा करो और उसके अनुरूप काम मत करो। घोषणा की दुनिया और अमल की दुनिया दोनों में कुछ सम्बन्ध ही नहीं रहता। जो और देश हैं वहाँ भी अमल घोषणा से कुछ कम होता है लेकिन हिन्दुस्तान में तो घोषणा और अमल ये दो दुनिया ही अलग-अलग हैं। कई बार लोग इसी बात से खुश हो जाते हैं। पर ऐसी घोषणा का कोई मतलब नहीं। यह वैसा ही है जैसी की संविधान ने घोषणा कर दी है कि शराबबन्दी होकर रहेगी लेकिन खूब धड़ल्ले से शराब का प्रयोग जारी है। घोषणा कर दी है कि जाति-प्रथा खत्म। राष्ट्रपति से लेकर हर एक विधायक तक उसकी शपथ लेता है। संविधान में हम देखते हैं कि जाति-प्रथा खत्म। पर वह अभी भी जारी है। तो घोषणा का कोई खास मतलब नहीं रह गया है। अब तो सवाल यह उठता है कि हम करेंगे क्या। अंग्रेजी का हिन्दी से आज भी झगड़ा है। इसलिए नहीं कि उससे हमारे सम्मान को या इज्जत को धक्का पहुँचता है। यह परदेशी भाषा है। लेकिन उससे और बड़ा सबब दूसरा यह है कि यह भाषा पहले की और भाषाओं की तरह हमारे देश को बिलकुल दो हिस्सों में बाँट देती है। एक तो अभिजात और दूसरा साधारण जनता में। इतना फर्क हो जाता है। जनतंत्र असम्भव है ऐसी स्थिति में। जनतंत्र कहना तो अपने-आपको फुसलावा देना है। इस बात को छोड़ दीजिए। भाषा की ओर से भी जनतंत्र हमारे देश में है नहीं। यह भी अपनी भाषा के बिना सम्भव नहीं हो सकता है हिन्दुस्तान में। लेकिन इससे भी बड़ा मेरा सबब है और वह यह कि हिन्दुस्तान की गरीबी और उसका अज्ञान। इन दोनों का शायद सबसे बड़ा कारण अंग्रेजी भाषा का चलन है। हिन्दुस्तान

में साढ़े तीन सौ रुपया फी व्यक्ति हर साल की आमदनी है। अमेरिका में 18 हजार रुपया है। हो सकता है कि आप कहें कि यहाँ आदमी ज्यादा हैं, तो 18 हजार की जगह 9 हजार कर लें। इससे ज्यादा तो फर्क नहीं पड़ेगा? थोड़ा-सा मैं यह भी बता देना चाहता हूँ कि उत्तर प्रदेश की आमदनी दो सौ सवा दो सौ के आसपास पड़ती है। यह इसलिए भी जानना बहुत जरूरी होता है, क्योंकि बहुत-से लोग कहा करते हैं कि दक्षिण का शोषण उत्तरवाले किया करते हैं। बंगाल की औसत आमदनी साढ़े चार सौ रुपये है। तमिलनाडु की साढ़े तीन सौ कहते हैं, लेकिन सम्भव है चार सौ हो और उत्तर प्रदेश की दो सौ और ढाई सौ के बीच है। तो यह शोषण करने वाला जो प्रदेश है, वह तो दो सौ, ढाई सौ वाला है और जो शोषित प्रदेश हैं, वह हैं चार सौ, साढ़े चार सौ वाले। यह भ्रम 17 वर्ष से फैलाया जा रहा है और इस भ्रम को मेरे जैसे लोग तमिलनाडु में जाकर जब दूर करने की कोशिश करते हैं, तो मेरे ऊपर पत्थर फेंका जाता था। कोयम्बटूर और मद्रास में मेरे ऊपर पत्थर फेंका गया, 7-8 साल पहले की बात है। उस समय जो वहाँ के मुख्यमंत्री थे, उन्होंने कहा कि काम बहुत बुरा हुआ, लेकिन उसके साथ इतना और जोड़ दिया कि इतना जिद करने की क्या जरूरत थी। थोड़ी अंग्रेजी बोल देते तो क्या बिगड़ जाता? इससे आप समझ सकते हैं, मामला कितना आगे बढ़ गया है।

दूसरी बात मैं यह कहता हूँ कि उत्तर प्रदेश, बिहार तथा हिन्दी के जो और इलाके हैं, उनमें आप उड़ीसा को भी जोड़ दीजिए और आन्ध्र प्रदेश को भी जोड़ दीजिए। इन सभी राज्यों में मोटे तौर से जनसंख्या में हजार के पीछे डेढ़ लड़के-लड़कियाँ कॉलेज में पढ़ने जाती हैं और मुझे बताने की जरूरत नहीं कि डेढ़ का क्या मतलब है? दस हजार पीछे पन्द्रह। बंगाल, तमिलनाडु और महाराष्ट्र में हजार पीछे चार लड़के-लड़कियाँ कॉलेज जाते हैं। यूरोप और अमेरिका में कॉलेज जाने वालों की संख्या देख लीजिए। कुछ दिन पहले पूर्वी जर्मनी में लोगों से मेरी बात हुई थी, तो उन्होंने बताया था कि वहाँ यह संख्या करीब 17 व 18 के करीब पड़ती है। और अमेरिका में 25 के करीब पड़ती है। वह बहुत ज्यादा है। लेकिन मुश्किल यह हो गई है कि बंगाल या तमिलनाडु वाले इस बात को ध्यान में ले नहीं रहे हैं। इस पर ज्यादा बहस करने की जरूरत नहीं है। वह तो यह देख रहे हैं कि उनके यहाँ तो चार शिक्षित हो गए। अब उत्तर प्रदेश और बिहार वाले लोग यह नहीं देखते हैं कि यह हालत पैदा कैसे हो गई। जिन दिनों बंगाल और तमिलनाडु के लोग अंग्रेजों का काम कर रहे थे, उन दिनों यहाँ के लोग बगावत कर रहे थे। यह कभी-कभी चिढ़ाने के

लिए मैं कह देता था लेकिन उस चिढ़ाने से तो कोई काम चलेगा नहीं। असल बात यह है कि जो गरीबी, जो अज्ञान पूरे देश में है, एक तरफ तो उसका चित्र हमें अपने सामने रखना पड़ेगा, यानी 300 और 18000 का मुकाबला और दूसरी तरफ यहाँ अन्दर जो गड़बड़ है उसका भी ध्यान रखना पड़ेगा। अब मुझे तो इसमें रत्ती-भर भी गुंजाइश नहीं मालूम पड़ती कि अंग्रेजी की वजह से यह हमारी गरीबी है। आखिर को हम कोई गाय, बैल या बकरी तो हैं नहीं कि उनके लिए एक योजना का खेत बना दिया गया कि इतने पयाल, इतने भूसे की जरूरत है और इतना दूध बनेगा और इतना मक्खन होगा। ऐसी बात तो नहीं है न? इसलिए बोली जरूरी है। बोली के बिना योजना सफल नहीं हो सकती और बोली का सम्बन्ध इस योजना से नहीं हो पा रहा है, इसका प्रमाण मुझे देने की जरूरत नहीं है। जो भी काम है, वह सब अंग्रेजी में होता है। तो योजना के क्या उद्देश्य हैं, कैसे वह पूरे होने चाहिए। खेती, कारखाने इत्यादि में कैसे सुधार होने चाहिए। यह सारी बातें जब अंग्रेजी में चलती रहेंगी, तो कैसे गरीबी मिट पाएगी? उसके लिए दूसरी सीढ़ी पर चढ़िए। मान लीजिए निरक्षरता दूर होनी चाहिए, क, ख, ग, घ, या अलिफ बे पे जानना चाहिए। तो कितने लोग जान पाए पिछले 15 वर्षों की मेहनत के बाद?

अगर यही दर रही और 15 वर्षों में 7-8 से 20-25 प्रतिशत हो गए तब 70-80 या 100 साल में जाकर कितने हिन्दुस्तानी साक्षर हो पाएँगे। जब पूरे साक्षर नहीं हो पाएँगे तो यह ज्ञान कहाँ से आएगा, कहाँ से गरीबी मिट पाएगी। इस सम्बन्ध में आप समझते हों कि लोकसभा कुछ कर पाएगी, यह भ्रान्ति ही होगी। मुझे तो वहाँ से आशा शून्य ही है। इसका एक कारण चापलूसी भी है। जहाँ चापलूसी होगी वहाँ चुगली, बेईमानी होगी, बुद्धि उन लोगों की भ्रष्ट हो जाएगी और जब बुद्धि भ्रष्ट होगी तो फिर क्या रह जाएगा। अंग्रेजी के उपयोग का अपने देश में आज एक दुष्परिणाम और भी है कि गणित जोकि शायद आज की दुनिया का सबसे बड़ा विषय है, वह इतना कमजोर पड़ गया है कि ऊँची गणित की श्रेणियों से साल-भर में 700-800 लड़के-लड़कियाँ ही निकल पाते हैं। एक हजार रख लीजिए। लेकिन रूस-अमेरिका में जिनकी आबादी हमारी आबादी की आधी है, 50 हजार गणितज्ञ निकलते हैं। हाँ, गणित दूसरे ढंग का हमारे देश में है, बहुत है, गाँव-गाँव में भरा हुआ है और वह है फलित ज्योतिष के रूप में। अपनी लड़की विधवा तो न हो जाएगी, बाल-बच्चे कितने होंगे, गृहमंत्री या प्रधानमंत्री कब बनेंगे। इसके लिए गणित सारे देश में फैला हुआ है, लेकिन आधुनिक गणितज्ञ हमारे यहाँ बहुत कम हैं। एक बार जब

मैंने लोकसभा में यह बात उठाई तो सरकार की तरफ से जो जवाब दिया गया उसमें कहा गया कि इतने ऊँचे गणितज्ञ हमारे यहाँ हो गए हैं। हर बार एक-दो आदमी का नाम गिना दिया जाता है जिनका नाम अखबारों में अक्सर छपता है। नये जिनका नाम लिया जाता है, उनका नाम तो मैं नहीं लूँगा, लेकिन कभी रमण का नाम ले दिया जाता है कभी सत्येन बोस का नाम लिया जाता है। इस प्रकार से 2-4-6 आदमियों के नाम गिना दिये जाते हैं। यह गलती मंत्री जी की नहीं, यह हमारी सबकी गलती है। जब वीरता के बारे में नाम लिया जाता है तो 200 वर्षों में पैदा हुई झाँसी की रानी का नाम ले लिया जाता है।

लाखों-करोड़ों की तादाद होनी चाहिए गणितज्ञों की। डॉक्टर रमण और बोस जैसे रूस और अमेरिका में करीब दो-तीन हजार होंगे और ऊँची शिक्षा पाने वाले तो शायद 10 से 15 हजार तक होंगे। वैसे कोई दो-चार इधर-उधर से निकल जाएँ उससे काम नहीं चलने वाला है। यह निश्चित है कि जब तक अंग्रेजी चलती रहेगी और यह आज जैसी हालत है उसमें असम्भव है कि अंग्रेजी खत्म होगी, तब तक ज्ञान-विज्ञान की यही हालत रहेगी। गणित अपनी भाषा में चले, मैं यह नहीं कहता कि हिन्दी में ही हो, बंगला में हो, तमिल में हो, लेकिन गणितज्ञ और ऊँची शिक्षा पानेवालों की तादाद 10-20-50 हजार की तादाद में होनी चाहिए। दूसरी तरफ यह असम्भव है कि यहाँ एक हजार, दो हजार या तीन हजार अच्छे गणितज्ञ निकलें। आज बड़ा अज्ञान है, बड़ी गरीबी है—इसकी वजह क्या है? अंग्रेजी के चलन के कारण ही यह अज्ञान और गरीबी है। लेकिन दिल्ली ने इस बात को कभी नहीं समझा और न समझेगी। कारण इसका बिलकुल आपके सामने है। अगर कभी मैं लोकसभा में इसको समझाने की कोशिश करता हूँ तो मुझ जैसे आदमी को निकाल ही दिया जाता है। मैं तो कई दफा समझाता हूँ कि अध्यक्ष महोदय, आप अपनी सभा को अच्छी तरह से चला लिया करते हैं। कभी-कभी मुझे बोलने का मौका तो मिलता ही नहीं है। मैं तो यह मनाया करता हूँ कि कभी मुझे बोलने का मौका मिले और हम तो इसी ताक में रहते हैं कि झपट्टा मार लें। यदि कभी एक वाक्य भी कहने का मौका मिल जाता है तो मैं अपने को धन्य समझता। वरना ऐसा मौका ही नहीं मिल पाता। अंग्रेजी का इतना जबरदस्त साम्राज्य छाया हुआ है जिसका भेदन प्राय: असम्भव हो गया है। खुद यहाँ उत्तर प्रदेश में सम्भव है, आपमें से कई के मन में उर्दू को लेकर संशय होता हो। आज सुबह कुछ बातचीत हुई, मुझे कुछ कहने की जरूरत नहीं है उर्दू के बारे में, क्योंकि मेरा मत बिलकुल साफ है कि अंग्रेजी जानी चाहिए। चाहे उर्दू आए, चाहे हिन्दी

आए, चाहे हिन्दुस्तानी आए, चाहे तमिल आए, चाहे 4-5 लाख लोग जो कुर्ग में रहते हैं, उनकी भाषा कुर्गी आए, कुछ भी आए, लेकिन अंग्रेजी जाए। आपको कहने के लिए मैं कहता हूँ कि इसमें मुझे कोई एतराज नहीं चाहे बंगला आए, तमिल आए या मराठी आए, लेकिन मैं तमिलनाडु वालों या बंगाल वालों को मनाने नहीं जाऊँगा। यदि तट देश के लोग आपस में एक राय से किसी एक भाषा को रखने की बात ही तय कर दें तो—मेरी धृष्टता को आप क्षमा करेंगे, मैं इस बात को बोल रहा हूँ—उत्तर प्रदेश और बिहार वालों को मनवाने की जिम्मेदारी मैं लेता हूँ। अगर आप किसी तटीय देश की भाषा को राष्ट्रभाषा बनाना तय कर लें तो जनता से मैं उस भाषा को राष्ट्रभाषा बनवा लूँगा। लेकिन यह उनका काम है, हम थोड़े ही मनवाने जाएँगे?

जहाँ तक उर्दू की बात है, उर्दू एक इलाके की जबान है। लेकिन मैं उर्दूवालों से कुछ कहना चाहता हूँ। 7-8-9 साल पहले जब कभी उर्दू का नाम लिया गया तो उस वक्त अकबरपुर के श्री सिब्ते हसन हैं—अध्यक्ष महोदय आप और हम दोनों फैजाबाद के हैं, और अकबरपुर भी फैजाबाद में ही पड़ता है, आप भी उनको जानते होंगे, और भी वहाँ के लोगों को जानते होंगे—उन्होंने मुझे लिखा कि उर्दू के बारे में आपकी क्या राय है? मैंने जवाब दिया और वह जवाब 'कौमी आवाज' को इतना पसन्द आया—कौमी आवाज उर्दू का अखबार है और देवता की तरह उर्दू की वह पूजा करता है—कि उसने वह खत सुर्खी देते हुए पहले सफे पर छापा था। यह 7-8 साल पहले की बात है। लेकिन मैं यह साफ कह देना चाहता हूँ कि उर्दूवालों से कि हम जैसे लोगों से एलान करा लेने से कुछ आने-जाने वाला नहीं है। हिन्दी का एलान 15 वर्ष पहले हो चुका था। क्या हुआ? उर्दू का एलान करा लिया जाएगा तो क्या होगा? मैं उर्दूवालों से कोई बात छिपाना नहीं चाहता। कुछ मुसलमानों के दिमाग में यह बात धँसी हुई है कि हमारे दीन की जबान उर्दू है। मैं उनसे कहना चाहता हूँ कि अगर वे अपनी जबान की हिफाजत चाहते हैं तो उसको बल देने के लिए अंग्रेजी को खत्म करना चाहिए। जब वे यह काम करेंगे तो उसके साथ-साथ उर्दू बचेगी अलग होकर अथवा हिन्दी में शामिल होकर अथवा हिन्दुस्तानी होकर। हिन्दी और हिन्दुस्तानी वाला मामला कितना खतरनाक है? कितना झूठ बोला जाता है अपने देश में? कहा जाता है कि संविधान में हिन्दी मानी गई सिर्फ 1 वोट के बहुमत से। लेकिन बात क्या हुई थी? कांग्रेस पार्टी की एक बैठक हुई संविधान बनाते वक्त और उसमें सवाल आया था हिन्दी और हिन्दुस्तानी में कौन-सी भाषा मानी जाए। यह सवाल तो था ही नहीं कि हिन्दी न रहे। हिन्दी

को तो सभी मान रहे थे लेकिन कौन-सा रूप रहे हिन्दी या हिन्दुस्तानी। तब कांग्रेस पार्टी के अन्दर वोटिंग हुई और हिन्दी एक वोट से जीती थी। अब उस बात को बिगाड़कर सारे देश में झूठ बोला जा रहा है कि हिन्दी एक वोट से जीती वरना अंग्रेजी होती। अब इस बहस में पड़ना फिजूल है, बंगाल और तमिलनाडु को चिढ़ाना फिजूल है। तमिलनाडु में हिन्दुस्तानी की कोई हैसियत नहीं है सिवाय इसके कि जो डाकखाने होते हैं—समझ लो कोई विधान सभा डाकखाना है तो उसमें लिखा रहेगा अंग्रेजी में, तमिल में और एक जरा-सा लिखा रहेगा हिन्दी में 'विधान सभा डाकखाना'। इसके अलावा वहाँ हिन्दी है ही नहीं। अब इस जरा-सी चीज पर क्या चिढ़ाने का काम करें, जो उनकी इच्छा हो करें। इस बहस को चलाइएगा कि वहाँ हिन्दी पढ़ाएँ, और वे हिन्दी में कामकाज करें तो यह होगा तो नहीं, लेकिन वे चिढ़ जरूर जाएँगे।

अब तो खाली सवाल यह रहता है कि जो इलाके आज अंग्रेजी हटाने के पक्ष में हो सकते हैं, इस माने में जितने बड़े लोग जनता को धोखा देने में सफल नहीं हो सकते हैं। बंगाल और महाराष्ट्र तथा तमिलनाडु में धोखा दे सकते हैं हिन्दी का अड़ंगा डालकर लेकिन उत्तर प्रदेश में नहीं दे सकते हैं। यहाँ पर कोई आदमी आपसे कहना चाहे कि अंग्रेजी को हटाने वाले लोग हिन्दी साम्राज्यशाही वाले हैं तो उनकी कोई बात नहीं सुनेगा, यानी धोखा जल्दी नहीं दे पाएँगे। इस इलाके में आपको फैसला करना है कि अंग्रेजी को हर जगह पर खत्म किया जाए। खाली प्रान्तीय काम के लिए नहीं क्योंकि अगर मान लें सेना में जो उत्तर प्रदेश की जमीन पर पड़ी रहे या तार में, दूर मुद्रक में, टाइप करने वाली मशीन में या विश्वविद्यालयों में अंग्रेजी का चलन जारी रखेंगे, यह कहकर कि वह केन्द्रीय विषय है तब तो अंग्रेजी चलती रहेगी। आखिर किसी शहर में चले जाइए या किसी जिले की राजधानी में चले जाइए तो जो अगुआ लोग हैं जो लोगों के जीवन को निर्धारित करते हैं, वह कौन हैं वकील, डॉक्टर और इंजीनियर हैं, वे लोग अगर अंग्रेजी में बकवास करते चले जाएँगे तो जनता का जीवन कैसे सुधर पाएगा।

इस इलाके के जीवन से अंग्रेजी को हटाना है, यह संकल्प करना पड़ेगा। मैं इस नतीजे पर पहुँचा हूँ कि हिन्दुस्तान को भाषा के हिसाब से दो क्षेत्रों में बाँट दिया जाए। एक तो वह जो अंग्रेजी को चलाना चाहते हैं और दूसरा क्षेत्र वह जहाँ से अंग्रेजी बिलकुल खतम कर दी जाए और इसका मेरा मतलब साफ होना चाहिए अगर प्रान्तीय काम में रखेंगे तो हमेशा यह सवाल उठ खड़ा होगा जैसा कि यहाँ सवाल उठता है कि हमारे पास साधन हैं, टाइप की मशीनें नहीं

हैं, दूर मुद्रक नहीं हैं जैसा कि मुझे जवाब दिया गया है। लेकिन अगर संकल्प है, मैं कहूँगा कि अगर इच्छा है तो रास्ता जरूर निकल आएगा। अगर मशीन नहीं है तो हाथ से लिखिए। कारबन लगाकर लिखिए, दस आदमियों से काम कराइए। लेकिन संकल्प बना लें कि हम अंग्रेजी में काम नहीं करेंगे। जब संकल्प हो जाएगा तो साधन और सारी चीजें खत्म हो जाएँगी। साधन न होने का जो तर्क दे दिया जाता है उसे कहना छोड़िए।

इस तरह का तर्क दे दिया जाता है कि तुम तो देश को बाँटनेवाली बात कह रहे हो। इस वक्त देश क्या है? टूटा हुआ है या बँटा हुआ है तो मैं काफी संजीदगी से कहना चाहता हूँ कि अगर आपने कुछ नहीं किया, इस डर से कि अगर करेंगे तो देश टूट जाएगा तो 10-15 वर्ष बाद यह देश टूटकर रहेगा। एक दफा मेरे जैसा आदमी धोखा खा चुका है हिन्दुस्तान और पाकिस्तान के बँटवारे पर, अब दुबारा धोखा खाना नहीं चाहता हूँ। तब भी एक दर्द हमारे मन में समा गया था। मुझे मंत्री बनने की लालसा नहीं थी क्योंकि उस समय मेरी उम्र बहुत कम थी, अब आई हो, तब नहीं थी। लेकिन एक डर आ गया था कि अगर हम बँटवारे का प्रस्ताव मानते नहीं तो देश में दंगे हो जाएँगे। और उस डर ने हमें नपुंसक बना दिया। नतीजा क्या हुआ? बँटवारा माना, हिन्दुस्तान-पाकिस्तान बने और इतने विकराल दंगे हुए कि मैं नहीं समझता कि न मानने से उससे कुछ खतरनाक दंगे होते, उससे भी भयानक कोई अन्य बात होती। आपको मालूम है कि इन दंगों में 6 लाख आदमियों की जानें गई थीं। आज जो हम इतना पतित हो गए हैं कि न जाने ऐसे कितने लोग हमारी पीठ में छुरा भोंक चुके हैं। तो देश के पतन में न जाने ऐसे कितने ही झगड़े हुए और देश के टूटने के झूठे भय से हम सब उसे बरदाश्त करते गए। अब भी वही हालत है, कुछ लोग कहते हैं, सँभलकर चलो, शान्ति रखो, अन्यथा देश टूट जाएगा। कुछ न करने के क्या माने हैं? यही न कि आज की स्थिति को चलाए रखो, विज्ञान में, प्रयोगशाला में, अदालत में, सेना, सब जगह अंग्रेजी चालू रखो, इससे देश की एकता रहती है तमिलनाडु और बंगाल के साथ। इसका नतीजा यह होगा कि आज जैसे हम मुर्दा, अज्ञानी और गरीब हैं वैसे ही हम बने रहेंगे। तो ऐसी एकता का क्या मतलब है इस एकता का मतलब है मुर्दनी। ऐसी एकता का कोई महत्त्व नहीं है। आज की स्थिति स्थायी नहीं है, आज की स्थिति बहाववाली है या तो आप आगे बढ़ें अन्यथा एक व्याकुलता नें देश बिलकुल टूटकर रहेगा। कुछ लोग कहते हैं कि अंग्रेजी से तुम क्यों इतना घबड़ाते हो, क्योंकि अब तो अंग्रेजी का स्तर घटता जा रहा है। यह एक तर्क

दिया जाता है। ठीक है उनका कहना भी कि अंग्रेजी का स्तर अवश्य घटता जा रहा है और वह क्यों न घटे? पहले तो अंग्रेजी राजकाल में पदों के लालच से लोग जबरदस्ती अंग्रेजी पढ़ा करते थे, किन्तु अब क्यों पढ़ें, इन लोगों को मैं एक तर्क देना चाहता हूँ। घाना अफ्रीका का एक छोटा-सा देश है। उनकी भाषा खत्म हो चुकी है, उनकी भाषा अंग्रेजी बन गई है और कौन-सी अंग्रेजी? स्तर गिरी हुई अंग्रेजी है। क्या जरूरत है व्याकरण की उसमें। आजकल हमारे अंग्रेजी पढ़े साहब लोग किस तरह की अंग्रेजी बोलते हैं, वह व्याकरण की कोई परवाह नहीं करते हैं।

मैंने बड़ी कोशिश की है वर्तमान प्रधानमंत्री को रास्ता बताने की, उनकी जान बचाने की। कई बार मैंने कोशिश की कि क्यों आप फँसते हो, प्रायः अंग्रेजी गलत बोलते हो। कहना कुछ चाहते हैं कह कुछ जाते हैं। और इस प्रकार से स्वयं ही बहस में वह फँस जाते हैं। मैं अगर अपने स्वार्थ को देखूँ तो उनको अंग्रेजी में ही बोलने देता क्योंकि वह अंग्रेजी जब बोलते हैं तो अपनी छीछालेदर कराते हैं। लेकिन मैंने उन्हें बार-बार रोका और कहा कि अगर आप हिन्दी बोलें तो अच्छा बोल पाएँगे। तो उस पर उन्होंने एक वचन भी दे दिया कि "इस वक्त तो मैं अंग्रेजी में बोल रहा हूँ, आगे से हिन्दी बोलूँगा।" फिर 'भी' वाला झगड़ा चला। उन्होंने 'भी' कहा नहीं लेकिन पत्रकारों ने 'भी' छाप दिया। यह कहा गया कि "आगे हिन्दी में भी बोलूँगा" जिसका तात्पर्य यह नहीं था कि हिन्दी में ही बोलूँगा। इस 'भी' के झगड़े की सबब से हम लोकसभा से निकाल भी दिये गए। सच पूछा जाए तो अगर ऐसा आप लोग फैसला कर लें कि, मैं उत्तर प्रदेश वालों और बिहार वालों से कह रहा हूँ, जो कोई हिन्दी इलाके का प्रधानमंत्री बने, उसको कसम रहे, अन्दर की कसम बाहर की क्या हो सकती है, वह लोकसभा में अपना कामकाज हरगिज, किसी हालत में अंग्रेजी में नहीं करेगा। तर्जुमे का इन्तजाम है उनके लिए जिनको अंग्रेजी में तर्जुमा सुनना है और वह संविधान के अनुरूप होगा। क्योंकि जो बात संविधान में लिखी है वह बात आ जाती है। उसके अलावा अगर उनका दल उनको मजबूर करता है कि, मैं कौन होता हूँ आपको सलाह देने वाला, लेकिन इस बात में सचमुच आपको एक नेक-दिल सलाहकार की हैसियत से सलाह दे रहा हूँ, इस वक्त मेरे मन में कोई खोट नहीं है, अध्यक्ष महोदय, यह मैं बिलकुल निःस्वार्थ सलाह दे रहा हूँ। अगर हिन्दी इलाके का प्रधानमंत्री मजबूर किया जाता है अपने दल की ओर से कि लोकसभा में अंग्रेजी बोले और इस बात को लेकर वह उस जगह से हट जाता है और उसकी जगह पर कोई गुजराती

या बंगाली या मराठी व तमिल प्रधानमंत्री बनता है तो देश का बहुत बड़ा हित होगा, क्योंकि आज जो नकली चादर सबके ऊपर पड़ी है वह हट जाएगी और चीज सामने आ जाएगी। कौन-सी भाषा चाहते हो, क्या चाहते हो, कैसे चाहते हो। आज बंगाली, तमिल और दूसरे लोग हिन्दी साम्राज्यशाही का आरोप लगा दिया करते हैं। उस आरोप के दो सबसे बड़े कारण हैं।

हिन्दी इलाके वाले सब गरीब हैं। शायद आपको मालूम होगा कि हिन्दी इलाके के सबसे अधिक मंत्री केन्द्रीय सरकार में हैं। और इधर ही कुछ सेठ लोग भी हैं और कुछ बड़े नेता भी और यह भी कुछ अकस्मात ऐसा संयोग हो गया है कि हमारा प्रधानमंत्री हिन्दी इलाके से सदा से चला आ रहा है। तो यह दो कारण हैं। एक तो सेठ कारण है और दूसरा नेता कारण है कि बंगाली और तमिल वालों ने भूत खड़ा कर दिया हिन्दी साम्राज्यशाही का। तो अगर आप हिन्दी प्रधानमंत्री को हटा देते हैं और वह बेमतलब नहीं हटता है—और अगर वह मजबूर किया जाता है कि अंग्रेजी ही बोले तब वह हटता है—और उस जगह पर बंगाली, मराठी या तमिल आता है तो यह हिन्दी साम्राज्यशाही वाला तर्क कट जाता है। फिर तमिल आए, बंगाली आए तो काफी मुसीबत उठानी पड़ेगी और फिर हो सकता है कि अंग्रेजी मामले में उसकी धारा क्षीण होती चले और सुचेता जी वाली धारा मजबूत हो जाए। बंगाली और तमिल वाले ज्यादा नहीं कहेंगे कि अंग्रेजी चले। गुजराती आए या मराठी आए जो उसकी इच्छा करेगी वह चलाए। वह अपनी मातृभाषा चलाए या हिन्दी चलाए। उस समय हम गुजराती या मराठी आता है तो उसकी गरदन पकड़कर कहेंगे कि हिन्दी में काम चलाओ। हाँ, स्वार्थ बड़ी बुरी चीज होती है। जाति का स्वार्थ, फिर कुटुम्ब का स्वार्थ और फिर अपना स्वार्थ यह बड़ा भारी तर्क सामने आ जाता है। तो फिर किस तरह से इसको कर पाएँ। जब स्वार्थ छोड़े तभी हम इस अंग्रेजी को हटाने का काम अपने हाथ में ले सकते हैं। जो मेरा पहला रास्ता था वह मैंने नहीं बताया। चौथा रास्ता है हिन्दुस्तान को दो रास्तों में बाँट दिया जाए एक हिन्दी-भाषी क्षेत्र और दूसरा गैर-हिन्दी-भाषी क्षेत्र। इसके पहले मैंने दो रास्ते बतलाए थे। एक तो यह कि केन्द्रीय सरकार भाषा के सम्बन्ध में हिन्दी को संरक्षण के साथ 10 वर्ष के लिए स्वीकार करें। यदि यह बात स्वीकार न हो तो सदा-सर्वदा के लिए जनसंख्या के अनुपात से उसके नागरिकों के लिए भाषा स्थिर कर दी जाए, सुरक्षित कर दी जाए और उसको संरक्षण के साथ मान लें। यदि यह भी स्वीकार न हो तो फिर दूसरी बात होगी, पक्षपात वाली बात होगी कि तुम्हारे सब लोग सरकार में होने चाहिए। जब आप कहते हैं

कि बंगाली नहीं मानेंगे, मराठी नहीं मानेंगे, तमिल नहीं मानेंगे। असल में कुछ नहीं मानते हैं तो लोकसभा के अन्दर 507 आदमी हैं। लोकसभा में महाराष्ट्र के 30 आदमी हैं, उनमें 25 या 27 कांग्रेसी मराठी हैं। मान लो 30 बंगाली हैं तो उनमें 25-27 बंगाली कांग्रेसी हैं। तमिलनाडु वाले हैं। मान लो वह 25 हैं तो उनमें 20 कांग्रेसी तमिल हैं। तो जब यह तर्क दिया जाता है कि बंगाली, तमिल और मराठी नहीं मानते हो वास्तव में इस तर्क को जरा गहराई से देखना चाहिए कि जो लोकसभा में बंगाली, मराठे और तमिल कांग्रेसी बैठे हुए हैं उनके साथ उत्तर प्रदेश और बिहार के कांग्रेसी भाषा के ऊपर एक राय और नीति बना नहीं पा रहे हैं तो इस पर विचार करेंगे और अपने ऊपर जिम्मेदारी लेंगे जो असली चीज है। उसके बाद चौदहों भाषा वाले जो रास्ते हैं उसमें 3 या 4 व 5 भाषा से काम चल जाएगा। गुजराती और मराठी भी स्वीकार कर लेंगे कि हिन्दी हो, भले ही उसमें तमिल और मराठी पर जोर देकर शायद हमारी भाषा चले। लेकिन इन चौदहों भाषाओं में 15वीं भाषा शामिल नहीं है, यानी अंग्रेजी नहीं शामिल है। यह सब कहना इसलिए जरूरी है कि लोकसभा में जो विरोधी लोग हैं—विरोधियों के बीच में और कई दफा वहाँ मेरा दम घुटने लग जाता है—भाषा के प्रश्न को लेकर वहाँ जिस प्रकार की बातें होती हैं उससे कई दफा इच्छा होती है कि कांग्रेसियों के साथ जाकर बैठ जाऊँ। (तालियाँ) ताली न बजाओ। दोनों बातें याद रखो। एक तो चौदह भाषाओं का मतलब कम्युनिस्ट 15 भाषा ले लिया करते हैं, उसमें अंग्रेजी को जोड़ दिया करते हैं, वह नहीं चल सकता। अंग्रेजी तो हर हालत में हटनी चाहिए। वह किसी तरह से नहीं आ सकती।

अगर यह भी स्वीकार होता है तो फिर तीसरा रास्ता है, वह यह है कि तट देश के लोग किसी एक भाषा पर राजी हो जाएँ और यही भाषा हो जाए। उत्तर-दक्षिण का यह द्वन्द्व नहीं है। यह तट देश और मध्य देश की समस्या है। मध्य देश हिन्दी या हिन्दुस्तान का इलाका है और तट देश वह है जिसमें बंगाली, मराठी, तमिल, तेलुगु इत्यादि आती हैं। उसमें चाहे मराठी ले लो, गुजराती ले लो, बंगाली ले लो : अगर वह भी मंजूर नहीं है तो दो क्षेत्र बना लो। एक हिन्दुस्तानी में अपना काम-काज चलाए। मेरा विश्वास है कि अगर उत्तर प्रदेश और आसपास के प्रदेशों में हिन्दुस्तानी भाषा चल जाए तो 10-15 वर्ष के अन्दर गरीबी भी कम होगी, ज्ञान इतना ज्यादा बढ़ेगा कि जो गैर-हिन्दी इलाके हैं उनको लालच लगेगा कि उन्होंने अपनी मातृभाषा से तरक्की कर ली है तो हम भी इस अंग्रेजी को कम करें और अपनी भाषा को अपनाकर तरक्की

करें। वरना अगर मैं गलती कर रहा हूँ तो 10-15 वर्ष के बाद हिन्दी वाले कहेंगे कि हमको अंग्रेजी भाषा दो। तो यह शान्तिपूर्ण नीति वाली बात है। जब यह कहा जाता है कि तुम तो तोड़ वाली बात करते हो यह चीज ठीक नहीं है। आप यह याद रखेंगे कि मैं कोई बोलने या आपको सिखाने नहीं आया हूँ। मैं एक भिखमंगा हूँ। दो वर्ष से लोकसभा में बैठे-बैठे जब दिल छिड़ गया तो मैंने माँग की थी कि आपसे मीटिंग में बात करूँ। संविधान के अन्दर एक धारा है, जिसके अनुसार आप चाहो तो कल से उच्च न्यायालय की भाषा हिन्दी कर सकते हो। कल से पहले कुछ बहस हुई थी और यहाँ तक हो गया था कि उच्च न्यायालयों में जिरह हिन्दी में हो सकती है। लेकिन जहाँ पर भी दोनों भाषा के साथ-साथ रखने की नीति होगी वहाँ हिन्दी कभी पनप नहीं सकेगी। खोटा सिक्का और अच्छा सिक्का जब दोनों साथ-साथ चलते हैं तो खोटा ही पहले चलता है, अच्छा नहीं चलता। इसलिए अंग्रेजी जब हटेगी तभी हिन्दी चल सकेगी। अंग्रेजी के साथ-साथ जो रुतबा और पैसा जुड़ा हुआ है, इसलिए अंग्रेजी चल रही है।

कहा जाता है कि हिन्दी में पारिभाषिक शब्द नहीं हैं, फैसला कैसे लिखा जाएगा। इसी तरह और भी अड़ंगा लगाया जाता है। हिन्दी सरल है या नहीं इसको लेकर भी अड़ंगा लगाया जाता है। आपके यहाँ सरकारी नौकरी कि तादाद करीब 15 लाख के है, इनमें उनको भी आप शामिल कर सकते हैं, जो केन्द्रीय सरकार के मातहत काम करते हैं। आपने एक हिन्दी विभाग भी खोल रखा है अपने यहाँ। 60 आदमी आपने उस विभाग में रखे हैं, यह क्या काम कर सकेंगे? इस विभाग का क्या मतलब है, इसे खत्म कीजिए। असल में जितने भी विभाग हैं सभी को मिलकर यह प्रयास करना चाहिए कि अंग्रेजी खत्म हो, हिन्दी में ही काम हो। अगर कोई शब्द न मिले तो जो भी शब्द समझ में आए उसी को आप इस्तेमाल करें, धीरे-धीरे यही भाषा बन जाएगी। अगर आप यह कहेंगे कि भाषा को जब हम ताकतवर बनाएँगे तब वह पनपेगी, यह गलत है। जो भी भाषा होगी, जब आप उसका प्रयोग करेंगे, उसे अपनाएँगे, तो वह तो अपने-आप मैदान में आ जाएगी। आप काम तो करना शुरू करें और जल्दी करें और संविधान में तो धारा 348 के अनुसार आपको यह भी अधिकार है कि आप इलाहाबाद और लखनऊ के उच्च न्यायालयों की भाषा भी हिन्दी कर सकते हैं। अगर कोई हिन्दी में काम करने की मजबूरी बताए तो उससे यह कह दीजिए कि वह अपना रास्ता नापे।

अगर वास्तव में आप चाहते हैं कि हिन्दी में काम करना है तो उसके लिए आपको एक संकल्प करना होगा कि हम अपना हर कार्य हिन्दी में ही करेंगे।

(श्री अध्यक्ष के कुछ कहने पर) माननीय अध्यक्ष महोदय कहते हैं कि हाईकोर्ट में हिन्दी केन्द्र ही कर सकता है, हमको अधिकार नहीं। आपके अन्दर अगर हिन्दी में काम करने की इच्छा है तो आप केन्द्र को मजबूर कर सकते हैं और फिर यह सही नहीं है कि उसको केन्द्र ही कर सकता है। संविधान में राज्यपाल के लिए लिखा है और राज्यपाल कौन है—यहाँ के आपके राज्यपाल महोदय नहीं—वे हैं माननीय अध्यक्ष और माननीय सुचेता जी। राज्यपाल का मतलब आप (अध्यक्ष) और सुचेता जी हैं। इसलिए आप कर सकते हैं। इसलिए आप अपना संकल्प कीजिए और केन्द्रीय सरकार को इसके लिए मजबूर कीजिए। जब तक आप संकल्प नहीं करिएगा तब तक केन्द्रीय सरकार कुछ नहीं करेगी। आपके संकल्प के आगे केन्द्र को भी झुकना पड़ेगा। आखिर तमिलनाडु वाले कैसे केन्द्र को झुका रहे हैं, अभी थोड़ा-सा आप भी झुकाएँ।

एक बात और कहता हूँ। आप यह भी तय करें कि जो भी समाचार तार या दूर मुद्रक पर लखनऊ से भेजे जाएँगे वे हिन्दी में ही भेजे जाएँगे। दिल्ली में जो पी.टी.आई. (प्रेस ट्रस्ट ऑफ इंडिया) है खबरें भेजने वाली संस्था है वह बंगाल वगैरह में दूर मुद्रक से जो भी समाचार आदि भेजें वहाँ से अंग्रेजी में भेजें, हमें उसमें कोई दखल नहीं देना है। लेकिन जो दूर मुद्रक दिल्ली से लखनऊ की तरफ होंगे उनके बारे में हम कहेंगे कि के जो भी खबरें भेजते हैं उनको हिन्दी में भेजनी पड़ेंगी। अंग्रेजी में कोई नहीं भेज सकते। फिर देखेंगे कि आपके यहाँ के नेशनल हेराल्ड और पायनियर अखबार छपते हैं। जो उर्दू के लिए कहा करते हैं उर्दू के लिए क्या करते हो। उर्दू के लिए नहीं कह रहे हैं। अगर हिन्दी में खबरें आने लग जाएँ तो सिर्फ अंग्रेजी अखबारवालों को बैठकर तर्जुमा करना पड़ेगा। और कोई बात न कहकर, अध्यक्ष महोदय, मैं समाजवाद पर इतनी ही चर्चा किये देता हूँ कि समाजवाद एक तो है नामजद और दूसरा है ठोस। नामजद के माने केवल नाम ही जैसे हरे राम हरे राम और हरे समाजवाद और हरे समाजवाद। मैंने अभी-अभी जो शुरू में निवेदन किया है वह भारत में समाजवाद का सबसे बड़ा अंग है। बस इतना ही मुझे निवेदन करना है।

[1965, उत्तर प्रदेश के विधायकों के समक्ष राममनोहर लोहिया का एक भाषण]

अंग्रेजी हटाओ

अंग्रेजी भाषा से न तो शरीर का आराम न मन का सुख मिल सकता है। जहाँ आज एक मन गेहूँ या चावल पैदा होता है, वहाँ दूसरे कारण भी हैं, जिनको दूर करना पड़ेगा, लेकिन अंग्रेजी मात्र के हट जाने से मेरा विश्वास है कि दो मन होने लगेगा। जहाँ एक मशीन बनती है वहाँ दो मशीन बनने लगेंगी। और यह बात मैं आपको तर्क के साथ बताऊँगा कि खेती-कारखाने का सुधार, बढ़ती पैदावार, मात्र मातृभाषा और जन सभा के इस्तेमाल से होगी, लेकिन इसके पहले मैं थोड़ा मन के सुख की बात कह दूँ।

बहुत कम लोगों को मालूम है कि ईसाई धर्म के प्रवर्तक अंग्रेजी भाषा नहीं बोलते थे उनकी भाषा का नाम अरमीक था और वह अब लुप्त हो चुकी है। उनका नाम भी अनेक भाषाओं में अनेक हैं। जैसे उनका धर्म चलाने में जो भाषा उपयुक्त हुई, उसमें कृस्टोस उनका नाम है। क्राइस्ट नहीं, कृस्टोस। तो गिरजाघर में भारत के ईसाई लोग अंग्रेजी में जब काम-काज करते हैं तो केवल देश की गुलामी की परम्परा को चलाते हैं, जो कि उनके धर्म की भाषा थी नहीं। भाषा चलाना हो तो अरमीक चलाओ जो लुप्त हो चुकी है। वास्तव में जहाँ कहीं ईसाई हैं, जर्मनी में जर्मन, मैक्सिको में जहाँ की भाषा स्पेनी हो चुकी है स्पेनी, इंगलिस्तान में अंग्रेजी में, अपना धर्म चलाते हैं, क्योंकि शब्द आसमान से नहीं टपकता, शब्द जुड़ा हुआ रहता है, देश की मिट्टी के साथ, देश के इतिहास के साथ, कथाओं और किंवदन्तियों के साथ। जैसे गंगा शब्द कोई सुनता है भारतवर्ष में, तो गंगा का जो मतलब होता है वह न जाने कितना ढेर-सा चित्र दिमाग में एक साथ आ जाता है। तो शब्द अकेला नहीं होता। मैं इतना ही कहूँगा कि मन का सुख अंग्रेजी के द्वारा प्राप्त करना असम्भव है, सहायक हो सकता है। अपनी नींव अलग से रखो, और उसमें और भी कई भाषाओं का मजा लेना चाहो और उतनी फुरसत हो तो ले सकते हो।

एक चीज याद रखना, यह सब इसलिए नहीं है कि अंग्रेजी विदेशी भाषा है। यह तो है ही। लेकिन खाली विदेशी होने से बात समझ में नहीं आती। विदेशी भाषा, लेकिन उसके साथ-ही-साथ जो बड़ा रोग है कि यह सामन्ती भाषा है, ठाट-बाट की, शान-शौकत की, बड़े लोगों की, धनवानों की एक प्रतिशत लोगों की सामन्ती भाषा है। और अपने देश पर संस्कृति का यह कोढ़ फूट रहा है—एक तरफ सामन्ती संस्कृति और दूसरी तरफ जनता की संस्कृति, जो डेढ़-दो हजार वर्ष से चली आ रही है।

यह कोई साधारण बात नहीं है। जो लड़ाई हम लोगों को लड़नी है, वह मामूली लड़ाई नहीं है, क्योंकि यहाँ पर एक प्रतिशत, जिन्हें मैं पुश्तैनी गुलाम कहता हूँ, अंग्रेजी राज था तो भी वे सिर पर चढ़े हुए थे, अंग्रेजी राज गया तो कुछ हेर-फेर के साथ वे लोग अब भी सिर पर चढ़े हुए हैं। अंग्रेजी राज के पहले मुगल राज था तो मेरा पक्का विचार है कि अभी जो लोग सिर पर चढ़े हुए हैं तब भी चढ़े हुए थे, क्योंकि वह पुस्तैनी गुलाम थे। तख्ता बदलता रहे दिल्ली में, लेकिन अपना तख्ता कायम रहे। जब यह पुस्तैनी गुलाम सामन्ती लोग आज भी भारत की जनता के ऊपर शासन द्वारा शोषण चलाते हैं तो उनके हाथ में परदेशी भाषा एक अस्त्र रहती है। वह परदेशी भाषा चाहे अंग्रेजी हो, चाहे फारसी हो, चाहे अरबी हो। एक जमाने में संस्कृति की फूट इतनी जबरदस्त हो गई कि कालिदास के संस्कृत नाटकों में राजा और दरबारी संस्कृत बोलते हैं। लेकिन साधारण जनता और औरतें, यानी रानी भी हो वहाँ फर्क नहीं है, चाहे रानी या चाहे बाँदी हो वह सब-के-सब प्राकृत बोलते हैं। संस्कृत से अलग एक जनता की भाषा प्राकृत या अपभ्रंश दो भाषाएँ चला करती थीं। अपभ्रंश और प्राकृत बोला करते हैं साधारण लोग। तो इधर डेढ़-दो हजार वर्षों से यह तरीका रहा है। बड़े लोग साधारण जनता के ऊपर राज चलाने के लिए एक सामन्ती भाषा का इस्तेमाल करते रहे हैं।

आप पूछेंगे क्यों, तो इसका सीधा-सा जवाब है। क्योंकि उसके द्वारा वे आपको हीन बना देते हैं, अपने मन से हीन। जिसमें आप लोग, जो भी यहाँ पर हों, अभी भाषण सुनते समय गर्मी आ जाती है, लेकिन असल में तो मन में एक चोर घुसा हुआ है वह क्या है कि अंग्रेजी बोलने, समझने और पढ़ने वाला हमसे ज्यादा ऊँचा विद्वान और अच्छा है। तो हम नीचे हो गए न। हीनभावना। हीनभावना पैदा करने के बाद यहाँ के बड़े लोगों ने, जो यहाँ एक करोड़ या 50 लाख होंगे, 50 करोड़ की छाती के ऊपर बैठे रहने के लिए पहले तो बन्दूक की गोली का इस्तेमाल किया और फिर अंग्रेजी बोली का

इस्तेमाल किया। बन्दूक की गोली से तो डरा दिया, अंग्रेजी की बोली से हीन बना दिया कि हम तो छोटे आदमी हैं, हम किसी लायक नहीं हैं। राजकाल तो दूसरे लोग ही चला सकते हैं हम तो केवल हुक्म बजाने वाले वन्दे हैं। तो जहाँ जनता को इतना नीचा और हीन बना दे, वहाँ कहाँ मशीन बनेगी, फिर उसके बाद कहाँ खेती सुधरेगी?

आपको सुनकर अचरज होना चाहिए कि कुछ तो खैर और कारण हैं, केवल भाषा ही नहीं है। आप मुझे गलत मत समझ जाना, दूसरे भी कारण हैं। सामाजिक गठन जो हमारा जाति-पाँति का है। भाषा वाली बीमारी, और जाति वाली समस्या, यह दोनों एक-दूसरे को बढ़ाती रहती हैं। फिर चीन में इतना हल्ला मचता रहता है, गृह-युद्ध है। मारते-काटते हैं, लेकिन यह भी मत समझना कि केवल साम्यवादियों के आ जाने के बाद से। साम्यवादी जब नहीं आए थे चीन में दूसरी पद्धति थी, तब भी। चीन में 20 से 25 करोड़ टन के करीब अनाज पैदा किया करते हैं। हमारे यहाँ 8 करोड़ टन। कुछ लोग कहेंगे चीन की आबादी ज्यादा है, अरे भाई कितनी ज्यादा है। हम लोग 40-50 करोड़ हैं वे 60-65 करोड़ हैं। तब केवल सवाई हैं न। मान लो ड्योढ़ा ही सही, तो 8 करोड़ हमारे यहाँ होता है तो उनके यहाँ कितना होना चाहिए, 12 करोड़। तो 20, 25 करोड़ टन वहाँ चीन में पैदा होता है। उसके कई कारण हैं, लेकिन एक कारण यह है कि वहाँ शोध और प्रयोगशालाओं में सारा काम-काज चीनी भाषा में चलता है और यहाँ पूसा में सब अपना काम-काज अंग्रेजी में चलाते हैं। इससे हँसी आती है, रोना आता है। गुस्सा आता है। जब अधिक अन्न उपजाओ का अभियान चला तब जगह-जगह अंग्रेजी में लिखा रहता था न, अधिक अन्न उपजाओ। अब वह बेचारा किसान अधिक अन्न उपजाओ क्या समझे।

अंग्रेजी से काम-काज चलने में चौतरफा कमी पड़ जाती है। अभी मैं गया था हटिया के कारखाने में। वहाँ अभी रोज 2, 3 लाख रुपये का माल बन रहा है। होना चाहिए कायदे से 10, 15 लाख का माल रोज। क्यों कम हो रहा है? इसका एक मुख्य कारण तो यह है कि दिल्ली की सरकार योजना नहीं बनाती। मालूम होता है वहाँ कुछ बच्चे बैठे हुए हैं, जिन्हें कुछ एक खिलौना मिल गया तो उस पर रीझ जाते हैं, कभी कोई मिल गया तो उस पर रीझ जाते हैं। लेकिन कारखाना तो ऐसी ढिलाई में नहीं चला करता है। कारखाने में पैदावार के लिए दो साल योजना बनाते हैं, चित्र बनाते हैं, लकड़ी के साँचे बनाते हैं, फिर उसको लोहे में ढालते हैं, बड़ा एक लम्बा सिलसिला होता है। यदि आप शुरू से देखोगे तो उससे यह पता चलता है कि दिल्ली वाले छिन-छिन

में अपनी तबीयत बदलते रहते हैं और कोई चीज का फैसला नहीं कर पाते हैं। जैसे बोकारो में फौलाद का कारखाना यहाँ की मशीनों से ही बनेगा या अमेरिका और रूस की मशीनों से। असल में राँची, हटिया का यह कारखाना बना था इसलिए कि अब की बार जो फौलाद का कारखाना देश में बने वह यहीं की मशीनों से ही बने, लेकिन यह कार्यक्रम टूट गया।

अब मैं दूसरी बात कहता हूँ। हम लोग स्वर्ग आसरे रहते हैं उसका क्या नुकसान हुआ आप लेगों ने दो-तीन साल देख ही लिया। अभी भी नुकसान हो ही रहा है। कभी अतिवृष्टि, कभी अनावृष्टि, कुछ-न-कुछ होता ही रहता है। कभी ज्यादा बरस गया कभी कम बरस गया, आफत रहती है। और फिर ये बड़े बाँध बनाए गए हैं उनमें जगह-जगह यह सुनने को मिलता है कि कहीं मिट्टी न जम जाए। अगर वह कहीं जम जाएगी फिर बाँध भी बेकार हो जाएँगे। कुछ ऐसा लगता है कि शुरू में लोगों को चौंधिया देने के लिए, चकाचौंध कर देने के लिए, जैसे समझो एकदम सूरज दिन में 12, 1 बजे चौंधिया देता है, उसी तरह से लोगों को चकाचौंध कर देने के लिए बड़े-बड़े बाँध और कारखाने बना दिये इस सरकार ने जिससे जनता थोड़ी खुश हो जाए, उसे मिले नहीं कुछ भी लेकिन खुश हो जाए। नतीजा क्या हुआ, जो सिंचाई होनी चाहिए थी और जिसके द्वारा अपने अनाज की पैदावार मैंने तो खाली एक मन की जगह दो मन बताई, शायद 3 या 4 मन हो सकती थी, वह नहीं हुई। अब तक तो शायद हम तिगुना तो जरूर बढ़ा लेते इन 20 वर्षों में। अब वहाँ एक मशीन बन रही है और वह मशीन है 700 गज नीचे तक खोदने वाली। चाहे मिट्टी हो या पत्थर। वैसे नीचे बड़ा पानी है और नीचे चले जाओगे तो पानी का समुद्र बह रहा है। इतना पानी का समुद्र है कि आप अन्दाज नहीं कर सकते। यह जो समुद्र जमीन की सतह पर है, इससे बड़ा है वह। तो खैर उतना तो नहीं फिर भी 700 गज पहुँच पाओ तो फिर भोजन की कहीं कोई समस्या नहीं रहेगी। कुछ मशीनें यहाँ बन रही हैं, तो मैंने पूछा ज्यादा क्यों नहीं बनाते? तो वह अफसर बोले क्या आपको ज्यादा की जरूरत पड़ेगी? तो सिवाय चुप रहने के हम क्या करते? हम तो सरकार हैं नहीं।

फिर एक और मशीन की बात कही। अपने यहाँ तो लम्बी-लम्बी नदियाँ हैं। सभी करीब-करीब एक लाख मील की लम्बाई में जरूर होंगी, कृष्णा, गंगा, गोदावरी, जमुना। तो हर दस मील के ऊपर एक बजरे में एक मशीन लगा दी जाए। उसमें 7, 8 रबड़ की नलियाँ हों और वह मशीन पानी नदी के बीच से खींचकर किनारे पर उलीच दे। कहाँ उलीच रही हो कोई चिन्ता नहीं।

किसको मिल रहा है, उसकी कोई चिन्ता नहीं। आसमान क्या देखता है जो पानी का रुपया देता है, टैक्स देता है उसी के ऊपर बरसाया जाए। वैसे ही सरकार को भी टैक्स की कोई जरूरत नहीं। पानी उलीचते चलो। हर 10 मील के ऊपर। फिर जरूरत पड़ने पर भारत के युवजन हैं, जिनको मैं समझता हूँ पिछले 20 बरस में हम सब लोगों ने रास्ता नहीं दिखाया। खैर हम तो दिखा भी नहीं सकते थे। उतनी सामर्थ्य नहीं थी। सरकार ने सामर्थ्य को अपने हाथ में इतना ज्यादा ले लिया कि हम लोगों की कोई सामर्थ्य रह नहीं गई। यों बीच में '1 घंटा देश को' की बात छेड़ी थी। आज के 12-13 बरस पहले। साल-डेढ़ साल वह कार्यक्रम चला, फिर वह कार्यक्रम बन्द हो गया। फिर उसके बाद कुछ लोगों ने उसे श्रमदान के नाम से अपनाया। वह क्या था, कि देश का निर्माण केवल मजदूरी देकर नहीं होगा। अभी क्या हो रहा है। खेती-कारखाना जो भी बनाना होता है मजदूरी देकर बनाना होता है न। ये मजदूर को मजदूरी, अफसर को तनख्वाह और बड़े लोगों को बड़ी तनख्वाह या मुनाफा यानी सिर्फ पैसा देकर देश का निर्माण करा रहे हैं। मेरी यह राय है कि आप लोग खासतौर से युवजन 6 घंटा 8 घंटा अपना काम करें पढ़ाई-लिखाई का या चर बार का। वहाँ अपने ही आसपास पड़ोस में घंटा-आधा घंटा-दो घंटा देश का काम मुफ्त में कर सकते हैं। वह काम तो मिलना चाहिए न। जैसे मैंने अभी पानी उलीचने वाली बात कही। मान लो उसके लिए छोटी-छोटी नालियाँ बनानी पड़ेंगी तो वह नालियाँ बिना पैसा खर्च किये हुए मुफ्त में 'एक घंटा देश को' के आधार पर युवजन लोग बना सकते हैं।

किस तरह युवजनों को एक नई भावना दी जाए कि हम लोग भी देश बना रहे हैं। अभी ये लोग अपने को ठलुआ जैसा महसूस करते हैं। आप कहोगे कि इसका सम्बन्ध अंग्रेजी से कहाँ है। अंग्रेजी वालों के दिमाग में ये बात आएगी ही नहीं। दूसरे मैं उनके सामने यह बात पिछले 8, 10 बरस से कहता चला जा रहा हूँ, किसी को सुनने की कोई फुरसत नहीं है। वह तो और ढंग पर चलते हैं। अंग्रेजी वाले तो केवल नकल और उधार अनुभव लेकर चलने लग जाते हैं। जैसे समझो रूस का अनुभव, चीन का अनुभव, अमरीका का अनुभव, इंगलिस्तान का अनुभव। ये सब उधार अनुभव हैं। और वहाँ जो कुछ भी किया गया उसके अनुसार यहाँ भी कुछ कर लिया गया। तो उधार अनुभव का मैं आपको एक उदाहरण देता हूँ। एक बार मैं लोकसभा में पहुँचा तो देखा लोग बहस कर रहे हैं कि जनता की गाड़ी बनाओ। जनता की मोटरगाड़ी। जब मैं जर्मनी में पढ़ता था तो हिटलर आए तो नहीं थे आने वाले थे, वे एक नेता के

रूप में थे। उसके बाद से उन्होंने कहा कि जनता की मोटरगाड़ी बनाओ 'वोक्स वागन' ये जर्मन शब्द हैं, इसका मतलब वोक्स माने जनता की, वागन माने गाड़ी, क्योंकि उनकी इच्छा हुई कि हर 7, 8 आदमी के पीछे एक मोटरगाड़ी हो जाए। तब वह गाड़ी वहाँ बनाई गई और उसके बाद जनता की गाड़ी शब्द और देशों में भी चल पड़ा। अमरीका की बात तो छोड़ दो, वहाँ तो जनता की गाड़ी, बड़ी गाड़ी हर दो आदमी या 3 आदमी पर एक गाड़ी है। इसलिए अमरीका का तो कोई सवाल ही नहीं, लेकिन योरप में हर 8, 7 आदमियों के पीछे एक मोटर होने लग गई। मैंने उस दिन लोकसभा में क्या दृश्य देखा कि सब लोग बिना भेदभाव के कम्युनिस्ट, स्वतंत्र, जनसंघी, कांग्रेसी, वामपन्थी, दक्षिणपन्थी सब बिना भेदभाव के एक ही राग अलाप रहे थे कि हे मंत्री महोदय, यह जनता की मोटरगाड़ी तो जल्दी-से-जल्दी तुम बनवा के दो। हमारी तो समझ में नहीं आया कि या तो मैं पागल हूँ या लोकसभा पागल है। मैंने कहा कि इस समय हजार पीछे एक मोटरगाड़ी है और जो मंत्री ने हिसाब बताया तो उससे जनता की गाड़ी बनने भी लग जाए तो 400 आदमियों पर एक गाड़ी होने लग जाएगी। यह एक अजीब हँसी-ठट्ठा मचा है। 400 आदमियों में से एक को मिले, उसे तुम जनता की गाड़ी कहोगे। बाकी बचे 399 अगर बाकी उतना न भी कहो उसके 4 आदमी का परिवार गिन लो तो बचे 365, तो क्या वह जनता नहीं है? लेकिन सोचने का ढंग ऐसा बन गया है, वह जो शब्द है वहाँ प्रयोग हुआ न (यूरोप में) जनता की गाड़ी, तो यहाँ भी जनता की गाड़ी। सोचा नहीं लोगों ने यहाँ जनता का मतलब क्या होता है। क्या मतलब होता है योरप में, क्या मतलब होता है यहाँ पर।

वैसा ही मैं आपको ताजा उदाहरण दूँ। इस अरबी और इजराइली लड़ाई का। अरबी लोग इजरायली लोग दोनों ही किसी-न-किसी कारण से प्रेम अथवा आदर के कुछ-न-कुछ पात्र हैं। अरबी तो अपने भाई ही हैं। एक जमाना था महात्मा गांधी ने नमक सत्याग्रह के अवसर पर दांडी यात्रा की, तो फिलिस्तीन के नेताओं ने जब यह खबर सुनी तो उनको ये लगा कि गांधी जी जब 12 दिन की पैदल यात्रा करते हैं तो उसमें जरूर कोई-न-कोई करामात होगी। चलो अपने भी पैदल यात्रा करो, फिलिस्तीन में चलो। अपने को भी इससे कुछ-न-कुछ मिल जाए। कितना भाईचारा—वहाँ पुराने जमाने के अरबी मुझे मिले, जिन्हें गोरखपुर के चौरीचौरा वगैरह के किस्से जिसे आपमें से जो कम उम्र के होंगे, उसे भूल गए होंगे याद थे। वैसे चौरीचौरा का कांड हो गया था, उसमें पुलिसवालों को जिन्दा जला दिया गया था। गांधी जी का यह बहुत

बड़ा आन्दोलन 1919 में था। गांधी जी ने जब सुना तो आन्दोलन रोक दिया था। ये सब अरबियों ने मुझको बताया। तो एक तरफ तो यह बात। दूसरी ओर इजराइली लोगों की भी एक चर्चा आप लोगों से कर देना चाहता हूँ। जब यह राज्य बना था तो मुझे यहूदियों के लिए तो पूरा प्रेम और सहानुभूति थी। इतनी जबरदस्त कि आप समझो करीब 60 लाख 50 लाख यहूदियों को जर्मनी में जहर के कमरों में डाल-डालकर मार डाला था, अब इससे क्रूरता और क्या हो सकती है। उसके साथ मैंने यह समझा कि यह यहूदी निकले जरूर थे अरब से लेकिन फिर योरप में बसते-बसते योरोपीय हो गए थे। जब वापिस उनका एक राज्य अरब में बनेगा इजराइल के नाम से तो वह एक तरह से योरप का खंजर एशिया के दिल पर होगा, तो यह शंका पहले से मेरे मन में थी। पर अब तो वह बन गया है।

1949 में मैं एक दफे गया था फिर बाद में तो नहीं गया। वहाँ बिलकुल सीमा के पास, समझो सीमा से आधा किलोमीटर दूर, 20 बरस की उम्र से ज्यादा कोई नहीं सब लड़के और लड़कियाँ, खेती का गाँव, सरपंच भी 20 बरस का जवान, बैठ गया हमारे पास बैठकर हमारी बातें हुईं। समझ तो मैं गया कि नीचे कहीं-न-कहीं पलटनी तहखाना है। लेकिन किसी से यह कैसे पूछोगे अगर किसी के अतिथि होकर जाओ कि अपना पलटनी तहखाना मुझे दिखाओ। यह तो मैंने नहीं किया लेकिन उससे बात होते-होते मैंने यह भी कहा। यह 1949 की बात है। इतने बरस हो गए—18 बरस हो गए। तब इतने यहूदी नहीं थे, 15 लाख के करीब थे। अब तो बढ़ते-बढ़ते 25 लाख हो गए। मैंने कहा तुम तो 15 लाख के हो। अरबी लोगों की संख्या, जो चारों तरफ तुम्हारे हैं, अगर एक हो गए तो 5, 6 करोड़ होगी। यह सब पलटन मिलकर तुम्हारे ऊपर चढ़ाई कर बैठें तो क्या होगा। मेरा बस चले तो यह किस्सा भारत के हर एक बच्चे तक पहुँचा दूँ। कोई आस्तीन नहीं चढ़ाई। यह याद रखना, जो आस्तीन बहुत चढ़ाते हैं वे घंटे-दो-घंटे के बाद रोते हैं। दो-चार दिन के बहादुर होते होंगे, उसके बाद घबराने लगते हैं। कई बार बहादुरी तो लगातार 4-4, 5-5, 6-6 बरस दिखानी पड़ती है न। पिटते रहते हैं, पीछे हटते रहते हैं, लड़ते रहते हैं। संकल्प रहता है, या तो हम मरेंगे या हम जीतेंगे। हाँ वहाँ मारेंगे वाला हिसाब नहीं रहता है। या तो मरेंगे या जीतेंगे।

उस नौजवान सरपंच ने जवाब दिया, जो भी हो हम पीछे हटकर कहाँ जाएँगे। उनके राज्य में जो लोग हैं उनकी भावना इस तरह की बन गई है कि मरेंगे या जीतेंगे। वह तो बहुत छोटा-सा राज्य है। वहाँ तो पीछे भी नहीं हटा

जा सकता। और हमने देखा कि पिछले दिनों लड़ाई में दो दिन-चार दिन में ही वे लोग जाने कहाँ-कहाँ पहुँच गए।

दरअसल हथियार और पलटन किसी कौम को जिताया नहीं करते। सबसे पहले नम्बर की जरूरत होती है दिल की यह ताकत, इच्छा-शक्ति, संकल्प-शक्ति कि कोई हमको यहाँ से पीट नहीं सकता। या तो हम मरेंगे या जीतेंगे। इस संकल्प-शक्ति से ही राष्ट्र अपने जीवन को बनाया करते हैं। यह पहले नम्बर की शक्ति है दूसरे नम्बर की चीज भूल मत कर जाना, हथियार नहीं हैं। दूसरे नम्बर की चीज खेती, कारखाना और तीसरे नम्बर की चीज हथियार हैं। पहले नम्बर वाली चीज में संकल्प-शक्ति। फिर देखो पलटन का अफसर किस भाषा में बोलता है। सिपाही किस भाषा में बोलता है? अपनी मातृभाषा, चाहे मलयालम हो, बंगला हो, पर ज्यादातर पलटन में जो सिपाही लोग हैं वे तो हिन्दुस्तानी वाले हैं न। तो पलटन के सिपाही तो बोलें और समझें, सब कुछ काम करें अपनी भाषा में, मातृभाषा में। और अफसर लोग कागज घिसें, हुक्म दें और सब व्यूह रचें अंग्रेजी में। कैसे काम चल सकता है।

फिर उस कारखाने पर वापस आता हूँ। हटिया राँची वाले कारखाने को देखकर सचमुच में तबीयत दुखी हुई थी कि दिल्ली की योजना बहुत ही खराब है। हो सकता है कि वह छुट्टी का वक्त हो, लेकिन छुट्टी हो तो कारखाने के बाहर छुट्टी मनानी चाहिए। कोई ताश खेल रहा है, कोई लेटा हुआ है। कोई कुछ कर रहा है। अब उनको दिलचस्पी हो तो कैसे हो। सब चीजें अंग्रेजी में लिखी हुई हैं। नक्शे अंग्रेजी में बनते हैं। इंजीनियर को छोड़कर और कोई, यानी मिस्त्री हो या फोरमैन वह उसको समझ नहीं पाते। नतीजा क्या होगा, जहाँ कारखानों के लिए हमें लाखों-करोड़ों छोटे इंजीनियरों तकनीकी लोगों की जरूरत है। हो सकते हैं, क्योंकि हमारे यहाँ के कारीगर किसी जगह के कारीगर से कम नहीं हैं। जो मुझको थोड़ा-बहुत अनुभव हुआ है, मरी मोटरगाड़ी में वे लोग जान फूँक देते हैं। चुनावों के दिनों में हम लोगों को तो मरी हुई गाड़ी मिला करती हैं न। कारीगर लोग हैं न, ऐसा लगता है उनको हिकमत तो मालूम है लेकिन उन कारीगरों की छाती पर अंग्रेजी का पत्थर पड़ा रहता है। वे तरक्की नहीं कर पाते। तरक्की कौन करता है, अंग्रेजी जानने वाला। और कुछ जाति-प्रथा के कारण ऐसा हो गया है कि ऊँची जातिवाले कामकाज के मामले में जैसे मिट्टी खोदना या मशीन के तेल से अपने कपड़ों को काला नहीं करते। नतीजा हुआ कि एक तरफ अंग्रेजी दूसरी तरफ जाति; दोनों मिलकर एक अवस्था पैदा करती हैं कि इंजीनियर साहब तो ऐसा कपड़ा

पहनकर आते हैं जैसे बारात में उनको अभी जाना हो। वे कारखाना चलाएँगे या बारात में जाएँगे। और बेचारा कारीगर जिसको अगर मौका मिल जाए तो नक्शे में, कई तरह की ढलाई में कोई अपना हुनर दिखा पाए, उस बेचारे को कभी कोई मौका ही काम करने या तरक्की का नहीं मिलता।

एक बात और है। सुनकर अचरज होगा, लेकिन सभी देशों ने किया। कोई चोरी नहीं है। असल में हमारे देश में पिछले 20 बरस में अनेक चीजों के, जिसको पेटेंट बोलते हैं, बनाने का जो ढाँचा है, नक्शा है, वह हम परदेश में खरीदते हैं क्योंकि एक अन्तरराष्ट्रीय कानून बना हुआ है। पेटेंट का कानून कि अगर कोई मशीन किसी ढंग की बनाना चाहते हो तो जिस देश में या जिस आविष्कार, ने पहले उसे बनाया उससे खरीदो और उसे पैसा दो। तो हमें करोड़ों रुपया इसके लिए देना पड़ता है। लेकिन दुनिया में कोई देश नहीं है क्या जापान, क्या रूस, क्या जर्मनी, क्या अमरीका और अंग्रेज भी, जो आज इतने सेठ बने हुए हैं पेटेंट के मामले में, उस जमाने में जब ये भी पिछड़े हुए थे, ये करते क्या थे? परदेश के किसी नक्शे मशीन को ले आते थे और उसकी नकल करने लगते थे। उसको साधारण भाषा में कहेंगे चोरी करते थे। लेकिन ये अगर जर्मन भाषावाली मशीन हुई तो उसके जर्मन भाषा वाले हिस्से को उड़ा देते थे, अपनी अंग्रेजी भाषा में उसको परिणत कर देते थे। और जहाँ तक बन सके उसकी नकल कर लेते थे। आपने लुधियाना का नाम सुना है, पंजाब में। लुधियाना के कारीगर इतने होशियार हैं, लेकिन खाली लुधियाना क्यों, मौका मिले तो हटिया में भी, गिरीडीह में भी, क्योंकि यहाँ का माइका का कामकाज ढीला होता चला जा रहा है बरसों से, तो ये सब कारीगर नकल करके मशीन बनाते, हो सकता है शुरू में खराब मशीनें बनें, उतनी अच्छी मशीनें न हों। बनते-बनते ही तो अच्छी बनती हैं न। डिजाइन नक्शा खरीदकर जो बनाते हैं, वह कौन-सी अच्छी बन जाती है।

आपने देखा कि कितना अधिक सम्बन्ध भाषा में और खेती-कारखाने में है। लेकिन क्योंकि बड़े लोगों की चल नहीं पाएगी, जितने भी मैंने कारण बताए हैं, अगर अंग्रेजी गई तो यह सब चीजें तो खत्म हो जाएँगी न। परदेशियों के साथ मिलकर रुपया नहीं लूट सकेंगे। पेटेंट वाला मामला बिगड़ जाएगा। बढ़िया कपड़े पहनकर हमेशा बाराती नहीं बन पाएँगे। कारीगर और इंजीनियर में ज्यादा फर्क नहीं रह पाएगा। दुनिया के देशों में इंजीनियरों और कारीगरों की तनख्वाह में ज्यादा-से-ज्यादा 2-3 गुना, 4 गुना का फर्क रहता है। यहाँ जानते हो कितना फर्क रहता है, कुछ अन्दाज ही नहीं। व्यापारी शोषण करता है, वह

आँख के सामने दिखाई पड़ जाता है। छोटा-मोटा तो व्यापारी जो बीड़ी-पान की दुकान करता है वह क्या शोषण कर सकता है, या समझो जो कपड़े की दुकान भी किये हुए है वह क्या शोषण करेगा? उसकी कितनी आमदनी होगी 500, 700, 600 हो गई तो बहुत हो गई। लेकिन यह जो अंग्रेजी वाले शोषण करते हैं उनका कैसा होता है। नम्बर एक, चाहे कारखाने में जरूरत हो या न हो अगर उनका रिश्तेदार ऊँची जगह पर है तो भरती कर देगा। यहाँ पर जगह के लिए भरती नहीं होती भरती के लिए जगह बनाई जाती है। खाली हँस मत देना कोई-न-कोई दिन तो इसके खिलाफ बगावत करनी पड़ेगी। आसानी से यह बात हटनेवाली है नहीं, क्योंकि जो अपनी परम्परा और समाज का गठन है कि लूट, भ्रष्टाचार और घूस उसका अंग बन गया है।

जहाँ बड़ा आदमी बड़ी घूस लेता है छोटा आदमी छोटी घूस ले लेता है। समझो अफीम का यह व्यापार होता है, तस्करी व्यापार। सबसे ज्यादा खतरनाक होता है, सबसे ज्यादा रुपया किसी गैर-कानूनी व्यापार में कमाते हैं। नम्बर 1 अफीम, नम्बर 2 गाँजा, भंग, चरस वगैरा, नम्बर 3 सोना, नम्बर 4 पुरानी चीजें जो अपने देश की हैं। इसमें कोई 600 करोड़ रुपये का सालाना तस्करी व्यापार चलता है। यह सब किसके सहारे होता है? जब तक बड़े-बड़े अफसर साथ न दें मैं यह मानने को तैयार नहीं कि अफीम का इतना बड़ा तस्करी व्यापार चल सकता है। बड़े-बड़े पुलिस के अफसर, बड़े-बड़े मंत्री या कम-से-कम मंत्रियों के रिश्तेदार कुछ-न-कुछ साझेदारी रखते हैं, तब ही यह तस्करी व्यापार चलता है। लेकिन उसके साथ-साथ साधारण पुलिस कांस्टेबल भी रिक्शे वाले से बीड़ी की घूस ले लेता है। तो घूस कितनी व्याप्त हो गई। लेकिन इससे एक चीज याद रखनी चाहिए। अगर बीड़ी के घूस की तरफ दृष्टि चली गई, उसे बन्द करने चले गए तो कभी कोई चीज बन्द होने वाली है नहीं। तब लोग कहेंगे ये सब लोग तो पाजी हैं, गरीबों के ऊपर ही हमेशा निगाह रखते हैं, उन्हीं को लूटते रहते हैं। अगर कभी निगाह गई बड़े लोगों के ऊपर, बड़े पुलिस अफसरों, मंत्रियों और उनके रिश्तेदारों पर, जो अफीम, सोना और चरस वगैरह का तस्करी व्यापार चलाते हैं—अभी मत समझ लेना, यह सरकार जो आई है यह तो खिचड़ी सरकार है, अभी कितना क्या कर सकती है—तो उधर निगाह जाएगी तो मामला ठीक-ठाक हो जाएगा। इधर भी देखो अंग्रेजी का कितना बड़ा हाथ है, क्योंकि वे लोग जो बड़े लोग हैं अपना काम-काज अंग्रेजी में रखते हैं और जो पुलिस कांस्टेबल उन पर आँख रखना भी चाहेगा तो कैसे रखेगा, उसके तो समझ में ही नहीं आएगा। इनको

तो संघ बनाने नहीं देते, ये लोग जरा-सा भी इधर-उधर करने लगते हैं तो उन्हें दाबकर रख देते हैं। जैसे पुलिस दिल्ली में दबा दी गई। तो यह सारा जीवन हमारा कुछ इस तरह बाँध दिया गया कि अंग्रेजी से और इसके साथ-ही-साथ जो मैंने बात बताई इससे छुटकारा पाना ही पड़ेगा।

हो सकता है आपमें से कुछ लोग कहें कि मामला तो शुरू हो गया है। बिहार सरकार ने केवल अंग्रेजी में फेल विद्यार्थी को पास कर दिया है। मैं केवल इतना ही कहूँगा कि एक तो अच्छा काम हुआ। जब हम लोगों ने 60-61 में पहली बार यह बात कही थी तब बड़ा अचरज लगा था, लोग बड़ी हँसी उड़ाते थे। चलो अब तो हो गया न भाई। बहुत-से नादान लोग हम लोगों की बातों को बिना समझे हँसी उड़ाने में बड़े माहिर हैं क्योंकि वे हैं तो वही पुश्तैनी गुलाम। तो यह हुआ। दूसरे इन लोगों ने कोशिश की है अंग्रेजी के पढ़ाई-लिखाई के विषय को जरूरी न रख करके ऐच्छिक विषय बनाया जाए। जरूरी नहीं है पढ़ो, जिसकी इच्छा हो तो पढ़ो। तो मैं यहाँ कहना चाहता हूँ कि इतना काम तो अच्छा हुआ, लेकिन इस पर रुक जाओगे तो इसके बड़े खतरनाक नतीजे निकल सकते हैं। यहाँ पर कोई मंत्री तो नहीं, अध्यक्ष विधान सभा बैठे हुए हैं। यह जो रमाकान्त हैं, कोई अफसर तो हैं ही, वह हमारी बात जोर से विधान सभा में कभी कह देना कि खाली इतना करोगे कि इसके खराब नतीजे निकल सकते हैं क्योंकि नतीजा यह होगा कि बड़े लोगों के लड़के-लड़कियाँ अंग्रेजी पढ़ते रह जाएँगे, और सरकारी नौकरियों के लिए अंग्रेजी जरूरी होगी तो उनको नौकरियाँ अच्छी मिलती रहेंगी। तब गरीब लोग हमारी गर्दन पकड़ेंगे और कहेंगे कि तुम तो बड़े लोगों के दलाल हो। तुम चाहते हो कि ऊँची-ऊँची नौकरियाँ खाली बड़े लोगों के लड़कों को मिलें। गरीब उसमें हिस्सा न लें। तो यह बात ध्यान में जरूर रखना कि खाली इतना करने से काम नहीं चलेगा। इसके साथ-साथ जरूरी है कि फौरन आप एक हुक्म निकालो कि बिहार में जितनी भी नौकरियाँ बिहार सरकार के अधीन हैं वे सबकी सब ऐसी बना दी जाएँगी कि एक अक्षर भी अंग्रेजी का जानना जरूरी नहीं होगा। तब जाकर यह काम होगा। उसके बिना यह हो ही नहीं सकता। जो यह सब किये हो वह सब मिट्टी हो जाएगा। उलटे हमारी जान आफत में आ जाएगी, यह याद रखना।

एक चीज तो मैंने यह बताई। उसी तरह से कुछ चीजों में अगुवाई अब करनी पड़ेगी। जैसे कह देते हो कि अदालत से अब अंग्रेजी हटानी चाहिए। लेकिन जो उच्च न्यायालय है बिहार में उसमें अंग्रेजी में काम होता है। संविधान

में एक कलम है, संविधान माने हमारा जो सबसे बड़ा कानून है जिसके नीचे सब कानून होते हैं। तो उसमें लिखा हुआ है कि बिहार का राज्यपाल, यानी कोई भी प्रदेश का राज्यपाल चाहे, यानी वहाँ की सरकार उससे कहे मजबूर करे तो वह राष्ट्रपति से अनुमति माँग सकता है कि हम अपने उच्च न्यायालय का काम अंग्रेजी में न चलाकर अपनी भाषा में चलाएँगे। तो फौरन यह अनुमति राष्ट्रपति से माँगो। अगर राष्ट्रपति नहीं देता है तो फिर मजा आ ही जाएगा न। लेकिन फिर जरा दिल मजबूत होना चाहिए। मैंने इच्छा-शक्ति, संकल्प-शक्ति कहा न, आत्मबल। ये सब होना चाहिए। कोई चीज छेड़छाड़ दो तो पीछे मत हटना।

इसी तरह से समझो दुकानें। अभी मैं राँची गया तो दो-तीन बार राँची से हटिया जाना पड़ा। हर बार मैंने देखा कि 99 प्रतिशत नामपट्ट अंग्रेजी में लिखे हुए हैं। ग्लानि हुई मन में, बड़ी ग्लानि। गुस्सा तो क्या होगा, जो जवान लोग हैं उनको गुस्सा होना चाहिए कि अंग्रेजी लिखी हुई 99 प्रतिशत शायद और भी ज्यादा। जो राक्षस राँची से हटिया तक पूरे शहर पर विराजमान है उसके ऊपर तो गुस्सा करेंगे नहीं, कहीं कोई दिमागी भूत हिन्दी-उर्दू का है, उस पर गुस्सा करेंगे। इस तरह से कहीं काम-काज चलता है? असली लड़ाई जो है उसको भूल करके कहीं किसी और लड़ाई, मान लो है या नहीं है, आगे होने वाली है या नहीं होने वाली है, उस पर ध्यान चला गया तो क्या नतीजा होगा? अंग्रेजी तो कायम रह गई न। मुझे ऐसा लगता है कि जब कहीं अंग्रेजी के खिलाफ आन्दोलन मजबूत होता है तो खाली उर्दू वाला नहीं, बंगला, तमिल, उर्दू कोई-न-कोई खचपच लगा दिया जाता है जिससे कि अंग्रेजी यहाँ से खत्म न होने पाए।

दुनिया में भी हमें अंग्रेजी की कोई जरूरत नहीं होती। अगर शुरू में हमने अपना काम हिन्दुस्तानी में चलाया होता, तो ये जितने लोग हैं रूसी, फ्रांसीसी, जर्मन ये सब अपना काम-काज अपनी ही भाषा में चलाते। एक दफे, खैर अब तो नहीं है वह राजदूत, आया था मेरे पास घर पर। फिलीपाइन का राजदूत, वह तो एशियाई ही है। मुझसे कहने लगा कि मैंने शुरू में कुछ शब्द हिन्दुस्तानी के सीखे, फिर मैंने छोड़ दिया, क्या फायदा रखा है। यह अमरीका वाले तो सीखते हैं तुम लोगों को धोखा देने के लिए। जब यहाँ की सरकार ही नहीं चाहती और अपना सब काम अंग्रेजी में चलाती है, तब हमको सीखने की क्या जरूरत पड़ी हुई है। जब कभी रूसी लोग हमारे पास आते हैं, मैं उनसे शुरू में हिन्दुस्तानी में ही बोलता हूँ। पुराने हैं वे तो जवाब देते हैं, बड़ी अच्छी बोल लेते हैं। लेकिन जो नये लड़के आ रहे हैं, वे नहीं जानते। उन्होंने देख लिया कि यहाँ तो कोई जरूरत है नहीं। यहाँ का सब कामकाज

अंग्रेजी में चलता है, इससे किसी को सीखने की क्या जरूरत पड़ी हुई है। तो अगर यह काम हमारा शुरू से हुआ होता, तो अन्तरराष्ट्रीय जीवन में जरूरत नहीं पड़ती। उसके अलावा भाषा हमारी मान लो थोड़ी देर के लिए कच्ची है अभी। कच्ची इस माने में तो कहेगा नहीं कोई कि उसमें शब्द नहीं हैं। शब्दों का भंडार तो यहाँ बहुत भारी है। न जाने कितने स्रोत इस नदी में पड़े हैं। एक नदी नहीं, सैकड़ों नदियाँ। लेकिन इधर कोई सैकड़ों बरसों से इसका इस्तेमाल नहीं हुआ है। जैसे बर्तन घर में पड़े रहें, इस्तेमाल न हों, तो उस पर काई जम जाती है। उसी तरह हमारे शब्दों पर काई जम गई है। अब इसका उपाय क्या है? विद्वानों को बैठाओ, वे लोग शब्दकोष बनाएँ, तकनीकी शब्द ढूँढ़े, भाषा का विकास करें, यह उपाय है? या यह उपाय है कि बर्तन जिनके ऊपर काई जम गई है, उनको इस्तेमाल में ले आएँ, फौरन। हो सकता है शुरू में खाने का स्वाद नहीं होगा। कुछ दिनों तक, लेकिन रोज इस्तेमाल होते-होते रोज मँजने लगेंगे तो अपने-आप सुधरने लगेंगे। भाषा कभी भी विकसित नहीं होती शब्दकोष के द्वारा भाषा का विकास होता है इस्तेमाल के द्वारा, इस बात को आप याद रखना। कभी इस्तेमाल को छोड़कर होता नहीं।

यह अंग्रेजी, जिसका यह लोग इतना बड़ा गुणगान करते हैं, 1640 साल में खुद अंग्रेजों को कानून बनाना पड़ा था कि कोई अंग्रेजी भाषा को छोड़कर और कोई भाषा का इस्तेमाल न करे। उस वक्त सजा नहीं दी गई थी, खाली कानून बनाया गया था। सौ वर्ष के बाद जरूरत पड़ी। 1740 के आसपास अंग्रेजों ने अपने देश में कानून बनाया, जो कोई वकील, जो कोई जज, जो कोई अध्यापक अंग्रेजी को छोड़कर फ्रांसीसी, लताइनी, ये दो भाषाएँ वहाँ बहुत चलती थीं, इन दो भाषाओं का या और कोई विदेशी भाषा का प्रयोग करेगा तो उसके ऊपर दंड होगा। मुझे इस वक्त ठीक याद नहीं कि पाँच पौंड या पचास पौंड। सोचो उस जमाने का 1740 का पचास पौंड इस समय के करीब दस हजार रुपये के बराबर हुआ। दस हजार का जुर्माना दो, अगर अंग्रेजी को छोड़कर और कोई विदेशी भाषा का इस्तेमाल करते हो। अंग्रेजी को इंगलिस्तान में चलाने के लिए, उसको विकसित करने के लिए अंग्रेजों को कानून बनाना पड़ा था, कि देश में अंग्रेजी को छोड़कर कोई विदेशी भाषा का इस्तेमाल करता है, पाँच पौंड का जुर्माना एक ही दफे देना पड़ेगा यह नहीं, आज भी, कल भी, परसों भी। पाँच पौंड का जुर्माना रोज देना पड़े, ऐसा करे तो विचारा मर जाए, तो जुर्माना देना पड़ता था। यह बात अंग्रेजों के देश में होती थी। तो इसके साफ नतीजे निकलते हैं कि पहले प्रतिष्ठा फिर विकास हो।

हिन्दी के साथ सबसे बड़ी झंझट यह हुई कि इसका क्या बोलते हैं, अभिषेक तो हो गया पर तिलक नहीं लगा, या तिलक तो लग गया पर अभिषेक नहीं हुआ। लिख तो दिया हो गई हिन्दी हिन्दुस्तान की भाषा, लेकिन तिलक चढ़ा ही नहीं। नतीजा यह हुआ कि काम हुआ नहीं लेकिन लोगों का मन बिगड़ गया। बंगाली, तमिल, तेलगू जितने थे उनको मौका मिल गया और वे एक सैकड़ा लोग थे, उनको मौका मिल गया कि वे चारो तरफ इसके खिलाफ आवाज उठा दें। तो अब इसका सबसे अच्छा तरीका क्या होता है कि और सूबों में चाहे जो हो, लेकिन बिहार, उत्तर प्रदेश, मध्य प्रदेश, राजस्थान और हरियाणा इन पाँचों सूबों में अंग्रेजी को फौरन हटा देना चाहिए। मैं नहीं कहता बंगाल में हटाओ, तेलगू देश में हटाओ, तमिल देश में हटाओ। वैसे मुझसे पूछेंगे तो मैं उन्हें भी यही जवाब दूँगा। मगर कई दफे लोग जोर से कहते हैं कि वहाँ से भी हटाओ, और फिर न जाने क्या बातें निकालते हैं। प्रधानमंत्री ने आश्वासन दे दिया कि अंग्रेजी तो तब तक नहीं हटेगी जब तक कि गैर-हिन्दी सूबे राजी नहीं हो जाएँगे, तो प्रधानमंत्री का आश्वासन बड़ा कि संविधान का आश्वासन बड़ा। मुझे तो यह देश भी कभी-कभी समझ में नहीं आता। एक आदमी का आश्वासन इतना बड़ा हो गया कि सबसे बड़ा कानून है, दस्तूर है, उसमें जो लिखा हुआ है वह सब मटियामेट। और इसके अलावा सारे देश की भलाई करना होगा या एक आदमी के आश्वासन के पीछे दौड़ना पड़ेगा। सारे देश की भलाई अब इसी में है कि तेलगू, तमिल और बंगाली लोगों से बहस करना बन्द करें। और वे लोग जब कभी उनकी इच्छा में आए हिन्दी को अपनाएँ।

मेरी अपनी राय है कि एक दफे अंग्रेजी को हटा करके सभी भाषाओं को मौका दे दिया जाए। समझ लो थोड़ी देर के लिए जो हम लोगों ने दिल्ली में कराने की कोशिश की। दिल्ली में लोकसभा में हम लोग बहुत दिनों से यह कोशिश कर रहे हैं जो अपनी भाषा में बोलना चाहें बोलें। हमारे पटेल हैं, वह कन्नड़ भाषा में वहाँ बोला करते हैं। मैंने जो यह द्रविड़ मुनेत्र कड़गम है, जो हिन्दी के बहुत खिलाफ है, उनको कहा आप लोग तमिल में बोलो। लेकिन नहीं, मालूम होता है कि तमिल में बोलने का, तमिल में काम करने का शौक उनको इतना नहीं है जितना अंग्रेजी को कायम रखने का। इसी तरह मैंने बंगालियों से कहा कि क्यों नहीं बंगाली चलाते हो। बंगाली या तमिल ये जितने लोग हैं, दूसरी पार्टी के, उनसे कहा था कि आप अपनी भाषा चलाओ। अब तो खैर इतनी ताकत आ गई है। फिर उनमें से एक बंगाली ने मुझसे कहा, कौन सुनेगा कौन समझेगा। संविधान में है नहीं, निकाल दिये जाएँगे। तो मैंने कहा,

देखो तुम निकाली जाओगी तो उसके पहले मैं निकाला जाऊँगा। मैं आश्वासन देता हूँ। लेकिन नहीं, उनके या कइयों के मन में यह डर लगा हुआ है कि एक बार बंगाली आ गई, समझ लो बंगाल में बंगाली लोग बंगला भाषा में सब काज करने लग जाएँ, तो वही बंगाली दो, चार, पाँच, दस बरस में कहने लगेंगे कि हिन्दी लाओ। हिन्दी और बंगला तो एक तरह से मौसी हैं। मौसी तो क्या, मैं समझता हूँ और भी निकट सम्बन्ध है, 95 प्रतिशत तक। तो यह 95 प्रतिशत साम्य वाली भाषा, यह तो लाजिमी तौर पर होकर रहेगी। मुझे तो साफ बंगाल में लोगों ने कहा कि हम तुम्हारी चाल जानते हैं। चाल मेरी नहीं है, बात बिलकुल साफ-सी है। वे कहते हैं तुम अंग्रेजी हटाना चाहते हो। बंगला लाना चाहते हो। एक दफे बंगला यदि आ गई, तो हिन्दुस्तानी को तो कोई रोक ही नहीं सकता। तो मैंने कहा भाई यह तो ठीक है यह रुक तो नहीं सकती। अब उसी तरह से बंगला हो, तमिल हो, वैसे उर्दू वाला मामला देखना। उर्दू आखिर है क्या? जो अरबी लिपि है अगर आप उसे छोड़ दो तो हिन्दी और उर्दू एक ही भाषा के दो नाम, दो रूप हैं। हिन्दी साहित्य के लिए मैं एक सुझाव रखना चाहता हूँ कि शुरू का जो हिस्सा है मतलब रहीम रहिमन जो नाम भी कहो, रसखान, खुसरू, ये तो हिन्दी के अंग मान लिये गए हैं। जो पठान कवि और पठान लेखक, जैसे मलिक मुहम्मद जायसी जिनका पद्मावत लिखा है जो तुलसी रामायण की कोटि का है, यह सब हिन्दी साहित्य के अंग माने जाते हैं। लेकिन फिर शाहजहाँ के जमाने से गड़बड़ हुई। खैर उसे छोड़ो, अभी मैं यह कहना चाहता हूँ कि गालिब, मीर और आज के जमाने में अकबर इलाहाबादी ये सब ऐसे कवि हैं जो हिन्दी के अंग हैं और हिन्दी साहित्य के इतिहास में उनको जगह मिलनी चाहिए और जब हिन्दी वाले इनको पचा लेंगे, उनको खपा लेने की शक्ति रखेंगे तो फिर देखो कौन आवाज उठा सकता है। तब तो लोग दूसरे ढंग से सोचने लग जाएँगे न। आज हम भावना इतनी संकुचित रखते हैं। कह देते हैं कि गालिब तो हमारा नहीं है। मीर तो हमारा नहीं है। अब गालिब की बहुत ही मशहूर गजल है सुनाए देता हूँ :

दिल ही तो है संग-ओ-खिश्त दर्द से भर न आए क्यों
रोएँगे हम हजार बार कोई हमें रुलाए क्यों?

जब इसमें संग-ओ-खिश्त को छोड़कर, वह तो हिन्दी में भी हो सकता है, कोई कठिन शब्द आ जाए इसमें क्या है भाई, सब हिन्दी ही है न। रोएँगे हम हजार बार कोई हमें रुलाए क्यों? या मीर जब लखनऊ पहुँचा, असल

में ये सब उजड़े जमाने के कवि थे, तो 'मैं रहने वाला हूँ उसी उजड़े दयार का।' हाँ हिम्मत होनी चाहिए पचाने की। मैं नहीं जानता कि क्या होने वाला है भविष्य में। लेकिन हिन्दुस्तानियों में हिम्मत रही तो हिन्दी-उर्दू एक ही भाषा के दो नाम-रूप और शैलियाँ होकर रहेंगी और कोई ताकत इसको रोक नहीं सकती यह निश्चित बात है। इसलिए मैं युव-जनों से खास तौर से कहूँगा, फन्दे में मत फँसो, मजबूती से अंग्रेजी को हटाने के अभियान को ले चलो और उस अभियान से जो ताकत आएगी, उसमें देश को बदलने का रास्ता मिलेगा।

[1967]

लालबहादुर शास्त्री

जब कोई प्रधानमंत्री ऐसे देश के साथ प्रकट मित्रता की घोषणा पर हस्ताक्षर करे, जिसके विरुद्ध उसने हाल ही में युद्ध किया हो, और उसके तत्काल बाद विदेशी भूमि में मर जाए, जहाँ वह मित्र बने शत्रु के साथ अतिथि रहा हो, तो वह सारी दुनिया में प्रसारण के माध्यमों के लिए बड़ा उत्तम विषय बन जाता है। अपनी मृत्यु में प्रधानमंत्री शास्त्री, शान्ति-समर्थकों के वीर नायक थे। दुनिया जल्दी में है, और समय बीतने के साथ यह जल्दी बढ़ती जाती है। सत्य को बताने वाली सूचना का स्थान ऐसी गौण बात ले लेती है जिस पर रोमानी आवरण डाला जा सके। ऐसी एजेन्सियाँ भी काम करती हैं जो दुनिया और सत्य की सेवा करने के बजाय, संकीर्ण हितों की सेवा करती हैं।

श्री शास्त्री शायद न युद्धवीर थे, न शान्ति के पैगम्बर। लेकिन भाग्य ने उन्हें दोनों की ही पोशाक पहना दी। भाग्य ने बहुरूपिये का काम बड़ी ही उत्तम रीति से किया। सितम्बर 1965 में उनके अधिकांश देशवासियों को लगता था कि श्री शास्त्री अपने देश के कारण बड़ी वीरता से लड़ रहे हैं। ऐसा बहुत कम होता है कि किसी राष्ट्र के लोग वर्तमान के किसी क्षण के तथ्यों से भलीभाँति परिचित हों, हिन्दुस्तानी लोग तो बहुत ही कम। जनवरी 1966 में श्री शास्त्री, भारत से अधिक बाहर की दुनिया के लिए शान्ति के पैगम्बर बन गए थे। दुनिया के लोगों को बहुत कम अवसरों पर इसकी पूरी जानकारी होती है कि विदेशों में होने वाली कौन-सी घटनाएँ युद्ध के हित में हैं, और कौन-सी शान्ति के हित में। नासमझी की इस सार्वभौमिक प्रवृत्ति के साथ भारतीय जीवन की कुछ विशेषताएँ और प्रधानमंत्री के कुछ गुण जुड़ गए।

प्रधानमंत्री शास्त्री शायद अच्छे आदमी थे। हम जानते नहीं। कोई भी नहीं जानेगा, और शायद जानने की जरूरत भी नहीं है। किसी व्यक्ति का

राजनीतिक मूल्यांकन करने के लिए उसके देश को, और देश पर उसके प्रभाव को जानना जरूरी है।

पिछली पन्द्रह सदियों से भारत टूट और जोड़-तोड़ का देश रहा है। कुछ विशिष्ट अपवादों को छोड़कर, उसके नेता जोड़-तोड़ करने वाले व्यक्ति रहे हैं। यह जोड़-तोड़ दीनता-भरे समर्पण से कुछ भिन्न रहा है, क्योंकि सारी उथल-पुथल के बीच किसी प्रकार के व्यक्तित्व को कायम रखने की कोशिश की गई। श्री नेहरू इसी प्रकार जोड़-तोड़ करने वाले व्यक्ति थे, जैसे उनके पहले राजा राममोहन राय, और उनके भी पहले राजा मानसिंह। श्री शास्त्री अपने उच्च पद पर पहुँच गए, और उनके दल में किसी ने उनको चुनौती भी नहीं दी, यह इसीलिए हो सका कि कांग्रेस के नेताओं में वही श्री नेहरू के साथ सबसे अधिक मेल बिठा सके थे। आम भाषा में इस गुण को चापलूसी कहते हैं, जो आम लोगों की भलाई की दृष्टि से दुर्गुण है। चापलूसी के साथ चुगलखोरी और गपबाजी चलती है। आज राष्ट्र के लगभग सभी क्षेत्रों में इन्हीं दुर्गुणों से तरक्की मिलती है। लेकिन श्री शास्त्री में एक छोटा गुण भी था। वे मीठा बोलते थे, और इसलिए दूसरों की बात सुनते थे, या कम-से-कम ऐसा प्रतीत होता था। उस हद तक वे सबसे अधिक एक प्रवक्ता थे, झंडा जो हवा के साथ उड़ता था जिस हवा के चलने में उनका कोई हाथ नहीं था।

पिछले अठारह वर्षों से देश में चलने वाली हवाएँ बुरी रही हैं, बहुत बुरी। लेकिन वे स्वतंत्रता और निर्भयता की मुख्यधारा को नष्ट करने या उसकी दिशा बदलने में असफल रही हैं। सितम्बर 1965 में यह धारा हवाओं पर विजयी होती प्रतीत होती थी। ऐसा प्रतीत होता था कि प्रतिभाहीन विलासिता के युग का स्थान कर्तव्य-पालन का युग ले रहा है। इसके साथ श्री शास्त्री का नाम जुड़ गया। यह उनका सौभाग्य था। अगर वे इस बात को समझ लेते, और जोखिम उठाने का साहस अपने में एकत्र कर लेते, तो शायद वे प्रवक्ता के बजाय नेता बन जाते, जोड़-तोड़ करने वाले के बजाय पहल करने वाले बन जाते। लेकिन शासक दल में अब ऐसे व्यक्ति नहीं रह गए। कोई चमत्कार भी कांग्रेसजनों में ऐसा व्यक्ति उत्पन्न नहीं कर सकता जो पंचमेल मतों को व्यक्त करने के बजाय नीतियाँ चला सके। कांग्रेस पार्टी की हालत अपनी कुंडली में फँसे साँप की तरह, या अपने ही बोझ से मरते हुए डाइनासोर की, बिना चिनगारी के राख की ढेर जैसी, या उस सभा जैसी हो गई है, जिसका सभापति अगर अध्यक्षता करने लगे तो वह भंग हो जाएगी।

प्रधानमंत्री की मृत्यु जिस तरह हुई, उससे पता चलता है कि इस देश में मनुष्य के जीवन का मूल्य कितना कम है। मामूली आदमी गन्दगी और भूख के साथ जीता है और मक्खी की तरह मर जाता है। अस्पतालों में नर्सें और डॉक्टर उचित समय के घंटों बाद उसे देखते हैं। जब वह बेकारी और महँगाई से नहीं मरता तो कभी-कभी पुलिस की गोली उसे ठिकाने लगा देती है। यह उपयुक्त ही है कि ऐसे लोगों का प्रधानमंत्री भी, उस पर होने वाले असाधारण खर्चे के बावजूद उन्हीं की तरह मरे। उस दूर देश में भी उनका अपना निजी नौकर था, निजी डॉक्टर था, और सुरक्षा का इन्तजाम करने वाले लोग थे। इस सबके बावजूद, जब तेज दर्द के साथ दिल की धड़कन बन्द होने लगी, तो उन्हें लड़खड़ाते हुए बिस्तर से उठना पड़ा। उनके बिस्तर के साथ घंटी बजाने के लिए कोई बटन या डोरी क्यों नहीं लगी थी, जिसे वे दबाते या खींचते, खास तौर पर ऐसी हालत में, जब यह मालूम था कि उन्हें दो बार पहले दौरे पड़ चुके थे, और उस समय वे बहुत अधिक काम कर रहे थे? सारे ऐश्वर्य और फिजूलखर्ची के बावजूद, मृत्यु के क्षणों में राष्ट्र अपने प्रधानमन्त्री में अपने को प्रतिबिम्बित कर देता है। जब हम छोटे-से-छोटे आदमी के जीवन का आदर करना सीख लेंगे, तभी अपने बड़े आदमियों का खयाल रखना भी जानेंगे। शायद उन्हें कोई भी चीज बचा नहीं सकती थी, लेकिन उनके साथ होने की उनकी विधवा पत्नी की इच्छा मात्र विलाप ही नहीं थी। उसमें ऐसे लोगों की एक आदिम आवश्यकता प्रकट हुई जिनमें जीवन का आदर नहीं होता, कुटुम्ब को अपना खयाल खुद ही रखना पड़ता है, और वह बाहर के किसी व्यक्ति पर विश्वास नहीं करता।

लोग आदिम स्थिति में हैं, और उनका राज्य जंगली है। प्रधानमंत्री की मृत्यु के बाद एक संगीत-भरा अत्युक्तिपूर्ण नाटक होता है, कम-से-कम उन दो प्रधानमंत्रियों के साथ हुआ, जो मरे। जिस गति से हम लोग अपने प्रधानमंत्रियों के लिए समाधि-स्थल बना रहे हैं, यह शहर जल्दी ही जिन्दा लोगों के बजाय मुर्दों का शहर हो जाएगा। ऐसा कोई नियम प्रतीत होता है कि जो राष्ट्र जितना अधिक गरीब हो, जीवित या मृत सरकारी आदमियों पर उसका खर्चा भी उतना ही अधिक होता है। बेशक, विशिष्ट वर्ग में भी खर्च ऊँच-नीच की एक पक्की सीढ़ी के अनुसार होता है। भविष्य की पीढ़ियों को इन मूर्तियों, संग्रहालयों और चबूतरों में से बहुतेरों को हटाना पड़ेगा। जिन देशों में जीवन को मूल्यवान समझा जाता है, और मामूली आदमी का लोकतंत्र किसी हद तक प्रभावी है, वहाँ सचमुच महान व्यक्तियों को भी अन्य बहुतेरों के साथ

किसी गिरजा में या पारिवारिक कब्रिस्तान में दो मीटर जगह मिलती है। जहाँ लोग गन्दी बस्तियों में रहते या पटरियों पर सोते हैं, वहाँ उनके राष्ट्रपति का महल 1600 एकड़ में फैला है, जब कि स्वयं आराम से रहने वाले लोगों की रानियों या राष्ट्रपतियों को दस-बारह एकड़ से ही सन्तोष करना पड़ता है। हमें पता चला है कि राष्ट्रपति कैनेडी की समाधि पर जो ज्योति निरन्तर जलती रहती है, उसका खर्च कैनेडी परिवार को देना पड़ता है।

हम एक प्रश्न का उत्तर जानना चाहेंगे, क्योंकि उसी से पता लग सकता है कि जिस घोषणा पर उन्होंने हस्ताक्षर किये थे, उसके बारे में वे क्या अनुभव करते थे। क्या वे केवल बिस्तर पर लेटे थे, या सचमुच सोए थे? इसका कोई महत्त्व नहीं कि घोषणा पर हस्ताक्षर होने के बाद रूसियों ने जो खुशी-भरा समारोह किया था, उसमें वे हमेशा की तरह मुस्कराते रहे थे। क्या वे अपने कमरे की खामोशी में अकेले परेशान थे, और क्या वे अपनी परेशानी अपने तक ही रखना चाहते थे, यहाँ तक कि बात बिगड़ गई? आखिर उनके बिस्तर पर जाने और उनकी मृत्यु के बीच केवल दो घंटे का, या उससे भी कम समय था।

प्रधानमंत्री ने कई अवसरों पर गम्भीरता से वचन दिया था कि वे किसी भी परिस्थिति में हाजी पीर से पीछे नहीं हटेंगे। उसके साथ ही, उनकी सरकार ने सुरक्षा परिषद में 5 अगस्त की स्थिति तक वापस आने की बात मान ली थी, जिसमें स्पष्टतः हाजी पीर से पीछे हटना भी शामिल था। सार्वजनिक रूप से यह दो मुँही बात तीन महीने तक चलती रही, इससे जहाँ पता चलता है कि भारतीय जनता का दिमाग कितना पिलपिला हो गया है, वहाँ उसके नेताओं का चरित्र-विहीन पाखंड भी सामने आता है। फिर भी, हर व्यक्ति में किसी-न-किसी तरह की अन्तरात्मा होती है, और प्रधानमंत्री में भी रही होगी। प्रधानमंत्री ने अपनी अन्तरात्मा को कुछ समझाया होगा, जो बाद में गलत निकला।

प्रधानमंत्री से ताशकन्द की बातचीत स्वीकार कराने के लिए, रूसियों ने शायद उन्हें समझाया था कि हाजी पीर से वापस हटने के बदले में वे कश्मीर की युद्ध-विराम रेखा को अन्तरराष्ट्रीय सीमा में परिवर्तित करा देंगे। उन्होंने शायद इस आश्वासन की सूचना अपने दल को दी, जो ऐसी सूरत में अपना वचन तोड़ने को तैयार हो गया। हम नहीं समझते कि इस नाम परिवर्तन का कोई महत्त्व है। जो लोग हथियार लेकर हमले द्वारा विद्रोह कराने की नीयत से घुसपैठ करते हैं, वे इसकी परवाह नहीं करते कि उनके द्वारा पार की जा रही रेखा युद्ध-विराम रेखा है या अन्तरराष्ट्रीय सीमा। किन्तु कांग्रेस जैसा दल ऐसे नाम परिवर्तन को, कानूनी शब्दावली को, बहुत अधिक महत्त्व देता है,

चाहे उसमें कुछ विशेष सार न भी हो। अपने सर्वोत्तम काल में भी कांग्रेस पार्टी सिविल नाफरमानी करने वालों से अधिक कानूनी सूत्र खोजने वालों की पार्टी थी। अपनी सड़न के काल में, यह केवल शब्द और सूत्र की पार्टी रह गई है। रूसी लोग प्रधानमंत्री को वह सूत्र नहीं दिला सके, जिस पर उन्होंने और उनके दल ने आशा लगाई थी। लेकिन सामयिकता की चिकनी सतह पर फिसलने वाले नहीं जानते कि कब और कैसे रुकें। इससे उन्हें चिन्ता हुई, ऐसी चिन्ता थी उनके साथियों की सहायता निष्फल हुई, और उनक शरीर उसे सह नहीं सका।

शासक दल के कुछ लोग, और कुछ विरोधी दल भी अब इन सवालों को उठा सकते हैं। जब तीन महीनों तक यह दो मुँही बात चलती रही, तब वे लोग कहाँ थे? एक दल को छोड़कर, वे सभी सरकार के हाथ में खेल रहे थे, या और भी गलत काम कर रहे थे, और अब अगर वे विरोध करते हैं, तो यह हिन्दुओं का संकीर्ण विरोध होगा, या छूट गए लोगों का असन्तोष, और अपनी धार्मिक समस्याओं को अन्तिम रूप से हल करने के लिए सभी धर्मों के राष्ट्र का स्वस्थ प्रयास नहीं होगा। लोगों को अभी बहुत दूर जाना है, यद्यपि यह सम्भव है कि बहुत थोड़े समय में यह रास्ता तय कर लेने में इतिहास उनकी मदद करे।

प्रधानमंत्री की मृत्यु पर हुई शोकसभा से कुछ पता चलता है कि लोगों को अभी कितनी दूर जाना है। एक राष्ट्र के रूप में, बाण के काल से ही, मात्र संज्ञा की अपेक्षा हमें विशेषण बहुत प्रिय हैं। हम नहीं समझते कि दोनों प्रधानमंत्रियों की मृत्यु के बाद कहा गया एक शब्द भी स्थायी होगा। झूठे क्षण के वे शब्द जिस रीति से कहे गए, उसमें और भी अधिक भोंड़ापन था। रूसी और जापानी, और बेशक और अमरीकी, अपनी मातृभाषाओं में बोले। जापानी और रूसी ने यह भी सही काम किया कि उनकी मातृभाषा का अनुवाद उस इलाके की भाषा में किया गया जहाँ वे बोल रहे थे। अच्छा हो कि जापानी और रूसी केवल औपचारिक अवसरों पर ही सही बात कहकर न रुक जाया करें। फ्रांसीसी निस्सन्देह अपनी भाषा में बोले, लेकिन स्पष्टत: वे 'वीर-नायक' की बात भूल गए, जो शायद इस चरित्रहीन राजधानी में स्वाभाविक ही था। अधिकांश एशियावासी और भारतीय, अपने राष्ट्रपति सहित, अपनी मातृभाषा में नहीं बोले। हमारी सूचना के अनुसार एक लाख से अधिक लोगों की भीड़ थी। क्या वे गूँगे पशु थे, या एक प्राचीन देश के ऐसे लोग, जिन्होंने यह निर्जीव सत्य खोज लिया है कि हर झूठ में कोई सच्चा दृष्टिकोण होता है। अगर इतनी

बड़ी भीड़ धीरज के साथ बैठी भाषा की हत्या को सुनती-देखती रहे, और अगर उसके नेता गूँगे पशु अस्तित्व को राष्ट्रीय या अन्तरराष्ट्रीय शिष्टाचार समझ बैठें, तो उनकी सरकार ठोस बातों की अपेक्षा सूत्रों के पीछे ही दौड़ती रहेगी। हम नहीं जानते कि परिवर्तन कहाँ शुरू होगा, ऊपर शासन और उसके विदेशी मेहमानों की बोली में, या उन भीड़ों में जो हल्ला करेंगी और बोलने नहीं देंगी, लेकिन परिवर्तन शीघ्र ही करना होगा। भले आत्मसम्मान भरे व्यवहार से विहीन राष्ट्रपतियों और नेताओं को बताना होगा कि गणराज्य में उनका स्थान क्या है।

इन पंक्तियों के लिखे जाने के समय शासक दल नया प्रधानमंत्री चुनने की तैयारी कर रहा है। चुनाव सर्वमत से होता है, या बहुमत से, या पंचमेल मत से, देश के लिए इसका कोई महत्त्व नहीं। इन पद्धतियों का सम्बन्ध केवल शासक दल के टूटने की रफ्तार से ही है। अल्पसंख्या को हराकर बहुमत प्राप्त करने की पद्धति किसी संगठन के लिए तभी स्वस्थ होती है, जब अल्पमत और बहुमत के पीछे कम-से-कम आंशिक रूप में विचारों और नीतियों का प्रभाव हो। कांग्रेस पार्टी विचारों से बहुत दिन पहले ही विदा ले चुकी है। हर समस्या और नीति के प्रति वह इतने लम्बे अरसे से ढुलमुल रही है कि जहर उसकी आत्मा के हर कण में व्याप गया है। महत्त्वाकांक्षा और ज्योतिष उसके जीवन आधार हैं। यह देखकर आश्चर्य होता है कि कैसे इन दोनों ने दिमाग के अन्य सभी तत्त्वों को खतम कर दिया है। वास्तव में विचारों वाला दिमाग रह ही नहीं गया, उसकी जगह पूरी तरह महत्त्वाकांक्षा और ज्योतिष ने ले ली है।

इसे एक-एक कांग्रेसी नेता में देखा जा सकता है। कुछ विस्तार की गौण बातों के अलावा, उसका कोई व्यक्तित्व नहीं, जिसकी पहचान हो सके। किसी का चेहरा देखने में सुन्दर हो सकता है। किसी का नशाबन्दी पर आग्रह हो सकता है। कोई अन्य शायद पिछड़ी जातियों को कुछ अधिक नौकरियाँ दे दे। बाकी सब कुछ एक ही जैसा है, छोटे स्वार्थों और साजिशों का एक गन्दा-बेहूदा आवेग, और इन आवेगों के समूहों का निरन्तर एक-दूसरे से मिलना और टकराना।

यह अकारण नहीं था कि अमरीकी उप-राष्ट्रपति कांग्रेस दल के नेता के चुनाव के बारे में इतने बेहूदे ढंग से बोल सके। ताशकन्द की बड़ी रचनात्मक घटनाओं के सन्दर्भ में अमरीकी आर्थिक सहायता के बारे में उन्होंने कहा, "मुझे विश्वास है कि जैसे ही हमें नये प्रधानमंत्री और भारत सरकार के साथ सारी स्थिति पर विचार करने का मौका मिला, मेरी सरकार इन मामलों पर कुछ कहेगी।" उनको इससे क्या मतलब कि जिस प्रधानमंत्री से वे बात करते हैं, वह नया है या पुराना, या बीच का। श्री हम्फ्री इतने अनुभवी हैं कि निश्चय

ही उन्होंने भूल से बात नहीं की। उन्हें कोई परवाह नहीं थी, या वे केवल गन्दे भिखारियों को, जो हर कांग्रेसी सरकार होगी, साफ कह देना चाहते थे कि अपने बीच में और अपने नेता का चुनाव करने में वे सावधानी बरतें। क्या अमरीकियों या रूसियों ने अलग-अलग या मिलकर पहले से ही फैसला कर दिया है कि नया प्रधानमंत्री कौन होगा?

जो भी हो, वह पिछले प्रधानमंत्री से बुरा ही होगा। चापलूसी और चुगलखोरी के इस देश में हर प्रधानमंत्री जब तक शासन करता है, और जब तक मर नहीं जाता, तब तक उसकी तारीफ में जमीन-आसमान एक कर दिये जाते हैं। मुसाहब की प्रशंसा समाप्त हो जाने के बाद मूल्यांकन का समय आता है : "नये प्रधानमंत्री के सामने बहुसंख्यक और गम्भीर समस्याएँ हैं। इनकी तुलना में, जो कठिनाइयाँ अपने शासन-काल के पहले कुछ महीनों में श्री शास्त्री के सामने थीं, वे केवल सामान्य अड़चनें प्रतीत हो सकती हैं। मिसाल के लिए अन्न की स्थिति एक साल पहले की तुलना में कहीं अधिक गम्भीर है। विदेशी मुद्रा की स्थिति अधिक संकटपूर्ण है। कच्चे माल के अभाव में उद्योग मुरझा रहे हैं। चीन का दृष्टिकोण 1964 की अपेक्षा ज्यादा खतरनाक है, और संयुक्त राष्ट्र संघ में हमारे मित्रों की संख्या घट गई है। इनके अलावा ताशकन्द घोषणा पर अमल करने का बहुत बड़ा काम है। वास्तव में कम-से-कम कुछ समय तक नये नेता को अपने दिमाग के एक हिस्से से शान्ति चलानी होगी, और दूसरे को आशंकापूर्वक पाकिस्तान की कार्रवाइयों पर नजर रखने में लगाना होगा।" इन समस्याओं को आगे हाजी पीर, पंजाबी सूबा आदि की ठोस शक्ल दी जा सकती है और इनके साथ भाषा, जाति और पूँजी की सामान्य समस्याएँ जोड़ी जा सकती हैं।

यह उद्धरण एक प्रमुख अंग्रेजी दैनिक से लिया गया है। हम पत्र का नाम नहीं दे रहे है, क्योंकि यह सभी का मत है। और बड़ी बात है कि यह सच है और प्रशंसा झूठी। कांग्रेस दल का हर प्रधानमंत्री जैसी स्थिति में काम शुरू करेगा, उससे ज्यादा खराब स्थिति छोड़ जाएगा। पिछला हिसाब बढ़ता जाता है, क्योंकि बकाया साफ करने वाली कोई नीति नहीं है। बहुत कम कांग्रेस सदस्य इसकी चिन्ता करते हैं कि समस्या क्या है। उनसे भी कम लोग समझते हैं कि उसका हल क्या है। और कोई भी अपना सिर तो क्या, अपना पद भी उसे हल करने की कोशिश के खतरे में नहीं डालना चाहेगा। पिछला बकाया तेजी से बढ़ता जाता है। ऐसी हालत में यह नियम लागू होता है कि बाद में आने वाला हर प्रधानमंत्री अपने पूर्वज से ज्यादा खराब साबित होगा।

चरम संकट को टाला नहीं जा सकता। दलों ने नये सिरे से मेलजोल को इसलिए देर लग रही है कि बहुत-से लोग सोचते हैं, शासक दल का कोई विकल्प नहीं और इस कारण संकट आने पर हो सकता है लाइलाज साबित हो। विकल्प मनुष्य बनाया करते हैं, अपने-आप नहीं बनते। संकट की घड़ी विकल्पों का इन्तजार नहीं करती। आशा है कि वह घड़ी और दलों का नये सिरे से मेलजोल जल्दी ही होगा। शासक दल विचारों की लाश और नीतियों की कब्र बन गई है। रूसी और अमरीकी कुछ समय तक काम चलाने में सहायक हो सकते हैं। लेकिन स्वतंत्रता और निर्भयता स्थायी रूप से आ गए हैं और लोग कोई-न-कोई तरीका निकाल लेंगे, जिससे समता और सामीप्य, शक्ति और कल्याण के लिए अपनी भूख व्यक्त कर सकें।

[1966]

भारत की पलटन

एक जमाना था जबकि मुझ जैसे आदमी की निगाह में बन्दूक बहुत बुरी चीज थी और उसको लेकर चलने वाले को हम अपराधी समझते थे; या कम-से-कम ऐसा आदमी जिसमें गहरी दिलचस्पी लेने की जरूरत नहीं थी। वह जमाना था जब हिन्दुस्तान की जनता का अपना राज्य न था। आज है। बन्दूक को आज भी मैं बहुत बुरी चीज समझता हूँ; हाँ जो बन्दूक वाला आदमी भारत की जनता का नौकर है उसमें मुझे दिलचस्पी हो रही है, गहरी दिलचस्पी।

विदेशी हुकूमत के खिलाफ जो लोग लड़े उन लोगों ने देश की पलटन का अब तक कोई अध्ययन नहीं किया और इससे दोनों को नुकसान हुआ है। यह सही है कि उनमें से कुछ लोगों को दिल्ली की गद्‌दी मिली और उसके साथ विदेशी हुकूमत द्वारा तैयार की गई पलटन भी विरासत में मिली। इन गद्‌दी पाने वालों ने जैसे और सभी चीजों को बिना सोचे-विचारे स्वीकारा था वैसे ही फौज को भी स्वीकार लिया। इस विरासत में बढ़ोतरी करना ही काफी समझा गया। आजादी की लड़ाई में भाग लेने वाले एक आदमी की तरफ से पलटन के सम्बन्ध में पहली बार यह लेख लिखा जा रहा है, और वह भी एक ऐसे आदमी के द्वारा जिसके दो अलग-अलग दिमाग नहीं हैं। जो न इतिहास के गीत गाने वाला पीछे-देखू है और न केवल वर्तमान वस्तुओं की बढ़ोतरी पर विश्वास रखने वाला बगल-देखू। वह आगे देखने की कोशिश करता है, लोगों की खुशहाली और समृद्धि की ओर। यह खुशहाल राष्ट्र ताकतवर भी बने, जब तक समानता पर आधारित विश्व-व्यवस्था कायम न हो।

भारत की महान पलटन की गाथा और परम्परा के गीत बराबर गाए जाते हैं, उन्हीं लोगों के द्वारा जो कुछ ही दिन पहले इसे भातवाले सिपाहियों की भीड़ कहकर इसका मजाक बनाया करते थे। यह सम्भव है कि दो असंगत विचारों की अभिव्यक्ति करते समय दोनों अवसरों पर कोई व्यक्ति अंशतः

ठीक हो। किन्तु इस मामले में ऐसा नहीं है। हिन्दुस्तानी पलटन महान नहीं रही, कम-से-कम पिछले हजार-बारह सौ सालों में नहीं रही, और अंग्रेजी हुकूमत के दौरान तो नहीं ही रही।

उन्नीस सौ उन्तालीस की लड़ाई में योरप के मोर्चे पर इस पलटन का इस्तेमाल क्यों नहीं किया गया? उत्तरी अफ्रीका, दक्षिणी और पूर्वी एशिया में इसे इस्तेमाल किया गया पर योरप में नहीं। उन्नीस सौ चौदह में और उसके बाद जो सम्भव था वह उन्नीस सौ उन्तालीस और उसके बाद सम्भव नहीं रहा। मुमकिन है इसका निर्णायक कारण राष्ट्रीय जागृति रही हो, जिसकी वजह से गम्भीर मौकों पर विदेशी हुकूमत के लिए यहाँ की पलटन भरोसा करने लायक न रह गई हो। यह भी सम्भव है कि दूसरे विश्वयुद्ध में योरप में अनेक ऐसी गम्भीर परिस्थितियाँ पैदा हुईं जिनमें आँख मूँद अनुशासन या कुछ लोगों की बहादुरी काफी नहीं थी जिनमें अगर सबकी नहीं तो ज्यादातर की ऐसी बहादुरी की जरूरत थी जो स्वत:स्फूर्त और अनुशासित होने के साथ-साथ वक्त की जरूरत के मुताबिक हो। हिन्दुस्तान की पलटन में यह खूबी 1939 में तो थी ही नहीं, 1914 में नहीं थी और 1526-27 में भी नहीं थी। शायद 800 ई. के बाद हिन्दुस्तानी पलटन में यह खूबी कभी नहीं रही। 1526 ई. में एक मुसलमान राजा और सेनापति ने विदेशी हमलावर का सामना किया और मात खाई। 1527 ई. में एक हिन्दू राजा और सेनापति ने भी विदेशी हमलावर का सामना किया और उतनी ही जबरदस्त मात खाई। यहाँ पर जो कुछ कहा जा रहा है वह विशुद्ध रूप से देशी और विदेशी को लेकर। इसलिए इस अध्ययन का सम्बन्ध देशी पलटन से ही है।

कुछ लोगों की व्यक्तिगत बहादुरी से कोई पलटन महान या अच्छी नहीं बनती। व्यक्तिगत शूरता होते हुए भी मध्ययुगीन राजस्थान की फौज अच्छी या महान नहीं थी, यद्यपि टाड ने अपने विवरण से इस सत्य को धूमिल करना चाहा है। अंग्रेजी हुकूमत के जमाने में भी हिन्दुस्तान की पलटन अच्छी और महान न थी यद्यपि कुछ 'विक्टोरिया क्रॉस' इस सत्य को भी धूमिल करने में सहायक हुए हैं। यह सीधी-सी बात स्वीकार की जानी चाहिए कि कदाचित पुराने हिन्दुस्तान को छोड़कर और कभी हिन्दुस्तान में महान सेना की कोई शानदार परम्परा नहीं रही। उसके बाद इक्का-दुक्का पराक्रम और वीरता की परम्परा रही है। इस व्यक्तिगत शूरता की परम्परा को शानदार और महान सेना की परम्परा समझना बड़ी भूल तो है ही, यह देश का सर्वनाश भी कर सकती है।

कुछ भातवाले सिपाही भी शूरता और पराक्रम के नमूने पेश कर सकते हैं। उन्होंने और उनके विलायत-छाप अफसरों ने ऐसे नमूने पेश भी किये हैं। आजाद भारत में आम तौर पर शूरता और पराक्रम के नमूनों को ही पलटन की महानता समझ लिया गया, यह इस बात का प्रमाण है कि भारतीय दिमाग कितना विचारहीन और तोतारटन्त हो गया है। और यह भी अपने को सही करने और सुधारने में, खुशहाली और महानता को जन्म देने के कामों में वह अब तक कितना अयोग्य रहा है। मैं समझता हूँ कि गरीब और बीमार किन्तु अधिक जनसंख्या वाले और कमजोर देश को खुशहाली लाने की कोशिश के साथ महानता की खोज भी करनी चाहिए। भारत ने आजादी हासिल करने के बाद न खुश होने का प्रयत्न किया न महानता का क्योंकि यहाँ की हुकूमत पिछले अठारह वर्षों में, नादान और तोतारटन्त लोगों के हाथ में रही है। हमें आशा करनी चाहिए कि जल्दी ही वह दिन आएगा जब लोग तथाकथित महान सैनिक परम्परा की बात पर कान न देंगे।

मैं किसी विद्वत्ता के या सैद्धान्तिक सत्य की खोज के लिए यह तर्क नहीं दे रहा। मेरे मन में उपयोगिता का विचार है। अगर हमें एक मजबूत पलटन की जरूरत है तो सही दिमाग से उसे हासिल करने की कोशिश करनी चाहिए। जो कुछ चला आ रहा है उसी को चलाते रहने से, या उसे कई गुना बढ़ा देने से भी, हमें महान या अच्छी सेना नहीं मिलेगी। आजाद भारत अपने बहादुरों को जो पुरस्कार देता है उनके नामों और अंग्रेजी हुकूमत के पुरस्कारों के नामों में हास्यास्पद साम्य है। कल के विक्टोरिया क्रास का वी.सी., और आज के वी.सी. (वीरचक्र) या पी.वी.सी. (परमवीर चक्र)। ग्यारह नवम्बर को ग्यारह बजे, दो मिनट का मौन यूरोप-अमरीका के लिए पहले महायुद्ध के बाद युद्ध-विराम का स्मारक है। उसे भी तीस जनवरी को, आजाद हिन्दुस्तान के शहीद दिवस पर ग्यारह बजे, दो मिनट मौन के रूप में प्रतिष्ठित कर दिया गया है। 11 बजे का यह समय गांधी जी या अन्य किसी भारतीय की शहादत से सम्बन्ध नहीं रखता। पलटन के भी रोजमर्रा के कामों को ही चलाए रखा गया है। गणतंत्र दिवस समारोह से सम्बन्धित रणान्तवादन की प्रक्रिया साफ जाहिर करती है कि भारत की पलटन अपने मालिकों के लिए एक प्रतिष्ठित और किसी हद तक मजेदार सर्कस है। 'एबाइड विद मी, ओ लार्ड' की ईसाई धुन भी नहीं छोड़ी गई। उम्मीद की जा सकती थी कि ऐसी धुनों को छोड़ दिया जाएगा या कम-से-कम धर्म-निरपेक्षता का ढिंढोरा पीटने वाले शासक ऐसी ही हिन्दू, सिक्ख और मुसलमान धुनों

को भी इसमें शामिल करेंगे। रूढ़ियों के इस बेमतलब अनुकरण से, जिसमें कभी-कभी पराक्रम की झलक भले की मिली हो, परन्तु जो सामूहिक रूप में बहुत ही अशक्त और निकम्मी रही, घिन होती है। भारतीय सिपाही और जवान अफसर को घिन नहीं हुई, यह कुछ परेशानी की बात है। निगरानी, सुधार और सृजन की आवश्यकता है।

यहाँ पर कुछ लोग टोक सकते हैं कि यह बात अब सही नहीं है, क्योंकि पाकिस्तान के साथ सितम्बर 1965 की लड़ाई में भारत की पलटन ने अपना जौहर दिखा दिया। कोई आदमी भारत की पलटन को पाकिस्तान की कसौटी पर परखना चाहे, यह प्रमाण है कि हमारा विवेक कितना कुंठित हो सकता है। पाकिस्तान की जनसंख्या भारत की जनसंख्या का पाँचवाँ हिस्सा है और उसकी फौज शायद भारत की फौज की एक-चौथाई से अधिक नहीं। अमरीका द्वारा पाकिस्तान को दिये गए हथियारों को बड़ा तूल दिया गया है। ये हथियार चाहे जितने ताकतवर रहे हों, और इनमें से कुछ या तो अपेक्षित कुशलता के अभाव में अथवा सम्पूर्ण तकनीक से मेल न खाने के कारण असफल रहे हैं, एक बात बिलकुल साफ है कि भारत की शक्ति पाकिस्तान से कम-से-कम तीन गुनी थी, खास तौर पर भारत के अपने उत्पादन की दृष्टि में। फिर, छुटपुट लड़ाइयाँ मिलकर युद्ध नहीं कहलातीं। तीन या चार दिनों के अलावा लड़ाई कुछ हलके ढंग से ही चली। फिर भी हिन्दुस्तान ने कुछ हासिल किया है जिसका वस्तुपरक मूल्यांकन किया जाना चाहिए।

जब किसी देश और उसकी पलटन में अनुपात की भावना नहीं रह जाती तो बड़ा मुकाबला होने पर वे जरूर मात खाते हैं। इसका खतरा प्रकट हुआ है। प्राप्त, और अप्राप्त किन्तु कल्पित विजय का आनन्द कुछ बेहूदे ढंग से लिया गया है। कुछ ऐसे ही जैसे कोई हाथी किसी भैंस (भैंसा नहीं) पर विजय प्राप्त करके खुश हो। अगर देश के पास परिपक्व नेतृत्व होता तो जो कुछ लड़ाई के मैदान में उसने हासिल किया था उसे पुनर्निर्माण का आधार और अध्ययन का आरम्भ बिन्दु बनाया जाता। कम-से-कम उस पर नारद-मोह तो नहीं ही दिखाया जाता। परिपक्व नेता गोलीबन्दी के बाद अपना और देश के दिमाग का सन्तुलन कायम रखता। मंगलाशा के बाद गहराई से हर चीज का अध्ययन किया जाता। वह देश को बधाई देता कि अठारह सालों का शाप सितम्बर में टूटा और पहली बार हमलावर दुश्मन के इलाके में लड़ाई हुई। मंगलाशा में यह उम्मीद भी शामिल होनी कि लोग शायद अपने भविष्य के प्रति आस्थावान हो रहे हैं और उनके नेता निजी महत्त्वाकांक्षाओं की पूर्ति से अधिक राष्ट्र के

पुनर्निर्माण में लग रहे हैं और तब अध्ययन की बात उठती, अप्राप्त विजय के सिंहद्वार बनाने के बजाय सुधार और निर्माण की बात।

अभी कितना निर्माण करने को बाकी है इसे देखने के लिए सितम्बर की लड़ाई को समग्र रूप में समझने-भर की जरूरत है। राजस्थान की तरफ से सिन्ध पर जो हमला किया गया वह यदि दंडनीय दुःसाहस नहीं तो कम-से-कम नादानी का काम जरूर था। इससे ऐसा लगता है कि देश के राजनैतिक नेता और पलटन के सूत्रधार, कदाचित दोनों ही कुछ इस प्रकार की चोटें कर रहे थे जैसे कोई बड़ा भालू या चिम्पांजी बिना किसी उद्देश्य और योजना के अपने से छोटे पर चोटें कर रहा हो। राजनेताओं और पलटन के सूत्रधारों, दोनों ने ही खोई और पाई हुई जमीनों के बारे में जनता से गलतबयानी की। गोलीबन्दी के एक हफ्ते बाद, लोगों को बताया गया कि भारत ने कुल ढाई सौ वर्ग मील जमीन खोई है, जबकि पाकिस्तान के कब्जे में उस समय हिन्दुस्तान की एक हजार वर्गमील जमीन थी और अभी भी है। हिन्दुस्तान ने बदले में पाकिस्तान की 800 वर्गमील जमीन हासिल की।

फिर भी भैंस के मुकाबले हाथी ने कुछ फैसलाकुन जीत जरूर हासिल की, बड़ी तादाद होने के कारण शायद उतनी ही जितनी सिपाहियों और जवान अफसरों की व्यक्तिगत बहादुरी के कारण। और भी बहुत कुछ होना चाहिए था। यह समझने के लिए उस समय दो में से एक रास्ता ही रह गया था, रणनीतिज्ञ होना जरूरी नहीं। या तो छम्ब जौड़ियाँ के इलाके में घुस रही पाकिस्तानी सेना को घेरकर खत्म कर दिया जाता, और इसके लिए जरूरत होती तो सियालकोट पर भी कब्जा किया जाता। या लाहौर की तरफ जो कूच किया गया था उसे पूरा किया जाता। पलटनी लक्ष्य के अलावा, एक बहुत ही सन्तोषजनक राजनैतिक उद्देश्य की पूर्ति भी इससे हो सकती थी। लेकिन इनमें से कोई भी उद्देश्य प्राप्त करने का, शुरू के 3, 4 दिनों के अलावा, प्रयत्न नहीं हुआ। उसके बाद या तो टिके रहने की परीक्षा थी, या बिना किसी लक्ष्य के अन्धाधुन्ध चोटें।

इससे साफ जाहिर है कि राजनैतिक निदेश का अभाव था। पहली सितम्वर से लेकर 23 सितम्बर, 1965 तक भारत की सरकार का अस्तित्व ही नहीं था। इस बीच में पलटनी कार्यवाही के बड़े उद्देश्यों की चर्चा और उनका फैसला करने के लिए शायद ही काबीना की कोई बैठक हुई हो। संयुक्त राष्ट्र संघ की दृष्टि और नीति पर विचार करने के लिए सम्भव है कि कुछ बैठकें हुई हों। यदि उस समय उद्देश्य और सक्रियता वाली काबीना या कोई एक नेता भी रहा

होता तो सितम्बर के उन 23 दिनों में ऊपर कहे गए दो लक्ष्यों में से एक-न-एक की उपलब्धि अवश्य हो जाती। शक होता है कि व्यापक पलटनी निदेशन का उतना ही अभाव था। कुछ सेनापतियों ने शायद अपनी-अपनी जगह पर काबिलियत दिखाई। सीमित कार्यवाहियों के सम्बन्ध में थलसेना और वायुसेना के अध्यक्षों ने भी सम्भव है योग्यता का प्रदर्शन किया हो। इस सम्बन्ध में पूरी कहानी जानने के बाद ही कोई फैसला किया जा सकता है। लेकिन फिलहाल जो कुछ जानकारी उपलब्ध है उसके आधार पर यह सिद्ध है कि राजनैतिक निदेशन का अभाव था और शायद राजनैतिक निदेशन न होने के कारण पलटन का निदेशन कहीं तो जरूरत से ज्यादा सावधान था और कहीं अन्धाधुन्ध चोटें कर रहा था और इस कारण उसके सामने कोई व्यापक लक्ष्य नहीं था।

एक ही प्रमाण काफी होगा। 6 व 9 सितम्बर के बीच 3, 4 दिन तक जनता को बताया गया कि उनकी फौजें लाहौर के पास मुगलपुरा तक पहुँच गई हैं, रेडियो स्टेशन बेकार कर दिया गया है, और चन्द घंटों में ही लाहौर शहर में घुसने वाली है। अखबारों की यह खबरें दिल्ली में बैठे रक्षा और सूचना मंत्रालयों के प्रवक्ताओं द्वारा दिये गए बयानों से ही आई होंगी, क्योंकि उस समय मोर्चे पर आगे बढ़ती पलटन के साथ अखबारों के संवाददाता नहीं थे। तभी अचानक प्रचार की दिशा पलट गई। बहुत ही हास्यास्पद और लँगड़े तर्कों के साथ लोगों को बताया गया कि लाहौर की जनता को खिलाना और वहाँ का इन्तजाम करना इतना मुश्किल होता कि लाहौर को लेने की बात कभी दिमाग में लाई ही नहीं गई थी।

जाहिर है कि पहले धक्के में कुछ हासिल हुआ, लेकिन जैसा लगभग हमेशा ही होता है लक्ष्य की पूरी प्राप्ति नहीं हुई। राजनैतिक निदेशन कुछ था नहीं, पलटनी निदेशन घबड़ा गया और अपने तईं दूसरा धक्का देने में हिचका। ऐसा कहना शायद ठीक होगा कि राजनीतिक और पलटनी दोनों ही निदेशनों में नीति का, पाकिस्तान और चीन के सन्दर्भ में किसी व्यापक लक्ष्य का अभाव था। वास्तव में नीति-सम्बन्धी फैसलों की बात तो दूर, वैकल्पिक नीतियों का भी कोई अध्ययन नहीं किया गया, सार्वजनिक रूप में तो निश्चय ही नहीं, और जहाँ तक मैं जानता हूँ, काबीना या रक्षा ब्यूरो द्वारा स्वयं भी नहीं। जब लाखों सिपाहियों और हजारों अफसरों को कूच कराने के सवाल हों, तो सालों तक उस पर सार्वजनिक रूप से विचार होना चाहिए।

क्या समग्र नीति के अभाव और बाद के धक्के न होने में कोई कार्य-कारण सम्बन्ध है? हाँ है। लेकिन यह सम्बन्ध पूर्ण और एकान्त नहीं है। कुछ

और भी बातें हैं। फील्ड मार्शल हिंडेन बर्ग ने एक बार कहा था कि मुसोलनी भी इतालवी लोगों को इतालवी के अलावा और कुछ नहीं बना सकता। यह बात बड़ी पीड़ा देने वाली लेकिन सत्य है। किन्तु इतालवी किसी जमाने में रोमवासी थे और बढ़िया जर्मन लश्कर का अस्तित्व सदैव नहीं था। जर्मनी वाले पहले किराये के टट्टू और भेड़ियाधसान होते थे। प्रत्येक देश के लोगों की कुछ अपनी विशेषताएँ होती हैं, उनके यहाँ का ढाँचा और नीतियाँ चाहे कुछ भी हों। ये विशेषताएँ समय के साथ और नीति के परिणामस्वरूप बदला करती हैं। भारत के लोगों की भी कुछ खूबियाँ हैं। उनकी पलटन का मूल्य आँकते समय इन खूबियों का ध्यान रखना चाहिए। उनकी कुछ विशेषताओं का इस्तेमाल किया जाना चाहिए और रक्षा-यंत्र को एक अच्छा हथियार बनाने के लिए हिन्दुस्तानियों की कुछ विशेषताओं को नये साँचे में ढालना चाहिए।

इसलिए प्रस्तुत अध्ययन में निम्नलिखित बातों पर चाहे कितने भी संक्षेप में विचार करना जरूरी है : (1) धक्के पर धक्के अथवा जीतने या प्राण देने के संकल्प का सवाल। (2) अहिंसा का तात्पर्य और उसकी संगति का क्षेत्र। (3) उदाहरणों के साथ यह दिखाने का प्रयत्न कि भारत की पलटन में क्या खराबी रही है। (4) लोगों की मन:स्थिति और उसमें अपेक्षित परिवर्तन। (5) एक व्यापक रक्षानीति का निर्माण और अन्तरराष्ट्रीय सम्बन्धों में एक व्यापक उद्‌देश्य के साथ उसकी संगति। (6) रक्षात्मक तैयारी के लिए और प्रभावशाली ढंग से अपने लक्ष्य को प्राप्त करने के लिए चोट करने की क्षमता प्राप्त करने के लिए ठोस उपाय।

हर आदमी को यह जानना चाहिए कि सितम्बर की छुटपुट लड़ाइयों और उनमें हुई मौतों को युद्ध नहीं कहा जा सकता। सरकार कहती है कि तीन हजार से भी कम लोग मरे। यदि सरकार इस संख्या को वास्तविक संख्या से तीन हिस्सा कम करके बोल रही हो, जो आसान नहीं है, तो भी कुल मिलाकर 10 हजार से ज्यादा लोग नहीं मरे होंगे। वास्तव में बिना लड़ाई के जो युद्ध जीता जाए वह सबसे अच्छा होता है। लेकिन जब लड़ाई करनी ही पड़े, उससे बचने का कोई चारा न रह जाए उस समय यदि जनता व पलटन के लोग मरने से डरते हैं तो लक्ष्य-प्राप्ति सम्भव नहीं। 3 या 10 हजार मौतें मामूली किस्म के तूफान या भूकम्प में हो जाती हैं और कुम्भ मेला जैसी बड़ी भगदड़ पाँच या छह बार हो, तो इतने लोग मर जाएँगे।

लाहौर तक बढ़ने या छम्ब जौड़ियाँ के इलाके में पाकिस्तान की फौज को घेरने के लिए हो सकता है आदमियों की ज्यादा बलि देनी पड़ती। इधर-उधर

की विश्वसनीय चर्चाओं में ऐसा कहा जा रहा है कि लाहौर अभियान में डेढ़ डिवीजनें मोर्चे पर इस्तेमाल की गईं और लगभग इतनी ही तैयार रखी गईं। यह साफ तौर पर बेवकूफी थी। 6 सितम्बर की सरकारी सूचना वार्ताओं के बाद लाहौर अभियान का लक्ष्य साफ था और इस काम के लिए कम-से-कम तीन डिवीजनें मोर्चे पर लगाई जानी चाहिए थीं और इतनी ही तैयार रखनी चाहिए थी।

मैं इच्छोगिल नहर और डेरा बाबा नानक के पुलों और मोर्चे की अन्य ऐसी गलतियों, दुर्घटनाओं, देरी या दुःसाहस की बात नहीं करता। इस प्रकार की भूलें और पराजय मनोवृत्ति या धोखेबाजी से पैदा होने वाली गलतियाँ अच्छी-से-अच्छी पलटनों और योजनाओं में हो जाती है। यहाँ तो सवाल निदेशों का और उनको कारगर करने का है। चूँकि कोई आधिकारिक सूचनाएँ प्राप्त नहीं हैं इसलिए केवल यही रास्ता बच रहता है कि उपलब्ध साक्ष्य को एकत्र किया जाए और ईमानदारी व मेहनत के साथ अनुमान लगाया जाए।

चूँकि चौतरफा राजनैतिक या पलटनी निदेशक का अभाव था इसलिए लक्ष्य-प्राप्ति के साधन लक्ष्य के अनुरूप नहीं रहे। यदि साधन लक्ष्य के अनुरूप रहते भी तो पहली चोट में सम्पूर्ण लक्ष्य बिरले को ही मिलता है। फौजों को फिर से इकट्ठा करने की जरूरत पड़ती है, और जितने थोड़े अन्तर में सम्भव हो दूसरा या तीसरा धक्का लगाने की जरूरत होती है। इसमें जाहिर है कि सामान बरबाद होगा, आदमी मरेंगे। मुझे शक है कि हजार-दो हजार मौतों से विजय चौक के नाजुक दिल हिल गए।

यूरोप की लड़ाइयों के कूछ नमूने देखिए। एक लक्ष्य को पूरा करने के लिए बहुधा एक लाख लोगों को मौत का सामना करना पड़ा है। पिछली लड़ाई में सोवियत रूस के लगभग दो करोड़ लोग मरे। बर्लिन में दो रात के हवाई हमलों में बमबारी से बेघर 5 लाख आदमी दो दिनों में हटाकर अन्य स्थानों में ठहरा दिये गए। जर्मनी के दर्जनों शहरों में एक दिन या एक रात के हवाई हमलों में 50, 50 हजार लोग एक-एक शहर में मरे। योरप और अमरीका का दिल मजबूत है, और हमारा उनकी तुलना में बहुत कमजोर। असल में तो हम जानते ही नहीं कि युद्ध लड़ना क्या होता है।

ऐसा नहीं है कि मौत हमें आती नहीं। भूख, बीमारी और ऐसे ही अनेक कारणों से यहाँ लाखों की अकाल मृत्यु होंती है पर भारतीय दिमाग ऐसी अकाल मौतों को स्वीकार कर लेता है जिनके लिए सामाजिक अवस्था जिम्मेदार है और स्वेच्छित या अर्ध-स्वेच्छित मृत्यु से घबड़ा जाता है। एक अतिरिक्त कारण यह भी हो सकता है कि अकाल मौतों के शिकार ज्यादातर गरीब और पिछड़ी

जातियों के लोग होते हैं। युद्ध की मृत्यु मध्यवर्ग और उच्च वर्गों पर भी असर डालती है, क्योंकि अफसर भी मरते हैं। लेकिन मैं इस तर्क की पूर्वकल्पना कर रहा हूँ क्योंकि इसका अधिक विस्तृत अध्ययन तो लोगों के दिमाग की परीक्षा का अंग होगा।

यह सत्य है कि पाकिस्तान के सम्बन्ध में किसी समग्र नीति के अभाव में जो कुछ भी जानी नुकसान हुआ, वह बेमतलब और बहुत ज्यादा प्रतीत हो सकता है। लाहौर पर कब्जा क्यों करना चाहिए था? पिछले 17 सालों में पाकिस्तानी लोगों और पलटन में बगावत को प्रोत्साहन देने के लिए कुछ नहीं किया गया। इंडिया यानी भारत में हिन्दुओं और मुसलमानों के भेद को कम करके उनमें निकटता पैदा करने और इस प्रकार देश के बँटवारे को खत्म करने की दिशा में तो और भी कम कोशिश हुई है। लेकिन मैं फिर इस तर्क का भी पूर्वानुमान कर रहा हूँ क्योंकि इस सम्बन्ध में पूरी बात तो पाकिस्तान के प्रति अपनी व्यापक नीति तय करते समय ही कही जा सकती है।

फिलहाल इतना कहना काफी है कि इस प्रकार का दिमाग दबाव के सामने खास करके ताकत वाले विदेशी क्षेत्रों के दबाव के सामने झुक जाया करता है। अपने निकट पड़ोसियों के अतिरिक्त, आज रूस और अमरीका का महत्त्व है। इस सिलसिले में दूसरे देशों पर विचार करने की जरूरत नहीं है। ऐसा लगता है कि इन दोनों देशों ने भारत पर अपने-अपने तरीके से जोर डाला कि वह धीरे चले। अपनी ताकत के प्रदर्शन के अलावा इन देशों ने शान्ति की बात भी की होगी जो संयोगवश भारत की फेनिल अहिंसा के साथ मेल खा जाती है।

शान्ति और अहिंसा दो भिन्न धारणाएँ हैं। एक को दूसरी समझ लेने में काफी नुकसान होता है। भारत के लोगों और पलटन को इन धारणाओं के सम्बन्ध में अपना दिमाग साफ रखना चाहिए। एक आदर्श के रूप में शान्ति अच्छी और अनमोल चीज है। लेकिन जब यूरोप-अमरीका और संयुक्त राष्ट्र संघ हमको शान्ति का उपदेश देते हैं, तो हम लोगों को समझ लेना चाहिए कि उसका मतलब क्या है। मैं जानना चाहूँगा कि यदि रूस और अमरीका की सीमाओं पर हमला हो तो वहाँ के शान्ति के पुजारी किस भाषा का इस्तेमाल करेंगे। यह भी जानना दिलचस्प होगा के यदि ऊपर से विदेशी मालूम होने वाला संघर्ष बहुत ज्यादा गहराई से देशी घटनाक्रम से जुड़ा हो, तो वे क्या कहेंगे। वे हजारों मील दूर शान्ति की बात करते हैं या ऐसी शान्ति की जिसका सम्बन्ध अन्तरराष्ट्रीय सम्बन्ध और विश्व-व्यवस्था के सिद्धान्तों से है।

हिन्दुस्तान और पाकिस्तान के रिश्ते केवल औपचारिक दृष्टि से अन्तरराष्ट्रीय हैं, किन्तु आन्तरिक दृष्टि से लगभग पूर्णतः राष्ट्रीय। फिर भी कोई अपराधी ही युद्ध के जरिये इन सम्बन्धों को हल करना चाहेगा। किन्तु जब हमें लड़ाई करने के लिए मजबूर कर दिया जाता है तो कोई अपराधी ही होगा जो ऐसी लड़ाई के लिए नीति और राष्ट्रीय व्यवस्था का निर्माण नहीं करता या संकल्प के अभाव में उसे जल्दी और सफलतापूर्वक खत्म नहीं करता। युद्ध में असल ताकत तो मन का संकल्प है जिसके लिए जीत या मृत्यु दो ही विकल्प होते हैं। इस सम्बन्ध में अधिक विस्तृत चर्चा बाद में होगी, लेकिन युद्ध के शक्ति के तत्त्व मैं स्पष्ट कर देना चाहूँगा। युद्ध में पहली ताकत है, संकल्प; दूसरी, कल-कारखाने और खेती; तीसरी, युद्ध-कौशल; और चौथी, हथियार। मुझे यह बताने की जरूरत नहीं है कि इन प्राथमिकताओं को हम चूक से कितना गड़बड़ कर देते या उलट-पलट देते हैं। यह कितनी नादानी की बात है कि जब कभी हमारे यहाँ.के लोग किसी पाकिस्तानी किलेबन्दी की बात देखते-सुनते हैं तो अपने देश में भी वैसी ही किलेबन्दी की माँग करते हैं। इससे तो संकल्प-शक्ति की दृष्टि में अनुपात का पूर्ण अभाव प्रकट होता है। यह भी पता चलता है कि किसी लक्ष्य का आभास मात्र भी नहीं है।

ऊपर मैंने जो बात कही है उन्हें करना मेरे लिए आसान काम न था। मैं केवल शान्ति का ही समर्थक नहीं हूँ, मैं तो अहिंसा का समर्थक रहा हूँ, और आगे भी रहना चाहूँगा। शान्ति चाहना और साथ में लड़ाई की जबरदस्त तैयारी करते जाना, ये दोनों सम्भव हैं, जैसा कि अमरीका और रूस में हो रहा है। लेकिन युद्ध और अहिंसा के बीच कोई संगति नहीं है। मैं युद्ध को नापसन्द तो करता ही हूँ, मैं उसके बेतुकेपन को भी समझता हूँ जब रूस और अमरीका के अलावा और भी कोई लड़ता है, सबसे अधिक जब भारत और पाकिस्तान लड़ते हैं। अगर रूस और अमरीका लड़ेंगे तो वह पूर्ण विपत्ति होगी। हमारे पास क्या हथियार हैं और वे कब तक काम देंगे। रूस या अमरीका में से कोई भी, यदि दूसरा चुप रहे तो हमें और हमारे शहरों को और चीन के लोगों व चीन के शहरों को एक घंटे में खत्म कर सकता है। रूस और अमरीका तो प्रायः हर समय अन्तरिक्ष में यात्रा करते रहते हैं। भारत और पाकिस्तान का लड़ना ऐसा है जैसे बच्चे खिलौनों से खेल रहे हों और खिलौने भी आधुनिक नहीं। लेकिन मजबूरी होने पर इस बेतुकेपन को भी परिणति तक ले जाना चाहिए, क्योंकि, यह पूर्ण विपत्ति नहीं होगी और सम्भव है कि इसमें कोई लक्ष्य भी सिद्ध हो सके।

अहिंसा अब तक फरेब मात्र है। असल में गांधी जी की मृत्यु के बाद के 18 वर्षों में यह बराबर फरेब ही रही है। सरकारें गांधीवादी तो हैं ही नहीं, सरकारी मार्क्सवाद का एक छोटा-सा हिस्सा भी नहीं। कुछ रचनात्मक कार्यकर्ता और कुछ तथाकथित संतजन अब भी अहिंसा का पाखंड करते हैं, जितना गांधी जी के साथ अपने पुराने रिश्ते के कारण उतना ही इसलिए कि लगभग हर भारतीय दिमाग में दो खाने होते हैं। किन्तु पिछले सितम्बर में इस पाखंड की पोल बिलकुल खुल गई। जिन्होंने एकतरफा निरस्त्रीकरण की वकालत की थी और रूस और अमरीका को अपने दूत भेजे थे, उन्होंने ही मोर्चे पर लड़ती या बढ़ती सेनाओं को आशीर्वाद दिये। यह केवल आदर्श का पतन न था। यह आदर्श और वास्तविकता के बीच आ जाने वाली छाया-भर न थी। यह दो आदर्शों का बेशर्म सह-अस्तित्व था, एक ओर एकतरफा निरस्त्रीकरण तो दूसरी तरफ युद्ध। हिन्दुस्तानी दिमाग में दो परस्पर विरोधी चौखटे हो गए हैं। सुविधानुसार किसी एक या दूसरे को इस्तेमाल किया जाता है। एकतरफा निरस्त्रीकरण वालों की तो बात छोड़िए, सितम्बर के उन 23 दिनों में गांधी और अहिंसा वाले इस देश में एक भी इनसान ऐसा न था जो युद्ध का विरोध करता।

गांधी जी के विदेशी अनुयायियों को यह स्पष्ट हो गया होगा, जैसा देश के भीतरी अत्याचार के खिलाफ सिविल नाफरमानी करने वालों को बहुत पहले से ही पता था, कि गांधीवाद का स्वीकृत रूप तो हर तरह से मौजूदा सरकार के हाथ बिक गया है। पिछले 18 सालों की तिलतिल कर मारने वाली प्रक्रिया के बाद जो बचा था उसने सितम्बर में आत्मघात कर लिया। फिर भी कुजात गांधीवादी इस कर्तव्य से मुक्त नहीं होते कि अगर अहिंसा का अब भी कोई मतलब है, तो उसका पता लगाएँ।

अहिंसा के लिए सिर्फ एक ही मौका था। वह था कि आजादी मिलने पर या उसके फौरन बाद भारत अपनी सारी पलटन खत्म कर देता। अब कोई मौका नहीं रह गया। मुझे सन्देह है कि अठारह वर्ष पहले भी, सैद्धान्तिक रूप में भी, वास्तव में कोई ऐसा अवसर था या नहीं। श्री बर्ट्रेंड रसेल के लिए टैंकों और युद्ध के मुकाबले में चावल और ट्रैक्टर को खड़ा कर देना आसान है। उनके देश के पास मक्खन और बन्दूक दोनों हैं, क्योंकि कम-से-कम पिछली आठ शताब्दियों में उनका व उनके देशवासियों का अपना देशी राज्य रहा है। ठीक इसी अवधि में हिन्दुस्तानियों का अपना राज्य न था। यह अनुभूत सत्य तो है ही, वस्तुपरक सत्य भी है। उनके लिए राज्य आवश्यक है। असल में तो अफ्रीका, एशिया और दक्षिणी अमरीका के सभी लोगों को

अपने राज्य की जरूरत है। यह एक भावनात्मक आवश्यकता ही नहीं है, शारीरिक आवश्यकता भी है क्योंकि इसके अभाव में वे फिर निर्धनता और आलस के शिकार हो जाते हैं।

अब तक दुनिया में हर जगह राज्य पलटन के बल पर चलता है। हिन्दुस्तान का अपना राज्य न होने के कारण विदेशियों से उसके सम्बन्ध लगभग दस शताब्दियों तक अप्राकृतिक रहे हैं। प्रकृति फिर जोर मारे यह अनिवार्य है। तिब्बत और ऐसे अन्य इलाकों के सम्बन्ध में जो अप्राकृतिक स्थिति बनी है, भारतीय राज्य का विकास होने पर वह अवश्य ही सुधरेगी। किन्तु अहिंसा की समस्या रह जाती है, इन कमजोर राज्यतंत्र वाले देशों के बीच युद्ध का बेतुकापन और अमरीका व रूस के बीच पूर्ण विपत्ति। शायद इसी वाक्य में समाधान मिल सकता है।

अहिंसा का प्रश्न मुख्य रूप में इन कमजोर राज्यतंत्र वाले इलाकों में नहीं है, बल्कि पूर्ण विपत्ति वाले क्षेत्रों में है। इन इलाकों के पास चावल और टैंक, शराब और प्रक्षेपास्त्र दोनों हैं। वे ही तय कर सकते हैं कि हिंसा चलेगी या अहिंसा। लेकिन कमजोर राज्यतंत्र वाले इलाके भी मदद कर सकते हैं। वे अन्तरराष्ट्रीयता के एक ऐसे रूप को स्वीकार करने का फैसला कर सकते हैं, जो अभी नहीं, लेकिन सारी मनुष्य-जाति के संयुक्त संकल्प से बनाया जा सकता है। वह रूप विश्व-पंचायत का ही हो सकता है। विभिन्न सरकारों का संयुक्त राष्ट्र संघ नहीं, बल्कि सभी मनुष्यों द्वारा चुनी गई पंचायत। कम और ज्यादा जनसंख्या की समस्याएँ क्षेत्रीय समूहों के द्वारा और कुछ इलाकों को ज्यादा प्रतिनिधित्व देकर हल की जा सकती हैं। एक बार ऐसी पंचायत अगर बन जाती है तो इसके फैसले चाहे गलत या अप्रिय भी हों, यह सम्भावना हो जाती है कि उनका पलटन और लड़ाई के स्तर पर प्रतिरोध नहीं किया जाएगा।

यदि पूर्ण विपत्ति वाले क्षेत्र अहिंसा के लिए प्रयत्न करें और बेतुकेपन वाले इलाके विश्व-पंचायत की स्थापना के प्रयत्नों द्वारा उनकी मदद करें तो विश्व-व्यवस्था अब भी कायम हो सकती है। तब तक अहिंसावादियों को इन कमजोर और उठते हुए राज्यों में, अहिंसा पर से अपना विश्वास कुछ समय के लिए हटा लेना चाहिए। दूसरा कोई भी कार्यक्रम झूठी लफ्फाजी को बढ़ावा देगा, जैसा कि पिछले अठारह वर्षों में हुआ है।

जो भी प्रमाण हम लोगों के पास हैं—जैसे काबीना के सदस्यों के वक्तव्य कि शान्ति के लिए अणु विस्फोट की आवश्यकता है—उससे मालूम होता है कि भारत की सरकार इस समय उस तरह के प्रयोग में लगी हुई है, जिसे

अमेरिका में 'नोम' या 'प्लाऊशेयर' योजना कहा जाता है। यह सुरंग बनाने जैसे शान्तिपूर्ण प्रयोजन के लिए अणु विस्फोट है। इसमें लड़ाई के उद्‌देश्य से किये गए अणु विस्फोट से ज्यादा कारीगरी की जरूरत होती है। लेकिन अणु विस्फोट चाहे युद्ध के लिए हो, चाहे शान्ति के लिए, अणु विस्फोट ही है और एक के होने पर दूसरा भी मिल ही जाता है। अणु विस्फोट की विभीषिका की बात करना और उसके लिए तैयारी करते जाना ढोंग और लफ्फाजी ही है, या कम-से-कम एक भेजे में दो दिमागों के सह-अस्तित्व की सूचना है। इससे समस्याएँ हल नहीं होतीं। प्रसंगवश, संसद के सदस्यों और पलटन के जवान अफसरों को विज्ञान में ज्यादा दिलचस्पी लेनी चाहिए और देखना चाहिए कि हमारे देश में विज्ञान की तरक्की इतनी धीमी क्यों है? 'नोम' योजना की सफल समाप्ति सम्भव है किन्तु इतने से क्या होगा। अणु आयोग का अध्यक्ष ही अणु मंत्रालय का सचिव क्यों बनाया गया? इस तरह के घपले से सक्षम वैज्ञानिक खराब और षड्यंत्री राजनीतिज्ञ में बदल जाता है।

अन्तरराष्ट्रीय अहिंसा पर अपना विश्वास फिलहाल छोड़कर इसके बीज प्रभावों के फलस्वरूप ज्यादा ईमानदारी और सच्चाई के साथ शान्ति की खोज करते हुए देश की पलटन के इस अध्ययन को आगे बढ़ाएँ। पहली जरूरत इस बात की व्यापक जानकारी की है कि अब तक कौन-कौन गलतियाँ हुई हैं ताकि आगे उन्हें दुहराया न जाए। ऐसा नहीं है कि मुझे शव-परीक्षा करने में कोई दिलचस्पी है; वास्तव में बीमार अच्छा हो रहा है। अच्छे होने की इस प्रक्रिया में बीमारी के इतिहास को जान लेने से मदद मिलेगी। उर्वसीअं, उत्तर-पूर्व सीमान्त अंचल की हार पर जनरल ब्रुक्स हेंडरसन की रपट तभी न प्रकाशित कर सरकार ने गलती की। लेकिन आज जब कि देश का पलटनी गर्व कुछ हद तक फिर से वापस आया है इस रपट को न छापना अपराध है। एक खास हद के बाद भी यदि रोग को छिपाया जाए तो वह भीतर-भीतर बढ़ने वाले फोड़े की तरह सारी प्रणाली में जहर फैला देता है। इस तरह के जहर को निकालने के लिए ब्रुक्स हेंडरसन की, और ऐसी ही अन्य रपटें छापी जानी चाहिए। इस तरह की रपटें चन्द बड़े लोगों के बीच सिमटकर नहीं रहनी चाहिए, वे सारी जनता को और सभी सिपाहियों को, खास तौर से जवान अफसरों को उपलब्ध होनी चाहिए।

मैंने लोकसभा में दो बार उस परिपत्र के बारे में कहा जिसके द्वारा उर्वसीअं के यूनिट कमान अफसरों को हिदायत दी गई थी कि आसन्नपतन का खतरा होने पर इलाका खाली कर दें। इसे सवाल के रूप में उठाने की भी कोशिश

की, लेकिन नाकामयाब रहा। सरकार शर्मिन्दगी के साथ चुप्पी साधे रही। अगर ऐसा कोई परिपत्र निकला हो तो परिपत्र जारी करने वाले सेनापति को पलटनी अदालत के सामने पेश किया जाना चाहिए था और कड़ी-से-कड़ी सजा दी जानी चाहिए थी। मुझे ऐसा लगता है कि शायद इस परिपत्र की जिम्मेदारी और भी ऊपर के राजनैतिक नेताओं पर थी।

खतरा आ पड़ने पर इनसान में भागने की स्वाभाविक इच्छा होती है। यदि इस भावना को आसन्नपतन की स्थिति में पीछे हटने के आदेश से पुष्ट कर दिया जाता है तो उसका मतलब होता है बुजदिली का हुक्मनामा, या कुछ लोगों की रुचि को पसन्द आ सकने वाले शब्दों में कहें तो यह एक ऐसे शान्तिवादी का काम है जो हथियारबन्द होते हुए भी हथियार इस्तेमाल करने से इनकार करता है। जो नेता या जनरल इस परिपत्र के लिए जिम्मेदार हो उसका नाम बताना भी पलटन के लिए और उसके भविष्य के लिए एक बड़ा काम होगा। दूसरी तरफ मैंने लद्दाख में एक अफसर की बहादुरी की बात सुनी है जिसने अपने बड़े अफसर का हुक्म मानने से इनकार कर दिया और इसके फलस्वरूप उस इलाके में चीनी सेना का बढ़ना लगभग पूरी तरह रुक गया। इस ब्रिगेडियर का नाम सम्मानितों की सूची में लिखा जाना चाहिए, गोकि यह तय करना मुश्किल होगा कि कौन-सी स्थितियाँ हैं जिनमें हुकुमअदूली भी कर्तव्य हो जाती है।

उर्वसीअं में लड़ने से जितने लोग मरते, उससे कहीं ज्यादा न लड़ने से मारे गए। से-ला पर जो ब्रिगेड थी उसकी किलेबन्दी इतनी मजबूत थी, खाने-पीने का सामान उसके पास इतना था कि वह वहाँ तीन-चार महीने आसानी से रह सकती थी और अगर कुमुक पहुँच जाती तो चीनी सेनाओं को वहीं रोक सकती थी। लेकिन उन्हें क्यों भागना पड़ा और क्यों चीनी हमलों में या जंगलों में बहुत बड़ी संख्या में इन लोगों की जानें गईं, यह अब साफ-साफ बताया जाना चाहिए। बोमदी-ला को एक भी चीनी सैनिक दिखाई पड़ने से पहले ही खाली कर दिया गया, क्योंकि अँधेरा था और गोलियों व धमाकों की आवाज सुनाई दी। वालोंग में चीनी बर्फ की सड़क से होकर आए जिसके सम्बन्ध में पहले भारतीय पलटन की कमान ने कह दिया था कि उस पर से नहीं जाया जा सकता। इतने पर भी अगर हमारी तरफ के लोग जमे रहते तो डिब्रूगढ़ में कुमुक पहुँच गई थी। हवाई अड्डे पर पानी का इन्तजाम नाकाफी था और आधी रात को इन्तजाम हो पाया, वह भी सरकारी या पलटनी प्रयत्नों से नहीं, बल्कि गैर-सरकारी सहायता संस्थाओं के द्वारा।

अक्टूबर 1962 की लड़ाई के बाद चीनियों ने भारत के हथियार वापस किये, इससे ज्यादा वीभत्स काम इतिहास में कभी नहीं हुआ। इस वापसी का ब्यौरा मैंने ऐसे अफसरों से सुना है जो इनमें से दो वापसियों में मौजूद थे। चीनियों ने कहा, "तुम्हारे पास ज्यादा अच्छे हथियार थे, तुम लोगों का निशाना ज्यादा अच्छा था, तुम्हारे पास ज्यादा आदमी थे लेकिन तुम लोगों के भागने का कारण आत्मबल और नेतृत्व का लड़खड़ा जाना था। जो भी हो, ये हथियार लीजिए, तुम्हें इनकी जरूरत पड़ेगी।" उन लोगों ने यह नहीं बताया कि कौन-से मौके होंगे जब इनकी जरूरत पड़ेगी, लेकिन मैं समझता हूँ कि हथियारों, निशानेबाजी और सिपाहियों की तादाद के बारे में उन लोगों ने ठीक कहा था। दूसरे अवसर पर उन लोगों ने हमारे अफसरों को कुछ देर आराम करने और बाद में भोजन करने की सलाह दी क्योंकि उनके खयाल से हिन्दुस्तान के आदमी इतने नाजुक हैं कि स्ट्रेचर ढोना आदि जो काम चीन में औरतें करती हैं उन्हें करने में भी हिन्दुस्तान के मर्द थक जाते हैं। वास्तव में चीन ने लड़ाई नहीं जीती, भारत ने खुद मात खाई, क्योंकि उसके अन्दर कुछ टूट गया था।

यह नहीं भूलना चाहिए कि अंग्रेजी हकूमत के जमाने में हिन्दुस्तान की पलटन ने जो भी बहादुरी दिखाई वह ईरान, इथोपिया या चीन की अपेक्षाकृत कमजोर सेनाओं के मुकाबले में। इसके अलावा, चाहे यूरोप में, अथवा पहाड़ों पर गोलीबारी करने में भी, हर हालत में यह बहादुरी इसलिए थी कि उनके पीछे इंगलिस्तान के राजा या रानी, वहाँ के कल-कारखाने और अफसर और उनका सामन्ती, साम्राज्यवादी अनुशासन था। आज रानी की जगह जनता और उसके राष्ट्रपति ने ले ली है। आज पलटन के पीछे ब्रिटेन के कल-कारखाने नहीं हैं बल्कि भारत के अपेक्षाकृत अपर्याप्त उद्योग-धन्धे हैं। पुराना अनुशासन भी चला गया है और यह अच्छा ही हुआ। अब केवल जनता ही अपने कल-कारखानों के साथ हमारी पलटन के पीछे है। इसलिए बहुत कुछ अफसरों की काबिलियत पर ही निर्भर है।

मुझे शक है कि आजाद भारत में अफसरों का जो पहला जत्था रंगरूटी के लिए चुना गया उसमें ज्यादातर उच्च वर्गों के ही लोग थे जो समझते थे कि अहिंसा की धरती में पलटन की जरूरत खासतौर से गणतंत्र दिवस की परेड के लिए है। सितम्बर 1965 की लड़ाई में कमीशन न पाए हुए छोटे अफसरों की बहादुरी के बारे में मैंने जो कुछ सुना है उससे मुझे फिर आशा बँधी है। ऐसा लगता है कि वर्दी पहनकर खुश होने वाले मूर्ख नौजवानों की रंगरूटी के दिन लद गए, मैं आशा करता हूँ कि हमेशा के लिए। लेकिन बड़ा अफसर अब

भी सैंडहर्स्ट की अदा से धाराप्रवाह अंग्रेजी बोलता है और उसका काँटा-छुरी वाला शिष्टाचार बहुतेरे देशी शिक्षा पाए हुए अफसरों में हीनता की भावना पैदा करता है। खड़गवासला और देहरादून की अकादमी और भी मायनों में अच्छी नहीं है क्योंकि वे अगर वेस्ट प्वाइंट जैसे स्कूलों से ज्यादा नहीं तो कम खर्चीली भी नहीं हैं, यद्यपि अमरीका के लोगों का रहन-सहन भारत के मुकाबले में 10 गुने ऊँचा है। किसी भी पलटन में लड़ने की ताकत तभी आ सकती है जब हम लोगों की जिन्दगी से पलटन की जिन्दगी का सिलसिला जुड़ा रहे।

स्विट्जरलैंड और अन्य जगहों में आधुनिक पलटन की कुशल रचना के सम्बन्ध में गम्भीर चर्चाएँ हो रही हैं। यह गम्भीरतापूर्वक कहा जा सकता है कि जरनैल से लेकर मामूली सिपाही तक का खाना और वर्दी एक होनी चाहिए। अपने फन की महारत, हिम्मत और नेतृत्व का गुण ये चीजें ही अफसर को सिपाही से अलग करने के लिए काफी हैं। मुमकिन है कि इस देश में यह अवस्था आने में काफी देर लगे गोकि यहाँ पर और जगहों की अपेक्षा इसकी ज्यादा जरूरत है और अगर कम उम्र वाले अफसर चाहें तो इस अवस्था तक जल्दी भी पहुँचा जा सकता है। अन्य जरूरी परिवर्तनों में एक यह भी है कि जरनैल तक की तरक्की का दरवाजा नीचेवालों के लिए खुला हो, और इसलिए अंग्रेजी फौरन चली जानी चाहिए। ऊँचे ओहदे आज इन पलटनी अकादमियों में पढ़कर निकले लोगों के लिए सुरक्षित हैं। इन अफसरों के अपने हित में होगा कि वे इन बड़ी-बड़ी जगहों के लिए छोटी श्रेणी के सिपाहियों वगैरह को भी हकदार समझें और तरक्की के लिए कुशलता, हिम्मत व नेतृत्व ही मानदंड माने जाएँ। न जाने कितनी प्रतिभाएँ आज पुराने शिष्टाचार और तर्ज को महत्त्व देने के कारण नष्ट हो रही हैं। सिपाही और अफसर मोर्चे पर एक-दूसरे के साथी होते हैं और इसलिए जिन्दगी में भी उन्हें यह साथ कायम रखना चाहिए। कांगो में पहुँचने के बाद कुछ दिन तक साधारण भारतीय सिपाही को एक सौ रुपया रोज की तनख्वाह मिलती रही लेकिन बाद में कम करके पाँच रुपया रोज कर दी गई। अफसरों के साथ भी यह कटौती हुई होगी। यह सब आखिर को राष्ट्रीय विडम्बना है, पूरे देश की शर्म है, जो वह घर में गरीब है, इसलिए बाहर भी उसकी गरीबी झलके। कांगो में वेतनों के सम्बन्ध में मेरे सवाल का जवाब देते हुए रक्षामंत्री ने बिलकुल झूठ बोला। संसदीय कार्यवाही के नियम का गलत अर्थ लगाकर मुझे इस मामले का पूरा पर्दाफाश करने से रोक दिया गया।

मुल्क गरीब है। बड़ी-बड़ी तनख्वाहें नहीं दे सकता। मुझे किसी भी क्षेत्र में किसी के भी लिए बड़ी तनख्वाहें माँगने से नफरत है। मैं तो ऊँचे वर्ग के

लोगों के खर्च में कटौती करना पसन्द करूँगा। लेकिन मुझे जो तकलीफ होती है और मैं समझता हूँ जो तकलीफ सबको होनी चाहिए वह जबरदस्त गैर-बराबरी के कारण। इसके कारण हमारी पलटन में काफी दिमागी खींचतान है। अगर मैं भारत और पाकिस्तान की पलटन के लोगों की तनख्वाहों की तुलना करते समय कुछ गलती करूँ तो मुझे गलत न समझा जाए क्योंकि मैंने कई बार जाँच करने की कोशिश की है और अनेक प्रकार की सूचनाओं के जाल में से कुछ निष्कर्ष निकाले हैं। भारत के सिपाही की तनख्वाह पचपन रुपये महीने से शुरू होती है जब कि पाकिस्तानी सिपाही अठहत्तर रुपया महीना शुरू में पाता है। भारत का सूबेदार 173 रु. महीने से शुरू करता है और पाकिस्तान का 250 रु. से। दोनों पलटनों के अफसर लगभग बराबर पाते हैं। दोनों फौजों के कप्तान लगभग 700 रु. से शुरू करते हैं और मेजर हिन्दुस्तान में 1000 रु. और पाकिस्तान में 1100 रु. से। दोनों देशों की पलटनों में गैर-बराबरी बहुत अधिक है। भारत में और भी ज्यादा। धरती के इस हिस्से में छोटा आदमी सचमुच छोटा बल्कि बहुत छोटा है।

जब बड़े व्यापारियों, ऊँचे ओहदे वाले नौकरशाहों और मंत्रियों की आव और व्यय के साथ तुलना की जाती है तो स्थिति और भी भयानक मालूम होती है। जिन्दगी का सारा या कम-से-कम अधिकांश आनन्द छीन लिया गया है। इसके अलावा यूरोप और अमरीका की तर्ज पर चलने वाले यह विलास के खर्च खेती और कल-कारखानों के लिए बहुत कम पैसा बाकी छोड़ते हैं खाली पेट लड़ने की अपीलें रोज जारी की जाती हैं। दुनिया में कभी कोई जनता और कोई पलटन खाली पेट नहीं लड़ी। इसलिए बराबरी अनेक कारणों से जरूरी है। यह इसलिए जरूरी है कि लोगों का पेट भरा जा सके और इसलिए कि कल-कारखानों की तरक्की की जा सके। इससे भी ज्यादा यह इसलिए जरूरी है कि अफसर और सिपाही व पूरी पलटन को राष्ट्रीय हितों के लिए और विश्व-व्यवस्था के लिए योग्य साधन के रूप में विकसित किया जा सके।

हर पलटन के लिए जरूरी है कि सभी सम्भावनाओं को ध्यान में रखकर नक्शे बनाए। जैसा भारतीय पलटन ने छम्ब-जौड़ियाँ में पाकिस्तानी हमले की सम्भावना को ध्यान में रखकर किया था। ये नक्शे 1950 के आसपास बनाए गए थे। रक्षा का एक सम्भव उपाय था कि लाहौर-सियालकोट की तरफ़ जवाबी कार्यवाही की जाए। ऐसा जाहिर किया गया है जैसे यह जवाबी कार्यवाही शेरदिल प्रधानमंत्री या रक्षामंत्री के उसी वक्त किये गए फैसले का फल थी। आधुनिक लड़ाइयों में ऐसी फौरन कार्यवाही सम्भव नहीं। समर्पण से लेकर

कड़े-से-कड़े मुकाबले तक पूर्व-संकल्प के अनुसार ही कार्यवाही सम्भव है। इतना ही कहा जा सकता है कि सितम्बर 1965 में समर्पण की इच्छा नहीं थी, लेकिन निश्चय ही, जीतने का संकल्प भी नहीं था। इसके अलावा, नक्शों में एक सड़क बनाने की व्यवस्था भी थी, शायद मधवापुर सड़क के नाम से, जिससे भारतीय सेनाएँ पाकिस्तानी सेनाओं को घेरे में ले सकती थीं। यह सड़क क्यों नहीं बनी, इसका पता लगना चाहिए।

सभी नक्शों के मुताबिक कार्यवाही हो ही, यह जरूरी नहीं। लेकिन सबको तैयार रखना जरूरी है। हजारों अमरीकी और रूसी अफसर इस काम में लगे होंगे। उन्हें सारी दुनिया के लिए नक्शे बनाने रहते हैं। लेकिन भारत जैसे देश को भी, कम-से-कम अपनी सीमाओं के लिए तो नक्शे तैयार रखने ही चाहिए। चीन फिर हमारी उत्तरी सीमाओं पर आक्रमण करेगा, यह निश्चित रूप से नहीं कहा जा सकता, लेकिन कोई जरा भी लायक सैनिक कमान इसके लिए व्यवस्था रखने में उदासीन नहीं होगा। ऐसी सूरत में निश्चय ही तिब्बत पर जवाबी कार्यवाही की योजनाएँ भी बनाई जाएँगी, जिससे खम्पा विद्रोहियों को साथ जोड़ा जा सके। दलाई लामा को किसी भी हालत में बेकार इधर-उधर घुमाना नहीं चाहिए।

जब तक दुनिया में लड़ाइयाँ खत्म नहीं होतीं, हर सम्भावना के लिए योजना बनानी होगी। इसका यह अर्थ नहीं कि मेल करने के अवसरों का उपयोग न किया जाए। दरअसल किसी भी रक्षा-व्यवस्था को तीन अलग-अलग दिशाओं में कोशिश करनी होगी। पूरे राज्य के अंग रूप में उसे दुनिया की पंचायत और विश्व-व्यवस्था की स्थापना की सामान्य कोशिशों के साथ चलना होगा। दूसरे, उसे सभी बुरी सम्भावनाओं के लिए तैयारी करनी होगी। तीसरे, उसे आजादी और समता का ध्यान रखते हुए राज्यों के बीच मेल करने में सहायक होना चाहिए।

कोई सचमुच राष्ट्रीय पलटन स्वयं अपने ही देश के लोगों के साथ टकराना बहुत अधिक नापसन्द करेगी। फिर भी, टकराव के अवसर दुर्लभ नहीं हैं, खास तौर पर गरीब और दुर्बल देशों में। इन्हीं देशों में क्रान्तिकारी विकास की आवश्यकता है, लेकिन प्रभावी सिद्धान्त चाहे जो भी हो, जनता और उसकी सरकार की दृष्टि में बहुधा फर्क होता है। उनमें टकराव होता है, और अपने ही लोगों के विरुद्ध सेना का इस्तेमाल करने की इच्छा को सरकार रोक नहीं पाती। मर्यादाओं और अपीलों के, और सरकार उलटने की अन्तिम कार्यवाही के सिवाय, जनता और उसकी सरकार के सम्बन्धों के इस पहलू का नियमन

करने का कोई रास्ता अभी तक नहीं मिला है। सेनाओं को आज्ञा-पालन करना सिखाया जाता है। फिर भी, जब कोई ऊँचा अफसर हमलावर के सामने कायरता दिखाए, या जब वह स्वयं अपनी जनता के पाशविक दमन की आज्ञा दे, दोनों ही सूरतों में आज्ञा न मानने का कर्तव्य साफ है। जब लोग हत्याएँ न कर रहे हों; या सरकार के विरुद्ध हथियारबन्द बगावत न कर रहे हों, तो सेना का कर्तव्य है कि उनके विरुद्ध कार्यवाही करने के पहले सोचे। पलटन और जनता के बीच टकराव जितना कम होगा, उतना ही वह हमलावर का मुकाबला करने में अच्छी होगी।

एक और मामले में पलटन के व्यवहार को बहुत अधिक बदलने की जरूरत है। छावनी बोर्ड गुलामी की एक खास भारतीय-ब्रितानी संस्था हों या नहीं, उनका आधुनिक यूरोपीय छावनियों की व्यवस्था से कोई मेल नहीं। लगभग एक करोड़ लोग, यानी आबादी का पचासवाँ हिस्सा छावनियों में रहते हैं। जिम्मेदार शासन के उनके अधिकार बहुत ही कम हैं। छावनी बोर्ड का अध्यक्ष या नगर-प्रमुख अनिवार्य रूप से कोई सैनिक अफसर होता है। उसके सदस्य आधे नामजद होते हैं। इस पर भी बजट में उनका सीमित दखल ही होता है। नगर शासन को इस तरह खत्म या सीमित करना बिलकुल गलत है। हमारे सार्वजनिक जीवन में बहुत अधिक क्षेत्र ऐसे हैं जिनमें नौकरशाही ढंग की नामजदगी, चुनाव की जिम्मेदारी को मजाक बना देती है। छावनी क्षेत्र में रहने वाले लोगों और सेना, खासकर अफसरों के बीच सम्बन्ध बिगड़ने से भी उतनी ही हानि होती है। ऐसी घटनाएँ हुई हैं कि ब्रिगेडियर ने छावनी बोर्ड के सदस्य को थप्पड़ मारा। ऐसी बातें सेना की किसी विदेशी के खिलाफ लड़ने की क्षमता को कम करती हैं।

1962 के चीनी हमले के बाद उर्वसीअं के एक कस्बे में गुप्तचरी का जो हाल मैंने देखा वह बयान के बाहर है। सबसे खराब झोंपड़ियों की ओर इशारा करके मुझे बताया गया कि गुप्तचरी करने वाले हमारे आदमियों के घर थे। वे तिब्बत बोझा ढोकर ले जाने वाले मजदूर थे। ये मजदूर अपनी यात्राओं में जो कुछ हासिल करते, वही जानकारी थी जिसके आधार पर हमारी सेना चली। इससे ज्यादा बुरी बात कोई नहीं हो सकती थी। तेईस सौ वर्ष पहले का भारत इससे अधिक बुद्धिमान था। सारी दुनिया में, या कम-से-कम उसके ऐसे हिस्से में जिसका हमसे सम्बन्ध था, उपदेशकों, सुधारक वेश में मुखबिरों, वक्ताओं और सामान्य गुप्तचरों के एक जाल की कल्पना की गई थी। स्त्री गुप्तचरों की इसमें खास जगह थी। कुछ को विष-कन्या कहा जाता था, जो शाब्दिक

अर्थ में भी सही था, और उनमें प्रसिद्ध सुन्दरियाँ ही होती थीं। अन्य कामों के लिए साधारण रूप वाली स्त्रियों का भी उपयोग होता होगा। नगर-वधू का आकर्षक और सुन्दर नाम किसी एक को ही मिलता था, और राजधानी में उसका घर राजपुरुषों और राजदूतों का अड्डा बन जाता था। उसके घर की तलाशी नहीं ली जा सकती थी। इसके अतिरिक्त, विदेश यात्राओं में वे कितनी सूचनाएँ इकट्ठा करती होंगी।

उस प्राचीन, आकर्षक बल और दुर्बल पीड़ा की वर्तमान कुरूपता के बीच स्त्री के कुँआरेपन की बढ़ती हुई छाया है। कौन-सी रहस्य-भरी प्रक्रियाएँ हैं, जिनके द्वारा आज के भारतीय ने उस झिल्ली के प्रति गन्दी पूजा का अपना दृष्टिकोण पाया है। ऐसी पूजा और चाहे जो भी हो, सैन्य-बल के लिए बिलकुल विनाशकारी होती है। हम राष्ट्र में या तो कुँआरियों की माँग कर सकते हैं, या अच्छी सेना की, जिसमें स्त्री और पुरुष दोनों ही होंगे। दोनों एक साथ नहीं चल सकते। सैकड़ों काम हैं जिन्हें केवल स्त्रियाँ ही, बहुत ही योग्य या सुन्दर स्त्रियाँ बहुधा शत्रु सेना के पीछे, कर सकती हैं। फिर युद्ध, विधवाओं की समस्या भी है। सैनिक के सिर से कितना बोझ उतर जाए, अगर उसे विश्वास हो कि उसकी विधवा को और बच्चे हों तो उन्हें भी, जवानों से अतिरिक्त स्नेह-भरा व्यवहार मिलेगा। यहाँ लोगों के मन की समस्या आती है। मन में जो कुछ होगा, वह सेनाओं में भी परिलक्षित होगा। हथियार और प्रशिक्षण तथा अनुशासन चाहे जैसे भी हों, सभी अन्य बातों की बुनियाद में लोगों का मन होता है।

रक्षा के सम्बन्ध में लोगों के मन की समस्या मूल रूप में इतिहास की समस्या है। अगर हिन्दुस्तान दुनिया का ऐसा देश है जिस पर सबसे अधिक हमले हुए, तो इसके कारण क्या हैं? सवाल उठते ही एक दिक्कत पैदा हो जाती है। जहाँ तक मैं जानता हूँ किसी इतिहासकार ने प्रश्न को इस रूप में नहीं रखा। कुछ ने शायद इसे धार्मिक रंग देने के लिए, एक धार्मिक समूह के विरुद्ध, उसको नीचा दिखाने के लिए ऐसा किया हो। लेकिन असली बात है कि इस देश के लोगों पर बार-बार हमले किये गए, दुनिया के अन्य किसी भी हिस्से के लोगों से अधिक, और शायद इस पर विदेशियों ने शासन भी ज्यादा लम्बे अरसे तक किया। न केवल किसी इतिहासकार ने सवाल को इस रूप में नहीं रखा, बल्कि देश में इतिहास का जो कुछ अध्ययन अभी तक है, उसके आधार पर कोई इतिहासकार न तो इसे स्वीकार करेगा, और न इसका उत्तर खोजने में सहायता ही करेगा। फिर, मिथ्या-अभिमान और झूठी प्रतिष्ठा का सवाल भी है। लोग और उनकी पलटन इस बात को समझ सकें कि इस

सवाल और उसके उत्तर से उनकी शक्ति बढ़ेगी, इसके पहले बड़ी मेहनत और प्रतिभा के साथ कोशिश करनी होगी।

इस देश में इतिहास-लेखन आम तौर पर विदेशी रहा है। हमलावरों के साथ घटनाएँ बयान करने वाले और इतिहास के विद्वान भी आए, अफगानों, मुगलों और अंग्रेजों के साथ यही हुआ, और इनके अलावा अरब विद्वान और तरह-तरह के यूरोपीय धर्म-प्रचारक भी थे। महाभारत में, पुराणों में और अन्य प्राचीन पुस्तकों में जो इतिहास है, उसे हम फिलहाल छोड़ दे सकते हैं। जिस इतिहास का अध्ययन आज विद्वान लोग करते हैं, और जिससे औसत भारतीय परिचित हैं, वह ईसा की बारहवीं शताब्दी के अन्त से शुरू होता है। वास्तव में उसे और 500 वर्ष पहले कन्नौज साम्राज्य के बिखरने से शुरू होना चाहिए। इससे बाद के 700 वर्षों को ज्यादा अच्छी तरह समझा जा सकेगा, जो आज भारतीय इतिहास-लेखन की सामग्री है।

विदेशी विद्वानों और लेखकों की दिलचस्पी वस्तुओं की बुनियाद में नहीं थी। देशी आदमी की दृष्टि या उसका दर्द, जाहिर है कि उनमें नहीं था। साथ ही उनमें मानवीय दृष्टिकोण भी नहीं था। अगर होता, तो मनुष्य की शर्म और पीड़ा के प्रति दूसरे मनुष्य की सहानुभूति उनके काम में प्रकट होती। विदेशी विद्वानों और लेखकों ने आम तौर पर अपने राष्ट्र के कामों को उचित सिद्ध करना चाहा है, या फिर आश्चर्यों और महत्त्वहीन तथ्यों की भीड़ जमा की है। अगर उनमें से कुछ में मानवीय करुणा थी भी तो गलत किस्म की, और कुछ जरूरत से ज्यादा। ढेर सारे अभियोग लगा देने से कुछ ज्यादा सनझ नहीं पैदा होती, क्योंकि उस सूरत में सहने वाला केवल प्रयोगशाला की एक वस्तु रह जाता है। हमलावर ने आक्रमण किया, जिस पर हमला हुआ उसने सहा। इस तरह का इतिहास उतना ही बेमतलब है, जितना वह दूसरा, जिसने पिछले 700 वर्षों को एक गठन प्रदान किया।

कई बाधाएँ दूर करनी होंगी। हिन्दुस्तान में मुस्लिम आक्रमण या मुस्लिम-युग जैसी कोई चीज नहीं है। अफगान आक्रमण है, मुगल आक्रमण है, ईरानी आक्रमण है, अंग्रेजी आक्रमण है, और ऐसे ही अन्य आक्रमण हैं। अगर विजेता के धर्म को लेकर हम कुछ आक्रमणों को एक साथ भी रखें, तो हमारे इतिहास की असल बात है परदेशी के सामने बार-बार देशी की हार। यहीं पर देश के इतिहास-लेखन को उलटा कर दिया गया है। जो वास्तव में परदेशी के आगे देशी की हार है, उसे देशी द्वारा विदेशी को आत्मसात करना बताया गया है। इतिहास के अन्तरराष्ट्रीय मदारियों ने दुनिया में अन्य कहीं भी इतना

कमाल नहीं दिखाया। अचरज की बात यह है कि किसी भी देशी इतिहासकार ने इस छल को नहीं देखा।

आत्मसात करने के इस सिद्धान्त के साथ पुनर्जागरण का सिद्धान्त चलता है। पहले देखा गया कि लोगों में विजेताओं को आत्मसात करने और अपने में मिलाकर देशी बना लेने की आश्चर्यजनक क्षमता है। फिर यह कि हर बार जब ऐसा होता है, तो संस्कृति फलती-फूलती है, और पुनर्जन्म होता है। तीसरे, 'संगम' और 'अनेकता में एकता' जैसी भावनापूर्ण और कर्ण-मधुर बातें हिन्दुस्तानी लोगों की अनोखी विशेषता और इतिहासकारों का मूलतंत्र बन जाती हैं।

इतिहास के ये अन्तरराष्ट्रीय मदारी, और उनकी जूठन लेने वाले हिन्दुस्तानी—क्योंकि अभी तक कोई भारतीय इतिहासकार नहीं हुआ—केवल एक बात पर विचार करना भूल जाते हैं। यह सिलसिला कहीं खत्म भी होगा, या कि आत्मसात, पुनर्जन्म, और संगम की यह क्रिया अनन्त काल तक चलती रहेगी? इस हालत में तो भारत कभी न खत्म होने वाले हमलों की ऐतिहासिक प्रयोगशाला बन जाता है। अगर हर बार आत्मसात करने के बाद पुनर्जन्म होना है, तो फिर उससे घबराएँ क्यों? फिर, हर बार यह पुनर्जन्म इतना कमजोर क्यों होता है कि नये हमले का मुकाबला नहीं कर पाता। पुराना जो कुछ हो, उसके साथ अपनी मर्जी से चुने गए नये का मेल संगम कहलाता है। अगर जबरदस्ती जोड़ी गई हर चीज को संगम कहा जाए, तो फिर जबरदस्ती, और स्वीकृति या चुनाव में कोई अन्तर नहीं रह जाता। इसी प्रकार, पुनर्जन्म आन्तरिक क्रिया है। बाहरी कार्यवाही का नतीजा वह न हो सकता है, न होना चाहिए। कमांडर पेरी का जापान के दरवाजे खटखटाने जैसा कोई बाहरी कार्य उत्तेजना पैदा कर सकता है। लेकिन पुनर्जन्म तो अन्दर ही होगा, देशी शक्तियों द्वारा, देशी रूप में, देशी सामग्री और साधनों से।

भारतीय इतिहास को इस तरह देखें, तो पिछले सात सौ सालों में कोई पुनर्जागरण नहीं हुआ। महात्मा गांधी से जो युग शुरू हुआ, उसके बारे में मैं कोई पक्की बात नहीं कह सकता। उसके अचानक रुक जाने से मुझे कुछ सन्देह होने लगा है। लेकिन वह युग अभी समाप्त नहीं हुआ, और सम्भावनाएँ अब भी हैं। जिस आदमी को इस बढ़ते हुए पौधे से प्यार है, और जो इसको फलते-फूलते देखना चाहता है, उसके सामने कुछ बातें साफ होनी चाहिए। विजेता को अपने में मिलाकर आत्मसात करने की क्षमता हमको बिलकुल खत्म कर देनी चाहिए। भारत के इस अनोखे गुण को हमें दुर्गुण मानना चाहिए। वह

बात मैं राष्ट्रवादी होने के अलावा मनुष्य होने के नाते भी कह रहा हूँ। विदेशी हमलों के सामने खतम होने के इस दुर्गुण को इतिहास का कोई अन्तरराष्ट्रीय मदारी ही आत्मसात, संगम और पुनर्जन्म का गुण बना सकता है। शारीरिक और मानसिक दोनों ही रूपों में मानवीय पीड़ा के इस विशाल क्षेत्र को अब बिलकुल खतम करना होगा।

आम लोगों के दिमाग में और इतिहास लिखने में भी हार के कुछ सबब बताकर सन्तोष करने की आदत रही है। दुश्मन के हथियार ज्यादा अच्छे हैं। वह छल करता है। गजनी से लेकर माओ-त्से-तुंग तक, वह अधिक संगटित ढंग से क्रूर है। बात हमेशा दुश्मन की होती है, हथियार, छल, या क्रूरता में उसके हमले आगे होने की। इससे हिन्दुस्तानी लोग लुगदी बन जाएँगे, जिनको किसी भी साँचे में ढाला जा सकेगा। लोग और उनके इतिहासकार, अपनी उन कमजोरियों और रोग के बारे में सोचना कब शुरू करेंगे, जो उनको दुश्मन के सामने बेकार बना देते हैं? हिन्दुस्तान जैसी बड़ी संख्या वाला कोई राष्ट्र कभी दुश्मन की ताकत की वजह से नहीं हार सकता था। लोग अपनी कमियों की वजह से हारे। इन सात सौ सालों में, दरअसल उसके भी पाँच सौ वर्ष पहले से, लोगों में कुछ कमी रही है। इस कमी की ही जाँच करनी होगी। मैं उसकी जाँच के बाद इस नतीजे पर पहुँचा हूँ कि अब शायद उसे दूर करने का मौका आ गया है।

एक व्यापक भ्रम को मिटाना होगा। अपनी कमजोरियों की बात करते हुए, हमेशा फूट और दगा पर ध्यान केन्द्रित होता है। हमेशा जयचन्द या मीर जाफर को ही हमारे इतिहास का खलनायक करार दिया जाता है। ऐसे लोग हर युग में हर जगह रहे हैं। जब किसी राष्ट्र में उद्‌देश्य की भावना होती है, तो उसे मालूम रहता है कि फूट और दगा को कैसे काबू में करके खतम किया जाए। ऐसा करने के लिए राष्ट्र का होना जरूरी है। पिछले 1200 सालों से राष्ट्र ही नहीं रहा, कम-से-कम जहाँ तक देश पर अधिकार के लिए हथियारी लड़ाई का ताल्लुक है। अपने चारों ओर होने वाली लड़ाइयों के प्रति लोगों की उदासीनता आश्चर्यजनक रही है। इतिहास की पुस्तकें इस उदासीनता के किस्सों से भरी पड़ी हैं। इतिहास के मदारियों के लिए ये किस्से मजेदार हैं, लेकिन मनुष्य के लिए भयानक। इस उदासीनता का अब अन्त होता प्रतीत होता है। एक नया अध्याय शुरू हुआ है। लोगों की उदासीनता के बजाय ऊपर की फुट की छिछली चर्चा से सम्भव है कि यह अध्याय अचानक ही खत्म हो जाए।

हर स्कूली लड़के को यह मालूम होना चाहिए कि राजाओं की फूट के कारण नहीं, बल्कि लोगों की उदासीनता के कारण हमलावरों को कामयाबी मिली। इसलिए लोगों की दिलचस्पी सबसे अधिक महत्त्व की बात है। इस समय जो आदमी दलों और नेताओं में फूट की बात करता है, सिवाय गौण रूप में ऐसा कहने के, वह जाने-अनजाने रक्षा-व्यवस्था को कमजोर करता है। इस उदासीनता का सबसे बड़ा अकेला कारण निश्चय ही जाति है। इसलिए जात-पाँत को खतम करना एक सामरिक आवश्यकता भी है। जाति से उदासीनता आती है, और उदासीनता से लड़ाई में हार।

बाहरी दुनिया के प्रति लोगों की इस उदासीनता के साथ-साथ देश के अन्दर की घटनाओं और बातों में एक रोगी रुचि रही है। चीनी हमले की सारी अवधि में, जहाँ तक मुझे मालूम है, चीनी वंश के एक भी व्यक्ति को किसी ने नहीं छेड़ा। संस्कृति के ऊँचे स्तर और अहिंसा को इसका कारण बताना केवल बकवास होगा। हिन्दू और मुसलमान के बीच, अलग-अलग भाषाएँ बोलने वालों के बीच, और अलग-अलग राज्यों में रहने वालों के बीच इस संस्कृति का दुखद अभाव रहा है। धर्म, भाषा और क्षेत्र की ये आन्तरिक समस्याएँ, और इन सबके ऊपर जाति की समस्या हिन्दुस्तानी दिमाग में इतनी अधिक और इतनी गहराई तक भर गई है कि उसमें विदेशी के लिए बहुत कम जगह रह गई है। पाकिस्तानी विदेशी नहीं है। वह केवल धार्मिक समस्या का एक रूप है। अगर पूरी तरह अन्तर्मुखी दिमाग कोई हो सकता है, तो वह हिन्दुस्तानी लोगों का है।

यह अन्तर्मुखी दिमाग विचित्र ढंग से आत्मतुष्ट भी होता है। अपने बारे में इसकी राय बड़ी अच्छी होती है। विदेशी को वह जंगली या और भी खराब समझता है। वह क्या कर रहा है, उसने क्या हासिल किया है, इसकी पूरी जानकारी पाने के लिए जासूसी की जरूरत नहीं पड़ती। सफल विजेता अपने पराजित शत्रु के बारे में सब कुछ जानता है, और उसकी जासूसी और इंजीनियरी की व्यवस्था बहुत अधिक विकसित है। गुप्तचरी की व्यवस्था के अभाव के पीछे बड़प्पन की एक विचित्र भावना है। आन्तरिक समस्याएँ दिमाग पर छा जाती हैं। अन्तर्मुखी दिमाग को फर्क बहुत अच्छे लगते हैं, उनके बारे में उसके मन में प्रशंसा का भाव रहा है, और वह दुर्गुण में गुण खोजता है। जाति के साथ-साथ इस अन्तर्मुखी दिमाग से लड़ना भी एक सामरिक आवश्यकता है। देश की शिक्षा-व्यवस्था को यह काम उठाना होगा। लेकिन वह धीरे-धीरे चलती है। पलटन की कमान से उम्मीद की जा सकती है कि वह तेजी से

काम करे। अगर मेरी बात का असर उनके ऊपर पड़ता है, तो वे समझ लेंगे कि उसका इस्तेमाल किस तरह करें। उन्हें जाति, धर्म, भाषा और क्षेत्र की बाधाओं को खतम करने के लिए तेजी से कदम उठाना चाहिए, और इसलिए उनकी दिलचस्पी आन्तरिक से अधिक बाहरी चीजों में होनी चाहिए, मन के सन्दर्भ में आन्तरिक नहीं, बल्कि देश के सन्दर्भ में।

बाहरी दुनिया की सबसे पहली चीजों में हमारे निकट पड़ोसी आते हैं। इनमें चीन, और हमसे ही कटा हुआ हिस्सा, पाकिस्तान के बारे में हथियारी कार्यवाही करनी पड़ी। अन्य पड़ोसियों को हमारे गहरे दोस्त होना चाहिए था। लगभग एक हजार साल पहले, गौरव के युग में हम सब एक-दूसरे से स्वतंत्र होते हुए एक-दूसरे के अंग थे। देश की विदेश नीति बिलकुल फिजूल और मूर्खता-भरी रही है। दलाई लामा, ऊ नू, बा स्वे, विश्वेश्वर कोइराला, और शायद महाराज त्रिभुवन भी, और खान अब्दुल गफ्फार खाँ जैसी अपने पक्ष की शक्तियों को उसने नष्ट हो जाने दिया, जबकि खुद अपने घर में शेख अब्दुल्ला और फीजो जैसी झंझटें पाल लीं। विदेश नीति के पूरे विचार में ही कुछ कमी रही है। मुझे बताया गया कि एक पड़ोसी देश के राजा की बड़ी इच्छा थी कि रक्षा और विदेशी मामले भारत को सौंप दें। एक किस्सा तो यहाँ तक है कि वे अन्य देशी रियासतों की तरह शामिल हो जाना चाहते थे, और सिर्फ इतना ही चाहते थे कि उनको और उनके परिवार को पेन्शन दे दी जाए। इस प्रस्ताव को ठुकराने के लिए इतिहास भारत सरकार को अपराधी ठहराएगा। हमारे ऊपर आज जितनी जिम्मेदारियाँ हैं, तब भी उतनी ही रहतीं। बल्कि वास्तव में बोझ कुछ कम हो जाता।

लेकिन मामला शुरू में ही बिगड़ गया, जब हिन्दुस्तान आजाद हुआ, और उसके दो वर्ष बाद चीन पर साम्यवादियों का अधिकार हो गया, साम्राज्यवादी कहलाने के डर ने हिन्दुस्तान को सही वक्त पर सही काम करने से रोका है, जिसका फल हुआ कि बाद में एक बुरा और साम्राज्यवादी-सा प्रतीत होने वाला काम करना पड़ा। ऐसे सद्भाव-भरे पाखंडियों को, जो कभी-न-कभी अनिवार्य ही गुंडे बन जाते हैं, कभी देश का शासन नहीं करने देना चाहिए। आजादी बहुमूल्य है। उसकी रक्षा भी बहुमूल्य है। दुनिया को एक होना चाहिए। लोगों को खाना मिले, अच्छी तरह और सुखी रहें। ये साधारण सिद्धान्त हैं, इनकी बुनियाद पर विदेश नीति बननी चाहिए। किसी कौम या उसकी सरकार को कभी भी आजादी पर हमला नहीं करना चाहिए, चाहे वह कितनी भी गलत राह पर हो। लेकिन कौम को हमेशा आजादी की रक्षा के लिए तैयार रहना

चाहिए, खास तौर पर अपने पड़ोस में, और स्वतंत्र फैसले का मौका होने पर, मिलकर बड़ी इकाई बनाना चाहिए।

चीन और पाकिस्तान के साथ हमारे सम्बन्धों के पीछे एक भूत चिपटा रहा है—दो मोर्चों पर लड़ाई छिड़ जाने का भूत। सरकारी लोग इसकी बात सोचकर काँपते हैं, शायद पलटन के लोग भी। बेशक, लड़ाई बचाने की, खास तौर पर दो मोर्चों की लड़ाई बचाने की हर मुमकिन कोशिश करनी चाहिए। लेकिन हर मुमकिन कोशिश के बाद फिर भूत का सामना करना चाहिए।

जर्मनी के सामने भी दो मोर्चों का भूत आया था। उसके पूर्व में एक बड़ा मोर्चा था। उसके पश्चिम में भी उतना ही बड़ा मोर्चा था। लेकिन जर्मनी ने लड़ाई में असलियतों का ध्यान नहीं रखा, और उसने शायद भूत की परवाह न करके उलटी दिशा में गलती की। चीन दूसरे दर्जे की ताकत है। पाकिस्तान चौथे दर्जे की ताकत है। हिन्दुस्तान भी दूसरे दर्जे की ताकत है, यद्यपि उसका सोचना और काम करना कभी-कभी तीसरे दर्जे की ताकत जैसा होता है। दूसरे और चौथे दर्जे की ताकतों के साथ खुद अपनी जमीन पर लड़ते हुए उससे यह उम्मीद करना अनुचित नहीं कि वह पहले दर्जे की ताकत की तरह काम करे। इसके अलावा, तिब्बत का इलाका चीनी नहीं है, शायद सिकियांग का भी नहीं। पाकिस्तान की जमीन हिन्दुस्तान से उधार ली हुई है, कितनी देर के लिए, यह बहुत कुछ हिन्दुस्तान की मानवीयता पर निर्भर है।

भारत-पाकिस्तान सम्बन्धों की गुत्थी को अब सुलझाना होगा। पहला सवाल है कि अठारह वर्ष पहले पाकिस्तान के जन्म के समय की स्थिति से अब क्या कोई फर्क पड़ा है? एक बड़े फर्क को सामने रखना होगा। यह फर्क उन लोगों में पड़ा है जो पाकिस्तान बनाने में सबसे ज्यादा सक्रिय थे, और सबसे ज्यादा चिल्लाते थे। पाकिस्तान किन कारणों से बना, उनमें न जाकर यहाँ हमें देखना है हिन्दुओं की निष्क्रिय तंग-दिमागी को, और मुसलमानों की सक्रिय कट्टरता को। यही दो मुख्य शक्तियाँ थीं, जिन्होंने पाकिस्तान बनाया। लेकिन जिस समय श्री जिन्ना पाकिस्तान की माँग कर रहे थे, उस समय देश के अलग-अलग हिस्सों में मुसलमानों पर उसकी प्रतिक्रिया में कुछ दिलचस्प बातें थीं। जो इलाके इस समय पाकिस्तान में हैं, वहाँ के मुसलमान या तो पाकिस्तान के हक में नहीं थे, या थे भी तो विशेष उत्साह के साथ नहीं। जो अब इंडिया यानी भारत है, उसी इलाके के मुसलमानों ने पाकिस्तान के लिए शोर मचाया और दंगे किये। यह स्वाभाविक ही था। मुस्लिम बहुमत के इलाकों में वोट के राज का डर नहीं पैदा किया जा सकता था। जो मुस्लिम

अल्पमत के इलाके थे, उन्हीं में वोट के राज का साफ और खुला मतलब हिन्दू राज हो सकता था।

पाकिस्तान के 9 करोड़ मुसलमानों की तुलना में इंडिया यानी भारत में 5-6 करोड़ मुसलमान हैं, यानी तीन के मुकाबले में दो। पाकिस्तान के 9 करोड़ मुसलमानों में भारत से गए मुसलमान शरणार्थी भी हैं, जिनकी संख्या अब एक-डेढ़ करोड़ के बीच हो गई है। इंडिया यानी भारत के मुसलमान और भारत से जाने वाले मुसलमान शरणार्थी ही थे, जिन्होंने पाकिस्तान के लिए ज्यादा कोशिश की थी। उस समय वे सोचने को तैयार नहीं थे, या सोच सकते ही नहीं थे। उनमें सिर्फ वोट के राज का डर था, जिसका मतलब उनके लिए था हिन्दू राज। श्री जिन्ना उस डर को धार्मिक रहस्यवाद की सीमा तक ले गए, और अंग्रेजों ने उनकी पूरी मदद की। उन्होंने मुसलमानों के सामने पाकिस्तान की कल्पना रखी, जहाँ वे सुख की साँस ले सकेंगे। अपनी बदहोशी में मुसलमान सोचने को नहीं रुके। अठारह साल बाद ऐसी हालत पैदा हो गई है जिसमें असलियतों को देखना उनके लिए जरूरी हो गया है। वे अब समझने लगे हैं कि पाकिस्तान मुस्लिम अल्पसंख्या के इलाकों में नहीं बना, जहाँ सुख की इस साँस की खास जरूरत थी।

वे सुख की साँस ले सकें, इसकी बजाय पाकिस्तान उनके गले का बोझा बन गया है। इस देश में उनके जीवन, सम्पत्ति और प्रतिष्ठा को जो हानि पहुँचती है, निश्चय ही उसका एक बड़ा कारण पाकिस्तान है। इसके अलावा किसी भी अधिकार-पत्र पर कभी पूरा अमल नहीं होता, अल्पसंख्यकों के किसी अधिकार-पत्र पर तभी अमल हो सकता है जब निर्भयता का वातावरण हो, न केवल अल्पसंख्या में निर्भयता हो, बल्कि बहुसंख्या में भय का इस्तेमाल करने की इच्छा न हो। अल्पसंख्यकों का ऐसा अधिकार-पत्र, जिसका मतलब होगा कि मन्दिर और मस्जिद के बाहर हिन्दू और मुस्लिम का सारा फर्क मिट जाए, तभी लागू हो सकता है, जब पाकिस्तान और भारत खतम हों और हिन्दुस्तान बने। अठारह साल पहले एक बुरे जिन्ना को सफलता मिली थी। अब समय है कि कोई अच्छे जिन्ना हों, जो भारत के मुसलमानों के दिल की बात को विचार और वाणी दें।

पाकिस्तान क्या चाहता है, इसकी चिन्ता करने का यह समय नहीं। श्री जिन्ना ने कभी इसकी चिन्ता नहीं की थी कि हिन्दू क्या चाहते हैं। उन्होंने अपने मुसलमानों के बीच काम किया, और हालाँकि अंग्रेजी साम्राज्यवाद के जबरदस्त समर्थन के बिना उन्हें कामयाबी नहीं मिल सकती थी, लेकिन

उन्होंने निश्चय ही कभी हिन्दुओं की परवाह नहीं की। आज जरूरत है कि हमारे राजनीतिक जीवन से जहाँ तक सम्भव हो, हिन्दू और मुस्लिम का अलग-अलग अस्तित्व मिट जाए। भारत में हिन्दू और मुस्लिम एक-दूसरे के जितने नजदीक आएँगे, पाकिस्तान की आखिरी घड़ी भी उतनी ही नजदीक आएगी। सवाल इसलिए यह है कि हिन्दुओं की निष्क्रिय तंग-दिमागी में क्या परिवर्तन हुआ है, या हो सकता है। क्या कोई अच्छा जिन्ना या शंकर हिन्दुओं को समझा सकता है कि उनके सामने एक हजार सालों के बाद पहली बार एक सुनहरा मौका है कि वे अपने नागरिकों के बीच एकता और उसके द्वारा एके वाला राज्य प्राप्त कर सकते हैं। सैनिक कमान को इस अवसर की गम्भीर चेतना होनी चाहिए।

अच्छा हो अगर चीन शुभ लक्षणों को समझ ले। एक हजार सालों से हिन्दुस्तान दबा रहा है। उसकी सीमाएँ अप्राकृतिक हो गई हैं। वह अपने पड़ोसियों की स्वतंत्रता की रक्षा करने में असमर्थ रहा है, जिन्हें चीन ने हजम कर लिया है। यह अप्राकृतिक स्थिति हमेशा नहीं रह सकती। भूमि और इतिहास की प्रकृति, और भाषा व रहन-सहन के नजदीकी सम्बन्धों का असर अनिवार्य ही उभरेगा। चीन ऐसा युद्ध लड़ रहा है, जिसमें उसकी हार निश्चित है, और यह बात दोनों देशों के सैनिक कमानों को मालूम होनी चाहिए।

पाकिस्तान के इलाके और उसके अपने छोटे-से रूप की परीक्षा करें, तो पाकिस्तान बहुत ही अस्थिर और जल्दी ही घुल जाने वाला है। उसके अल्पसंख्यकों, सिन्धी, बलूची, पठान, बंगाली, पर एक नजर डालने से ही यह बात साफ हो जाती है। मैं यहाँ पाकिस्तान के एक करोड़ हिन्दू अल्पसंख्यकों को नहीं गिन रहा हूँ, क्योंकि मानवीय कल्याण और हिन्दुस्तान के पुन:निर्माण में उनका क्या महत्त्व है या होगा इसके बारे में कुछ कहना मुश्किल है। अन्य पाँच अल्पसंख्यक बहुत महत्त्वपूर्ण हैं। पाकिस्तान के जन्म के समय इनमें से एक का उस पर शासन था। आज वह समूह दबा हुआ है। जो कार्यवाहियाँ जरूरी हो गई हैं, यहाँ मैं उनका ब्यौरा नहीं दे रहा हूँ। मैं सिर्फ इतना ही चाहता हूँ कि लोग और पलटन उन ताकत देने वाली क्रियाओं को समझें जो इस वक्त चल रही हैं। ऐसा होने पर करोड़ों की तादाद में वे सोचेंगे कि अलग-अलग या समूहों में उन्हें क्या करना है। अगर भारत में मुसलमानों का जीवन, उनकी सम्पत्ति और प्रतिष्ठा उतनी ही सुरक्षित हो जितनी हिन्दुओं की, तो न जाने कितने तरीकों से पाकिस्तान के मुसलमानों तक, खास तौर पर भारत से गए शरणार्थियों तक पहुँचने का मौका है।

पाकिस्तानी अल्पसंख्यकों को भारत का समर्थन सक्रिय हो या निष्क्रिय, खुला हो या गुप्त, इसमें भारत और पाकिस्तान के बीच तनाव घटने या बढ़ने से परिवर्तन होते रहेंगे। लेकिन समर्थन हमेशा होना चाहिए। किसी सरकार या सैनिक कमान को अब किसी अस्थायी सन्धि के भुलावे में नहीं रहना चाहिए। पाकिस्तान में अल्पसंख्यक भावना को उभारने के बारे में बहुधा एक मूर्खतापूर्ण सवाल किया जाता है। भूत को एक बार जगा देने के बाद, फिर से एक हुए हिन्दुस्तान में उसे शान्त कैसे किया जाएगा। सवाल में ही उसका जवाब है। ये दरअसल अल्पसंख्यक भावनाएँ नहीं हैं। ये मानवीय भावनाएँ हैं, जिनका इस्तेमाल एक बार देश और उसके लोगों को बाँटने के लिए किया गया, और अब अलग हुए हिस्सों को घोलने के जरिये उसके पुनःनिर्माण के लिए करना चाहिए।

यहाँ केवल नकारात्मक तत्त्वों का जिक्र करने की ही जरूरत है। पहला, पाकिस्तान की एक शासक जाति बन गई है, जिसका स्वार्थ उसके जारी रहने के साथ जुड़ा हुआ है। दूसरे, कांग्रेस पार्टी, जो भारत पर लगातार शासन करती आ रही है, अपने शासन पर इतने बड़े इलाकों के शामिल होने के प्रभाव से डरती है। तीसरे, हिन्दुओं और मुसलमानों के दिमाग अभी काफी हिले नहीं हैं। इन नकारात्मक शक्तियों पर विचार करना भारत की पलटन के लिए अच्छा होगा।

मैं नहीं जानता कि आखिरी फैसला कब होगा, लेकिन होगा जरूर। अगर सहमति से होता है तो शुरुआत ढीले-ढाले महासंघ से होगी जो परस्पर विश्वास बढ़ने के साथ एके में विकसित होगा। अगर लड़ाई से होता है, तो आरम्भ में ही एका मजबूत हो सकता है। लोकशाही में अन्दर जो असहमति होती है, वही अन्तरराष्ट्रीय सम्बन्धों में लड़ाई का रूप ले लेती है। कल्पना करें कि पाकिस्तान भारत पर फिर हमला करता है, दो महीने में करे या पाँच साल बाद, यह दूसरी बात है। लेकिन जो विशाल उद्देश्य यहाँ रखा गया है, अगर लोग, सरकार, और पलटन उसके अनुसार काम करें, तो पाकिस्तान लड़ाई के साथ-साथ अपने अंगों की कमजोरी के कारण भी पिघल जाएगा। इतिहास जब संघर्ष के पहिये पर चले, तब भी बुद्धिमानी का काम यही है कि सहमति के पहिए को भी साथ-साथ चलाते रहें। पलटन की दिमागी शिक्षा पूरी हो। वे किसी शत्रु देश में पाँव नहीं रखेंगे। न वहाँ शत्रु लोग ही होंगे जिनके साथ वे मार-काट या बलात्कार करें। उनके दिमाग में हमेशा इलाके और लोगों को फिर से एक करने की बात होनी चाहिए। बेशक कोई अपराधी ही अकारण

लड़ाई की बात सोचेगा। जो कुछ मैंने कहा है, वह किसी पाकिस्तानी हमले की जवाबी कार्यवाही को ध्यान में रखकर।

ऐसे विशाल, उद्देश्यों को कमजोर दिल वाले लोग न सोच सकते हैं, न उन पर अमल कर सकते हैं। किसी को भी आत्मघात की बात नहीं सोचनी चाहिए, उन लोगों को तो बिलकुल ही नहीं जो राज चलाते हैं। उनकी पहली और सबसे बड़ी इच्छा राज्य को चलाते रहने की होनी चाहिए। लेकिन अगर राज्य के चलने के साथ हार और अस्थायी लोप का खतरा भी जुड़ा हुआ हो, तो वह खतरा उठाना चाहिए। लेकिन ऐसा जोखिम उठाने की इच्छा इस पर निर्भर होगी कि भारतीय राज्य कहाँ तक समता के आदर्श पर अमल करता है, समूची कौम में दिलचस्पी पैदा करता है, गैर-बराबरी की, खास तौर पर आमदनियों की गैर-बराबरी की दीवारों को गिराता है, खेती और कल-कारखानों में, खास तौर पर मौजूदा सीमाओं के इलाकों में पूँजी लगाता है। मैंने 'समाजवाद' शब्द का इस्तेमाल नहीं किया, लेकिन मतलब वही है। निरर्थक मंत्र-पाठ का समाजवाद नहीं, बल्कि क्रिया और वास्तविक समझ का समाजवाद। यह निस्सन्देह सच है कि भारत में समाजवादी क्रान्ति हो तो उसके असर से ही पाकिस्तान में शासक-जाति का पतन हो सकता है, और इस तरह फिर से एका हो सकता है।

रूस और अमरीका के रुख जरूर ही बड़ा असर डालते हैं, लेकिन मैं जान-बूझ कर उनका कोई जिक्र नहीं कर रहा हूँ। खेद के साथ मैं इस नतीजे पर पहुँचा हूँ कि विदेश नीति के किसी बड़े उद्देश्य में न रूस और न अमरीका ही समझ-बूझ के साथ व्यवस्थित ढंग से कोई मदद कर सकते हैं। जब यह उनके राष्ट्रीय हित में हो, तभी, और उसी हद तक वे ऐसा कर सकते हैं। लेकिन भारत की विदेश नीति को दो उद्देश्य लेकर चलना सीखना होगा, एक रचनात्मक और एक नकारात्मक। नकारात्मक रूप में उसे सीखना होगा कि दोनों में से किसी को भी अकारण चिढ़ाए नहीं, सामान्य शिष्टाचार बरते, ऐसे मामलों में टाँग न अड़ाए जिनसे उसे मतलब नहीं, और सबसे अधिक, वामपन्थी या दक्षिणपन्थी दुनिया के किसी मूर्खता भरे भ्रम के पीछे, शत्रु पड़ोसियों की शक्ति बढ़ाकर राष्ट्र की शक्ति को कमजोर न करे। रचनात्मक रूप में वह सरकारों को समता और सामीप्य की ऐसी नीतियों पर चलने को राजी करे कि दुनिया के लोगों का ध्यान उनकी ओर खिंचे। इस सदी के खतम होने के पहले, एक ओर क्रूरता और दूरी, दूसरी ओर हमदर्दी और सम्मिलन, दोनों ही दिशाओं में सारी मनुष्य-जाति व्यापक और नई चेष्टाएँ करेगी। मनुष्य

एक-दूसरे के समान होकर निकटता की गर्मी पाने को भूखे हैं। इस भूख को क्रूरता से दबाया जा रहा है, और इसलिए जब उसे मिटाने की किसी नई दिशा में चेष्टा की जाती है, तो उत्सुकता और आशा जागती है। ऐसी चेष्टाओं के द्वारा देश की सरकार और लोग अन्य सभी राष्ट्रों की तरह रूस और अनरीका के लोगों तक भी सीधे पहुँच करेंगे।

हमारी सेनाओं के गठन में सैनिक कमान को कुछ सुधार करने होंगे। उदाहरण के रूप में कुछ सुधारों का संकेत मैं यहाँ दे रहा हूँ। मुझे एक बार कड़ी सर्दी वाले एक यूरोपीय देश में अनिवार्य सैनिक सेवा का एक किस्सा सुनने को मिला। दिन का काम चार बजे सुबह आरम्भ होता था। सारा दिन कठोर मेहनत और कसरतों में बीतता था। ऐसे देशों में जिन्हें एशियावासी आम तौर पर शराब और ऐयाशी के देश समझते हैं, युवा नागरिकों के लिए अनिवार्य सैनिक सेवा की व्यवस्था में शायद शारीरिक कठोरता की पराकाष्ठा है। भारतीय शरीर इतनी कठोरता सह सकता है, इसमें मुझे सन्देह है। पीढ़ियों से अधपेटे रहने के कारण उसकी हालत ऐसी हो गई है कि वह शायद इस व्यवस्था को सह नहीं पाएगा। फिर भी, शरीर को कठोर बनाने की कोशिश जरूर होनी चाहिए। काम के घंटों में बुनियादी परिवर्तन करना होगा, क्योंकि आज जो व्यवस्था है वह यूरोपीय नहीं है, बल्कि यूरोप का वह रूप है जो उपनिवेशों में रखा गया। कमांडो और छापामार सैनिकों, और दो-दो के लड़ाकू दस्तों को भी तैयार करना होगा, जिनमें स्त्रियाँ भी हों।

सेना में भर्ती की मौजूदा व्यवस्था को खतम करना होगा। भारत वाले सिपाही किसी आजाद मुल्क की सेना के उपयुक्त नहीं। अगर सभी लोग स्वतंत्र हैं, तो रक्षा का बोझ भी उनको समान रूप से उठाना चाहिए। अन्तिम बलिदान में सभी का समान हिस्सा हो। मातृभूमि और सम्भव होने पर किसी विश्व-व्यवस्था की रक्षा के लिए अपनी जान देना, अन्तिम बलिदान है जो कोई आदमी दे सकता है। यह तब तक सम्भव नहीं होगा, जब तक कि सेना की भर्ती को आबादी के सभी हिस्सों के लिए अनिवार्य नहीं बना दिया जाता, आज की तरह ऐच्छिक नहीं। ऐच्छिक भर्ती होने पर देश-प्रेम तभी चालक शक्ति बनता है, जब उसके साथ आर्थिक जरूरत भी जुड़ी हो। अगर सैनिक सेवा युवकों के लिए अनिवार्य हो, और शायद युवतियों के कुछ समूहों के लिए भी, और युद्ध होने पर उम्र के हिसाब से लोग बुलाए जाएँ, तो अन्तिम बलिदान में आबादी के सभी हिस्सों का एक जैसा हिस्सा होगा, और मैं आशा करता हूँ इस बलिदान को वे ऐसी खुशी के साथ देंगे जैसी लोगों ने पहले

कभी अनुभव नहीं की। जब भंगी और प्रधानमंत्री के बेटे एक समान मौत का सामना करेंगे, तो एक नया युग होगा।

अफसरों की भर्ती में भी उसी तरह सुधार होना चाहिए। उनके एक बड़े हिस्से का प्रशिक्षण अनिवार्य ही सैनिक-शिक्षा की संस्थाओं में होगा। यह हिस्सा कितना बड़ा हो, इसका फैसला कुछ सिद्धान्तों को स्वीकार करने के बाद ही किया जा सकता है। पहले, देश की सैनिक-शिक्षा संस्थाओं का राष्ट्रीयकरण करना होगा। सैंडहर्स्ट, वूलविच, और मैरियोने हमारी सेना को चलाएँ, यह नहीं चल सकता। सेना के सबसे ऊँचे अफसर अब भी ऐसे लोग हैं जिन्होंने इन ब्रितानी संस्थाओं में प्रशिक्षण पाया है। इससे भी बुरी बात है कि देश की सैनिक संस्थाओं में अफसरों के जिन नये समूहों को प्रशिक्षित किया जा रहा है, उनका एक बड़ा हिस्सा ब्रितानी अफसरों की कमजोर और छिछली नकल है। सीधे इंगलिस्तान में प्रशिक्षित होने वाले अफसर में अगर कोई अच्छाई थी, तो वह भी भारत में होने वाली नकल में खतम हो जाती है। एक बड़ा कारण शायद अंग्रेजी भाषा है, जो इन सैनिक संस्थाओं का माध्यम है। ब्रितानी संस्थाओं के चारों ओर की हवा में भी अंग्रेजी भाषा रहती है, लेकिन यहाँ नहीं। शरीर को अधिक कठोर बनाने के कुछ देशी ढंग भी निकालने होंगे। दूसरे, सबसे ऊँचे जरनैलों तक भी अफसरों का काफी बड़ा हिस्सा नीचे से आना चाहिए। यह भर्ती या तरक्की किस प्रकार हो, यह विस्तार की बात है। यह सिद्धान्त तय हो जाने पर कि मामूली सिपाही भी अपनी बहादुरी या कौशल या दोनों के मेल से ऊँचा उठ सकता है, इसके तरीके निकालने में कठिनाई नहीं होगी। नीचे से आने वाले अफसरों की संख्या कुल अफसरों की आधी हो या तीन-चौथाई, इसके बारे में प्रयोग किये जा सकते हैं।

जरूरत महसूस होने के पहले कार्यवाही करना हमारे चरित्र में नहीं है। किन्तु सेना का संगठन इस प्रकार नहीं किया जा सकता। उसे किसी भी सम्भव स्थिति का सामना करना पड़ सकता है, और उसके लिए जरूरी है कि वह उसी दृष्टि से तैयारी भी करे। छाता-डॉक्टरों की मिसाल दी जा सकती है। 1962 के चीनी आक्रमण के बाद बड़ी संख्या में छाता-डॉक्टरों की जरूरत महसूस की गई, जो कुछ मामूली इलाज वक्त पर कर सकें। मुझे पता चला कि देश के चिकित्सा संगठनों ने ऐसी योजनाएँ बनाईं, जिनके द्वारा ढाई-तीन लाख ऐसे छाता-डॉक्टर मिल जाते। जल्दी ही ये योजनाएँ दराजों में बन्द हो गईं, लोगों का उत्साह ठंडा पड़ गया, और योजनाएँ खटाई में। सरकार और उसकी सेना को इस तरह काम नहीं करना चाहिए। उनसे यह आशा नहीं की

जाती है कि वे केवल उत्साह की लहर के साथ काम करेंगे। उन्हें अधिक समझ-बूझ और हिसाब से काम करना चाहिए। अगर लोग जल्दी ही जाग गए, तो हो सकता है कि वे हिसाब माँगें।

इस लेख को मैं एक घटना के जिक्र से खतम करना चाहूँगा, जो मेरे जीवन के सबसे मूल्यवान अनुभवों में से एक है। हम लोग 1942 में छिपकर सरकार के खिलाफ काम करने वालों में थे। अगस्त का खुला विद्रोह खतम हो गया था। हमारी एक तरह की केन्द्रीय कमान थी जो शोलों को भड़काकर एक नया क्रान्तिकारी विद्रोह पैदा करने की कोशिश कर रही थी। उस समय की शाही भारतीय वायुसेना के सबसे ऊँचे भारतीय अफसर श्री मजूमदार थे, जिन्हें उनके दोस्त जम्बो कहते थे, जम्बो मजूमदार। हमारे छिपने की जगह वे हमसे मिलने के लिए आए। दो घंटे तक बिलकुल खुले मन से वे हमारे साथ रहे, बिना इसकी जरा भी चिन्ता किये कि अगर उनको हमारे साथ देख लिया गया तो उनका क्या होगा। उन्होंने हमें विश्वास दिलाया कि जनता में अगर फिर क्रान्तिकारी विद्रोह भड़का तो वायुसेना का भारतीय हिस्सा उसमें पूरा सहयोग देगा। उन्होंने वायुसेना के सभी भारतीय अफसरों की ओर से हमें यह विश्वास दिलाया। उन्होंने हमें बताया कि अगस्त विद्रोह के समय वे सावधान नहीं थे, और उनका निश्चय था कि आगे ऐसा नहीं होने पाएगा। लम्बे, खूबसूरत, स्थिर, खुले और इस जोखिम-भरे काम में कितने शान्त। जम्बो मेरे लिए स्वस्थ निष्ठा की जीती-जागती तसवीर थे, और हमेशा रहेंगे। भारत की सेनाएँ अगर उन्हें अपना आदर्श बनाएँ तो अच्छा होगा। हमारे सार्वजनिक जीवन में इतनी गन्दगी चली आ रही है कि निष्ठा और गुलामी के अर्थों में फर्क करना कभी-कभी मुश्किल हो जाता है। मैं नहीं जानता कि इन अर्थों में फर्क न कर पाने के कारण ही आजाद हिन्द फौज को भारतीय सेना में शामिल करना कठिन बना दिया गया। जम्बो मजूमदार अब भी मेरे आदर्श हैं, और मुझे अगर देश की सेना को चलाना हो, और जिस महान उद्देश्य का संकेत यहाँ किया गया है, उसकी भावना उनमें भरनी हो, तो मैं उन्हें उनका आदर्श भी बनाऊँ।

[1966]

चाँद की यात्रा

चाँद क्या आणविक विनाश का स्रोत या लक्ष्य या सहायक बन जाएगा? अथवा, क्या वह कब्जा करने या लोगों को बसाने में प्रतिद्वन्द्विता का क्षेत्र बनेगा? आणविक विनाश की जो क्षमता आज भी मौजूद है, उसे देखते हुए अमरीका या रूस की विध्वंस-शक्ति बढ़ने के बारे में अटकलें लगाना व्यर्थ है। यूरोपीय शक्तियों ने जब अफ्रीका पर कब्जा करने में कोई बड़ा युद्ध नहीं लड़ा, और संयुक्त पूँजी वाली कम्पनी की तरह उसे आपस में बाँट लिया, तो हम आशा कर सकते हैं कि चाँद पर कब्जा करने के सिलसिले में रूस और अमरीका के बीच छोटी-मोटी झड़पों से अधिक कुछ नहीं होगा। सम्भावना इसकी यह है कि चाँद पर अधिकार करने में अगर कोई एक पिछड़ गया, तो वह मंगल पर कब्जा करने में अधिक शक्ति लगाकर इस कमी को पूरा करने की कोशिश करे।

अगर रूसी-अमरीकी—कोई नहीं कह सकता कि इनमें से कौन पहले पहुँचेगा, शायद रूसी—निकट भविष्य में चाँद का चेहरा चूमता है, तो इसमें से कुछ लोगों को शायद वैसा ही लगे जैसे किसी विषमता-भरे समाज में महल के झरोखे में राजा-रानी का प्रणय देखने वाले गरीब मजदूर को।

रंगीन चमड़ी वाले विश्व-यार—जो अक्सर किसी प्रकार के मार्क्सवादी होते हैं—इस प्रतिक्रिया को अशिष्ट मानकर कह सकते हैं कि यह विलासिता नहीं, विज्ञान है। लेकिन गन्दी बस्तियों के सामने अमीरों के महल भी तो वास्तुकला के नमूने होते हैं।

बीसवीं शताब्दी के ज्ञान की विशेषता है विज्ञान और दर्शन का मेल, और उनका एक-दूसरे के क्षेत्र में प्रवेश, फिर भी व्यावहारिक विज्ञान की उपलब्धियाँ, अपेक्षतया साधनों पर निर्भर लगती हैं। अगर अधिक धनी अमरीका कभी-कभी रूस से पिछड़ता लगता है, तो इस कारण कि रूसी विज्ञान उतना ही खर्च

करता है जितना अमरीकी, और सभ्यता की दृष्टि से कम उम्र होने के कारण अधिक समाज-अभिमुख है। सोवियत विज्ञान अमरीकी सफलताओं से आगे निकल जाए, इसके लिए रूस के मामूली स्त्री-पुरुषों को अपेक्षतया सादी और कमी की जिन्दगी बितानी पड़ी है। अगर साम्यवाद या समाजवाद की विज्ञान के अधिक शीघ्र विकास में कोई सार्थकता है तो सबसे अधिक यह है कि गरीब समाज अगर सादगी और समता के आधार पर अपने को संगठित करें, तो वे औद्योगिक और वैज्ञानिक विकास को सघन कर सकते हैं।

यहाँ इस ओर संकेत कर देना भी उपयुक्त होगा कि व्यावहारिक विज्ञान की कुछ शाखाओं का ज्यादा तेजी से विकास हुआ है, इसके पीछे शीत-युद्ध का हाथ भी कम नहीं है। आज जैसा शीत-युद्ध न होता, तो वैज्ञानिक विकास की दिशाएँ कुछ और होतीं। शायद भौतिकी और ब्रह्मांड-विज्ञान में सैद्धान्तिक और वैचारिक खोज-कार्य कुछ अधिक होता। व्यावहारिक विज्ञान में भी मनुष्य-जाति के चिकित्सा, इंजीनियरी और खेती-सम्बन्धी लक्ष्यों की दिशा में राज्य का धन कुछ अधिक लगता।

हम लोग बहुधा विज्ञान को, खास तौर पर सृष्टि के विज्ञान को अब तक अज्ञात क्षेत्रों और वस्तुओं का पता लगाने का ही कार्य नहीं समझते, बल्कि रचनात्मक प्रक्रिया, यथार्थ की रचना का काम अधिक समझते हैं। शान्त मनुष्य-जाति, अच्छा खाने और आराम करने वाली, और अधिक शान्त व्यक्तित्व वाली, अपनी वैज्ञानिक साहसिकता के प्रति अधिक व्यापक और दार्शनिक दृष्टिकोण अपनाती। उसमें किसी नई वस्तु को छूने पर प्रदर्शन की भावना कम होती और हर्ष का अनुभव अधिक।

अन्तरिक्ष की खोज में हर्ष के कुछ अनुभव बड़े रसमय रहे हैं। अन्तरिक्ष-यात्रियों ने सौन्दर्य और रंगों की होली की बात कही। यह अब ज्ञात हो गया है कि शरीर का कोई भार नहीं होता, और यह कि पतली हवा पर उसी तरह खड़े हुआ जा सकता है जैसे धरती पर। ज्ञान का क्षेत्र निश्चय ही बढ़ा है। उसमें से कुछ अधिक व्यावहारिक है। अन्तरिक्ष की खोज का एक प्रासंगिक फल यह भी है कि मौसम की अब ज्यादा सही भविष्यवाणी की जा सकती है, और शायद बरसात, तूफान, सर्दी और गर्मी को रोकने या बढ़ाने की क्षमता भी प्राप्त की जा सकती है। इसका खेती की पैदावार पर काफी प्रभाव पड़ सकता है। दिल्ली से वाशिंगटन या मास्को को सैकड़ों मील अन्तरिक्ष से होकर तार भेजने में खर्च काफी कम होगा, क्योंकि अन्तरिक्ष में अवरोध उतना नहीं होता जितना पृथ्वी के निकट वायुमंडल में। वर्तमान अवस्था के सन्दर्भ में, कि कुछ

भी बदलता नहीं, इतना कहने की जरूरत थी, लेकिन सबसे बड़ा सच तो यह है कि ज्ञान के क्षेत्र में जितनी वृद्धि होती है, उतना ही अज्ञान का क्षेत्र भी बढ़ता जाता है। आज सूरज पर बैठना असम्भव मालूम होता है, जबकि चाँद पर जाकर मनुष्य का बैठना कुछ वर्षों की ही बात है। लेकिन कौन जाने। हो सकता है कि मनुष्य सूरज के विस्फोट से अपनी रक्षा करना सीख ले। आज यह बात वस्तुओं की प्रकृति के प्रतिकूल मालूम होती है। लेकिन सम्भव है कि अन्तरिक्ष अगर सीमित है तो मनुष्य उसके आखिरी छोर तक पहुँच जाए।

दूरी का प्रत्यक्ष अनुभव बढ़ेगा, लेकिन साथ ही अनुभूत स्थानों का अभाव भी। नदी तो नदी ही होती है, लेकिन गंगा या राइन, वोल्गा या मिसीसिपी, निकट, विस्तृत, पूर्ण, समृद्ध और उत्तेजक अनुभव इनमें से किसी एक का ही हो सकता है, दोनों या सबका नहीं। हम कुछ खास लोगों के द्वारा ही सारी दुनिया के लिए अपनापन हासिल कर सकते हैं। विश्व और क्षेत्र, इनके बीच कोई अन्तर्निहित टकराव प्रतीत होता है, जिसे इन दोनों के बीच कोई नया मेल पैदा करके ही दूर किया जा सकता है।

[1966]

समता और सम्पन्नता

समाजवाद की दो शब्दों में परिभाषा देनी हो तो वे हैं : समता और सम्पन्नता। मुझे नहीं मालूम कि यह परिभाषा पहले कभी दी गई है कि नहीं। अगर दी गई है तो मैं इसे अब तक की सर्वश्रेष्ठ परिभाषा कहूँगा। इन दो शब्दों में समाजवाद का पूरा मतलब निहित है; देशकाल के अनुसार सम्भव मतलब और आदर्श के अनुसार सम्पूर्ण मतलब।

पूरी समता एक सपना है। जो सपना बिलकुल नहीं देखते वह अवसरवादी हैं। जो सपना-ही-सपना देखते हैं, वे यथार्थ से हटे प्रभावहीन सनकी बन जाते हैं। सम्पूर्ण समता का सपना लिये हुए यथार्थी और आदर्शवान दिमाग की कोशिश रहेगी कि देशकाल को जाँचते हुए अधिकाधिक समता को हासिल किया जाए।

लोगों की सम्पन्नता हर आदमी चाहेगा। कुछ विशिष्ट प्रकार के आध्यात्मिक लोग जरूर हैं कि जो सम्पन्नता को अपने आचार और व्यवहार दोनों से अच्छा नहीं मानते। उनका विचार है कि मनुष्य को अपनी जरूरतें घटाते रहना चाहिए। कुछ ऐसे हैं जो वाणी से इस सत्य का उपदेश करते हैं किन्तु अपनी खुद की आवश्यकताओं को बढ़ाने में नहीं हिचकते। ऐसे लोग छली हैं और उनकी बात करना बेकार है। ऐसे लोग जो अपनी आवश्यकताओं को घटाने अथवा न बढ़ाने की कोशिश करते हैं, चाहे उनके साधन बढ़ सकते हों, आम तौर से साधारण जनता की आवश्यकताओं को घटाने की बात नहीं करते। साधारण जनता का जीवन-स्तर इतना नीचा है, विशेषकर हिन्दुस्तान जैसे देश में, कि कोई जड़ ही इसको और नीचा करने की बात कहेगा। फिर भी, निजी आवश्यकताओं को न बढ़ाने की इच्छा पूर्ण अथवा सुखी जीवन का अंग है। शक्तिशाली लोगों के दिमाग में इसकी कम या ज्यादा जगह हर हालत में होनी चाहिए।

समता और सम्पन्नता जुड़वाँ हैं। यह सत्य आजकल अपने देश में बड़ा धूमिल किया जा रहा है। मुक्त व्यापार के समर्थक आर्थिक सुधार के लिए

निजी लाभ को बहुत महत्त्व देते हैं। जहाँ निजी लाभ है, ऐसे लोगों का कहना है, वहाँ असमता होगी ही। यह हुआ इस प्रश्न को व्यक्ति के भावनात्मक पहलू से देखने का नतीजा, किन्तु यदि इसी प्रश्न को इतिहास और सम्पूर्ण समाज की दृष्टि से देखा जाए तो दूसरा नतीजा निकलता है। असम्पन्न खेतिहर समाज में ज्यादा गैर-बराबरी है। उद्योगी और पूँजीवादी समाज में उसकी अपेक्षा ज्यादा समता है। मालूम होता है कि सम्पूर्ण समाज को सम्पन्न बनाने के लिए उसके विभिन्न अंगों यानी व्यक्तियों में दम आना जरूरी होता है। दम वाले व्यक्तियों में आपस में अन्तर होते हुए भी उतनी असमता की गुंजाइश नहीं है जितनी बेदम समाज में होती है।

बेदम असम्पन्न गैर-बराबर और जातिग्रस्त हिन्दुस्तान में साम्यवाद भी असम्पन्नता और असमता का कारण बन गया है। चाहे शासन करने वाले कांग्रेसियों ने, चाहे शासन का विरोध करने वाले, चाहे दोनों ने मिलाकर के, भारत के मार्क्सवाद को बाँझ बना दिया है। मार्क्सवाद के दो अंग रहे हैं; एक आधुनिकता अथवा उद्योगीकरण यानी कुल मिलाकर सम्पन्नता और दूसरे निजी सम्पत्ति में घटोत्तरी और वैयक्तिक आमदनी और खर्चों में गैर-बराबरी का खातमा या कम-से-कम रास। भारत के मार्क्सवाद ने चाहा कि पहले को दूसरे के बिना अपनाया जाए और इसीलिए वह कुंठित हो गया। यह सब इसलिए सहज हो गया क्योंकि इस देश का समाज जातिग्रस्त समाज है और साम्यवादी नेता अधिकतर ऊँची जातियों के जन्मे हैं।

प्रसंगवश एक बात का यहाँ मैं उल्लेख कर देना चाहता हूँ। यूँ सारे संसार में अनोखे और विदेशी के प्रति कुछ उत्सुकता और कुछ प्यार है, यदि उस अनोखे और विदेशी से टकराव न हो तो। भारत में यह प्यार इतना अमर्यादित और भोंड़ा हो गया है कि बड़े लोग अपने देशवासियों के जितना निकट हैं उससे ज्यादा अपने को परदेसियों के निकट समझते हैं। सदियों से यहाँ के ऊँचे वर्ग जैसे रहे हैं वैसे अहम और नीच संसार में और कोई नहीं। ऐसी नीचता का सबसे बड़ा लक्षण यह है कि ऊँचे वर्ग का रहन-सहन, रीति-रिवाज, बोल-चाल, उठना-बैठना, कपड़ा-लत्ता, पोथी-पुस्तक और अन्ततोगत्वा मन किसी-न-किसी देश पर आधारित रहता है। जहाँ कम गरीब अथवा भिखमंगे होते हैं वहाँ बाँट-चाँट के भोग की तबीयत सहज है। जहाँ इनकी तादाद बढ़ जाती है वहाँ अभिजात अथवा अमीर लोग अपनी अलग दुनिया बसाते हैं। ज्यादा सम्पर्क होने पर इनका जीवन बहुत दुखी और असह्य हो जाए। इसलिए भारत के ऊँचे वर्ग और साधारण जनता के बीच जो लौह आवरण है उसके

जैसा अलगाव संसार में और कोई नहीं। इसीलिए यह वर्ग संसार में सभी ऊँचे वर्गों में सबसे कम श्री और शक्ति-सम्पन्न है। मामला कुछ ऐसा फँस गया है कि यह श्री और शक्तिविहीन ऊँचा वर्ग अपनी पुरानी आदतों को चलाए अथवा देश को सम्पन्न बनाए।

चारों तरफ दुनिया सम्पन्न हो रही है। सदियों की गरीबी और कूड़ा भारत में इकट्ठा हो गया है। इस देश को सम्पन्न बनाने का अब केवल एक ही रास्ता रह गया है और वह है समता का रास्ता। न सिर्फ समता और सम्पन्नता जुड़वाँ हैं बल्कि समता साधन है और सम्पन्नता साध्य। कभी-कभी मैं सोचता हूँ कि अगर कोई पूँजीवादी हो लेकिन सोचे तो उसके सामने भी कोई और रास्ता नहीं। पूँजी के बिना उद्योगीकरण अथवा आधुनिकीकरण सम्भव नहीं, चाहे समाज का अर्थ पूँजीवादी हो अथवा समाजवादी। भारत जैसे भिखमंगे रोगी और झूठे देश में पूँजी निर्माण का रास्ता खाली समता हो सकता है। पूँजीवाद अपने स्वधर्म का यहाँ पालन नहीं कर सकता। पूँजीवाद पूँजी नहीं इकट्ठी कर सकता। समता से ही सम्पन्नता हो सकती है।

देश-काल को देखते हुए सम्पूर्ण समता के कुछ सम्भव रूप यहाँ जतलाने की अब मैं कोशिश करूँगा। अकस्मात जो कोई बात मन में आएगी उसे मैं लिख दूँगा। कोई सुसंगठित श्रृंखला बनाने की कोशिश न होगी। यह सही है कि दो-तीन दशकों की सोच और कर्म सम्पूर्ण और सम्भव समता के अन्योन्याश्रय सम्बन्ध पर मैंने बिताए हैं। एक-एक बात इसी सम्बन्ध से उपजी है। लेकिन इस समय मैं उनमें कोई श्रृंखला नहीं बाँध रहा हूँ—

1. सभी प्राथमिक शिक्षा समान स्तर और ढंग की हो तथा स्कूल का खर्चा और अध्यापकों की तनख्वाह एक जैसी हो। प्राथमिक शिक्षा के सभी विशेष स्कूल बन्द किये जाएँ।
2. अलाभकर जोतों से लगान अथवा मालगुजारी खत्म हो। सम्भव है कि इसका नतीजा हो सभी जमीन-कर अथवा लगान का खातमा और खेतिहर आयकर की शुरुआत।
3. पाँच या सात वर्ष की ऐसी योजना बनाना जिससे सभी खेतों को सिंचाई का पानी मिले। चाहे यह पानी मुफ्त मिले अथवा किसी ऐसी दर पर या कर्ज पर कि जिससे हर किसान अपने खेत के लिए पानी ले सके।
4. अंग्रेजी भाषा का माध्यम सार्वजनिक जीवन के हर अंग से हटे।
5. हजार रुपये महीने से ज्यादा का खर्चा कोई व्यक्ति न कर सके।

6. अगले बीस वर्ष के लिए रेलगाड़ियों में मुसाफिरी के लिए सिर्फ एक दर्जा हो।
7. अगले बीस वर्षों के लिए मोटर-कारखानों की कुल क्षमता बस, मशीन-हल अथवा टैक्सी बनाने के लिए इस्तेमाल हो और कोई निजी इस्तेमाल की गाड़ी न बने।
8. एक ही फसल के अनाज के दाम का उतार-चढ़ाव 20 प्रतिशत के अन्दर हो और जरूरी इस्तेमाल की उद्योगी चीजों के बिक्री दाम लागत खर्च के डेढ़ गुना से ज्यादा न हों।
9. पिछड़े समूहों यानी आदिवासी, हरिजन, औरतें, हिन्दू तथा अहिन्दुओं की पिछड़ी जातियों को 60 प्रतिशत का विशेष अवसर मिले। जाहिर है कि यह विशेष अवसर ऐसे धन्धों पर नहीं लागू होता जिनमें खास हुनर की जरूरत है, जैसे चीर-फाड़, किन्तु थानेदारी अथवा विधायकी ऐसे धन्धों में नहीं गिने जा सकते।
10. दो मकानों से ज्यादा मकानी मिल्कियत का राष्ट्रीयकरण।
11. जमीन का असरदार बँटवारा और उसके दामों पर नियंत्रण।

इस 11 सूत्री कार्यक्रम के हर मुद्दे में बारूद भरा हुआ है। किसी में कुछ कम हो किसी में ज्यादा, लेकिन है सब में। इसमें से किसी एक मुद्दे को अपना लेने से बड़े-बड़े गुल खिलेंगे।

हजार रुपये की माहवारी सीमा के मुद्दे को थोड़ा ध्यान से देखना जरूरी है। एक मानी में इसका अर्थ होगा उद्योग और व्यापार का सम्पूर्ण राष्ट्रीयकरण। लेकिन उद्योगी और व्यापारी राष्ट्रीयकरण से बढ़कर भी इस मुद्दे की पहुँच है। सरकारी नौकरी, अफसरी, अथवा मंत्रित्व में भी ऐसी माहवारी सीमा बँध जाने से व्यापारी क्रान्ति के साथ-साथ प्रशासकीय क्रान्ति भी हो जाती है। ऐसी सीमा में निजी खर्च के सभी प्रकार के भत्ते शामिल करने चाहिए। सिर्फ वही खर्चा जो उचित ढंग से सार्वजनिक कामों अथवा हैसियतों के लिए किया जाए, इसमें शामिल न हो। साम्यवाद के सार्वजनिक व्यापक राष्ट्रीयकरण का भी इतना असर नहीं हो सकता जितना इस अकेले मुद्दे का, क्योंकि इसमें शासकीय और व्यापारी दोनों प्रकार के नियंत्रण निहित हैं। असल बात है उद्देश्य। साधन हैं गौण। फिर भी साधनों का कुछ पता रहना चाहिए। चाहे राष्ट्रीयकरण, चाहे खर्चे की सीमा, चाहे मुनाफे पर वक्ती रोक, चाहे करके उपयुक्त गठन के द्वारा इस माहवारी सीमा को हासिल किया जा सकता है। यह सही है कि सीमा का उल्लंघन करने वालों के साथ कानूनी सख्ती बरतनी पड़ेगी।

समाजवादी सोच में न्यूनतम और अधिकतम सीमाओं की बात अरसे तक रही है। 100 से कम न हजार से ज्यादा, समाजवाद का यही तकाजा—यह एक नारा है। सोच जब ज्यादा गहरी बनती है तब न्यूनतम और अधिकतम की प्राप्ति की विधियों का अन्तर भी मालूम होने लगता है। अधिकतम को लादना सहज है, न्यूनतम को पहुँचना मुश्किल है। एक समाजवादी सरकार के आते-जाते अधिकतम को हासिल किया जाना चाहिए। न्यूनतम को हासिल करने में पाँच-सात वर्ष लग सकते हैं। ठीक दामों के सन्दर्भ में ही मैंने यह बात कही है। मुद्रास्फीति करके 100 रुपये महीने हासिल कर लेना आसान है।

हजार रुपये माहवारी सीमा को हासिल करने का हौसला वाली सरकार ही प्रशासन के कलमघीसू नौकरों की तादाद नियंत्रित कर सकती है। मुझे इसमें कोई शक नहीं लगता कि वर्तमान एक-सवा करोड़ सरकारी नौकरों में से आधे के करीब या एक-तिहाई निश्चित रूप से गैर-जरूरी हैं। लेकिन इनकी त्रिशुद्ध छँटनी करने की ताकत किसी विचारधारा की नहीं। अगर समाजवादी विचारधारा कभी सचमुच सशक्त हो तो वह इतना कर सकती है कि कलमघीसू धन्धों में से उनकी छँटनी करके उन्हें सीधा उत्पादन के धन्धों में लगाया जाए। अकेले इन दो कार्यक्रमों को पूरा करने पर राष्ट्र को 15 अरब रुपये के आसपास पूँजी मिल सकती है। मेरा हिसाब अन्दाज का है। मैंने सरकार को भी तीन वर्षों से कहा है कि वह पुख्ता हिसाब लगाए। लेकिन कभी कोई प्रयत्न नहीं होता। 15 अरब रुपये की सालाना पूँजी कोई मामूली बात नहीं। उसी से खेती का बाग शाब्दिक अर्थों में हरा हो सकता है। समूची खेती को पानी मिल सकता है। समता और सम्पन्नता किस तरह जुड़ी हुई हैं।

कुछ लोग कहेंगे कि लाभ अथवा नौकरी अथवा खर्चे पर माहवारी सीमा बाँध देने से जड़ता आ जाएगी। आर्थिक जीवन में चमक या तरक्की न रहेंगे। इस बहस का विशेष अर्थ नहीं। एक अटूट उत्तर यही है कि चाहे चमक आए न आए, पूँजी निर्माण और आर्थिक तरक्की का कोई अन्य रास्ता नहीं। फिर, यह बात निर्विवाद है जब सबकी सीमाएँ बँधेंगी चाहे प्रधानमंत्री या करोड़पति तब सबके लिए अल्पसन्तोषी होना सहज हो सकेगा। चटकीले जीवन की यह लालसा न रहेगी जो आज है। दूसरी तरह की सार्वजनिक स्फूर्तियाँ और परमार्थ रंग लाएँगे।

यह सही है कि माहवारी सीमा का कार्यक्रम किसी मिली-जुली सरकार के लिए सम्भव नहीं। यह कार्यक्रम तभी सम्भव दीखता है जब देश एक बड़ी क्रान्ति के दौर से गुजर चुका हो। फिर ऐसी सरकार बने कि जो इस कार्यक्रम

को चलाने के लिए गम्भीर रूप से प्रतिबद्ध हो, कार्यक्रम पूरा न होने पर जिसकी नैतिक धज्जियाँ उड़ने का खतरा हो। साधारण तौर पर ऐसी सरकार कम-से-कम यूरोपीय संसार में चुनाव द्वारा नहीं बन सकती। किन्तु कोई तार्किक बाधा नहीं दीखती। मजबूत संकल्प हो जनतंत्र का और अनुकूल परिस्थितियाँ हों तो चुनाव के द्वारा भी ऐसी सरकार का निर्माण सम्भव है। लेकिन बहुपक्षीय सरकार से ऐसे कार्यक्रम की आशा नहीं करनी चाहिए।

अगर मासिक सीमा पटाकाश है तो प्राथमिक शिक्षा का साधारणीकरण घटाकाश है। बैंकों के राष्ट्रीयकरण से भी ज्यादा दुष्कर किन्तु ज्यादा असरदार मुद्दा है। 5 से 10 वर्ष वर्ष अथवा 11 वर्ष के बच्चों को राष्ट्र, समूह, एकात्मकता, समता और मनुष्यता का मजबूत अर्थ मिल सकता है। रोगी, जाति और श्रेणी विभक्त दरिद्र समाज को मर्म चोट पड़ेगी। लेकिन अभिजात वर्ग शायद आखिरी दम तक कोशिश करे कि इस तरह की चोट उसे न उठानी पड़े। पहले तर्क दिया जाएगा कि अगर सभी बच्चे गाली देना और थूकना सीख जाएँगे तो देश को कौन चलाएगा। इस तर्क का उत्तर आसान है। जब बड़े लोगों के बच्चे भी थूकने और गाली देने लगेंगे तब अति शीघ्र सारी प्राथमिक शिक्षा का सुधार होगा। जिस कोढ़ी ढंग से आज देश चल रहा है उससे अच्छा हर वैसी हालत में चलेगा जब कोई कार्यक्रम पूरे 48 करोड़ को हिला देता हो। फिर तर्क दिया जाएगा कि इस कार्यक्रम से अच्छा और बुरा दिमाग सब एक ढंग का किया जा रहा है। यह सही नहीं है, क्योंकि पढ़ाई के खर्चे, किताबों और अध्यापकों की तनख्वाहों को एक-सा किया जा रहा है न कि दिमागों की क्षमता को। अन्ततोगत्वा ऊँचे वर्ग की औरतें नई सरकार के समाजवादी तथा दूसरे विधायकों और उनकी औरतों को फुसला सकेंगी कि उनके बच्चों और इसलिए सारे देश को पीछे धकेला जा रहा है। ऐसे समय में विधायकों का अधिकांश हिस्सा गम्भीरता और धैर्य के नाम पर यथास्थिति की तरफ बह जाएगा, कहेगा सोच-सोचकर कदम उठाओ। इसका इलाज सिर्फ एक है। विभिन्न दलों के कर्मठ सदस्य और कमेटियाँ इतनी सक्षम हों कि अपने विधायकों को पुख्ता रखें और जरूरत पड़ने पर सशक्त धमकी दें।

अभी तक संसार के किसी भी देश में, न रूस में न चीन में, इस मुद्दे को कार्यान्वित किया जा सका है। इन देशों में बड़े लोगों के मुहल्ले अलग हैं। इस कारण से उनके बच्चों की पढ़ाई भी अलग जैसी हो जाती है। भारत में यह सम्भव नहीं, क्योंकि ऊँचे-से-ऊँचे मुहल्ले में जितने बड़े लोग हैं उनसे तीन-चार गुना ज्यादा छोटे लोग हैं, उन्हीं के नाई, धोबी, कहार इत्यादि। जब

देश कंगाल हो जाता है, तब महल के अन्दर ही गरीबों से छुटकारा मिलता है। फिर भी, इस प्रसंग में किसी भी तरह की चालाकी पर कड़ी निगाह रखनी होगी।

घूम-फिर करके हर मामला स्वनिर्माण और सर्वनिर्माण में टक्कर लेता है। इस टक्कर के बिना कुशलक्षेम भी नहीं। स्थिति इतनी बिगड़ गई है कि परमार्थ के बिना आज कोई अच्छा स्वार्थ भी नहीं सध सकता। किन्तु राष्ट्रीय मन इतना बिगड़ चुका है कि हर आदमी अपने हिस्से को बढ़ाना सम्भव और सहज समझता है और कुल भंडार को बढ़ाना कठिन। इसलिए किसी भी ठोस कार्यक्रम में ऐसी क्षमता होनी चाहिए कि वह असरदार ढंग से स्वार्थ को धकेले और परमार्थ को बढ़ाए। भरत के समाजवाद का 18 वर्षों में यही सबसे बड़ा पाप रहा है, उस समाजवाद का जो गद्दी पर या उसके नजदीक रहा है। इस समाजवाद ने खाली नाम जप किया है, जनतंत्र का, बराबरी का, इहवाद का, राष्ट्रीयता का, अन्तरराष्ट्रीयता का, क्रान्तिकारिता का, किन्तु कभी कोई कोशिश न की कि इन सिद्धान्तों का ठोस धागा काते और ऐसे ठोस धागों से सिद्धान्तों का ताना-बाना बुनता रहे। उलट, जब कि यह खुद नितान्त खाली और बेमतलब रहा है, उसने हर समाजवादी प्रयत्न में सिद्धान्त और ठोस के लेन-देन हल को सिद्धान्तविहीन बताया।

समाज को बदलना है। कब किन परिस्थितियों में इस 11 सूत्री कार्यक्रम के कौन से मुद्दे या कोई एक भी कारगर किये जा सकेंगे पहले से कह सकना कठिन है। मैं खाली इतना कह सकता हूँ कि एक भी मुद्दे को कारगर किया जाने पर क्रान्तिकारी सरकार और जनता में आत्मविश्वास की शुरुआत हो जाती है। यह सही है कि अगस्त 1947 के बाद से किसी सरकारी विशेष अवसर के द्वारा अर्जित की हुई मिल्कियतों को छीनना किसी-न-किसी मंजिल पर जरूरी होगा। अगर सभी मिल्कियतें छिनती हैं, तब अलग से कोई जरूरत न होगी, वरना इन मिल्कियतों का छिनना राष्ट्रीय चरित्र के निर्माण की पहली सीढ़ी है। क्रान्ति मुनाफे की दूकान नहीं है, इस सत्य को अमिट रूप से हर भारतीय खोपड़ी पर आँकना होगा।

जब कहीं और कभी कोई गैर-कांग्रेसी सरकार बने, उसके सामने पहला खतरा होगा, हर्ष और उल्लास। मेरा बस चले तो मैं जनता और विशेषकर संसोपा के सदस्यों को ऐसे कबलज-वक्त उल्लास के खिलाफ बना दूँ। माला पहनने का वक्त कांग्रेसी सरकार के हटने पर नहीं आएगा। हटने के बाद जब कोई ठोस नीति चला दी गई हो और उसके परिणाम सामने आने लगे हों तब माला पहनने और दावत खाने का वक्त आएगा।

एक बात कभी न भूलनी चाहिए। केरल के कम्युनिस्ट मंत्रिमंडल से उतने नतीजे हरगिज नहीं निकल सकते थे जितने बिहार, उत्तर प्रदेश, मध्य प्रदेश अथवा राजस्थान से अपेक्षित हैं। लोकसभा के प्रतिनिधियों के हिसाब से एक बिहार में तीन केरल हैं और एक उत्तर प्रदेश में पाँच। केरल के पड़ोसी हैं तमिलनाडु और कर्नाटक। भाषा के और दूसरे आदान-प्रदान इन पड़ोसियों में नहीं हैं। जो केरल में होता है उसका प्रभाव उसके पड़ोसियों पर ज्यादा नहीं पड़ता है। हिन्दी-भाषी प्रान्तों की अवस्था अलग है। जो एक में होगा वह दूसरे में बिजली की तरह दौड़ जाएगा।

एक बार गद्दी पर बैठ जाने के बाद गद्दी से चिपके रहने की स्वाभाविक आकांक्षा होती है। बेकार अथवा कम कारणों से गद्दी को ठुकरा देना भले आदमी का काम नहीं। जो राजनीति करता है उसका पहला धर्म है, गद्दी पाना और गद्दी को कायम रखना। लेकिन हर हालत में नहीं। गद्दी कायम रखने के लिए यदि नीतियों और आत्मसम्मान का परित्याग आवश्यक हो जाता है तो ऐसी गद्दी को ठुकराना ही श्रेयस्कर है।

मुझसे गलती हुई कि मैंने अब तक के समाजवादी चिन्तन में एक अयथार्थी और आदर्शी घोल मिलाया। ऐसी अवस्था के लिए जब दल की बहुसंख्या न हो और दूसरों से मिलकर ही सरकार बनाने-बिगाड़ने का प्रश्न उठता हो, मैंने कहा कि मंत्रिमंडल को झेलो, उसमें साझेदारी न करो। यह नीति दो दृष्टियों से खराब है। भारत की राजनीति में जो लिप्सा आ गई है उसके सन्दर्भ में किसी दल को सम्भवसत्ता से परे रखना यथार्थ नहीं है और कमजोरी, टूट तथा सनक का कारण है। किसी मंत्रिमंडल के प्रति बिन साझा झेलने की नीति अख्तियार करने का नतीजा होता है, एक तरफ भलाई के कामों में कमी और दूसरी तरफ निन्दा के कामों में साझेदारी।

अभी से मन पक्का करना चाहिए कि जिस मंत्रिमंडल में संसोपा साझीदार बने उससे तीन महीने के अन्दर-अन्दर किसी एक आवश्यक काम की अपेक्षा करेगी। या तो वह काम हो या मंत्रिमंडल भंग हो। ऐसी भीष्म प्रतिज्ञा करना अभी तो जरूरी है। मिसाल के लिए, ऐसी प्रतिज्ञा लगान-मालगुजारी को लेकर हो सकती है। यदि केवल एक प्रदेश में मंत्रिमंडल बना हो और उसमें संसोपा की साझेदारी हो तो उससे अपेक्षा करनी चाहिए कि तीन महीने के अन्दर-अन्दर मालगुजारी खत्म कर देगा। कई रोड़े आएँगे। स्वयं दल का एक अंग कहेगा कि इस तरह का उतावलापन नादानी है। हो सकता है कि दूसरे दल भी इसे नापसन्द करें। इसलिए, ऐसे विषयों पर अभी से बहस छिड़ जानी चाहिए।

केन्द्र की कांग्रेसी सरकार सम्भव है अड़ंगा डाले। इससे ज्यादा अच्छा और क्या होगा। तब एक प्रगतिशील और आगे-देखू प्रदेश तथा प्रतिगामी और पीछे-देखू केन्द्र में घमासान मचेगा। नाटकीय ढंग से महीनों के अन्दर वह क्रान्तिकारी काम हो जाएगा जो वर्षों या दशकों में हुआ करता है। पूरा देश झंकार उठेगा कि कोई नई शक्ति आई है।

[1966]

चार 'बन्दियाँ'

चार बन्दियों की कोशिश की गई, शायद मन से कोशिश। शराबबन्दी, वेश्याबन्दी, सोनाबन्दी और चकबन्दी। चारों इरादे से अच्छी थीं, लेकिन चारों असफल रहीं। दो और बन्दियाँ जिनका संविधान में निर्देश है, अंग्रेजीबन्दी और गोहत्याबन्दी, शुरू से ही खटाई में पड़ गईं, क्योंकि कुछ तो इन बन्दियों के समर्थकों ने असलियत का सामना नहीं किया और कुछ इनके सम्बन्ध में देश का दिमाग दुविधापूर्ण और कम ईमान का रहा है।

संविधान ने शराबबन्दी का भी निर्देश दिया है। इस बन्दी को कम-से-कम शुरू में सच्चे मन से किया गया, ऐसा लगता है। फिर भी, यह असफल रही, क्योंकि सरकार के वक्ती कारण और जनता के टिकाऊ कारण इसे असफल बनाते रहे। इतना सिद्ध हो गया है कि सरकार के लोग, बड़े-से-बड़े मंत्री और नौकरशाही भी, साधारण आदमी के जैसे या उनसे भी गिरे, और सभी तरह के लालच, मोह, द्वेष, जलन, मौज, मर्यादाहीन राग, जीत की निर्बाध इच्छा से प्रेरित होते रहते हैं। ऐसी अवस्था में ये लोग नये व्यवहार का आदर्श दे नहीं पाते। पहली बड़ी रुकावट पर, जब जनता फिसलती है और उसका मन दुविधा से भरने लगता है, तब ये लोग कोई सहारा दे नहीं पाते और खुद पीछे दौड़ के अगुआ बन जाते हैं। समाज में नये आदर्श को लाने में कितनी मंजिलें हार की पार करनी पड़ती हैं, जिनमें नेतृत्व की दृढ़ता और सत्संकल्प की परख होती है। शराबबन्दी दुनिया में कहीं नहीं सफल हो पाई, और अगर हिन्दुस्तान में कुछ संस्कृति, कुछ अतीत, कुछ जलवायु के कारण इसके सफल होने की थोड़ी-बहुत सम्भावना थी, सरकारी नेतृत्व के खोखलेपन ने उसे नष्ट किया। नये व्यवहार की रचना के लिए शीलवान नेतृत्व चाहिए, शील आज के चालू बाहरी अर्थ में नहीं, अन्दरूनी अर्थ में।

देश की विकराल गरीबी शराबबन्दी की असफलता का एक टिकाऊ कारण था। यह कारण ऐसा है जो सभी अच्छे आदर्शों को नासमझी अथवा असावधानी की हालत में ग्रसता रहता है। लोगों को धन्धा चाहिए और आमदनी। अगर ऐसा धन्धा हो कि जिसमें कम मेहनत पर ज्यादा धन मिलता हो, चाहे थोड़ी-बहुत जोखिम उठानी पड़े, तब कहना ही क्या। शराबबन्दी को गैर-कानूनी ढंग से तोड़ने का धन्धा बड़ा व्यापक बनता रहा और काफी फलदायी जिसमें साधारण गरीब, गुंडों के सरदार और पुलिस, शायद और भी बड़े लोग शामिल होते रहे। यों सारी दुनिया में इस तरह के धन उपार्जन की कुछ वर्गों में काफी कद्र है। गरीब देशों में यह कद्र बढ़ जाती है। ऐसा लगता है कि विकराल गरीबी के बीच दो फल उपजते हैं, एक नैतिकता का सर्वव्यापी उपदेश और दूसरा चाहे जैसे धन उपार्जन। जो लोग नये व्यवहार और आचरण की शुरुआत करना चाहते हैं उन्हें किसी भी कानूनी बन्दी का सहारा लेते समय सावधान रहना चाहिए कि उनके पास किस हद तक शीलवान नेतृत्व है और किस हद तक वे बन्दी को तोड़ने वाले धन्धों को उपजाते हैं।

खेती की दृष्टि से चकबन्दी बहुत अच्छा सुधार है। दस जगह अलग-अलग खेत होने के कारण कितना समय और शक्ति बर्बाद होते हैं; इसलिए अगर एक लगुआ खेत हो जाए तो बहुत अच्छा हो। फिर भी, जो वरदान के रूप में आना चाहिए था, वह बहुजनों के लिए अभिशाप बना। सब जमीन एक-सी नहीं होती है और उनकी पैदावार भी अलग-अलग होती है; इसलिए चकबन्दी अफसरों को मौका मिल जाता है मनमानी करने का। या असर के कारण या घूस के द्वारा चकबन्दी में बड़ा अन्याय हुआ है और हो रहा है। अपेक्षाकृत गरीब ज्यादा पिटता है। उसका असर नहीं होता। उसके पास घूस देने के लिए पैसा पर्याप्त नहीं होता। अपनी जमीन के बदले कुछ खराब जमीन पाता है और थोड़ा-बहुत पैसा भी खो बैठता है। ऐसा लगता है कि गरीब देश में असर, याचना, जोर-जबरदस्ती, सहन, और इन सबसे जनित घूस ज्यादा चलते हैं। इसलिए, जब तक एक सुदृढ़ और ईमानदार नेतृत्व न हो जाए, जो खुद निर्मोही रहे और सही पथ पर चलने की जोखिम उठा सके, तब तक ऐसे सुधार करना ठीक नहीं जिनसे व्यापक मनमानी और जुल्म निकलते हों। इस तरह के समय-पूर्व सुधार ठीक नहीं।

शराबबन्दी के क्रमानुक्रम को देखते हुए कोई मूर्ख भी कह सकता था कि सोनाबन्दी भी किसी दिन उठेगी। आखिर वही हुआ; इतनी ढीली पड़ी कि उठने जैसी हुई। सोने का मोह जीता। इसलिए नहीं कि वह मोह अजेय है। इसलिए कि

सोने का मोह खत्म करने वाले आत्मघोषित योगियों को उस मोह ने कभी छोड़ा ही नहीं। सोने का मोह कोई अलग चीज नहीं; यह वही मोह है जो हीरा, पन्ना, मिंक, चित्र, और कुछ न हुआ तो विशुद्ध धन चाहे बैंक का, चाहे कम्पनी के हिस्सों के रूप में फूटता है। अगर कहीं किसी तथाकथित योगी को सोने के मोह ने अपने ग्रास से छोड़ दिया गया हो तो यह दूसरे भाई-बहन मोह उसको ग्रसते रहते हैं; ज्यादातर सोने का मोह भी चालू रहता है। ऐसी स्थिति में कौन किसकी दवाई करे? फिर वही गैर-कानूनी किन्तु लाभदायी धन्धे का सिलसिला चल पड़ा जैसे शराबबन्दी में हुआ। साथ-साथ लाखों सुनारों का मामला था। एक बात यह भी रही कि बहुत कम लोगों को इस सरकार के ईमान और साख पर भरोसा रहा है। लोग आड़े दिन के लिए बचत चाहते हैं; वह बचत इस सरकार की मोहर के नोटों से नहीं बल्कि सोने से कुछ हद तक हो सकती है। फिर, बड़े आदमियों के यहाँ गैर-कानूनी सोना मिलने के वे दंड नहीं रहे हैं जो छोटे आदमी के यहाँ।

तुगलक शायद बेईमान नहीं था। वह अत्याचारी रहा हो। उसका सुधार समय-पूर्व रहा हो। अगर किसी बेईमान तुगलक के पल्ले देश पड़ जाए, इतिहास में उसका उदाहरण केवल आजादी के बाद का भारत है। कहना मुश्किल है कि शराबबन्दी और सोनाबन्दी में कितनी जानें गईं। कितने बेकार हुए। कितनी बेईमानी बढ़ी। कितने जुल्म हुए। जनता और पुलिस की आदतें कितनी बिगड़ीं। कानून के राज की जगह मौज का राज कितना बढ़ा। और यह सब इसलिए हुआ कि कुछ ही वर्षों बाद शराबबन्दी और सोनाबन्दी खत्म कर दी जाए, तुगलक साहब दौलताबाद से वापस लौट आए।

कांग्रेस सरकार का दूसरा नाम ईमान की कमी है। आत्म-प्रवंचना और पर-प्रवंचना इस सरकार के मौलिक अधिकार हैं। जहाँ इसने चार बन्दियों की समय-पूर्व कोशिश की, वहाँ इसने दो बन्दियों को समय पक जाने पर भी टाला। अंग्रेजीबन्दी और गोहत्याबन्दी संवैधानिक आवश्यकताएँ हैं। संविधान लागू होते ही उनका कानूनी जीवन शुरू हो गया। 1965 में अंग्रेजीबन्दी कानूनी दृष्टि से सम्पूर्ण हो गई। जो लोग समझते हैं कि संविधान ने 1965 के बाद भी अंग्रेजी चालू रखने का नियम बनाया है और उसके अनुसार अंग्रेजी चलते रखने का कानून बना है वे भूल करते हैं। संविधान में लिखा है कि 1950 से 1965 तक अंग्रेजी संघ के सभी कामों में चल सकेगी। 65 के बाद से, संविधान ने कहा है कि अंग्रेजी सिर्फ उन्हीं कामों में चलेगी जिनका विधि में उल्लेख होगा। अंग्रेजी को चालू रखने के लिए जो विधि संसद ने बनाई उसमें इन कामों का उल्लेख नहीं है। इसलिए वह विधि अवैध है।

लेकिन यह अवसर संविधान, तर्क, युक्ति और औचित्य का अब नहीं रहा। यह सवाल दो दृष्टियों का है। एक दृष्टि है अंग्रेजी रखने की, दूसरी दृष्टि अंग्रेजीबन्दी की। जिसे मुखर राजकीय जीवन कहते हैं उसकी बहुसंख्या अंग्रेजी वाली है। यह कहना फिजूल है कि इस बहुसंख्या के ज्यादातर लोग बरगलाए हुए हैं और जहाँ मुखर मध्यवर्गीय नेताओं का कोहरा छँटा, वहीं स्थिति साफ हो जाएगी। इन नेताओं का कोहरा कौन छाँटेगा। ये नेता प्राय: सभी दलों को हथियाए हुए हैं, एक-दो को छोड़कर, जितना सरकारी दल को उतना ही विरोधी दल को। एक तरफ यह अंग्रेजी प्रवर्तक बहुसंख्यक दृष्टि और दूसरी तरफ अंग्रेजीबन्दी की संवैधानिक कसम। अंग्रेजीबन्दी की कसम खाकर देश के राष्ट्रपति, मंत्री और विधायक अंग्रेजी प्रवर्तक कार्यवाही और विचारों को बेहिचक चलाते हैं। इतनी व्यापक बेईमानी शायद ही किसी देश में इतने लम्बे अरसे तक हुई हो। पैसों की बेईमानी के पहले शायद दिमाग बेईमान बना करता है। या संविधान से अंग्रेजीबन्दी की कलम हटनी चाहिए, नहीं, इसका नया और कारगर उपाय सोचना चाहिए।

इस प्रवंचना का आदि स्रोत है हिन्दी क्षेत्र। हिन्दी क्षेत्र में अंग्रेजी चलाने का कोई कारण नहीं। फिर भी, इस क्षेत्र में अब तक कांग्रेस भक्ति कुछ अधिक होने के कारण कांग्रेसियों को यह भ्रम फैलाने का अवसर मिला है कि हिन्दी धीरे-धीरे आ रही है। वास्तविकता यह है कि अंग्रेजी धीरे-धीरे बढ़ रही है। यह असम्भव नहीं कि गलत उच्चारण और गलत व्याकरण वाली अंग्रेजी भारत की दूसरी मातृभाषा बन जाए। मनुष्य नजदीकी स्वार्थ का इतना अन्धा शिकार बन जाता है कि वह देख नहीं पाता कि इस तरह की अंग्रेजी से चाहे उसका क्षणिक क्षुद्र स्वार्थ बना रहे लेकिन ज्ञान, शोध, खेती, विज्ञान और कारखाने सब जंगली अवस्था में पड़े रहेंगे। हिन्दी क्षेत्र जिस दिन कमर कसकर मैदान में अंग्रेजीबन्दी के लिए उतरेगा उसी दिन समस्या का हल शुरू होगा। हिन्दी क्षेत्र को उपयुक्त नीति बनानी चाहिए ताकि वह अपने तईं वज्र से भी कठोर हो जाए और तट अथवा अहिन्दी प्रदेशों के लिए मुलायम। दिल्ली अहिन्दी हो, बंगाली अथवा तमिल या बहुभाषी हो, या और कुछ हो, हिन्दी क्षेत्र को सभी तरह के विकल्पों के लिए तैयार रहना चाहिए। खाली उसके अपने इलाके से अंग्रेजी को फौरन इसी क्षण हटना चाहिए, न केवल प्रादेशिक जीवन से बल्कि उसकी जमीन पर की रेल, तार, पलटन वगैरह से। यह सब तभी सम्भव है जब हिन्दी क्षेत्र कांग्रेस सरकार से पूरी तरह विमुख हो जाए। जो अंग्रेजीबन्दी चाहते हैं और फिर भी कांग्रेस सरकार से विमुख नहीं हैं, वे प्रवंचक हैं। अधिकतर

वे हिन्दी के व्यापारी हैं। उनको जो दूसरे दर्जे का पैसा या रुतबा या सम्मान मिल रहा है वह उनकी सरकार-परस्त रचनात्मक प्रवृत्तियों के कारण। ये हिन्दी के व्यापारी हिन्दी को कितना नुकसान पहुँचा रहे हैं इसका थोड़ा-सा अन्दाज अहिन्दी लेखकों के तिरस्कार अथवा जलन से मिलता है या फिर उस भावना से जो तमिलनाडु में डाकखाने के नामपट को अंग्रेजी और हिन्दी में देखकर हिन्दी को साम्राज्यी भाषा समझने लगी थी।

गोवधबन्दी का मामला कुछ पेंच वाला है। सोनाबन्दी अथवा अंग्रेजीबन्दी की तरह गोवधबन्दी नहीं है, क्योंकि बुद्धि के स्तर पर इसके पक्ष और विपक्ष दोनों के लिए तर्क हैं। अंग्रेजीबन्दी के लिए उचित तर्क नहीं है, जिद है और निहित स्वार्थ है। गोवध और गोवधबन्दी दोनों के लिए ऐसे तर्क दिये जाते हैं कि उनमें फैसला कर पाना कठिन हो जाता है।

गोवध अगर बिलकुल बन्द हो जाए, गऊओं का क्या होगा। आखिर आज भी हिन्दू ही—अपनी बेकार गऊओं को बेचते हैं, यह जानते हुए कि वे मारी जाएँगी, चाहे वे उनको खुद न मारें। जैसे-जैसे गाय दूध देना कम करती है वैसे-वैसे उसका भोजन कम होता जाता है। चाहे हत्या के मामले में हिन्दू संस्कार जो भी हों, लेकिन गाय को कम खिलाने अथवा दुर्व्यवहार करने में हिन्दू संसार में सर्वोपरि हैं। यह जितना उसका दोष है, उससे ज्यादा उसकी गरीबी का। मैंने खुद अपनी आँखों से मणिकर्णिका घाट बनारस पर गाय को मुर्दे के अधभुने मांस को खाते देखा है। इस गरीब देश में गोवधबन्दी के बाद जिन्दा लेकिन बेकार गऊओं के साथ व्यापक अत्याचार होने का खतरा है। गाय की नस्ल और ज्यादा बिगड़ सकती है।

गोवधबन्दी का तर्क किसी हद तक युक्तियों के परे है, किन्तु इतने शक्तिशाली कि एक हद तक बुद्धि को उनका दास बनाना पड़ता है। भारत कई बातों में अनोखा देश है, दुनिया का सबसे भूखा, सबसे रोगी, सबसे झूठा देश, और यह कह सकना मुश्किल है कि इसका शाकाहार अच्छाई या बुराई माना जाए। दुनिया का कोई देश तीन-चार प्रतिशत से ज्यादा शाकाहारी नहीं है; भारत की 48 करोड़ आबादी 40-50 प्रतिशत शाकाहारी है। यह शाकाहारिता भले ही आज एक निर्जीव अथवा क्रूर चीज बन गई हो, किन्तु इसमें निहित है जीव-प्रेम और जीव-श्रद्धा। जो 50-60 प्रतिशत मांसाहारी है, वह भी अधिकतर गोमांस से कतराती है, भागती है। चाहे इन लोगों ने जीव-मात्र पर अपनी ममता न फैलाई हो, लेकिन गऊ को इस जीव-श्रद्धा का प्रतीक बना लिया है। यह सही है कि हर मांसाहारी अथवा गोमांस न खानेवालों के जीव-विचार इतने निर्मल नहीं हैं

जितने तर्क के दौर में प्रस्तुत होते हैं। जरूरी नहीं है कि शाकाहारी मांसाहारी की तुलना में कम क्रूर हो। अक्सर यूरोपीय लोग उन जानवरों के प्रति, जिन्हें वे जिन्दा रखना चाहते हैं, ज्यादा ममतापूर्ण होते हैं, शायद इसलिए भी कि जिन्हें मारना जरूरी है उन्हें वे मारने में नहीं हिचकते। अगर यह तर्क सही है कि जिन जानवरों को मारना जरूरी है उन्हें मारकर ही बाकी जानवरों के प्रति सही ममता जग सकती है, तब तो गोवधबन्दी का पूरा तर्क ढह जाता है। किन्तु इन सब प्रश्नों पर अभी तक ठीक तरह से सोचा नहीं गया है। यूरोप अमरीका की आधुनिकता के पूर्व आग्रह रहे हैं। करीब-करीब वैसे ही जैसे भारत के पोंगापन्थियों और पुराणियों के। बिना पूर्व आग्रह के सोचने पर शाकाहारिता और गोमांसवर्धन की सम्भावनाओं पर दिमाग खुला रखना चाहिए।

एक झंझट यह है कि गोवधबन्दी आन्दोलन को पोंगापन्थी, अधिकतर अपने हाथों में ले लेते हैं। इसलिए गोवधबन्दी आन्दोलन के समर्थन से कई और असंगत और अनुचित चीजों का समर्थन हो जाया करता है। अगर किसी तरह से इस आन्दोलन को हिन्दू धर्म और सो भी इसके विकृत पोंगापन्थी सम्प्रदायों से अलग किया जा सके तो बड़ा अच्छा हो। आधुनिकता हर युग की पुकार है। आधुनिकता क्या है, इसको समझने में लोग अक्सर भूल कर जाते हैं। लेकिन आधुनिकता आनी चाहिए इस पर सन्देह करना बुद्धि और भावनाहीनता है। आधुनिकता न पोंगापन्थ है, और न किसी प्रचलित शक्तिशाली मार्ग का अन्धानुकरण। केवल बगल-देखू होना उतना ही खतरनाक है जितना केवल पीछे-देखू होना। मनुष्य को आगे देखू बनना चाहिए, जब-तब बगल और पीछे झाँक लेना चाहिए।

कांग्रेस सरकार का शायद सबसे बड़ा पाप है कि उसने लोक-मन बेईमान बनाया है। संविधान में लिखा है गोवध बन्द करो। असलियत में मध्य देश में गोवध बन्द करके बम्बई, कलकत्ता, मद्रास जैसे महानगरों और उनके इलाकों में चालू रखा है। फिर, तरह-तरह के राज्य और केन्द्र सम्बन्धी शक्ति बँटवारों का फिजूल तर्क देकर इस बेईमानी को और अधिक बेईमान बनाया जाता है। भारतीय खोपड़ी पहले से ही दो हिस्सों में बँटी हुई है, एक निर्गुण और दूसरी सगुण। एक अन्तिम सत्य और दूसरे लौकिक सत्य। जिस खोपड़ी में पहले से ही दो अलग-अलग सत्य हैं, वहाँ संवैधानिक सत्य और कानूनी सत्य तथा जपसत्य और अमल सत्य में सम्पूर्ण फूट हो जाना लाजमी है। जिस दिमाग में ऐसी फूट हो जाए, वहाँ उन्नति सम्भव नहीं। कांग्रेस सरकार ने शराबबन्दी, सोनाबन्दी, अंग्रेजीबन्दी, गोवधबन्दी इत्यादि बन्दियों को लेकर देश के दिमाग

को इतना बेईमान बना दिया है कि जी काँपने लगता है। क्या कभी सुधार हो सकेगा? यह सही है कि इन बन्दियों में से कइयों की प्रेरणा महात्मा गांधी से आई। जैसे घोड़े को शेर का मुँह लगा दिया जाए वैसे ही अंग्रेज और अमरीकी खिचड़ी में अनमेल मसाला बाद में छोड़ दिया गया। इतिहास लिखेगा कि कुछ अनाड़ी बच्चों अथवा स्वार्थी शातिरों ने 20 वर्ष तक देश के साथ समय पूर्व सुधारों के अत्याचारों को चलाकर और जरूरी सुधारों को टालकर खिलवाड़ किया। लोगों में अब इतना विवेक आना चाहिए कि वे अपने संविधान और अमल में जहाँ-तहाँ संशोधन की जरूरत हो करें।

[1966]

विद्यार्थी आन्दोलन

विद्यार्थियों का आन्दोलन चौपट हो जाने के पाँचवें दिन, आज भी मुझे कुछ शर्म है, और कुछ डर भी है। मेरी शर्म का कारण है कि पुलिस की विशाल शक्ति, और हथियारों की ताकत के जरा छूते ही उग्रता दब गई, या कम-से-कम, लगता ऐसा ही है। डर की एक अनिश्चित भावना भी है कि शर्म की भावना अगर व्यापक हुई, तो मुमकिन है कि अन्दर चली जाए, और ऐसे रास्तों से, ऐसी जगहों पर फूटे, जिसके नतीजे बहुत अच्छे न हों।

कहाँ क्या गड़बड़ हुई, इसके बजाय मैं बात यहाँ से शुरू करना चाहूँगा कि अब क्या किया जाए? जेल में साथी कहते सुने गए कि पुराने तरीके असफल रहे, और अब कुछ नई चीज करनी होगी। जाहिर है कि उनके दिमाग में आतंकवादी कार्य थे। इस तरह का सोचना झूठा है, क्योंकि बिना एक तरीके की सम्भावनाओं को सचमुच पूरी तरह परखे हुए, सिर्फ कपटी आदमी ही झट दूसरे तरीके की ओर कूद जाता है।

किसी सच्चे ईसा, या सच्चे भगतसिंह को आसानी से समझा जा सकता है। दोनों ही अपनी असली नियति को प्राप्त करते हैं। लेकिन झूठे ईसा और झूठे भगतसिंह भी होते हैं। वे नाटक भी नहीं करते, केवल नाटकीय होते हैं। यहाँ किसी व्यक्ति के प्रकृत गुणों की बात नहीं हो सकती। राजनीति में यह मानकर चलना होगा कि हर आदमी के लिए सच्चा होना सम्भव है। इसलिए जरूरत है विश्वास और संगठन की जो व्यक्ति की असलियत को वांछित दिशा में ले जाएँ। देश में उग्र परिवर्तन का विश्वास समय-समय पर नया और सच्चा होता रहता है, लेकिन इस नवीकरण का क्षेत्र अभी भी कुछ सँकरा है, और उन सब लोगों को प्रभावित नहीं करता जो अपने को उग्र परिवर्तनवादी कहते हैं। उनके संगठन की हालत और भी बुरी है। ये भरोसे लायक न होकर, रोगी होते हैं, यथार्थ से अधिक कागजी होते हैं। गम्भीर खतरे के समय ये व्यक्ति

या समूह के कार्यों को चलाने के लायक नहीं होते। ऐसे मौकों पर होने वाली कोई भी कार्यवाही स्वत:स्फूर्त होती है। अगर संगठन हो, तो वह स्वत:स्फूर्ति न होने पर या कम होने पर उस कमी को पूरा कर सकता है, और काफी हद तक आगे भी बढ़ सकता है।

मैं एक भूल भी स्वीकार करता हूँ। पैंतालीस वर्ष की आयु तक, और उसके कुछ बाद तक भी, मैं लगभग पूरी तरह स्वतंत्रता में विश्वास करता था, संगठन में नहीं। मनुष्य जैसे हैं, मैं उससे उन्हें बहुत अच्छा समझता था। मैं समझता था कि आंतरिक प्रेरणा से मनुष्य साहस, बुद्धि और सच्चाई हासिल कर सकता है। अब, पिछले दस सालों से मैं यह जानता हूँ कि बिना संगठन के लगभग सभी मनुष्य टूटे तिनकों की तरह होते हैं। संगठन ही उनको साहस में या अच्छे और सच्चे कामों में टिकाता है। मेरा दुर्भाग्य है कि इस ज्ञान का पूरा उपयोग कर सकूँ, इसके लिए मेरी उमर कुछ ज्यादा हो चुकी है, और आज का समय बहुत अनुकूल नहीं है। संगठन वांछित दिशाओं में लोगों की भरती और शिक्षण में उतना ही होता है जितना उनके मिलकर काम करने में। चाहे अहिंसक रीति से काम करना हो या अन्यथा, लगभग सभी लोगों को संगठन के टेके की जरूरत होती है। शान्तिपूर्ण प्रतिरोध के लिए लोगों को संगठित किये बिना, या विशेष कुछ किये बिना, क्या गारंटी है कि इसे छोड़कर हिंसा की बात शुरू कर देने वाला उसके लिए भी सचमुच कोई संगठन करेगा। झूठा आदमी एक के मामले में उतना ही झूठा होगा, जितना दूसरे के मामले में। 18 नवम्बर, 1966 की असफलता संगठन की असफलता थी।

दीर्घकालीन संगठन की दृष्टि से हम असफल रहे। फिर, प्रदर्शन के संगठन की अल्पकालीन दृष्टि से भी असफल रहे। और तीसरे, हम प्रदर्शन के दिन असफल रहे।

विचारों, नीतियों और कार्यक्रमों को जैसे हवाई जहाज से बिखरा देना, इस आश में कि उनमें अंकुर फूटेंगे और वे बढ़ेंगे, काफी नहीं है। यह काम तो करना ही होता है, लेकिन हमेशा ही, और ऐसे समय खास तौर पर जब छले जाने के कारण लोगों में निराशा हो, इसके साथ-साथ छोटे रोजमर्रा के काम जरूरी होते हैं—इलाकों और पेशों में ऐसे स्त्री-पुरुषों को खोजना तो अपने संगठन के विचारों, नीतियों और कार्यक्रमों को और आगे फैलाएँ, संगठित करें, और अमल में लाएँ। कई कारणों से ये छोटे काम लगभग बिलकुल बन्द हो गए हैं। लगभग हर व्यक्ति जो थोड़ी-बहुत प्रसिद्धि वाला नेता है, अलग छोटे-से समूह में आम लोगों से अलग कटा हुआ रहता है। मैं

किसी भी राजनीतिक दल के किसी नेता या संसद सदस्य को नहीं जानता, जिसने अपने संगठन के लिए किसी विद्यार्थी या अन्य व्यक्ति को खोजा हो, या अपने विचार फैलाने के लिए उसके घर या छात्रावास में गया हो। मैं साफ कर दूँ कि मेरा मतलब आम सभाओं या विचार-बैठकों से नहीं है, यद्यपि ये भी अधिक नहीं होते।

ऐसी स्थिति में सारे उपदेश विफल होते हैं। खोखले उपदेशों में और कुछ जोड़ने की मेरी इच्छा नहीं है। लेकिन एक चीज की तरफ ज्यादा-से-ज्यादा लोगों को ध्यान देना होगा। आम चुनाव खतम होते ही, अगर हुए तो, सब जगह विचार-बैठकों का काम और स्थायी समाजवादी स्कूल का काम शुरू हो जाना चाहिए। लेकिन यह केवल गौण उपाय है। एक अन्य गौण उपाय है पैंतीस वर्ष से कम उम्र के लोगों को इससे अधिक उम्र वाले लोगों से यथासम्भव अलग करना। नेतृत्व की मान्यता के रूप में आवश्यकतानुसार आज्ञाकारिता हो, लेकिन पैंतीस से कम उम्र वालों को स्वयं अपनी मजबूत और कठोर दिशा बनाने की कोशिश करनी चाहिए, विचार में स्वतंत्र, और कार्य में भी स्वायत्त। लोग इतने नजदीक और मिले-जुले रहते आए हैं कि पैंतीस से कम उम्र वालों ने अधिक उम्र वालों की और अधिक उम्र वालों ने कम उम्र वालों की बुराइयाँ सीख ली हैं। अन्य कारणों के साथ, दलों की बड़ी संख्या भी इसका एक कारण है, क्योंकि छोटी पार्टी में स्वभावतः लोग एक-दूसरे के बहुत नजदीक रहते हैं।

पिछले दस सालों और उसके भी पहले से, इन कमजोरियों ने संगठन को पंगु कर रखा है। और प्रदर्शन को संगठित करने के पाँच-छह हफ्तों में शौकीनमिजाजी साफ दिखाई देती थी। प्रदर्शन का विचार करने और उसका ऐलान करने में मूर्खतापूर्ण लापरवाही दिखाई गई। उसके बाद, संगठनकर्ता और समिति सदस्य बहुत कुछ टेलीफोन और प्रेस वक्तव्यों के माध्यम से काम करते रहे। प्रदर्शन के उदाहरण से मैंने सोचने की कोशिश की है कि टेलीफोन और प्रेस वक्तव्य द्वारा क्रान्ति कैसी होगी। नेता इन दिनों बड़े ही प्रचारचेता होते हैं। वे समझते हैं कि समाचार-पत्रों में प्रकाशन होने से उन्हें क्रान्ति हासिल हो जाएगी, नहीं तो कम-से-कम, प्रसिद्धि तो मिल ही जाएगी। मुझे खेद है कि पैंतीस से कम उम्र के युवक नेताओं ने भी यह दुर्गुण अपना लिया है। इसका एकमात्र इलाज है ऐसा या ऐसे युवक नेता जिनका प्रचार न हो या बहुत कम हो, लेकिन जिनके पीछे चलने वाले इतनी संख्या में हों कि उनकी ओर ध्यान देना पड़े।

तब आया प्रदर्शन का दिन, ऐसा प्रदर्शन जिसके लिए कोई सभाएँ नहीं हुई थीं, सिवाय एक सभा के जिसमें अन्य विषय अधिक प्रमुख रहे, और एक छोटी-सी परिचर्चा के, जिसमें एक सौ से भी कम व्यक्ति उपस्थित थे। फिर भी कुछ हो सकता था। दिल्ली के बाहर से लगभग तीन सौ विद्यार्थी शहर के अन्दर आने में सफल हो गए थे। यह सही है कि साम्यवादी कुछ ढीले पड़ गए थे, लेकिन इससे समाजवादियों को स्वयं अपनी असफलता के लिए बहाने खोजने का लोभ नहीं होना चाहिए। इस दिन नेतृत्व बिलकुल खतम हो गया था। सम्भव है स्थिति के अति-यथार्थ मूल्यांकन के कारण या इस भावना के कारण कि बाजी हारी गई थी, और अर्थहीन संकेत-प्रदर्शन के अलावा कुछ मुमकिन नहीं था। दूसरी ओर, मुमकिन है कि अनजाने ही दिल के किसी कोने में भय उग आया हो। दिल्ली के बाहर से आए तीन सौ विद्यार्थियों के आगे कोई जाना-माना व्यक्ति होता, तो मुमकिन है और भी कुछ सौ लोग शामिल हो जाते, जो चाँदनी-चौक या अन्य किसी भीड़ वाली जगह में शान्ति से लेकिन मजबूती के साथ बैठ जाते। इससे मुमकिन है लोगों में कोई नई भावना जगती, राजधानी के बाहर भी फैलती।

कुछ लोग कह सकते हैं कि ये सब तरीके पुराने पड़ चुके हैं। क्रान्ति को अब अन्य रूपों की जरूरत है। लोग तैयार हैं। जरूरत है कुछ ऐसे हथियारबन्द लोगों की जो अपना हाथ रोकने में सेना और पुलिस के लोगों को सहारा दे सकें। मैं नहीं जानता। मैं केवल इतना ही कह सकता हूँ कि इस सम्भावना को मैं तत्काल खारिज नहीं करता, यद्यपि अभी तक मुझे यह पसन्द नहीं है। पलटन में स्थिति अभी इतनी अस्थिर नहीं है, और शान्तिपूर्ण प्रतिरोध के प्रयोग को इतनी आसानी से छोड़ भी नहीं देना चाहिए। लेकिन दूसरी तरह सोचने वाले लोगों को या तो खामोश हो जाना चाहिए, या फिर हिंसा के लिए संगठन करने के लम्बे, मेहनत और थकान-भरे काम में जुट जाना चाहिए।

मैं फिर कुछ निजी बात कहना चाहूँगा। समाजवादी आन्दोलन में मेरी स्थिति कुछ विचित्र और दुर्भाग्यपूर्ण है। उदाहरण के लिए मैं उत्तर प्रदेश समाजवादी समिति के एक प्रस्ताव को लेता हूँ। उन्होंने मुझसे लिखित आदेश माँगा, और कहा कि उसे वे मानेंगे। स्वभावत: मैंने इससे इनकार किया, और उसके बजाय उन्हें कुछ सलाह दी, जो उन्होंने तत्काल नामंजूर कर दी। जब विद्यार्थियों के प्रदर्शन की बात सोची और घोषित की गई, तो मुझे कुछ चिन्ता हुई थी। मुझे लगा था कि इस तरह विकेन्द्रित स्फूर्ति को रोका जा रहा है, और ध्यान हटाया जा रहा है। लेकिन फिर मैंने सोचा कि इससे मुझे कुछ खास मतलब नहीं था।

सात नवम्बर तक मैं यही सोचता था। उसके बाद मुझे प्रदर्शन की असफलता, और अर्थहीन मौतें, दोनों सम्भावनाओं को लेकर चिन्ता होने लगी। अपनी गिरफ्तारी के समय हममें से कुछ लोग सावधानी की, और आवश्यक हो तो प्रदर्शन के निर्णय को बदलने की सलाह दे रहे थे, लेकिन हमारा आग्रह था कि जो भी हमारा फैसला हो, उस पर सच्चाई और गम्भीरता से अमल किया जाए। मुझे बार-बार जेल भेजे जाना पसन्द नहीं जबकि कोई कुत्ता भी उस पर नहीं भूँकता, या कम-से-कम ज्यादा संख्या नहीं। लेकिन मैं समझता हूँ कि एक बहुत कुछ हवाई संगठन का एक प्रसिद्ध अंग होने के कारण मैं इस मुसीबत से बच नहीं सकता। मैं सुनता हूँ कि लोगों के कुछ हिस्से को मुझ पर भरोसा है। मुझे पूरा यकीन नहीं। लेकिन अगर ऐसे लोग हैं तो उन्हें कोशिश करनी चाहिए कि मुझे ऐसी मुसीबतों से बचाएँ, और यह काम केवल सक्रिय संगठन ही कर सकता है।

फिर भी, शर्म और डर के साथ भविष्य को लेकर मुझे कुछ भरोसा भी है। इस भरोसे पर भी निरन्तर चोट पड़ रही है। इधर आखिरी चोट है अकाल के सम्बन्ध में विरोधी दलों का पंगु हो जाना। जब तक अकाल के संकेत-भर थे, संसोपा सहित राजनीतिक दलों ने भूख मार्च आयोजित किये। लेकिन अब, जब अकाल देश में अपने पाँव फैलाने वाला है, सारा विरोध कार्य बन्द हो गया है। राहत की सर्वोच्च आवश्यकता को कोई भी समझ लेगा। सारी शक्ति उसमें लगनी चाहिए। लेकिन जो कुछ सम्भव है सब करने के बाद भी अगर अकाल नहीं रुकता तब? अगर समाजवादियों का-सा दल ऐसे समय में किंकर्तव्यविमूढ़ हो जाता है और तत्काल भूख मोर्चों के द्वारा क्रान्तिकारी स्थिति के लिए तैयारी नहीं करता, तो मैं यही कह सकता हूँ कि वह ऊँची जात या कांग्रेसी प्रभावों के दबाव में दूसरे दलों की तरह आ गया। निश्चय ही अकाल के बीच में सरकार बदलने से, जिसका मतलब है नीतियाँ बदलना, अकाल नहीं रुक जाएगा। लेकिन ऐसी तब्दीली से नये अकालों का आना रुकेगा, क्योंकि मुझे डर है कि जब तक कांग्रेसी सरकार कायम है तब तक अकाल हर साल आता रहेगा।

दिक्कत कहीं और है। सभी दलों को ऊँची जात का नेतृवर्ग चलाता है। मुख्यत: हरिजन और आदिवासी, लेकिन कुछ और पिछड़ी जातियाँ भी, यही अकाल में मरते हैं। ऊँची जात के गरीब कभी-कभी झुलस जाते हैं, कभी-कभी बुरी तरह भी झुलस जाते हैं। इससे एक ऐसी स्थिति उत्पन्न हो जाती है जिसमें मरने वालों की तकलीफ नेतृवर्ग के दिल को नहीं छूती, चाहे वे सरकार के हों या विरोध-पक्ष के।

मेरे क्रान्तिकारी विश्वास पर यह चोट ही उसे मजबूत करती है। जेल में एक अजीब बात मेरे दिमाग में आई। मुझे शक है कि गाय की रक्षा करने की इच्छा से कानून तोड़ने वाले साधुओं में बहुसंख्या पिछड़ी जातियों की थी। भारतीय समाज बिलकुल अर्थहीन हो गया है, उसे कायम रहने का कोई हक नहीं रह गया। हर जगह उसकी जड़ में अन्याय और तर्कहीनता है। वह चाहे कभी विद्यार्थियों की बेचैनी में फूट पड़े, कभी गोरक्षा में, लेकिन उसकी जड़ में सारी स्थिति की अर्थहीनता ही है। जब तक न्याय और तर्क के आधार पर एक नया समाज दृढ़ता से खड़ा नहीं हो जाता, तब तक लावा फूटता रहेगा। कौन सोच सकता था कि एक इस्पात कारखाने का सवाल एक पूरे प्रदेश को हिलाकर रख देगा। लेकिन अन्याय बिलकुल साफ था। आन्ध्र में प्रति व्यक्ति आय 250 रुपये वार्षिक की तुलना में पड़ोसी मद्रास की आय प्रति व्यक्ति 400 रु. वार्षिक है।

कांग्रेस पार्टी के पास कोई इलाज नहीं है। कोई नया उपाय करने या नई नीति चलाने की उसमें बिलकुल क्षमता नहीं है। जाति, भाषा, क्षेत्रीय असन्तुलन, खर्च और फलस्वरूप पूँजी विनियोग, अन्न और अकाल, दाम, पाकिस्तान या चीन, किसी के बारे में कांग्रेस की कोई नीति ही नहीं है, न हो सकती है, क्योंकि जहर उसके मर्म तक फैल गया है, या लम्बे रोग ने उसे जड़ बना दिया है। जिसे ऊँचे वर्ग अस्थिरता और अव्यवस्था कहते हैं, और जिसे मैं 49 करोड़ लोगों की बेचैनी और जागरण कहता हूँ, वह भारतीय इतिहास में अब आगे आने वाला है, और कोई उस लेखे को मिटा नहीं सकता।

बीस सालों से विद्यार्थी, यानी शिक्षा में लगे हुए नौजवान लड़के और लड़कियाँ इस सबकी शर्म और अन्याय को महसूस करते रहे हैं। मुमकिन है कि उनके दिमाग में पूरी बात न पैठी हो, लेकिन उनके शरीर और उनकी अमूर्त चेतना ने इसको अनुभव किया है। युवक समारोहों और भरत-नाट्यम या कथक के सांस्कृतिक कार्यक्रमों से मुमकिन है उनके दिमाग कुछ भटके हों, लेकिन बादल बराबर घुमड़ते रहे हैं। दिमाग को पोषण के लिए सिद्धान्त और तर्क और हुनर की जरूरत होती है, लेकिन नाच-गाने को इनका पूरक बनाने के बजाय जब इनकी जगह दे दी जाती है तो मामला खतरनाक हो जाता है। सरकार ने सोचा कि समारोहों की भीड़ लगाकर वह गांधीवाद, मार्क्सवाद या समाजवाद जैसे परेशानी पैदा करने वाले सिद्धान्तों का सामना करने से बच जाएगी, लेकिन इसकी कीमत उसे चुकानी पड़ रही है, गो बहुत जल्दी नहीं, और अभी पूरी तरह नहीं।

मामूली विद्यार्थी तीसरी या दूसरी श्रेणी में भी पास हों, तो उन्हें कॉलेजों या विश्वविद्यालयों में जगह नहीं मिलती, लेकिन मंत्रियों के बेटे-बेटियाँ फेल भी हो जाएँ तो शिक्षा के लिए अमरीका या यूरोप भेज दिया जाता है। परीक्षाओं में फेल होने वालों का प्रतिशत पचास के ऊपर चला जाता है, जबकि सभ्य दुनिया में और हर कहीं यह दस के नीचे रहता है। इससे कितनी निराशा फैलती है, इसकी कल्पना की जा सकती है। इतने अधिक विद्यार्थियों के फेल होने का एक कारण है सरकार की नीति, विशेष रूप में अंग्रेजी को अनिवार्य विषय और शिक्षा का माध्यम बनाए रखने की नीति। अंग्रेजी की छूत से सारी शिक्षा कैसे सिकुड़ और मुरझा गई है, यह बात सरकार और ऊँचे वर्गों के अलावा और सबके सामने साफ है। शिक्षा से विचारों की साहसिकता और हुनर बढ़ने चाहिए। लेकिन इनमें से कोई भी नहीं बढ़ता, विचारों की साहसिकता तो बिलकुल ही नहीं, और हुनर सिर्फ इस हद तक कि प्रतिष्ठा के लोभी अफसर-वर्ग और घटिया किस्म के उत्पादन को कायम रखा जा सके।

कुछ विश्वविद्यालयों में अध्यादेशों द्वारा नियुक्त उपकुलपति विराजते हैं, और अधिकांश में पुराने नौकरशाह। अध्यापकों में तरक्की का उल्टा ढंग चलता है बोली में चतुर और चापलूस तरक्की पाते हैं। विद्यार्थियों के पिछले आन्दोलनों की एक अच्छी विशेषता रही है पिता-पुत्र की तरह विद्यार्थी और अध्यापक का संयुक्त मोर्चा। मैं आशा करता हूँ कि इससे आचरण में चौतरफा सुधार होगा, विद्यार्थी निजी व्यवहार में अधिक सभ्य बनेगा और अध्यापकों में मूर्खतापूर्ण शिक्षण या अंक देने में बेईमानी के दोष दूर होंगे।

कांग्रेसी सरकार ने शिक्षा की क्या हालत की है, कैसे गमले में पेड़ उगाना चाहा है, काशी विश्वविद्यालय इसकी एक दुखद मिसाल है। सन् 1942 में आजादी के लिए खुले विद्रोह, और पंडित मदनमोहन मालवीय का यह विश्वविद्यालय एक दायरे में बाँध दिया गया है। आज भी इसमें आठ हजार विद्यार्थी ही पढ़ते हैं, जितने पन्द्रह साल पहले पढ़ते थे। बढ़ती हुई आबादी के इस देश में उच्च शिक्षा को सीमित कर दिया गया है। इस विश्वविद्यालय के आसपास का इलाका देश के सबसे गरीब इलाकों में से एक है, लेकिन उसकी भाषा और उसकी जरूरतें इस विश्वविद्यालय में कहीं स्थान नहीं पातीं। मुझे बसों या मोटरों का जलाना पसन्द नहीं है, लेकिन मैं बताऊँ कि मोटरों के मालिक या चालक कैसे अन्धाधुन्ध मोड़ लेते हैं या बरसात के दिनों में पैदल चलने वालों पर कीचड़ उछालते हैं। गरीब आदमी और मोटर मालिक के बीच कितनी शत्रुता पलती रहती है। सारी स्थिति के प्रकट अन्याय ने युवा

दिलों को छलनी कर दिया है या कर देना चाहिए। नौजवानों को कोई रास्ता दिखाई नहीं देता। जब तक यह सरकार कायम है, मुझे भी कोई रास्ता दिखाई नहीं देता। न्याय और सम्भव समता के जरिये ही देश समृद्ध हो सकता है। अत: अव्यवस्था और विस्फोट अनिवार्य है।

हर समय कहीं-न-कहीं कुछ-न-कुछ फूटता रहेगा। कांग्रेसी सरकार की जिन्दगी के हर दिन अब जो दबाव और तनाव और विस्फोट होंगे, उन्हें वह बर्दाश्त नहीं कर सकेगी। मुझे डर है कि संयुक्त समाजवादी दल सहित, राजनीतिक दल प्रौढ़ता नहीं दिखा रहे हैं और न स्थिति का संचालन कर पा रहे हैं, फिर भी मुझे विश्वास है कि लोग गिरते-पड़ते किसी तरह वांछित लक्ष्य तक पहुँच जाएँगे। इसमें समय लग सकता है। सरकारी कर्मचारियों की दस दिन की हड़ताल मनुष्य-जाति के सारे इतिहास में अभूतपूर्ण घटना है। इससे पता लगता है सरकार बिलकुल बेशर्म है, और लोग भी साहसहीन हैं। सम्भव है कि वह दिन बहुत दूर न हो, जब पलटन के लोग स्वयं अपने देश के लोगों पर गोली चलाने से इनकार कर दें, क्योंकि पलटन विदेशी आक्रमणकारी का सामना करने के लिए बनाई जाती है। इसके अलावा हो सकता है कि एक के बाद एक सरकारी अन्यायों से लड़ने वाले समूह गिरते-पड़ते कभी मिलकर इकट्ठा लड़ाई करें। यह मेरा विश्वास है, लेकिन एक उपाय भी है। राजनीतिक दलों के अलावा, जिन्हें मैं सर्वथा महत्त्वहीन नहीं मानता, हमें विशिष्ट लक्ष्यों के लिए नये प्रकार के संगठन बनाने होंगे, जैसे जाति-विनाश सम्मेलन, अंग्रेजी हटाओ सम्मेलन, अकाल-विरोधी सम्मेलन, भारत-पाक एका सम्मेलन। ये सम्मेलन शायद लोगों के विश्वास को कायम रखने वाले संगठन प्रदान कर सकें और कुछ करने में उनकी सहायता कर सकें। शायद इनमें वे दोष भी कम हों, जो विचार को यंत्र के अधीन बना देने के कारण हर संगठन में पैदा होते हैं।

[1966]

गैर-कांग्रेसवाद और समाजवाद

गैर-कांग्रेसवाद फेल कर रहा है, ऐसा कुछ लोग कहने लगे हैं। किसी के मरने के पहले उसका मरना हो चुका है, ऐसा चिल्लाने वालों का इरादा कभी-कभी यह भी होता है कि उनके मन उसे मरा देखना चाहते हैं। जिनको कांग्रेस शासन से स्वार्थ या और किसी कारण मोह हो चुका है वे गैर-कांग्रेसवाद को जल्दी-से-जल्दी मरा देखना चाहते हैं। यह भी सही है कि गैर-कांग्रेसवाद कुछ अपने में ही उलझ गया है और उतना नहीं कर पा रहा है जितनी उससे अपेक्षा थी।

गैर-कांग्रेसी दल अपनी-अपनी विभिन्न दिशाओं को किसी एक दिशा में मोड़ नहीं पा रहे हैं, किसी एक कमजोर और धूमिल दिशा में भी। वे अपने ही दुश्मन बन बैठे हैं। केन्द्र में गैर-कांग्रेसी शासन चुटकी बजाते बन सकता है, लेकिन गैर-कांग्रेसी दल जान-बूझकर उसे नहीं बना रहे हैं। उनका कहना है कि प्रदेश में बड़ी बातों के फैसले नहीं करने पड़ते, न विदेशी नीति के और न राष्ट्रीयकरण इत्यादि आन्तरिक मामलों के, इसलिए प्रदेश में गैर-कांग्रेसवाद चल सकता है। लेकिन केन्द्र में गैर-कांग्रेसवाद को चलाना इनकी आँखों में असम्भव है।

अरब-इजराइल युद्ध के समय लोकसभा में ऐसा लगता था कि जनसंघी और कम्युनिस्ट एक-दूसरे पर चढ़ बैठेंगे। लेकिन वह सब नाटक था, शब्दों की गरमी, वह भी निरर्थक शब्दों की गरमी। अरब-इजराइल युद्ध में कर्म के द्वारा किसी पक्ष की सहायता करने की बात बिलकुल उठी ही नहीं। किसी कम्युनिस्ट ने मन बहलाने के लिए भी नहीं कहा कि भारतीय सिपाहियों की छोटी-मोटी टुकड़ी अरबों के लिए भेज दी जाए, या कम-से-कम कुछ दवाइयाँ वगैरह। किसी जनसंघी या स्वतंत्री ने वैसे ही मन बहलाने के लिए भी नहीं कहा कि इजराइल को पलटनी अथवा और किसी तरह की मदद भारत पहुँचाए। सबकी नीति थी निरर्थक घोषणाएँ करना और उनके लिए आपस में खूब जोरदार दिखाऊ

लड़ाई लड़ना। ऐसे दलों का एक सरकार में सम्मिलित होना क्या असम्भव या अति कठिन है? थोड़ा-बहुत कठिन तो होगा ही। क्या कांग्रेस दल के अन्दर मतभेदों के कारण या स्वार्थों के टकराव के कारण अकसर कठिनाइयाँ नहीं हो जाया करतीं। बचपन में सभी लोगों ने शैतान के पैरों के किस्से सुने होंगे। एक पैर आगे की तरफ मुड़ा होता है और दूसरा पैर पीछे की तरफ। हालाँकि यह किस्सेबाजी है, लेकिन किस्सा बड़ा मजेदार है। देखने वाले को लगता है कि शैतान बहुत भाग-दौड़ कर रहा है, खूब चहल-पहल कर रहा है लेकिन वास्तव में वह एक जगह से हट नहीं पाता। इसका कारण है कि वह परस्पर विरोधी तत्त्वों से बना हुआ है। ठीक उसी तरह कांग्रेस दल भी परस्पर-विरोधी तत्त्वों से बना हुआ है, उसका एक पैर आगे की तरफ दौड़ता है और दूसरा पीछे की तरफ। पिछले छह महीने इसके ज्वलन्त प्रमाण हैं। राजाओं की निजी थैली और शिक्षा के माध्यम को लेकर आभास हुआ शैतान खूब दौड़ रहा है और कहीं अधिक दौड़ने वाला है, लेकिन मामला जहाँ-का-तहाँ रह गया है और आगे भी बहुत कुछ होने वाला नहीं है।

थोड़ी देर के लिए मान लीजिए गैर-कांग्रेसी केन्द्रीय सरकार ऐसे परस्पर-विरोधी विचारों और तत्त्वों के कारण किसी एक दिशा में बहुत कुछ चल नहीं पाएगी। थोड़ा-बहुत तो उसे दिखाने के लिए चलना पड़ेगा। आखिर एक परिवर्तन आएगा। बीस वर्ष से चलने वाली सरकार का अन्त होगा। कुछ उसी धक्के में बातें हो जाएँगी। लेकिन अगर मान लिया जाए कि केन्द्रीय गैर-कांग्रेसी सरकार बहुत कुछ कर न पाएगी और परस्पर विरोध के कारण विदेश नीति अथवा ऐसे ही मामलों में ज्यादातर निष्कर्म रहेगी, एक बड़ा मतलब हर हालत में हल हो जाएगा। जो लोग समझते हैं कि केन्द्र से कांग्रेस सरकार को हटाना असम्भव या अति कठिन है, उनका व्यामोह टूट जाएगा। भावी चाल या दौड़ के लिए रास्ता साफ हो जाएगा। मन पर कांग्रेस का इतना बोझ न रहेगा जितना आज है। बीस-पच्चीस करोड़ मतदाताओं का मन कुछ हल्का होगा और वे अपनी बुद्धि का कुछ ज्यादा अच्छी तरह इस्तेमाल कर सकेंगे।

प्रदेश की गैर-कांग्रेसी सरकारें कई अर्थों में बाँझ और ठूँठ रही हैं, इसका एक कारण है कि केन्द्र में कांग्रेसी सरकार विराजमान है। पटवारी बदला लेकिन कलक्टर ज्यों-का-त्यों रहा। लेकिन एक बड़ा परिवर्तन लोगों के मन में हुआ कि कांग्रेस जा सकती है। जो लोग आज गैर-कांग्रेसवाद का मरसिया पढ़ने लगे हैं अगर वे सही भी हैं तो इस परिणाम को कैसे झुठलाया जाए। थोड़ी देर के लिए मान लो कि गैर-कांग्रेसवाद में अब कुछ दम नहीं रहा और

वह खतम हो चुका है। लेकिन इतिहासकार को हर हालत में स्वीकार करना पड़ेगा कि उसने जब तक जिन्दा रहा तब तक चमत्कार पूरा करके दिखाया। लोगों के मन से कांग्रेस का आतंक उठाया। अगर वह आगे के काम के लिए फेल कर रहा है तो भी उसने इस पीछे की परीक्षा में कितनी बड़ी सफलता हासिल की। लेकिन ऐसा लगता है कि उसका काम अभी तक पूरा नहीं हुआ है। जब तक केन्द्रीय कांग्रेस के दो या तीन टुकड़े नहीं हो जाते तब तक गैर-कांग्रेसवाद अपने दो हाथ दिखाता रहेगा ऐसा लगता है।

प्रदेश में भी गैर-कांग्रेसवाद आसानी से सफल नहीं हो पाया था। आज जो जनसंघी और कम्युनिस्ट पास-पास कुर्सियों में बैठे अनेक मंत्रिमंडल चला रहे हैं, चुनावों के पहले प्रदेशों के बारे में ठीक उसी तरह बातें कर रहे थे, जैसे आज केन्द्र के बारे में। जनसंघी कहते थे कि कम्युनिस्ट देशद्रोही के साथ कोई भला आदमी कैसे बैठ सकता है, विचारों की खाई कैसे पट सकती है। और उसने जनता के मन को उस हद तक बरगलाया। ठीक उसी तरह कम्युनिस्ट कहते थे कि साम्प्रदायवादी प्रतिक्रियाशील जनसंघ के साथ कैसे बैठा जा सकता था और उसने चुनाव के पहले जनता के मन को बरगलाया। चुनाव के बाद खाई पट गई और कुर्सियाँ भी सट गईं। लेकिन इन दोनों मतावलम्बियों ने देश का कितना नुकसान किया इसका हिसाब लगाना मुश्किल है। इन्होंने उन लोगों को बदनाम किया जिनकी आँखें भविष्य देखने के मामले में उनसे अच्छी थीं, जिनके सिद्धान्त और नीतियाँ उनसे अच्छी थीं। विचारों की पुरानी आदतों और संगठन शक्ति के कारण उन्होंने करोड़ों का मन बिगाड़ा। यह बिगाड़ दो अर्थों में हुआ। प्रदेश में जिस तरह कांग्रेसी हारे उस अनुपात में केन्द्र में नहीं हार पाए। इस अनुपात वैषम्य का कारण विभ्रान्तियाँ और गलतफहमियाँ थीं जिनको इन्होंने फैलाया। दूसरा नुकसान यह हुआ कि जिन करोड़ों मतदाताओं को अपनी तरफ खींचने में यह सफल हुए उनकी राजकीय शिक्षा कच्ची और अधूरी रह गई। पहले कहा कम्युनिस्ट देशद्रोही हैं और जनसंघी दकियानूसी फिरकापरस्त और फिर आपस में खिचड़ी पकाओ-खाओ और इसके लिए कोई तर्क न दो तो जनता का राजनीतिक शिक्षण हो नहीं पाता।

भारत के राजकीय दल उधार अनुभव पर चलते हैं। उनमें से कुछ उधार लेते हैं अमेरिका से, कुछ इंगलिस्तान से, कुछ रूस से, कुछ ऐसे भी हैं जो कइयों से उधार लेते हैं। मनुष्य जीवन में तभी तरक्की करता है, चाहे भौतिक, चाहे आध्यात्मिक, जब वह प्रत्यक्ष और सीधे अनुभव से सीखता है और अपनी बुद्धि से विश्लेषण करता है, उस अनुभव का भी जिसे वह विदेश से किताब

अथवा समाचार-पत्रों के मार्फत जानता है, लेकिन अन्ततोगत्वा हर विश्लेषण और अनुभव को अपने और अपने देश के जीवन में प्रत्यक्ष और सीधा उतारता है।

कौन नहीं दंग हुआ होगा उस दिन जब अरब-इजराइली युद्ध में रूसी, अमेरिकी और अंग्रेज भी आपस में लोकसभा में टकराए थे। सीधे देशी अनुभव की धीमी-सी आवाज सिर्फ सुन पाई थी। शायद लोगों को पता नहीं कि इजराइल को कानूनी मान्यता देने वाला पहला देश रूस था। अमेरिका ने कुछ घंटों पहले उसको कार्यकारी मान्यता दी थी, कानूनी नहीं, और अंग्रेजों ने किसी भी तरह की मान्यता रूस के कई महीनों के बाद दी और उसी तरह अमेरिकी कानूनी मान्यता कई महीनों बाद आई। तब इजराइल अंग्रेजी साम्राज्यशाही से लड़ रहा था। साथ-साथ अमेरिका और रूस से और कुछ मोहब्बत भी चल रही थी। क्योंकि आज बीस वर्ष बाद इजराइल से अंग्रेजों और अमरीकियों का झगड़ा नहीं रह गया और अरबों से रूसियों की दोस्ती कुछ बढ़ गई है, इसलिए उनकी अपनी नीतियों में परिवर्तन आया है। किसी सिद्धान्त के आधार पर नहीं, किसी तर्क के आधार पर नहीं, केवल विदेशी नीति की नींव स्वार्थ के आधार पर। इन्हीं उधार अनुभवों को लेकर शायद जनसंघ कम्युनिस्ट इत्यादि आपस में भारतीय लोकसभा में टकराए थे।

अंग्रेजी के मामले को लेकर यह बात और भी साफ सामने आई। वैसे कागज पर कम्युनिस्टों की जो भी नीति हो, अमल में अंग्रेजी के समर्थक कभी-कभी बहुत कट्टर रूप से हैं। एक बार लोकसभा में रिजर्व बैंक और उत्तर प्रदेश के बीच पत्र-व्यवहार की भाषा का सवाल उठा। रिजर्व बैंक ने उत्तर प्रदेश सरकार को लिखा कि अगर वह हिन्दी में पत्र लिखना ही चाहते हैं तो उसकी अधिकृत नकल अंग्रेजी साथ भेजें जिसे वह असली समझेंगे। इस पर लोकसभा के एक सदस्य ने कहा कि रिजर्व बैंक के उस अफसर को बर्खास्त करो। तत्काल एक कम्युनिस्ट सदस्य ने चिल्लाया कि उस अफसर को तरक्की दो। अगर कम्युनिस्ट सदस्य मलयालम अथवा बंगाली के लिए लड़ाई लड़ते, सभी भारतीय भाषाओं के लिए लड़ाई लड़ते तो बात समझ में आती। लेकिन जब उनकी लड़ाई अंग्रेजी के पक्ष में और हिन्दी-उर्दू के खिलाफ चली जाती है तब अनायास सवाल उठता है कि क्या यह पार्टी दिमाग खो बैठी है। कुछ हद तक समझ में आ सकता था यदि कम्युनिस्ट रूसी या चीनी भाषा के लिए चिल्लाते, लेकिन जब वह अंग्रेजी के लिए चिल्लाने लगते हैं, तब यही कहना पड़ता है कि इस पुराने देश में न जाने किन-किन लोगों के दिमाग में परत-पर-परत जमी हुई हैं और विचारों में कोई ताँत या धागा या जोड़ नहीं है।

हमने पहले सोचा था कि भारत की राजनीति में एक बड़ी फाँक पड़ चुकी है। कुछ दल हैं जो पेट के सवाल उठाते हैं। कुछ दल हैं जो मन के सवाल उठाते हैं। दोनों भूल जाते हैं कि पेट और मन एक ही शरीर के दो अलग-अलग अंग हैं और उनमें अन्योन्याश्रय सम्बन्ध है। एक तभी सुधर सकता है जब दूसरे को सुधारने की साथ-साथ कोशिश चले। मोटे तौर से शायद अब भी सही है कि कम्युनिस्ट दल ने केवल पेट को सुधारने का भ्रम फैलाया है, और जनसंघी जैसे दलों ने केवल मन को।

यह बात अब केवल मोटे तौर से सही रह गई है। जनसंघियों का लोकसभा में और दिल्ली नगर में व्यवहार देखकर कहना पड़ता है कि उसका अंग्रेजी विरोध कागज पर है, उतना कर्म से नहीं। दिल्ली की दीवारें अंग्रेजी पर्चों से रँगी रहती हैं। उसका अध्यक्ष लोकसभा में बहुधा अंग्रेजी में बोलता है। मालूम होता है कि देश में महाकाल का अक्षुण्ण साम्राज्य है। समय सबको बहुत जल्दी सड़ा देता है। बचपन, जवानी और प्रौढ़ता का जमाना प्राय: नहीं-सा होता है। जहाँ कोई दल जरा-सा बढ़ने लगता है, मामूली जरा-सा इतना जरा-सा कि वह केवल अपने मन में फूला नहीं समाता, लेकिन बाहरी दुनिया में उसकी स्थिति कुछ हास्यास्पद ही रहती है, बुढ़ापा उस पर चढ़ जाता है और समय उसको सड़ाने लग जाता है।

एक ही दल था जिसने पेट और मन के इस मर्म को समझा था और जिसने दोनों को सुधारने का सिद्धान्त और कार्यक्रम बनाया था। समाजवादियों के लिए पक्ष में या विपक्ष में जितना भी कड़ा कहा जाए, लेकिन इतिहास इसका साक्षी रहेगा कि उन्होंने देश को विचारों की गति देनी चाही। जात को तोड़ने का कार्यक्रम बनाया, जात पर चौतरफा हमला करके और खासतौर से योग्यता की जगह पर विशेष अवसर के सिद्धान्त द्वारा। अंग्रेजी हटाओ का कार्यक्रम बनाया। चौखम्भा सिद्धान्त बनाकर नौकरशाही और पुलिस के दाँत तोड़ने चाहे। सम्पूर्ण और सम्भव समता के फर्क को समझते हुए न्यूनतम और अधिकतम का कार्यक्रम बनाया, न्यूनतम यदि एक हो तो अधिकतम दस रखा, और अधिकतम को और ज्यादा मूर्त बनाया, 1500 रुपया महीने के खर्चे का एक कुटुम्ब की सीमा बाँधकर।

एक घंटा देश को—का कार्यक्रम बनाया। स्वयंसेवकी की, जिसे बाद में और लोगों ने श्रमदान का नाम दिया और जो आज फिर सिंचाई के एक वृहत स्वयंसेवकी की कल्पना के रूप में सामने आ रही है। हिमालय बचाओ का कार्यक्रम सन् 49-50 में ही शुरू किया और जिसे अब देश बचाओ के

कार्यक्रम में बदलने की आवश्यकता आ पड़ी है। विदेश नीति के सम्बन्ध में ऐसा विचार चलवाने की कोशिश की कि दुनिया के पुनर्गठन में आदर्शवाद आए और देश की सुरक्षा में यथार्थवाद, क्योंकि रूस और अमरीका जैसे शक्तिशाली देश के कन्धों पर दुनिया का बोझ इतना आ पड़ता है कि वह आदर्शवाद चला नहीं पाते।

कर्म के क्षेत्र में समाजवादी खरे नहीं उतर पाए हैं। विचारों के क्षेत्र में शायद वह एकमात्र दल है जिसने राजनीति में नये-नये सोच को गति दी। किन्तु गति तेज नहीं हो पाई। विचार शायद जीभ तक रह गया। दिमाग पर चढ़ नहीं पाया। यह भी हो सकता है कि दिमाग पर चढ़ा लेकिन कमजोरी से, जिसका नतीजा हुआ कि कर्मक्षेत्र में उतना खरापन नहीं आ पाया। सम्भव है कि विचार और कर्म में जरूरी सम्बन्ध न हो, समय अपनी चाल चलता हो, अथवा व्यक्ति सुधार की भी अग्रिम आवश्यकता हो। जो भी हो समाजवादी अपने व्यवहार में कमजोर पड़ते चले गए हैं। कसम खाते हैं कि अंग्रेजी का सार्वजनिक व्यवहार नहीं करेंगे और मातृभाषा अथवा हिन्दुस्तानी को ही चलाएँगे, लेकिन केरल में संसद सदस्य अंग्रेजी बोलने लगे हैं, जबकि कर्नाटक के श्री पटेल ने लड़कर कामयाबी हासिल की कि वह कन्नड़ में बोला करते हैं। मामला यहाँ तक बिगड़ा कि एक दिन एक हिन्दी इलाके का सदस्य अंग्रेजी बोल बैठा।

बिहार के कुछ समाजवादियों को यहाँ तक कहते सुना गया कि चाहे बिहार में संयुक्त कबीना में साठ प्रतिशत की जगह पच्चीस प्रतिशत या उससे भी कम पिछड़े लोग हों, लेकिन उनका अपना अनुपात तो आधा-आधा है। जैसे सबके काम की जिम्मेदारी उनके ऊपर न आती हो, आखिर वह कबीना के अंग हैं अथवा नहीं। कुछ को यहाँ तक कहते सुना गया कि बिहार की जातीय अवस्था को देखते हुए समाजवादी कबीना मंत्रियों में एक राजपूत, एक भूमिहार, एक ब्राह्मण जरूरी होना चाहिए। तो फिर क्यों नहीं उसी तर्क पर एक हरिजन, एक मोमिन, एक कोयरी, एक कुम्हार, एक कहार इत्यादि हों। मालूम होता है कि जीभ की दुनिया में और कर्म की दुनिया में जो खाई है, विशेषकर भारतीय राजनीति में, उसे पाटने लायक अभी तक कोई दल नहीं है।

कुछ लोग इसलिए निराश हो रहे हैं। वे कहने लगे हैं कि कांग्रेसी और गैर-कांग्रेसी मंत्रिमंडलों में विशेष अन्तर क्या है, सबके सब एक जैसे हैं, थोड़ा-बहुत 19-20 का फर्क चाहे हो। यह तर्क कुछ निराशा की छटपटाहट से निकला हुआ है और उतना सही नहीं है। कुछ परिवर्तन तो हुआ ही है और होता ही रहेगा, क्योंकि झक मार करके गैर-कांग्रेसियों को दर्शाना होगा कि

वह कांग्रेसियों से भिन्न हैं। लेकिन तर्क मान भी लिया जाए, तो असली बात कुछ और है। फिर भी यह कहना जरूरी है कि मंत्रियों के हिमायतियों को अल्पसन्तोष बहुत होता है। अध्ययन में अंग्रेजी वैकल्पिक हुई अथवा ऊँचे स्तरों पर पत्र-व्यवहार अंग्रेजी में न हुआ, डुग्गी पिटने लगती है। क्यों नहीं सरकार व्यापारियों को कहती की बिक्री-कर का हिसाब अंग्रेजी बहीखातों से नहीं लग पाएगा। क्यों नहीं सरकार की मातहती की सभी नौकरियों के लिए अंग्रेजी का ज्ञान गैर-जरूरी करार दिया जाता। ऐसा अगर न हुआ, आज के कमजोर कदम गरीबों के बच्चों के खिलाफ जाएँगे और अंग्रेजी के चलन में कमी न पड़ेगी।

जनता में परिवर्तन की भूख जगी है। यह भूख अभी तीव्र नहीं है। न इसकी कोई दिशा है। अगर एक दिशा होती तो जनता किसी एक विचारधारा को अपनाकर उसे गद्दी पर बैठाती। गैर-कांग्रेसी संयुक्त सरकारों में 7-8 दिशाएँ रहती हैं, कांग्रेस से तत्काल निकले लोग, कम्युनिस्ट दो प्रकार के जनसंघी, प्रजा समाजवादी, निर्दलीय, मुस्लिम लीग, रिपब्लिकन और संयुक्त समाजवादी आदि। साथ-साथ विभिन्न दिशाओं को किसी एक दशा में ले चलना हँसी-मजाक नहीं है। इसलिए जब साधारण मतदाता संयुक्त सरकारों की असफलताओं पर जरूरत से ज्यादा ध्यान देने लगते हैं, तब उनसे किसी को जरूर कहना चाहिए कि आखिर अन्ततोगत्वा वह खुद जिम्मेदार हैं। उन्होंने ही तो इस भानुमति के पिटारे को चुना। जिस विचार से इस पिटारे को इकट्ठा किया और कुछ प्रदेशों से कांग्रेस की सरकार को हटाया, उसने क्या कम कमाल किया। साधारण मतदाता को चाहिए कि वह जाने कि किस विचारधारा ने इस भानुमति के पिटारे को बटोरकर तब्दीली की, भूख को थोड़ा-बहुत भरण-पोषण किया, उसे और पकाया और तीव्रतर किया। निस्सन्देह यह विचार समाजवादी था।

समाजवादी भी आखिर मनुष्य हैं। वे अतिहर्ष और अतिविषाद में चलते-चलते गोते खाने लगते हैं। और मनुष्यों की तरह समाजवादी मनुष्य भी घटना ज्यादा प्रवाह कम समझता है। राजनीति हमेशा एक प्रवाह है। भारतीय राजनीति इस समय प्रायः सम्पूर्ण देश में एक प्रवाह है, क्योंकि गरीबी, भुखमरी और राष्ट्रीय शर्म उसे घटी घटना के साथ जुड़ने तथा सन्तोष की साँस नहीं लेने देंगे।

इसी प्रवाह को आज समझना है। परिवर्तन की भूख को दिशा देनी है और तीव्रतर करना है। गैर-कांग्रेसी मंत्रिमंडल कोई बन्दर का बच्चा तो है नहीं जिसे मर जाने पर भी बन्दरिया चिपकाए रहती है। जब किसी गैर-कांग्रेसी मंत्रिमंडल से बड़ी तब्दीली का काम न हो पाए तब समझ लेना चाहिए कि वह मर चुका है। हम नहीं चाहते कि कोई असह्य और अशक्य काम का

बोझ इन मंत्रिमंडलों पर डाला जाए लेकिन कुछ तो उन्हें करते रहना चाहिए, इतना जिससे जनता की भूख, परिवर्तन वाली भूख, खतम न हो जाए। यह भूख खत्म हुई तो सब खतम हुआ। जो व्यक्ति मंत्री बन जाते हैं, पदेन और स्वभावत: उनको इस भूख की इतनी फिकर नहीं रहती, जितनी स्थिरता और जैसे-तैसे बने रहने की। दलों के अन्य नेता और कार्यकारणियों को इन मंत्रियों के साथ इतना आना-जाना और स्वार्थ जुड़ जाता है कि वे भी अकसर फिसल जाते हैं। अब बोझा आ पड़ा है राजनीति के साधारण आदमी पर।

राजनीति का साधारण कार्यकर्ता दर्शक हो गया है। वह भी कुछ चिपकू हो गया है। किसी-न-किसी बड़े नेता या मंत्री के साथ चिपकते रहने में ही वह अपना कल्याण समझता है। वह अपने को लायक नहीं बनाता है। पढ़ता-लिखता नहीं। हमारा मतलब स्कूल-कॉलेज की पढ़ाई से नहीं है। देश-विदेश की जानकारी और छोटी से बड़ी इत्तलाएँ और उनके विश्लेषण तथा सिद्धान्तों के टकराव के बारे में साधारण कार्यकर्ता को जानकार होना चाहिए। इस जानकारी के साथ-साथ उसे अपने सम्बन्धित कर्मक्षेत्र में कुछ करके दिखाना चाहिए, अपने इलाके में या किसी चुने हुए धन्धे के बीच। दरबारगीरी, चापलूसी और चुगलखोरी साधारण कार्यकर्ता के सबसे बड़े दुश्मन हैं। इसी के सहारे वह उठता है। एक की उठाई को देखकर बाकी लोग नकल करते हैं। नतीजे बड़े खतरनाक होते हैं। यथास्थितिवाद का कफन भारत की राजनीति पर चढ़ गया है। सब लोग, नेता और कार्यकर्ता, कुछ होना और बन जाना चाहते हैं। कुछ करने की इच्छा प्राय: सबकी मर चुकी है और जिनकी है भी, बड़ी क्षीण।

हमारे देश में इस वक्त सवाल यह है कि खाली कुछ बनना है, या कुछ करना भी है। कम-से-कम यही सवाल होना चाहिए। इस देश में धर्म और दर्शन ने शुद्ध और श्रेष्ठ बनने के विचार को इतना ऊँचा चढ़ाया है, कि कुछ करने का विचार अगर अप्रिय नहीं तो दूसरे दर्जे का बन गया है। मनुष्य अशुद्ध विचारों और भावनाओं का त्याग करे। अहंकार, ईर्ष्या या स्वार्थपरता की गन्दी भावनाओं से, यानी अपने को बढ़ाने की इच्छा से मुक्त हो। वह आत्मा की पवित्रता हासिल करने की चेष्टा करे, वरना आवागमन का चक्र नहीं टूटेगा।

हो सकता है कि कुछ योगियों ने यह लक्ष्य प्राप्त किया हो, और वास्तव में सामाजिक संगठन के कुछ रूपों ने पहले वक्त में किसी हद तक सफलता पाई हो। आज यह श्रेष्ठ या शुद्ध व्यक्ति का विचार लगभग सभी देशवासियों के लिए सिर्फ कागजी रह गया है, लेकिन इसके फलस्वरूप उन्होंने कुछ करने के विचार को अपनाया हो, ऐसा नहीं है। व्यक्ति की श्रेष्ठता किसी प्रकार बिगड़कर

रुतबा हासिल करने, और बड़ा आदमी बनने की इच्छा बन गई है, जो शिष्ट हो और मीठा बोले, लेकिन चालबाजी और तिकड़म करे, जहाँ तक सम्भव हो कोई दुश्मन न बनाए, या कम-से-कम बहुत ज्यादा दुश्मन न बनाए, कुछ करे नहीं, लेकिन अपनी जगह से चिपका रहे, और ऊपर चढ़ने की कोशिश करे।

आजादी हासिल करने के बाद देश की सारी राजनीति निष्क्रियता के इस रोग में फँसी रही है। शासन और विरोध में लगभग सारे ही ऐसे लोग हैं जो कुछ बनना चाहते हैं, कुछ करना नहीं चाहते। महज घोषणा करके रह जाने की हिन्दुस्तानियों की पुरानी आदत को इससे और बढ़ावा मिला है। असली सवाल है बात करने का। असली बात है घोषणा करना कि भविष्य में क्या करना है। तब राजनीति करने वालों का एक बड़ा काम यह हो जाता है कि इन घोषणाओं को लेकर, जिनका वर्तमान से कोई मतलब नहीं, और जिनका सम्बन्ध कभी न आने वाले भविष्य से है, झगड़ा करें। लोग भी इस तमाशे को बड़ी दिलचस्पी से देखते हैं। वे ऐसी जिन्दगी के आदी हो गए हैं, जिसमें निरन्तर बात होती रहे, काम कुछ न हो।

बीस सालों तक कांग्रेसी मंत्रियों ने इसमें निपुणता हासिल की थी कि बिना कुछ क़िये, या बिना ज्यादा कुछ किये रुतबा हासिल करें और अपनी किस्मत सुधारें। यह बुरी विरासत गैर-कांग्रेसी मंत्रियों को मिली। सब मिलाकर उन्होंने भी पुरानी चाल को ही कायम रखा है। कभी-कभी उनको कुछ काम ऐसे करने पड़े हैं जो पुराने ढर्रे से कुछ हटकर थे। लेकिन इसके लिए उन्होंने बहुत ज्यादा या बहुत बार कोशिश नहीं की। उनका मुख्य काम यही रह गया कि जिस जगह पहुँच गए हैं, वहाँ बने रहें।

हम खाली चिपके रहने में यकीन नहीं करते। ऐसी हस्ती का क्या फायदा जिसमें आदमी खाली जिन्दा-भर रहे, कुछ कर न सके। हम चाहेंगे कि इसके बजाय ये गैर-कांग्रेसी सरकारें परम्परा को तोड़कर ऐसे काम करें जिनसे हालत बदले, जो समाज के पुराने सम्बन्धों को बदलें और फिर से गढ़ें। इसमें जोखिम उठानी पड़ेगी। अगर ऐसे काम करने में गैर-कांग्रेसी सरकारें विधान सभा में तिकड़म चलाने वालों से, या केन्द्र की पैंतरेबाजी के कारण हार जाती हैं तो इससे भी आगे बढ़ने का रास्ता खुलेगा।

लम्बे अरसे तक यूँ ही चिपके रहने से तो हर हालत में बरबादी होगी। सामाजिक और आर्थिक प्रगति के संकल्प और उनके लिए जोखिम उठाने की क्षमता से वक्ती असफलता मिलनी सम्भव है, लेकिन आखिर में हर हालत में सफलता मिलेगी।

हमारी राजनीति इस वक्त जैसे किसी प्रेत-बाधा से पीड़ित है। एक ओर तो अलग-अलग प्रदेशों में गैर-कांग्रेसी सरकारें और उनमें शामिल दल डरते हैं कि कहीं वे अपदस्थ न हो जाएँ, और कांग्रेस वापस हुकूमत में आ जाए। दूसरी तरफ यही दल केन्द्र में मिलने से घबराते हैं। केन्द्र में मिलने से हिचकने का एक सबब यह हो सकता है कि ये कांग्रेस की आला कमान को चिढ़ाना या नाराज करना नहीं चाहते, क्योंकि ये समझते हैं कि प्रदेश में अपनी हस्ती बनाए रखने के लिए ये उसकी दया पर निर्भर हैं। इससे प्रदेश में कोई बड़ी चीज करने की इनकी क्षमता जरूरी तौर पर लँगड़ी हो जाती है।

इसके अलावा, जब केन्द्र में कांग्रेस हुकूमत मौजूद है, इस या उस प्रदेश में कांग्रेस के दोबारा हुकूमत में आ जाने के डर की मनोवैज्ञानिक परीक्षा होनी चाहिए। पहले तो कांग्रेस हुकूमत में वापस आएगी ही क्यों? दूसरे, अगर गैर-कांग्रेसी दलों की समाज में आमूल परिवर्तन करने की चेष्टाओं के फलस्वरूप कांग्रेस फिर से ताकत हासिल भी कर लेती है, तो वह ताकत बहुत ही थोड़े दिन चलने वाली होगी। कांग्रेस की ताकत और घटेगी, बदनामी बढ़ेगी। बाद में किसी भी चुनाव या संसदीय मुठभेड़ में बहुत मुमकिन है कि कांग्रेस पार्टी बिलकुल महत्त्वहीन हो जाए।

गैर-कांग्रेसी दलों ने पिछले कुछ महीनों में इसके कोई उत्साहवर्धक संकेत नहीं दिये हैं, फिर भी क्या वे आने वाले महीनों में कोई जोखिम उठाने के लायक हैं? इन दलों के नेताओं ने संकल्प और विश्वास दोनों की ही कमी दिखाई है। लेकिन उनके मामूली सदस्यों ने कई बार अपनी जान जोखिम में डालने की या कम-से-कम तकलीफ उठाने की क्षमता दिखाई है। ऐसे मौके कम ही आए हैं। ज्यादातर, मामूली सदस्य चुपचाप दर्शक बने रहे हैं। लेकिन उन थोड़े से मौकों से ही, जब उन्होंने किसी नीति की सफलता के लिए कड़ी मेहनत की, या किसी-न-किसी लक्ष्य के लिए कैद की सजा भुगती, यह उम्मीद पैदा होती है कि स्थिति शायद अब भी बदले।

आज की खराब हालत पर चोट करने का सबसे अच्छा तरीका क्या हो सकता है? हम नहीं समझते कि किसी नये और कारगर दल को बनाने का वक्त आ गया है। हम यह भी नहीं समझते कि वर्तमान दल अलग-अलग, अकेले राष्ट्र के पुन:निर्माण का काम कर सकते हैं। कोई लँगड़ा मेल-जोल भी सामने नहीं दिखाई देता। ऐसा मेल भले ही कोई टिकाऊ या शानदार काम न कर सके, लेकिन वह लोगों में कम-से-कम यह आशा और विश्वास पैदा कर सकता है कांग्रेस पार्टी केन्द्र से भी गई। इस वक्त एक ही उपाय नजर आता है।

लोग एक लक्ष्य वाले संगठन बनाने की कोशिश करें। ये संगठन सभी के लिए खुले हों। वे किसी एक दल के नियंत्रण में न हों। ऐसे संगठनों के नेता काफी संख्या में ऐसे हों, जो किसी भी वर्तमान दल से जुड़े न हों। लेकिन इन नेताओं की बहुसंख्या तो उन वर्तमान राजनीतिक दलों में से ही आएगी, जो उनके लक्ष्य को स्वीकार करेंगे।

जाहिर है कि दाम बाँधो सम्मेलन ऐसे एक लक्ष्य वाले संगठनों में से एक है, और जरूर होना चाहिए। इस सम्मेलन के पहले दो वार्षिक अधिवेशन हुए थे। लेकिन पिछले कुछ सालों से यह निष्क्रिय है। वास्तव में हम पहले की बात को बिलकुल छोड़ दे सकते हैं। हम नये सिरे से काम शुरू कर सकते हैं। एक दिक्कत स्वाभाविक उठेगी कि दाम कैसे बाँधे जाएँ।

कुछ लोग कहेंगे कि सार्वजनिक क्षेत्र का विस्तार और राजकीय व्यापार इसका इलाज है। कुछ दूसरे कहेंगे कि इसका इलाज है नियंत्रण हटाना और व्यापार को मुक्त करना। हमें ये बहसें अप्रासंगिक और भारतीय सन्दर्भ में मूर्खता भरी लगती हैं। व्यापार और नौकरशाही दोनों ही असफल रहे हैं। उनमें से किसी पर भरोसा करना कि वे इस काम को अपने-आप कर लेंगे, बड़ी नादानी होगी। उन्होंने एक-दूसरे की बुराइयाँ सीख ली हैं, और दूसरे देशों में सार्वजनिक क्षेत्र या निजी क्षेत्र में जो गुण हैं, वे यहाँ करीब-करीब खतम हो गए हैं।

एक खास इलाज है रोग की जड़ पर हमला करना, जहाँ से रोग शुरू हुआ। चोटी पर के, आबादी सिर्फ एक फीसदी, 50 करोड़ में सिर्फ 50 लाख के विलासी खर्च में रोग की जड़ है। सहायक रोग है रिश्तेदारों, मुसाहबों और अपनी जाति वालों को, और ऐसे लोगों को नौकरियाँ देने का, जिनसे खतरा हो कि बेकार रहने पर वे गड़बड़ी करेंगे। इसलिए दाम बाँधो सम्मेलन के साथ ही फिजूलखर्ची घटाओ सम्मेलन भी होना होगा। हम यह साफ कर रहे हैं कि नौकरशाही का खर्च सिर्फ उसकी तनख्वाहों का ही नहीं होता, बल्कि आम तौर पर उसका दस गुना तरह-तरह की सुविधाओं का होता है, जो तनख्वाहों के साथ मिलती हैं। बिक्री मूल्य और ढुलाई सहित लागत में, या खेती की उपज और कारखानों में बनी चीजों के दामों में कुछ सम्बन्ध होने के अलावा किसी एक महत्त्वपूर्ण वस्तु के अभाव का अनुभव सारी आबादी को एक समान होना चाहिए।

ऐसा एक लक्ष्य वाला दूसरा संगठन हो सकता है सिंचाई स्वयंसेवक सम्मेलन। यह सच है कि कुछ लोगों की अक्षम्य विलसिता और बहुसंख्यक लोगों के आलस और आधे पेट रहने के दो पाटों के बीच पिसकर स्वयंसेवकी

का काम खतम हो गया है। पिछले बीस सालों के बहुतेरे अपराधों में से एक अपराध यह भी है कि राष्ट्रीय पुनःनिर्माण का सारा काम मुनाफा और वेतन तथा ऐसे अन्य भुगतानों के दायरे में आ गया है। फिर भी, स्वयंसेवकी राष्ट्र को उठाने की एक जरूरी शर्त है। सिंचाई के लिए स्वयंसेवकी के सिलसिले में जमीन का बँटवारा, महाजनों के हित, न्यूनतम वेतन, गरीबों के लिए घर, आदि सवालों को सामने लाना होगा, और इसके साथ ही हमारी खेती की इस केन्द्रीय समस्या को भी कि फी एकड़ न्यूनतम पैदावार, और इसके लिए न्यूनतम सुविधाएँ, ये दोनों एक साथ ही बाँधी जाएँ, और तब पैदावार कम होने पर जमीन की जब्ती हो।

अब हम बाकी एक लक्ष्य वाले सम्मेलनों के खाली नाम गिना देते हैं। इनमें से कुछ ने पहले भी कुछ काम किया था, लेकिन इधर निष्क्रिय रहे हैं, और इसलिए सभी का काम नये सिरे से शुरू करना होगा। तीसरा, अंग्रेजी हटाओ सम्मेलन, चौथा, जाति-विनाश सम्मेलन, पाँचवाँ, हिन्दू-मुस्लिम सम्मिलन और भारत-पाक एका सम्मेलन। इस पाँचवें सम्मेलन के बारे में इतना ही कह दें कि हिन्दू-मुस्लिम सम्मिलन और भारत-पाक एका एक ही सिक्के के दो पहलू हैं, और एक के बिना दूसरे को हासिल करना नामुमकिन है। छठा ऐसा संगठन देश बचाओ सम्मेलन हो सकता है।

देश चारों तरफ खतरों से घिरा है। सीमाओं के लगभग सारे इलाके में बिखराव है, जिसमें विदेशियों का भी हाथ है। और सारे देश में बिखराव है, क्योंकि अलगाव वाली निष्ठाएँ पनप रही हैं। जाति या भाषा व आमदनियों में विषमता के कारण पैदा होने वाले बिखराव पहले बताए गए जाति-विनाश सम्मेलन जैसे संगठनों के दायरे में आते हैं। यहाँ हमारा मतलब देश पर छाए सामान्य खतरे से है, जिसका सामना सबसे अच्छी तरह देश बचाओ सम्मेलन के द्वारा ही किया जा सकता है। एक बड़ा खतरा निश्चय ही नौकरशाही और पुलिस से, उसके जुल्म और भ्रष्टाचार से है। इसे छूने की कोई हिम्मत नहीं करता, क्योंकि कई सदियों की विदेशी हुकूमत ने इसको प्रतिष्ठित कर दिया है। पहले इसका एक इलाज सुझाया गया था कि कलक्टर का पद समाप्त कर दिया जाए। अगर यह इलाज पहले कदम के रूप में बहुत उग्र प्रतीत होता है, तो कम-से-कम जनता को, खास तौर पर युवकों को संगठित करना होगा कि नौकरशाही और पुलिस के कुछ तौर-तरीकों पर रोक लगाएँ और उनको काबू में लाएँ।

'सम्मेलन' शब्द से कोई गलतफहमी न हो। इसका मतलब सिर्फ कोई सालाना बैठक नहीं है। यह रोजमर्रा का काम है। सम्मेलन शब्द को इसीलिए

पसन्द किया गया है कि इसके लिए कोई सख्त या लम्बा-चौड़ा विधान जरूरी नहीं। ये सारे सम्मेलन, जिनका सुझाव यहाँ दिया गया है, समता से सम्पन्नता, और सम्पन्नता से समता के विचार से उत्पन्न एक सम्पूर्ण दृष्टि को व्यक्त करते हैं। लेकिन यह मुमकिन है कि सब लोग सारी चीज को न मानें। कुछ लोग जाति-विनाश के काम में अपनी पूरी ताकत लगा दें, लेकिन भाषा और आमदनियों की विषमता के मामले को न समझ पाएँ। इसका उलटा भी हो सकता है, इसीलिए ये एक लक्ष्य वाले संगठन सुझाए गए हैं। ताकि अधिक-से-अधिक लोगों को समेटा जा सके।

किसी एक या दूसरे सम्मेलन और उससे जुड़े हुए काम संगठित करने के इच्छुक लोग अगर हमें पत्र लिखें, तो हमें खुशी होगी। जो लोग किसी भी स्तर पर वर्तमान राजनीतिक दलों के अफसर हैं, वे अगर अफसर बनने के बजाय सक्रिय सदस्यों के रूप में सहायक हों तो अच्छा होगा। लेकिन किसी राजनीतिक दल की सदस्यता इन सम्मेलनों की अफसरी में कोई बाधा नहीं होनी चाहिए। ये पत्र छाँटकर 'जन' के सम्पादकों द्वारा ऐसे लोगों को भेज दिये जाएँगे, जो काम को आगे बढ़ा सकें। हम उस तरह के कामों के विरुद्ध चेतावनी देना चाहेंगे, जिनका कोई नतीजा नहीं निकलता, जैसे अखबारों में बयान देना या बड़े कहे जाने वाले लोगों के सन्देश इकट्ठा करना। जरूरत है व्यक्ति और व्यक्ति के बीच आमने-सामने बातचीत की, घर-घर जाकर प्रचार करने की, स्थानीय सभाओं, चर्चाओं और बहसों की, जिनकी परिणति आम सभाओं और जुलूसों में हो। आलस ने हमारी राजनीति को इतना ग्रस लिया है, कि यह परिणति बिना काफी तैयारी के हो जाती है। हम आशा करते हैं कि इन सारे सम्मेलनों का काम जल्दी ही चल पड़ेगा, और उनसे या तो वर्तमान राजनीतिक दलों में ताजगी आएगी, या फिर आगे चलकर एक नये और शक्तिशाली राजनीतिक संगठन को बनाने में मदद मिलेगी, जो देश की हालत को बदलेगा।

['जन' अक्टूबर 1967 का सम्पादकीय लेख]

पराया तन-मन और बेरोक विलासिता

सुना था कि अबकी बार बड़ा बढ़िया कोई बजट आने वाला है, जिससे देश में नई जान आएगी, उन्नति होगी, नया जमाना आएगा, तरक्की होगी, आत्मसम्मान जागृत होगा। लेकिन जब काटा तो खून का एक कतरा भी नहीं निकला और प्राणदायिनी रक्त की एक भी बूँद नहीं निकली। निकली जरूर। लेकिन क्या? शराब की बोतलें। शराब की बोतलें राज्य के लिए, जितनी चाहो, पी लो। लेकिन रक्त की नहीं। शराबबन्दी या सोनाबन्दी के बारे में सिर्फ इतना ही कि ये चीजें बड़ी अच्छी थीं कोशिश करते वक्त। लेकिन क्यों असफल हुए? क्योंकि बीस बरस में जो हमारा राजा वर्ग रहा है, वह या उसके नजदीक के लोगों ने इन बन्दियों से आर्थिक लाभ उठाया और प्रजा में भी ऐसा संकल्प और स्वयंसेवक नहीं रहे।

सवाल विपक्ष का रहता है। मुझको कई बार गारंटी मिली है कि हम तीस आदमी तुम्हारी तरफ आने को तैयार हैं लेकिन एक शर्त पर कि इधर का कोई उधर न चला जाए और ये सब मिलकर सरकार बना लें। अब यह गारंटी देना बड़ा मुश्किल होगा, क्योंकि प्रधानमंत्री जी आजकल बड़ी उदास रहती हैं, लेकिन उनका चेहरा जरूर खिल उठता है जब वह विपक्ष को आपस में लड़ता देखती हैं। इसमें कोई शक नहीं है कि लोकसभा में पश्चिम एशिया की बहस के समय जब मैं अटल बिहारी वाजपेयी जी को सुन रहा था तो ऐसा लगा कि अटल बिहारी वाजपेयी जी और डाँगे जी और गोपालन जी ये तीनों चाहें तो आसानी से एक सरकार में रहकर अपना कामकाज चला सकते हैं। हाँ थोड़ी अतिवादियों में झंझट होगी—अतिवादी जैसे श्री बलराज मधोक, श्री श्रीकंठन नय्यार। उनके आपस में आने में थोड़ी देर लग सकती है, लेकिन आखिर को जो इन्होंने कहा था, वाजपेयी जी ने, डाँगे जी ने और मैं अन्दाजा लगाता हूँ राममूर्ति जी के द्वारा गोपालन जी ने, बात एक ही थी। बात तो वैसे प्रधानमंत्री जी की भी वही थी। गर्म साँसें बहुत थीं, उनकी भी और दूसरों की

भी। लेकिन बात क्या थी? एक सिपाही नहीं भेजना, एक कुमुक नहीं भेजनी, एक रसद नहीं भेजनी, कुछ नहीं भेजना, यहाँ तक कि दवा-दारू करने के लिए एम्बुलेंस तक भेजने की बात किसी ने नहीं कही। जहाँ तक कर्म था, उस मामले में सब बिलकुल ही निरपेक्ष थे या किसी की तरफ नहीं थे।

क्यों न हम सब लोग इस एक आधार के ऊपर, विपक्ष के लोग, विदेश नीति में भी इकट्ठा हो जाएँ? पार्थसारथी जी सुरक्षा परिषद में जो कुछ प्रस्ताव रख पाए, मैं तो दंग रह गया यह देखकर कि रूस और अमरीका उससे भी और कम में एक हो गए। हम सबके लिए सोचने वाली बात है। रूस और अमरीका तो कई दफा एक हो जाते हैं लेकिन हिमायती लोग आपस में ज्यादा लड़ा करते हैं। जो मुख्य लोग होते हैं वे कम पर भी राजी हो जाया करते हैं।

असल में हमारा जो यह सारा मामला बिगड़ा हुआ है, उसका कारण है विदेशी सहायता, विदेशी नीति और वह विदेशी अंश, जो हमारी राजनीति, बजट, रुपये-पैसे, खेती-कारखाने में आ गया है। मैं थोड़ा-सा इतिहास बताना चाहता हूँ कि किस तरह से भारत तन और मन दोनों से अपना नहीं रह गया है, पराया बन गया है।

अक्टूबर, 1949 में प्रधानमंत्री जी अमरीका गए थे, तब उन्होंने बीस लाख टन गेहूँ और पूँजी चाही थी, लेकिन वह उन्होंने भीख की तरह नहीं माँगी थी। तब तक आत्मसम्मान था, अहंकार था। अमरीका वालों ने स्वीकार नहीं किया। कब तक वह अहंकार चला? दिसम्बर 1950 तक—अक्टूबर, 1949 से लेकर दिसम्बर, 1950 तक। और तब वहाँ के राजदूत ने लिखकर अमरीका वालों से बीस लाख टन गेहूँ और पूँजी की मदद माँगी। इस बारे में अमरीका वालों ने जो अपने प्रस्ताव पास किये, उनमें बिलकुल साफ लिखा हुआ है कि हम भारत को गेहूँ वगैरह तो देंगे, लेकिन हम उससे ऐसा सामान लेंगे, जो अमरीका को चाहिए, चाहे अपने साधनों में कमी के कारण और चाहे लड़ाई वगैरह के लिए जरूरी होने के कारण।

1951 में यह बात कही गई और हिन्दुस्तान ने अमरीका को मैंगनीज और मोनाजाइट अयस्क, जिसको लोग 'ओर' कहते हैं, जो अणु उद्योग में बहुत जरूरी हैं, देना शुरू कर दिया। 1951 के बाद से हिन्दुस्तान का तन बिलकुल अमरीका के हाथों में चला गया।

एक दफा अमरीका की सीनेट के प्रस्ताव में 'मैंगनीज' और 'मोनाजाइट' शब्द भी आ गए थे, लेकिन बाद में जब दोनों सदनों की बैठक हुई, तो जरा सम्मान को रखने के लिए उसमें से ये शब्द हटा दिये गए थे। इस समय भी

भारत का व्यापार, और जो कुछ भी तन का रिश्ता होता है, करीब-करीब अस्सी सैकड़ा, और अगर मान लें कि वह कुछ बदला भी हो, तो भी सत्तर सैकड़ा उस तरफ है। उसी कानून की धारा 7 के अनुसार इस ऋण के सूद से विद्यार्थियों, प्रोफेसरों, तकनीकियों वगैरह को प्रशिक्षण देने की व्यवस्था हुई।

जब अमरीका से यह मामला शुरू हुआ, तो रूस की भी थोड़ी-सी बात जान लेना जरूरी है, क्योंकि जिस तरह से अमरीका चीन से खतरा खा चुका था और उसको जरूरत थी हिन्दुस्तान जैसे देश की, उसी तरह से स्टालिन की मृत्यु के बाद रूस को भी जरूरत पड़ गई ऐसे देश की, जो चीन के बगल में, या तराजू के बटखरे में मुकाबले पर रखा जा सके। पहली दफा ख्रुश्चेव और मिकोयान वगैरह 1954 में पीकिंग में जाकर कम्युनिस्ट नेताओं से मिले। मामला वहाँ से सरकना शुरू हो गया, और तब जून, 1955 में आवागमन हो गया और बड़े जोरों की दोस्ती चल पड़ी। अमरीका और रूस दोनों को इस बात की जरूरत थी कि चीन के मुकाबले में एक शक्ति खड़ी की जाए।

अमरीका ने तन लिया, रूस ने मन लिया—वैसे मैं कहना चाहता हूँ कि जिस प्राणी का तन और मन अलग हो जाता है, उसका तन ही महत्त्वपूर्ण हुआ करता है, मन नहीं—लेकिन मन भी कहना उतना सही नहीं होगा, क्योंकि असल में रूस को मतलब बोली से था, कि बोली किसके साथ हो। बोली का प्रेम। रूस को अपनी जनता को बताना था कि अगर सत्तर करोड़ चीनियों से हमारा वैमनस्य हो रहा है, तो कम-से-कम पचास करोड़ हिन्दुस्तानी तो हमारे साथ लग रहे हैं। इसके अलावा उनको जरूरत थी कि हिन्दुस्तान में सरकारी धन्धे वगैरह निजी धन्धों के मुकाबले में बढ़ें।

साधारण तौर से यह समझा जाता है कि शीत-युद्ध तब शुरू हुआ, लेकिन शीत-युद्ध तो 1950 में खत्म हो गया था। जब इस बारे में अच्छी तरह से अध्ययन होगा, तो इस बात का पता चलेगा। अमरीका और रूस दोनों को जो कुछ करना था, वह उन्होंने 1949 तक कर लिया। अमरीका वाले ग्रीस, ईरान और तुर्की वगैरह में जीत गए और रूस वाले पोलैंड वगैरह में जीत गए। 1950 के बाद जो शीत-युद्ध शुरू हुआ, वह असलियत से ज्यादा नाटक था। फिर रूस और अमरीका में एक तरह का समझौता हो गया कि ऐसी बीन बजाते रहो, जिससे दुनिया-भर के साँप सोते रह जाएँ। उनमें यह समझौता हो गया कि हिन्दुस्तान जैसे देश को सुलाकर रखा जाए, इसमें ताकत न आ पाए। चीन एक जंगली जानवर की तरह इस जाल में फँस गया। जब वह मात्सू और किमाय पर अपने दाँत गड़ाने गया, तो उसके दाँत टूट गए। तब उसने हिमालय

जैसे मुलायम मांस में अपने दाँत गड़ाकर अपना पागलपन दिखाया। लेकिन इसमें कोई शक नहीं है कि तब से भारत सरकार यहाँ पर गुलामी, दरिद्रता और विघटन की एजेंट बन गई। जो भारत की कांग्रेस अंग्रेजों के जमाने में आजादी की एजेंट थी, वह रूस और अमरीका के इस चक्कर में चलते हुए और चीन की इस पागल नासमझी के कारण गरीबी और गुलामी की एजेंट बन गई।

अगर आप इस विदेशी सहायता के कुछ मोटे-मोटे अंक देखें, तो एक बड़ी विचित्र बात मालूम होगी। पहली योजना में कुल विदेशी मदद 5.8 सैकड़ा, दूसरी योजना में लगभग 21 सैकड़ा, तीसरी योजना में लगभग 25 सैकड़ा थी और चौथी योजना में लगभग 25 सैकड़ा का प्रस्ताव रखा गया है। विदेशी सहायता का अंश बढ़ता चला जाता है। और आमदनी का क्या हाल होता है? पहली योजना में राष्ट्रीय आमदनी 18 प्रतिशत के हिसाब से बढ़ी, यानी करीब-करीब 4 सैकड़ा बढ़ी और तीसरी योजना में राष्ट्रीय आमदनी में वृद्धि का लक्ष्य रखा गया था 5 सैकड़ा का, लेकिन वास्तव में दो-ढाई सैकड़ा की वृद्धि हुई। जैसे-जैसे विदेशी सहायता बढ़ती है, वैसे-वैसे राष्ट्रीय आमदनी घटती है, यह बात आँकड़ों से बिलकुल साबित होती है। विदेशी सहायता बढ़ी और आमदनी घटी, इसके क्या कारण हैं?

इसके साथ ही भुगतान का सन्तुलन बिगड़ते-बिगड़ते इतना बिगड़ गया है कि पहली योजना में तो खाली 3 अरब रुपये की कमी रही और इस वक्त 63 अरब तक मामला चला जाता है।

कहते हैं कि इन योजनाओं का नतीजा है आत्मनिर्भरता, लेकिन है आत्म-प्रवंचना। एक तो मैं मसानी साहब जैसे लोगों को बताना चाहूँगा कि अमरीकी लोग अपने देश में योजना पसन्द नहीं करते, लेकिन देश के बाहर पसन्द करते हैं। यूरोप में मार्शल प्लान था। हिन्दुस्तान में कोई-न-कोई प्लान है, क्योंकि बिना योजना के उनको ऋण देना और सहायता देना बड़ा मुश्किल हो जाया करता है। यहाँ पर भी जब तक योजना न बनाएँ, तब तक तर्क देना बड़ा मुश्किल हो जाता है। भारत की जनता को बताएँगे क्या कि हम क्या कर रहे हैं। तो तर्क के कारण और ऋण लेने के कारण यह लोग योजना बनाते हैं, योजना में और कोई आत्मनिर्भरता वगैरह का उद्देश्य है नहीं। योजना का नतीजा अलबत्ता यह हुआ कि विदेशी सहायता में अगर सब कर्जा जोड़ा जाए और मैं वह 20 अरब रुपया जो अंग्रेजों के यहाँ बाकी था उसको भी जोड़े लेता हूँ और अवमूल्यन से जो रुपया बढ़ा है उसको भी जोड़ लेता हूँ, तो आज 80 अरब हो गया है और 1950 में कुल 32 करोड़ था। 32 करोड़ से 80 अरब।

200 गुना बढ़ा है। अगर उसके साथ-साथ आय बढ़ी होती, पूँजी बढ़ी होती, व्यापार-खेती बढ़ी होती, तो बात समझ में आती, लेकिन ऐसा मालूम होता है कि यह सरकार उस बाप की तरह है जो अपने बेटे के ऊपर अपने चालू खर्चे का बोझ डालता है और उसको शर्म भी नहीं लगती कि क्या वह कर रहा है?

इसी तरह से इस योजना का नतीजा हुआ है कि कहीं किसी तरह का विचार दर्शन नहीं रहा और अगर आप याद करें तो सिलसिलेवार इस सरकार ने क्या कहा? क्या विचार अपने सामने रखा? एक दफे कहा सब वाद खत्म करो, सब 'इज्म' खत्म करो, खाली हिन्दुस्तान बनाओ। फिर वह जब काफी नहीं लगा तो दूसरा इन्होंने नारा लगाया, जिसका कोआपरेटिव कामनवेल्थ नाम रखा, पता नहीं, क्या अर्थ निकलता है उसका। फिर वह खत्म हुआ, तब कहा कि अब हम कल्याणकारी राज बनाएँगे। फिर वह खत्म हुआ, तब कहा कि अब हम समाजवादी ढाँचा बनाएँगे। अब समाजवाद है। वास्तव में केवल एक वाद है कि कोई भी वाद मत रखो। क्योंकि जो विदेशी सहायता देने वाले लोग हैं वे चाहते हैं कि इस देश में वाद नहीं रहना चाहिए। इस देश में योजना पदार्थ के ऊपर बने। मुझसे न जाने कितने लोगों से बात हुई, विदेशियों से। वे झट से कह देते हैं कि तुम्हारे देश को जानते हो क्या चाहिए? ट्रैक्टर चाहिए, तुम्हारे देश को उर्वरक चाहिए। हमेशा पदार्थ के बारे में बात करते हैं। यह खाली अमरीका नहीं रूस भी कहता है। वह भी कहते हैं, तुम्हारे देश को जानते हो क्या चाहिए? बोकारो चाहिए, तुम्हारे देश को फौलाद चाहिए। हमेशा पदार्थ की बात करते हैं। कभी भी वह मनुष्य की, मनुष्य के दर्शन की, सम्पत्ति के रिश्तों की, किस तरह से व्यापार-खेती-कारखानों के संगठन को बनाया जाए इसकी चर्चा नहीं करते। इस मामले में रूसी और अमरीकी एक जैसे हो गए हैं और क्यों न हो जाएँ? रूसी अब अपना व्यतीत भूल चुके हैं। वह आज के रूस को जानते हैं। वह देखते हैं कि आज का रूस खुश हो रहा है, सुखी हो रहा है। जो उनका वर्तमान अनुभव है वही अनुभव वह हिन्दुस्तान के ऊपर भी लाद देना चाहते हैं। अमरीका और रूस दोनों चाहते हैं कि यहाँ पर एक खर्चीला और आधुनिक वर्ग पैदा हो जाए जो उनकी नीतियों को समझता हुआ आगे बढ़ा सके। उनकी नीतियों में संघर्ष बहुत कम होता है। जहाँ होता है वहीं थोड़ा-सा तन और मन वाला, वरना स्थिरता दोनों चाहते हैं। स्वतंत्र आर्थिक विकास, अथवा स्वतंत्र आर्थिक चिन्तन इस योजना के कारण अपने देश में बिलकुल खत्म हो चुका है क्योंकि हर एक के मन में अब यही हो गया है कि बाहर से पैसा लेते रहो, दोनों तरफ के आय-व्यय को मिलाते रहो, किसी तरह से एकाध नये कारखाने बनाते रहो और अकाल की

स्थिति में हमेशा पड़े रहो। विदेशी असर का उदाहरण भी दिये देता हूँ कि पहली योजना कोलम्बो प्लान में शामिल थी। दूसरी योजना की तैयारी में मैसाचुसेट्स इंस्टीट्यूट आफ टेक्नालाजी और हार्वर्ड विश्वविद्यालय ने मदद दी थी।

जब इतनी स्थिति खतरनाक हो जाए, तब मसानी साहब का कहना—बोकारो काटो—हो सकता है किसी हालत में सही हो, और डाँगे साहब का कहना कि प्रिवी पर्स काटो यह भी सही है। हालाँकि जो तर्क उन्होंने दिया वह अधूरा था। यह खाली पाँच करोड़ रुपये का मामला नहीं है। उसके साथ-साथ अधिकारों वगैरह का मामला है। यह मामला तो बहुत ही खतरनाक है। कुल कुटुम्ब और जाति की राजनीति का मामला है। जब तक हम अपने देश में ऐसा वर्ग बनाए रखेंगे जो केवल अपने जन्म और पैदाइश के कारण किसी विशेष अवसर को पाता रहेगा तब तक वह देश सुधर नहीं पाएगा। लेकिन मैं दोनों से कहूँगा कि यहीं क्यों रुकते हो? इन्हीं को क्यों काटते हो? और जरा आगे बढ़ो, और काटो। मंत्रियों की सुविधाओं को काटो और करोड़पतियों की सुविधाओं को और नफे को काटो। देश में और जो फिजूलखर्ची होती है उसको काटो। मुझे आश्चर्य होता है जब लोकसभा में छोटी मोटरगाड़ियों के ऊपर बहस होती है। मैं छोटी गाड़ियों के खिलाफ नहीं हूँ। मैं सब तरह की निजी गाड़ियों के खिलाफ हूँ। जितना भी मोटरगाड़ियाँ बनाने का हिन्दुस्तान में इन्तजाम है वह अगले पन्द्रह-बीस वर्ष तक सिर्फ ट्रैक्टर, बस, टैक्सी, अथवा सिंचाई की मशीनों के लिए इस्तेमाल किया जाए। निजी मोटरगाड़ियाँ छोटी या बड़ी बनाई ही न जाएँ। वहाँ पर रोक होनी चाहिए। उसी तरह से मकान और महल क्यों बनाए जाएँ? अगले पन्द्रह-बीस वर्ष तक उन पर खर्चा रोक लिया जाए। अब स्कूल वाली बात तो धीरे-धीरे लोगों की समझ में आने लगी है। सरकार के भी कागजों में वह बात आ रही है कि चाहे बड़े आदमी हों, चाहे छोटे आदमी हों, सबके बच्चे कम-से-कम पाँच से दस वर्ष की उम्र तक एक साथ पढ़ें। अगर इन सब खर्चों को जोड़ें आप तो कई अरब रुपये की बचत हो जाएगी।

वित्तमंत्री साहब प्रदेशों को कहते हैं कि जो मन में आए करो, लेकिन अपने साधनों से। अगर मैं किसी प्रदेश का होता तो मैं कहता वित्तमंत्री जो, आप भी खाली अपने ही साधनों से करो। विदेशी कर्जे से नहीं। नोट छापकर नहीं क्योंकि जो नोट छापते हो उसमें जितना आपका है उतना ही हमारा भी है। अपने साधनों में काम करने की जो चुनौती देते हैं बार-बार, इनको चुनौती अगर प्रदेशों ने देना शुरू कर दिया, और मैं चाहता हूँ कि वह देना शुरू करें, तब इनको पता चल जाएगा कि यह कहाँ तक स्वयं आगे बढ़ सकते हैं।

मैं समझता हूँ कि भारत का बजट बहुत अच्छा, साधनों के हिसाब से, और आज की गिरावट की हालत में बनाया जा सकता है बशर्ते कि खाली आय-व्यय के हिसाब से न देखा जाए। साधन श्रम है, साधन खर्चे में कमी है। मैंने ऊपर खर्चे की कमी की बात कही, स्रोत के ऊपर, उसके अलावा और तरीकों से। मुझे इससे मतलब नहीं किन चीजों का राष्ट्रीयकरण होता है, जरूरत पड़े सब चीजों का राष्ट्रीयकरण हो। मुझे इससे मतलब नहीं कि खर्चे के ऊपर सीमा कानून से लगाते हैं या आयकर से लगाते हैं या किस तरह से लगाते हैं, लेकिन सीमा बाँधो खर्चा करने के लिए, चाहे जैसे भी हो। आज के हिन्दुस्तान में मैं पन्द्रह सौ रुपये से ज्यादा किसी को नहीं खर्च करने देना चाहता, जिसमें वित्तमंत्री को तो पन्द्रह सौ भी नहीं पड़ेगा, बारह-तेरह सौ शायद पड़ जाए, और उसमें सुविधाएँ वगैरह शामिल हों। खर्च की अगर सीमा बाँध दी जाए तो मेरे हिसाब से करीब हजार से पन्द्रह सौ करोड़ यानी 15 अरब रुपया साल बच सकता है। लोग इस हिसाब को सुनकर दंग रह जाते हैं लेकिन वास्तविक स्थिति यही है।

जब इस तरह का खर्चा कम होगा तो सही बात है कि जो आजकल सरकारी नौकरों की तादाद बढ़कर सवा करोड़-डेढ़ करोड़ हो गई है, जिसमें कि एक लाख सरकारी नौकर तो बड़े लोगों की शान-शौकत, ठाट-बाट के लिए हैं, सलामी देने के लिए हैं, और कुछ लंगूर लोग जाकर के सलामी ले भी लिया करते हैं, यह एक लाख आदमी जो हैं, इनके ऊपर खर्चा कम करना होगा। मैं नहीं कहता कि इनको काम से बाहर निकाल दो। लेकिन यह सही है कि इस सरकार में दम नहीं है, शायद हमारी सरकार में भी दम नहीं है, लेकिन वह सरकार जो दम रखेगी इन लोगों से खेती-कारखाने में काम कराने का, या उनको बरखास्त करने का, वही हिन्दुस्तान के मसले को हल कर सकेगी। और कोई सरकार यहाँ के मसले को हल नहीं कर सकेगी।

बोनस-भत्ते वगैरह को बढ़ाना मुझे अच्छा नहीं लगता है। साफ बात है, एक तरह का चक्कर चलता है। लेकिन चक्कर चलाता कौन है ? केन्द्रीय नौकरों का भत्ता सरकार बढ़ाती है अपनी गद्दी को बरकरार रखने के लिए, तो प्रान्त के नौकर अपना भत्ता क्यों नहीं बढ़वाना चाहेंगे। कांग्रेस सरकार का जितना काम होता है, गद्दी पर बैठे रहने के लिए होता है। आज ऐसा हिन्दुस्तान होना चाहिए, कि जिसमें जितनी चिन्ता नीचे के नौकरों का भत्ता बढ़ाने की होनी चाहिए, उससे ज्यादा चिन्ता ऊपरवालों के खर्चे और सुविधाएँ घटाने की होनी चाहिए। जब बड़े-बड़े मंत्रियों के घरों में नमक, दाल, हल्दी के दामों की फिक्र होने लग जाएगी, तब जाकर चीजों के दाम गिरेंगे, उससे पहले गिरने वाले नहीं हैं।

बड़े लोग ईमानदार नहीं रह गये हैं, क्योंकि पिछले 20 वर्षों से लूट-खसोट मची हुई है, जो पाया उड़ाया। यहाँ की अर्थव्यवस्था विकासोन्मुख नहीं है, फैलाव इस में नहीं रह गया है, विश्वास खत्म हो गया है। आज भारत की जनता को विश्वास नहीं रह गया है कि हमारी खेती और कारखाने में तरक्की हो सकती है या फैलाव हो सकता है। और जब यह विश्वास खत्म हो जाता है तो हर समूह अपने टुकड़े को बढ़ाना चाहता है, हर व्यक्ति अपने हिस्से को बढ़ाना चाहता है। चाहे भाषा के नाम पर, चाहे प्रदेश के नाम पर, चाहे जाति के नाम पर, हर तरफ लूट मची हुई है कि अपना-अपना हिस्सा बढ़ाओ क्योंकि कुल हिस्सा बढ़ाया नहीं जा सकता। यह श्रम का संकट बड़ा जबरदस्त है।

केन्द्रीय योजना के लिए इस बजट में 1176 करोड़ रुपये की व्यवस्था की गई है। यानी 11 अरब रुपये की। यानी वित्तमंत्री साहब ने दस अरब रुपया हर हालत में काटा है। मैं चाहता हूँ कि उस रुपये का और किसी काम में नहीं, केवल सिंचाई के हर एक काम में, प्रयोग होना चाहिए, चाहे वह जमुना जैसी गन्दी नदी से पानी उलीच कर फेंक देने में, जैसे आसमान पानी फेंकता है, चाहे नहर से पानी फेंको, जमीन के नीचे से पानी निकालो, चाहे कच्चे कुएँ से, चाहे मशीन के कुएँ से, जिस तरह से भी हो, पानी निकालो। अगर मैं जरा भी ताकत रखता तो जो सारे साधन मौजूद हैं, उनके द्वारा ऐसी व्यवस्था करता कि यह जो तीन-चार अरब रुपया हम परदेसियों को खाने के लिए देते हैं, पहले ही साल में उसमें आधे या तीन-चौथाई की कमी हो जाती है, और दूसरे वर्ष तक वह बिलकुल साफ हो जाता। पाँच साल के अन्दर-अन्दर पूरी जमीन को पानी मिल जाता, लेकिन इस काम के लिए एकाग्र मन चाहिए। आज एकाग्रचित्तता नहीं है।

एकाधिपत्य की समाप्ति की चर्चा बड़ी चल रही है। मुझे अफसोस होता है कि कैसे लोग इस चक्कर में फँस जाते हैं? अमरीका में जितना ऐंटी ट्रस्ट आन्दोलन हो चुका है क्या दुनिया में कहीं और हुआ है? वह लगातार 20 वर्ष तक हुआ था। लेकिन एकाधिपत्य के खिलाफ कानून पास कर दिया गया तो देखा गया कि उधर स्टैंडर्ड आयल कम्पनी ऑफ न्यू जर्सी और कालटैक्स आदि बन जाती हैं और भी न जाने कौन-कौन-सी कम्पनियाँ बन जाती हैं। इस तरह से पाँच, पाँच और 6, 6 कम्पनियों में वह बँट जाते हैं। अमीर पहले जितने अमीर थे उससे ज्यादा अमीर बने रहते हैं। इन अमीरों से ऐसे नहीं निपटा जा सकता कि एक कानून उसके लिए बना दिया गया और आपका मकसद पूरा हो गया। वह अपने को नई कम्पनियों में तोड़ देंगे और इस तरह से अपना एकाधिपत्य बढ़ाते चले जाएँगे।

अमरीका और अमरीकी सहायता के बारे में इतनी बात और कि यह अमरीका वाले कभी-कभी कितने गन्दे हो सकते हैं। कुछ दिनों पहले मेरे पास एक अतिथि आया। उसका नाम है प्रो. सिडनी हिलमैन। वह कैनेडी साहब के जमाने में दक्षिण एशिया का और एशियाई मामलों का सचिव था, और जिस वक्त चीन ने हिन्दुस्तान पर हमला किया, वह यहाँ पर शायद ऐवेरेल हैरिमैन या किसी मिशन में आया था। तब उसने उस वक्त के प्रधानमंत्री से कहा था कि देखो, तुम पाकिस्तान से समझौता कर लो, तब जाकर चीन से अच्छी तरह मुकाबला कर पाओगे। तब, उस प्रोफेसर ने मुझे बताया कि हैरिमैन साहब ने कहा था कि मालूम होता है तुम लोग कुछ बूढ़े हो गए हो, कुछ थक गए हो, नई बात करते हुए डरते हो, इसलिए यह चीज कर नहीं पाए। मैंने कहा : देखो, प्रोफेसर, शायद तुम सही कह रहे हो, लेकिन एक बात याद रखना कि अमरीका वालों के पास धन बहुत है और बम बहुत है। जिनके पास धन और बम ज्यादा होते हैं, बुद्धि उनकी कुछ स्थूल हो जाया करती है। नतीजा यह हुआ कि जब वह मिशन यहाँ आया था तब उसने भारत सरकार से क्या कहा कि कश्मीर के ऊपर समझौता कर लो। अगर कहीं अमरीका को यह अक्ल आई होती और कहते कि भारत और पाकिस्तान का जो बँटवारा 1947-48 में हुआ था उसको खत्म करते हुए कोई ऐसा समझौता कर लो जिसमें काश्मीर का समझौता अपने-आप हो जाए, तो बड़ा मजा आया होता। प्रोफेसर कहने लगा कि शायद तुम सही कह रहे हो। शायद मुझे खुश करने के लिए कहा हो या उसके दिमाग में यह बात सचमुच आ गई हो।

मेरे पास प्रवाशचन्द्र लाहिड़ी की लिखी हुई एक किताब है पूर्वी पाकिस्तान के सम्बन्ध में। उसमें एक जगह लिखा है : "पूर्वी पाकिस्तान में 1954 के साधारण चुनाव में मुसलिम लीग खत्म हो गई। शायद संसार में यह सबसे अद्‌भुत चुनाव था क्योंकि सरकारी पार्टी जिसके पुराने सदन में 310 आदमी थे, उसके केवल 9 रह गए।" जब यह हुआ तब तमाम चीजें बदल गईं। एक तो यह कि पूरा पाकिस्तान का आधार टूटने लगा, हिन्दू-मुसलमान के बीच में जो घृणा थी वह खत्म होने लग गई, और लोगों को डर लगने लग गया कि पूर्वी पाकिस्तान शायद पश्चिमी पाकिस्तान से अलग हो जाए। उसके बाद एक बुरी बात हुई, उपाध्यक्ष जो पूर्वी पाकिस्तान असेम्बली के थे उनको मार डाला गया। उससे मौका मिल गया अय्यूब खाँ साहब को, जो उस वक्त पलटन के अफसर थे और बाद में प्रेजिडेंट अथवा राष्ट्रपति बने। उस पुस्तक में कहा गया है कि पेंटागान का, यानी अमरीका के रक्षा विभाग का हाथ था इसमें। मुझे लगता है कि शायद सी.आई.ए. वगैरह की जो बात चलती है वह

भी उसमें रही हो। उनकी बुद्धि बड़ी स्थूल है। यह लोग उस माँ की तरह हैं, रूसी और अमरीकी दोनों—मैं सिर्फ अमरीका के लिए नहीं कह रहा हूँ—जो अपने घर का कामकाज करती रहती है, लेकिन जिसके कान खड़े रहते हैं कि कब कहाँ कौन बच्चा किसी चीज को गिराकर तोड़ रहा है, और आवाज होते ही वह दौड़ पड़ती है। इसी तरह ये रूसी और अमरीकी, खास तौर से अमरीका का जो पेंटागान है या जो सी.आई.ए. है उसको जहाँ कोई खटका होता है, वह दौड़ पड़ते हैं। जब पाकिस्तान में बढ़िया चीजें हो रही थीं, वहाँ हिन्दू-मुसलमान के बीच घृणा खत्म हो रही थी, बँटवारे का पाप शायद खत्म होने वाला था, उस मौके पर इन लोगों को खटका हो गया, उन अमरीकियों को जो कि विदेशी सहायता देते हैं। क्या सहायता देते हैं? शौकीनी की, क्योंकि अमरीका की सुरक्षा एक तरफ तो है उसके बम में और दूसरी तरफ है अफ्रीका और एशिया के ऐसे लोगों में जिनका महीने का खर्च 1 हजार रुपये से ज्यादा है। मैं यहाँ रूस के लिए भी कहना चाहता हूँ, रूस और अमरीका दोनों—जिसमें हिन्दुस्तान की जनता की गरीबी का दलदल बना रह जाए, 49 करोड़ आदमी गरीब बने रहें लेकिन 50 लाख या 1 करोड़ लोग, एक हजार रुपया महीना खर्च करने वाले, उनकी सुरक्षा के लिए यहाँ तैयार हो जाएँ। इस बारे में रूस और अमरीका में कोई मतभेद और अन्तर नहीं है। अपनी सुरक्षा के लिए उन्होंने पूर्वी पाकिस्तान में क्या काम करके दिखलाया?

विदेशी सहायता को अब एकदम ठुकराया जाए। अब इसमें कुछ नहीं रह गया। उसने हमारे पूरे दिमाग को बिगाड़ दिया है, कितना दिमाग बिगड़ा है इसका दिन-रात परिचय मुझे विरोधी पक्ष में मिलता रहता है। उसका कारण यह है कि हम लोग विदेशी सहायता पाते-पाते अपने दिमागों को भी खराब कर बैठे हैं।

अगर सरकार मेरे कहने पर चले तो आज 350 रुपये प्रति व्यक्ति प्रतिवर्ष की आय है वह पाँच वर्ष के अन्दर 1,000 रुपये हो सकती है। बहुत-से लोग सुनकर घबरा जाएँगे कि मैं क्या कर रहा हूँ। लेकिन गिरजा शंकर वाजपेयी की औलादों से मैं अपना बजट नहीं बनवाता। नौकरशाही के पंजे में हम आज इतने फँस गए हैं। नौकरशाहों के भी दो अंग हैं। जो जवान नौकरशाह हैं, मैं उनसे एक अपील करूँगा कि घबराओ मत। अपने कर्तव्य को करते रहो। कल वक्त आ रहा है जब इन पुराने नौकरशाहों से इस देश को छुटकारा दिलाया जाएगा, जब कि पुरानी लकीरों से, जिसमें लोग फँस चुके हैं, हटकर हम अपने देश का पुनर्निर्माण कर सकेंगे।

[1967]

चीन और भारत

हमारी सदी में दो ही नई चीजें हुई हैं, गांधी और अणु-बम। जब यह बात पहली बार कोपेनहेगेन में एक पत्रकार सम्मेलन में कही गई थी, तो प्रमुख अंग्रेज पत्रकार एच. एन. ब्रेल्सफोर्ड ने बाद में लेनिन का नाम लिया। बातचीत पूरी हो जाने के बाद, महात्मा गांधी की जीवनी की समीक्षा करते हुए श्री ब्रेल्सफोर्ड ने लिखा कि लेनिन मार्क्स की एक प्रतिध्वनि थे, जो इतिहास में गूँजते-गूँजते बहुत बड़ी हो गई, जबकि गांधी मौलिक थे। यह सब हुए पन्द्रह वर्ष से अधिक समय बीत गया है।

गांधी और अणु-बम की बात कहने वाले को अब सन्देह है कि उसकी बात पूरी तरह सही थी कि नहीं। गांधी असफल होते रहे हैं, अपने देश में भी, और विशेषत: अपने देश में। हम केवल आशा कर सकते हैं कि यह असफलता अस्थायी है। बम बहुत अधिक सफल रहा है। कूटनीतिज्ञ और सन्त उसकी संख्या पर नियंत्रण लगाने की कोशिश करते रहे हैं। लेकिन उसकी संख्या बढ़ रही है। जबकि सन्त लोग डेढ़ आँख बन्द करके प्रार्थना कर रहे थे, चीन में उसकी संख्या अणु-बम और उद्‌जन-बम दोनों ही रूपों में बढ़ती रही। हो सकता है चीन के पास अभी मार करने की व्यवस्था न हो। हो सकता है वह अभी पन्द्रह साल तक मार करने की अमरीकी और रूसी व्यवस्थाओं का मुकाबला न कर सके। लेकिन उसके पास बम हैं, और अमरीका व रूस के पास जो विनाश-शक्ति है, उसका कम-से-कम एक हिस्सा अब चीन के पास भी है।

सारी दुनिया इससे दुखी नहीं है। शासन के प्रथम सिद्धान्त के रूप में जिस तरह हमारे देश में झूठ बोला जाता है, वैसा कभी किसी देश में नहीं हुआ। दुनिया के एक अरब गोरों में से शायद अस्सी करोड़ को चीन के उद्‌जन-बम की जानकारी होगी, और हम अनुमान लगा सकते हैं कि लगभग सत्तर करोड़ इससे दुखी हुए होंगे। दुनिया के दो अरब रंगीन चमड़ी वालों में आधे लोगों को

तो बहुत दिनों तक इसकी जानकारी ही नहीं होगी, और बाकियों में शायद सुखी और दुखी होने वालों की संख्या आधी-आधी होगी। चाहे कितने भी मूर्खतापूर्ण ढंग से हो, इससे रंगीन लोगों का आत्म-सम्मान बढ़ता है।

अधिकांश भारतीय दुखी होंगे, लेकिन सब नहीं। कट्टर चीन-समर्थक साम्यवादियों के अलावा भी, जिन्हें एक अन्धे विचार-दर्शन ने बिलकुल पागल बना दिया है, भारतीय चरित्र में एक व्यापक और अप्राकृतिक दासवृत्ति है। मरने के बाद प्रताप का आदर होता है, पूजा भी होती है, लेकिन जीवन-काल में उन्हें मूर्ख समझा जाता है। मरने के बाद मानसिंह की निन्दा होती है, लेकिन जीवन-काल में राजनेता के रूप में उनका आदर होता है। आठ सदियों तक लगातार एक के बाद एक विदेशी हमलावरों द्वारा जीते जाने के फलस्वरूप यह दृष्टिकोण उत्पन्न हुआ है।

अधिकांश भारतीय पूजा प्रताप की करते हैं, और आचरण मानसिंह जैसा। यह बात हिन्दू या मुसलमान, धर्म वाले दलों पर विशेषतः लागू होती है, जो मूलतः सुधारवादी हैं, और हर तत्कालीन शासन से समझौता करने की चेष्टा करते हैं। इस देश में क्रान्तिकारी युवकों का एक बड़ा काम यह भी है कि इस दृष्टिकोण की गन्दगी भारतीय दिमाग से साफ करें, क्योंकि हमारा विश्वास है कि हमारे लोग किसी दिन आठ सदियों के दुखद अनुभव को हजम करके उस पर काबू पा सकेंगे।

स्वतंत्रता के बीस सालों में लगातार अवसर गँवाए गए। चीन पहले भी हमसे आगे था। उनके लोगों को लगातार लम्बे समय तक गुलामी नहीं सहनी पड़ी थी, वे कभी उत्साहहीन, इतने दबे हुए नहीं थे और इसलिए कभी भी इतने दुर्बल और आलसी नहीं थे। चीन में अनाज की पैदावार शायद भारत की दो गुनी है। सम्भावना यही कि पिछले बीस सालों में फर्क और बढ़ गया हो। हम फिर कह दें कि यह तुलना पूर्ण अंकों की नहीं है। वैसा करने पर चीन की जनसंख्या अधिक होने के कारण वह और भी आगे हो जाएगा। यह तुलनात्मक स्थिति है। इस अधिक स्वस्थ बुनियाद को लेकर चीनियों ने उद्योग और विज्ञान का निर्माण किया है, जो निश्चय ही अमरीकियों और रूसियों की तुलना में कहीं नहीं ठहरता, लेकिन भारतीयों की तुलना में बहुत अच्छा है। भारत की ओर से दावा होता है कि भारत शान्ति को मानता रहा है, और चीन युद्ध को। लेकिन सच यह है कि भारत सरकार विलासिता, आलस और झूठ से जुड़ी रही है। हमें असलियत का सामना करना होगा। हमें पहले सभी सम्भावनाओं पर बिना घबराए विचार करके उनका मूल्यांकन करना चाहिए। पहली सम्भावना

यह है कि हम चीन की शक्ति को स्वीकार करके उसके अनुसार काम करें, चीन के साथ समझौता कर लें। एक समय चीन शायद इसके लिए भी तैयार था कि अक्साई चिन और कैलाश-मानसरोवर में अदला-बदली कर ले। अब यह सम्भव नहीं, इस सरकार के साथ तो निश्चय ही नहीं। जहाँ मेल-जोल की जरूरत थी वहाँ झूठा दर्प और जहाँ दृढ़ता की जरूरत थी वहाँ समर्पण, इससे भारत को गहरी चोट पहुँची है, जिसका सुधार लगभग असम्भव है। एक रास्ता यह भी सम्भव है कि भारत चीन का पिछलग्गू बन जाए, गुलाम नहीं, लेकिन उसके पीछे-पीछे चलने को तैयार। कुछ साम्यवादी और कभी-कभी कुछ सन्त लोग इस रास्ते की सिफारिश करते हैं। लेकिन हम आसानी से अनुमान लगा सकते हैं कि जब तक युद्ध में कोई बड़ी हार न हो, लोग और उनकी सरकार, चाहे किसी की भी हो, ऐसी नीति को स्वीकार नहीं कर सकते।

अरब इजराइली युद्ध ने दिखा दिया है कि दूसरों की ताकत, जब तक निश्चित और तात्कालिक रूप में प्रतिबद्ध न हो, कोई फायदा नहीं करती। यहाँ पीछे हटने और वापसी की गुंजाइश बहुत ज्यादा है, लेकिन भारत के लोगों का युद्ध मनोबल अरब लोगों से बहुत ऊँचा नहीं है, शायद उनके समान ही है। अफ्रेशियाई आदमी समूह के रूप में अब भी बहुत कुछ बेजान है, और सक्रियता के नाम पर केवल गर्म साँसें बहुत छोड़ता है। अत: जब अणु-बम और उद्जन-बम गिर रहे हों, तो लोग कितने लम्बे समय तक युद्ध लड़ सकते हैं, यह अनिश्चित है। यह सम्भव है कि दोनों बड़ी शक्तियों में से कोई भी निर्णायक रीति से भारत की मदद करने न आए, जब तक कि महीना-दो-महीना सचमुच लड़ाई न चल चुके और लोगों व उनकी सरकार के मनोबल का जायजा न ले लिया जाए।

इससे सुरक्षा सन्धियों का सवाल पैदा होता है। कम-से-कम समझदार लोगों को अब बहु-राष्ट्र रक्षा छतरियों, और गारंटियों जैसी मूर्खतापूर्ण चीजों के बारे में बातें करना बन्द कर देना चाहिए। केवल दो प्रकार की सुरक्षा सन्धियाँ हैं। एक वह जो सोवियत रूस और पूर्वी जर्मनी के बीच है। हमें यकीन है कि पूर्वी और पश्चिमी जर्मनी के बीच लड़ाई शुरू होने के एक या दो मिनट के अन्दर ही वह सन्धि अमल में आ जाएगी। दूसरी सुरक्षा सन्धि अमरीका और जापान के बीच है, या शायद तैवान के साथ भी। हमें यकीन है कि जापान के खिलाफ लड़ाई शुरू होने के एक या दो मिनट के अन्दर वह सन्धि अमल में आ जाएगी। इससे हमारे सामने दूसरी और तीसरी सम्भावनाएँ आ जाती हैं। दूसरी सम्भावना यह है कि भारत रूस के साथ एक दृढ़ और तत्काल

अमल में आने वाली सुरक्षा सन्धि करे, बशर्ते कि रूस इसके लिए तैयार हो। तीसरी सम्भावना है कि भारत अमरीका के साथ एक दृढ़ और तत्काल अमल में आने वाली सुरक्षा सन्धि करे, बशर्ते कि अमरीका इसके लिए तैयार हो। ये तीनों सम्भावनाएँ अलग-अलग विकल्प हैं, पूरक नहीं। (1) भारत चीन से मैत्री करे, हम जानते हैं कि यह मैत्री कम-से-कम शुरू में कैसी होगी। (2) भारत रूस से मैत्री करे, हम जानते हैं कि यह मैत्री कम-से-कम शुरू में कैसी होगी। (3) भारत अमरीका से मैत्री करे, हम जानते हैं कि यह मैत्री कम-से-कम शुरू में कैसी होगी।

बीस साल तक अवसर गँवाने के कारण चौथी सम्भावना धुँधली पड़ गई है। यह चौथी सम्भावना थी मनुष्य-जाति के सामने अणु-बम के विरुद्ध गांधी के विकल्प की, या यह कि भारत कुछ थोड़ा-बहुत दुष्ट लेकिन ताकतवर होता। यह सम्भावना थी पूर्ण आर्थिक नवीकरण की। खेती के लिए कहीं से भी, कैसे भी, पानी का इन्तजाम करो। कहीं से भी, कैसे भी, उद्योग-धन्धे खड़े करो। ये बड़ी मामूली जरूरतें प्रतीत होती हैं। खेती के लिए पानी की जरूरत इतनी स्पष्ट है, इतनी बुनियादी है कि अचरज होता है, आखिर किस तरह के अपराधी बीस साल से इस देश का शासन करते रहे हैं। हम अलग से बीज या खाद व कीटनाशक का जिक्र नहीं कर रहे, क्योंकि हमने पहली बुनियादी चीज को लिया है। लेकिन पानी का इन्तजाम करने के लिए भूमि-कर, सम्पत्ति-व्यवस्था और प्रशासकीय व्यवस्था में बहुतेरे परिवर्तन करना आवश्यक था। इसके लिए बड़े साहस की, और जोखिम उठाने की क्षमता की जरूरत पड़ती, सबसे पहले अपनी जान की जोखिम उठाने की।

पेटेंट सम्बन्धी अधिकारों और अन्य अनुकरण-अधिकारों की उपेक्षा किये बिना कोई नया देश उद्योग-धन्धों में समृद्ध नहीं बना। इंगलिस्तान ने चोरी की। अमरीका ने चोरी की। रूस ने चोरी की। जापान ने चोरी की। चीन ने चोरी की। केवल वही देश पेटेंटों और मशीनों की चोरी नहीं करते, जो उससे बड़े पैमाने पर अपने लोगों की जरूरतों की चोरी करते हैं। जिसे भारत-विदेश सहयोग कहा जाता है, वह इसी चोरी और लूट का एक सभ्य नाम है। लुधियाना के कारीगरों की संख्या सारे देश में बढ़ती, और यूरोपीय-अमरीकी कारीगर के मुकाबले पर विकसित हो सकती थी।

क्या इस चौथी सम्भावना की उपलब्धि अब भी सम्भव है? आशा करने के तर्क-संगत कारण बहुत कम हैं। वही लोग कहीं भी, कैसे भी पानी के लिए खुदाई कर सकते हैं, जो भुखमरी की हालत में विद्रोह करने को तैयार

हों। अन्याय के खिलाफ विद्रोह और ज्यादा अच्छी जिन्दगी के लिए मेहनत, ये एक ही सिक्के के दो पहलू हैं। हमारे देश में अभी इस सिक्के का चलन नहीं है। राजा जी केवल सिक्के का एक पहलू देखते हैं, यानी बेहतर जिन्दगी के लिए मेहनत। समाजवादी भी शायद सिक्के के एक ही पहलू को देखते हैं, यानी अन्याय के खिलाफ विद्रोह। इस कारण उनमें से कोई खुद अपना काम भी नहीं कर पाता।

अन्य विपक्षी दल चाहे जो भी करें, समाजवादियों पर एक बड़ी जिम्मेदारी है। उन्हें सबसे पहले अपना आलस छोड़ना होगा। राजनीतिक दृष्टि से देश में लगभग हर व्यक्ति केवल अखबार पढ़ने या रेडियो सुनने या गप करने वाला होता है। उसका राजनीतिक कार्य-कलाप यहीं खतम हो जाता है। बातचीत का विषय होता है मंत्रियों और विधायकों के कार्य। जन-साधारण की ओर से कोई कार्यवाही नहीं होती। कुछ छोटे-छोटे सक्रिय समूह हैं, जैसे नक्सलबाड़ी में, जो आम तौर पर दृष्ट प्रकृति के हैं। लेकिन अच्छे ढंग का कोई कार्य ऐसा नहीं जिसका जिक्र किया जाए।

सिक्के के दो पहलुओं के हम दो उदाहरण देना चाहेंगे। बेहतर जिन्दगी के लिए मेहनत करना एक पहलू है। खेती के लिए कहीं भी, कैसे भी पानी का इन्तजाम करने के मामले में समाजवादी युवजन सभा के लोगों को भूत की तरह काम करना चाहिए। अगर किसी एक जगह यह काम बड़े पैमाने पर सफल हो जाए, तो फिर यह चीज जंगल की आग की तरह फैलेगी। हो सकता है कि दस लाख या उससे भी अधिक नौजवान संगठित हो जाएँ, जिन पर समाजवादी विचारों का प्रभाव पड़ सके।

अन्याय के खिलाफ विद्रोह सिक्के का दूसरा पहलू है। इसके हम दो उदाहरण देते हैं। एक है लगान का खात्मा। भूमि का फिर से बँटवारा या कम-से-कम सभी हरिजनों को घरों के लिए जमीन देना, या आवश्यक सामग्री की व्यवस्था करने के बाद भी जहाँ न्यूनतम पैदावार न हो, ऐसी जमीन की जब्ती, यह दूसरा है। समाजवादी कुछ प्रदेशों में मंत्रियों के माध्यम से काम कर रहे हैं। उन्हें कभी भी ऐसा सोचने की गलती नहीं करनी चाहिए कि कलक्टर से पटवारी का जो रिश्ता होता है, केन्द्रीय मंत्रियों के साथ प्रदेश के मंत्रियों का रिश्ता उससे कुछ अधिक है। उत्तर प्रदेश का बजट, जो सबसे बड़ा प्रदेश है, चार या पाँच अरब रुपयों का है, जबकि केन्द्रीय बजट करीब 48 अरब रुपयों का। इसके अलावा धन के अभाव आदि की धमकियों या लालच के कारण प्रदेश के मंत्रियों का मनोबल टूट जाता है। किसी भी सूरत में, समाजवादी मंत्रियों को

बहुत सावधान रहना चाहिए कि ऐसा न कहा जाए कि कोई दो मंत्री, जिनमें से एक समाजवादी हो, एक-दूसरे के अधिक निकट होते हैं, बनिस्बत किन्हीं दो समाजवादियों के जिनमें से एक मंत्री हो। समाजवादी विधायकों को भी सावधान रहना चाहिए। लगान खतम कराना, कम-से-कम अलाभकर जोतों का, उनका पवित्र कर्तव्य है। उन्हें इसकी कोशिश करनी चाहिए, चाहे प्रतिक्रियावादी और दकियानूसी लोग इसके लिए उन्हें विघटनकारी ही क्यों न कहें।

इस सबमें मुख्य जिम्मेदारी है काम करना। सौ या पाँच सौ नारे लगाने वाले लोगों को लेकर विद्रोह नहीं किया जा सकता। कम-से-कम दस से पचास हजार तक लोगों का होना जरूरी है। हजारों तालाब और कुएँ वगैरह कुछ सौ लोगों को लेकर नहीं खोदे जा सकते। हजारों-हजारों लोगों का होना जरूरी है। इतने बड़े पैमाने पर लोगों को जुटाने, करने के लिए बड़ी सफाई और संगठन की जरूरत है। सफाई का मतलब गप करना नहीं होता। संगठन का मतलब खाली सदस्य भर्ती करना नहीं होता। काम करने की ललक होनी चाहिए। जो आदमी खुद काम नहीं करता, वह निरन्तर दूसरों के काम न करने की शिकायत करता रहता है और इतने पर ही रुक जाता है। जो आदमी काम करता है, उसके असर से दूसरे लोग भी निरन्तर काम करने को प्रेरित होते हैं।

['जन' (जुलाई 1967) का सम्पादकीय लेख]

नक्सलबाड़ी

नक्सलबाड़ी का साम्यवादी तरीका लगभग उतना ही सार्थक है, जितना भूदान का सर्वोदयी तरीका। समानधर्मी कुदरती तौर पर एक-दूसरे की तरफ खिंचते हैं। यही कारण है कि जिसे 'मुक्त क्षेत्र' कहा जाने लगा है, वहाँ जाने वाले भूदानियों को पता लगा है कि वहाँ कोई खेतिहर समस्या है, और शायद उसका खेतिहर हल भी है। यह समस्या और उसका हल क्या है, इसकी चर्चा करने से पहले मैं याद दिलाना चाहूँगा कि इनके पहले की समस्याओं और उनके हलों का क्या हुआ।

पहले देश के विभिन्न भागों में जमींदारी समाप्त हो जाने पर लेखकों, विद्वानों और सरकार, सभी ने दावा किया कि खेतिहर समस्या हल हो गई। दूसरी बार, जब कई सालों में लाखों एकड़ जमीन, सम्भवतः पचास-साठ लाख एकड़, भूदान में मिली, जिसका इतना जबरदस्त प्रचार हुआ जितना दुनिया में कम ही होता है, और वह जमीन खेत-मजदूरों या गरीब किसानों में बाँट दी गई, तब भी कहा गया कि भूमि-समस्या अन्तिम रूप से हल हो गई। लेकिन खेतिहर समस्या उसके बाद भी बार-बार सिर उठाती रही। तीसरी बार जब विभिन्न प्रदेश सरकारों ने भूमि पर सीमा लगाई, और इसके फलस्वरूप 20 लाख एकड़ जमीन फिर से बँटवारे के लिए और मिली, तब फिर ऐसा लगा कि अब कोई समस्या नहीं रह गई। लेकिन हमारे देश में विचार और तर्क की हालत खराब है। जब कभी कोई जोरदार हल्ला होता है, तो कुछ लोग भागे जाते हैं पता लगाने कि क्या समस्या है, और उसको कैसे हल किया जा रहा है। अब फिर, चौथी बार यह आवाज उठी है कि नक्सलबाड़ी में एक समस्या है जिसको हल करना है, यद्यपि कुछ लोगों को शायद याद हो कि यह समस्या ऐसी नई नहीं है, और न उसका हल ही नया है। वर्षों पहले इसकी कुछ ऐसी ही शकल तेलंगाना में दिखाई पड़ी थी। वियतनाम में भी यह दिखाई देती रही

है, और कुछ लोगों को खेद होगा कि जापान में इसकी वह शकल कभी पूरी तरह दिखाई नहीं दी।

जो आँकड़े मैं दे रहा हूँ उनके लिए मैंने कलकत्ता के साप्ताहिक 'नाउ' पर भरोसा किया है। यह पत्र अपने बारे में चाहे जो भी कहे, यह एक बना-सँवरा वामपक्षी साम्यवादी साप्ताहिक है, और बहुधा पढ़ने लायक होता है। उससे आँकड़े लेने का एक तात्कालिक कारण यह है कि एक पुराने और प्रिय मित्र, सत्यव्रत सेन ने—लगता है कि उनका राष्ट्रवाद और मानवतावाद इस पत्र की विश्वयारी और मुक्तिवादी आकर्षण से हार गया, और इसके कारण भी मैं किसी हद तक समझ सकता हूँ—मुझे इसकी 30 जून की नक्सलबाड़ी सम्बन्धी कतरनें भेजीं, जिससे फिर मैंने उसका सात जुलाई का लेख भी देखा। इसके अनुसार, 'मुक्त' क्षेत्र में रोजगार में लगे लोगों में लगभग पाँच प्रतिशत खेत-मजदूर हैं। अतः यह उनका खेल नहीं है। उनका दूसरा या तीसरा स्थान भी नहीं है।

नक्सलबाड़ी में 37.5 प्रतिशत किसान बताए गए हैं, और 40 प्रतिशत खानों, जंगलों या बागानों में काम करने वाले। अन्य प्रभावित क्षेत्रों में इन अनुपातों में काफी अन्तर है। खारीबाड़ी में किसान लगभग 68 प्रतिशत हैं, जबकि खानों आदि में 15 प्रतिशत लोग हैं। अनुपातों में अन्तर इतना अधिक है कि केवल इनके आधार पर कोई नतीजा निकालना गलत होगा। किन्तु नक्सलबाड़ी के बारे में यह बात साफ है कि वहाँ किसानों और खान व बागान-मजदूरों का अनुपात लगभग एक जैसा है, बल्कि खान और बागान-मजदूरों की संख्या कुछ अधिक है। यह तथ्य बहुत ही महत्त्वपूर्ण है, क्योंकि आगे चलकर पत्र ने अपने विश्लेषण में इसकी उपेक्षा की है। 'नाउ' में कहा गया है, "सिलीगुड़ी सब-डिवीजन में वन्य-जातियों की आबादी को (जिसमें अनुसूचित जातियाँ भी शामिल है) मौजूदा आन्दोलन के विस्फोटक रूप के लिए जिम्मेदार नहीं ठहराया जा सकता, क्योंकि उनमें सबसे बड़ा समूह ऐसे लोगों का है जो गैर-खेतिहर क्षेत्र में काम करते हैं (बागान, जंगल, आदि)।" आगे हम देखेंगे कि वे क्यों और किस प्रकार जिम्मेदार हैं।

बाद में और भी दिलचस्प आँकड़े दिये गए हैं। नक्सलबाड़ी में पाँच एकड़ से कम जमीन वाले किसानों का अनुपात 68 प्रतिशत बताया गया है, और 'मुक्त' क्षेत्र के अन्य दो स्थानों में लगभग 60 प्रतिशत और 44 प्रतिशत। हमारे देश में खेती जिस तरह की है, और बंगाल में जमीन के मालिक तथा उस पर काम करने वाले किसान जिस तरह का श्रम करते हैं, उसे देखते हुए केवल

अज्ञानी या दुष्ट लोग ही 10 एकड़ से कम जमीन वाले किसान को गरीब नहीं कहेंगे। इस तरह किसानों में गरीब किसानों का अनुपात शायद 80 या 90 सैकड़ा हो जाएगा। लेकिन वामपक्षी साम्यवादियों का एक और भी तर्क है।

एक तालिका में तीन प्रकार की जोतों का विवरण दिया गया है—अपनी खेती, बटाईदारी या भागचाशी और दोनों मिली-जुली। पहले प्रकार की जोतें तीनों ही थानों में 39 और 27 प्रतिशत के बीच हैं, दूसरे प्रकार की 50 से 65 प्रतिशत और तीसरे प्रकार की 7 से 11 प्रतिशत। बटाईदारी निस्सन्देह बहुत अधिक है। किन्तु इसके पहले एक तालिका में बताया गया है कि नक्सलबाड़ी में ऐसे किसान जो गौण रूप में खेत-मजदूरी करते हैं, और ऐसे खेत-मजूर जो गौण रूप में अपनी जमीन पर खेती करते हैं, इनका अनुपात लगभग एक समान है। अन्य दो थानों में अनुपात थोड़ा भिन्न है, लेकिन इतना नहीं कि कोई अन्य निष्कर्ष निकले। स्पष्ट है कि नक्सलबाड़ी में किसान और खेत-मजदूर के व्यक्तित्व घुले-मिले हैं और अधिकांश एक ही व्यक्ति दोनों है। तब फिर यह जमीन की भूख कहाँ से आई? कौन जमीन लूटता है, और किसकी जमीन लूटी जाती है? अगर इस लेख के लेखक ने, जो टिप्पणियाँ और अंग्रेजी लिखने में कुशल कोई कर्मचारी प्रतीत होता है, जान-बूझकर असलियत को छिपाने की कोशिश नहीं की है, तो आर्थिक मामलों की उसकी समझ उसके लेखन कौशल के मुकाबले में बहुत कम है।

यह सच है कि 10 प्रतिशत भूस्वामियों के पास 20 एकड़ से अधिक जमीन है। कुछ के पास 100 या 500 एकड़ भी हो सकती है। लेकिन 500 एकड़ होने की सम्भावना बहुत कम है, क्योंकि जहाँ बागान मालिक और खान मालिक जमीनों पर कब्जा करते हैं, वहाँ बड़े जमींदारों के लिए ज्यादा जमीन बचती नहीं। हर हालत में, पत्र में दी गई विभिन्न तालिकाओं को अगर मिलाकर देखें, तो यही नतीजा निकलता है कि बहुत बड़ी जोतें वहाँ नहीं हैं। अचरज की बात यह है कि पत्र के दोनों ही अंकों में सम्बन्धित रकबे और आबादी के आँकड़े दिये गए हैं। हम अनुमान लगाते हैं कि आबादी लगभग 40 हजार होगी, और जमीन लगभग 20 हजार एकड़।

अगर नक्सलबाड़ी में झगड़े का मुख्य कारण किसानों और बटाईदारों का संघर्ष नहीं है, तो फिर है क्या? पत्र में अन्यत्र एक जगह कहा गया है, "ग्रामीण भारत में सम्पत्ति-व्यवस्था जैसी है, उसमें जाति को विशेषाधिकार से अलग करना कठिन है।" यह वक्तव्य एक साम्यवादी की ओर से आया है, इससे मामले पर बड़ी रोशनी पड़ती है। अगर कोई समाजवादी ऐसी बात कहे तो

इसे उसके सोचने और बोलने के सामान्य ढंग का एक हिस्सा समझा जाएगा। जाति और वर्ग की जुड़ी हुई भूमिकाओं को समझने के मामले में साम्यवाद इस देश में समाजवाद से कम-से-कम दस साल पीछे है। किन्तु इस मामले में कठिनाई केवल जाति को विशेषाधिकार से अलग करने में ही नहीं है, वरन जाति को किसी भी प्रकार के संघर्ष से अलग करने में है।

किसान अधिकांश राजवंशी हैं। खेत, बागान, और अन्य मजदूर अधिकांश सन्थाल, ओराँव और मुंडा हैं। राजवंशियों को अनुसूचित जाति कहा जाता है, लेकिन इसमें गलती भी हो सकती है, क्योंकि बंगाल के मध्यवर्ग अनुसूचित जाति और पिछड़ी जाति के फर्क को नहीं समझते। वे शायद पिछड़ी जाति हैं। वे निश्चय ही नक्सलबाड़ी और उत्तर बंगाल के अधिक प्राचीन निवासी हैं—यह बात साम्यवादी नहीं कहते क्योंकि यह उनके हक में नहीं है, लेकिन अगर होती तो इसका वे बड़ा शोर मचाते। शायद वे उस समूह या जाति के लोग हैं जो रामायण और महाभारत के काल में प्रसिद्ध उत्तरापथ में बसे रहे हैं, विशेषत: उन इलाकों में जहाँ बिहार खतम होता था और बंगाल शुरू। समय की गति ने उन्हें समाज की सीढ़ी में नीचे पहुँचा दिया है। बागान और अन्य मजदूर यहाँ उन्नीसवीं सदी के आठवें दशक में अपने अंग्रेज मालिकों के लिए मुनाफा कमाने आए और प्रसंगवश उन शिक्षित मध्यवर्गों के लिए भी, जो अंग्रेजी तत्त्वावधान में पुनर्जागरण की अपेक्षा कर रहे थे। अब इन सन्थाल और अन्य लोगों की संख्या राजवंशियों से अधिक है। राजवंशी और सन्थाल दोनों ही वास्तव में बंगला-भाषी नहीं हैं, लेकिन मध्यवर्गों को उन्हें आत्मसात करने में सफलता मिली है।

त्रिपुरा के अनुभव से साम्यवादियों को बड़ा धक्का लगा है। किसी प्रकार की क्षेत्रीय परिषद में बहुमत प्राप्त होने से शासन के जितने अवसर मिलते हैं, उस हद तक त्रिपुरा में उनका शासन था। पिछले आम चुनावों में यह शासन कांग्रेस के हाथ में चला गया। कारण था आदिवासी बनाम शरणार्थी का झगड़ा। उनकी जड़ें आदिवासियों में थीं, जो अब त्रिपुरा की आबादी का तीसरा हिस्सा रह गए हैं। वे शायद, कुछ बेढंगे तरीके से अपनी हार का बदला लेने की कोशिश कर रहे हैं। सन्थालों की संख्या, जिनमें साम्यवादियों ने अपने बागान मजदूर संघ बनाए हैं, राजवंशियों से अधिक है, लेकिन उनकी संख्या शेष सारी आबादी से अधिक है, इसमें शक है।

जब तक हम खानों, जंगलों और बागानों में लगे हुए लोगों को भी सामने न रखें, तब तक यह सारा संघर्ष समझ में नहीं आ सकता। इन वर्गों में जनसंख्या

की सामान्य वृद्धि शायद इतनी हुई है, कि बागानों आदि में उसको खपाने की क्षमता नहीं। सम्भव है कि रक्त-सम्बन्धों के कारण लोग दूसरे इलाकों से इस तरफ आए हों। चाय बागानों की जमीनों पर वे कब्जा क्यों नहीं कर रहे, यह एक रहस्य है। बंगाल और आसाम में हर चाय बागान के पास ऐसी जमीन बड़ी मात्रा में है, जिसका कोई उपयोग नहीं होता, और जो बागान की कुल जमीन की एक-तिहाई तक भी हो सकती है। इस जमीन पर कब्जा न करने के कई कारण हो सकते हैं। सम्भव है कि इससे जवाबी कार्यवाही जल्दी होती। हो सकता है कि बागान मालिक अपनी बचत के लिए साम्यवादियों को पैसा देते हों। फिर, मजदूर और बागान मालिक के बीच इस झगड़े को गृह-युद्ध का रूप नहीं दिया जा सकता था, मात्र जिसके द्वारा ही, आतंक और लोभ के इस्तेमाल से राजनीतिक विरोधियों को खतम करके सभी गरीबों को एक झंडे के नीचे लाया जाता है। आखिरकार राजवंशियों में कुछ लोग तो ऐसे होंगे ही जो गाँव की कसौटी के अनुसार धनी हों, या कम-से-कम जिन्हें धनी कहकर निन्दा की जा सके। उनमें कुछ लोग पूर्वी पाकिस्तान से आए, या ऐसे लोगों में भी होंगे जो सारे देश से जंगल और खानों में अपना भाग्य बनाने की कोशिश करने आए। कुछ ने साम्यवादियों को पैसा देकर उनसे समझौता कर लिया होगा, कुछ लड़ रहे होंगे। इनकी वजह से ही शायद भ्रम होता है कि यह लड़ाई अमीर और गरीब के बीच है। यह निश्चय ही गरीब और गरीब की लड़ाई है, जिसका इस्तेमाल साम्यवादी लोग अपने दल के विस्तार के लिए कर रहे हैं, जिसका मतलब स्वयं उनके लिए है जनता की भलाई।

नक्सलबाड़ी की घटनाएँ इतनी तर्कहीन हैं कि बाहरी तत्त्वों को ध्यान में रखे बिना उनको नहीं समझा जा सकता। हो सकता है माओ-त्से-तुंग ने आने का वादा न किया हो, लेकिन स्थानीय साम्यवादियों ने निश्चय ही सोचा होगा कि अगर वे काफी बड़ा विद्रोह कर सकें, तो मनुष्य-जाति का वह मसीहा अवश्य ही आने में ज्यादा देर नहीं लगाएगा। हम नहीं समझते कि माओ-त्से-तुंग आएँगे, कम-से-कम अभी नहीं। नक्सलबाड़ी में साम्यवादी प्रयत्न उतना ही निरर्थक और तर्कहीन है; जितना साम्यवादी-विरोधियों द्वारा भेड़िया-भेड़िया का शोर।

साम्यवाद-विरोध में एक बड़ी ही बुरी आदत है। जरा-सी बात पर वह भेड़िया-भेड़िया चिल्लाने लगता है। या, शायद हम नहीं समझते कि जिनके पास सम्पत्ति होती है, उनके लिए कितनी महत्त्वपूर्ण होती है। बहुधा यह तथ्य हमारे सामने बड़े तीव्र रूप में आता है कि मनुष्य की सम्पत्ति, चाहे कितनी कम हो, उसे सबसे ज्यादा प्यारी होती है। उसी तरह जैसे लड़कियों को हीरे

सबसे ज्यादा पसन्द होते हैं। सम्पत्ति के लिए जरा-सा भी खतरा होने पर, चाहे वह कितना ही अयथार्थ हो, और केवल एक सामान्य, अस्पष्ट डर हो, सम्पत्ति के मालिक चौंक उठते हैं। यह उन दैनिक पत्रों से प्रकट होता है जिनके वे मालिक हैं। यह रोजमर्रा की राजनीति में भी प्रकट होता है, जो बहुत कुछ इन पत्रों में प्रकाशित सूचनाओं पर आधारित होती है। फिर साम्यवादियों को, और उनकी कार्यवाहियों को नाटकीय रंग देने में मजा आता है। लोग आसानी से डर जाते हैं। अगर समाजवादियों की कार्यवाहियों को नाटकीय रंग दिया जाए, तो लोग उतनी आसानी से डराए न जा सकें।

एक अन्य सन्दर्भ में भी भेड़िया आया के इस शोर को समझना मुश्किल है। टीस्टा नदी पर बना केवल एक पुल बाकी देश को उत्तर बंगाल और आसाम से जोड़ता है। एक मामूली, हल्का, पुराने किस्म का बम इस पुल को उड़ाने के लिए काफी है। चीनी इसके बारे में जानते हैं। अगर वे इस पुल को उड़ा दें तो उत्तर-बंगाल और आसाम के साथ भूमि-संचार सम्बन्ध टूट जाएगा। नक्सलबाड़ी को नाटकीय रंग देने वाले टीस्टा के पुल को भी नाटकीय रंग दे सकते हैं। अगर चीनी सेनाओं को आगे बढ़ने में नक्सलबाड़ी से मदद मिल सकती है तो उन्हें इस बात से भी बड़ी मदद मिल सकती है कि भारत सरकार अपने कर्तव्यों की उपेक्षा करती रही है, और उसने देश के अन्दर पर्याप्त मात्रा में स्थल-मार्ग और पुल नहीं बनाए। साम्यवाद-विरोधी राजनीतिक दलों, सम्पत्तिवालों, और समाचार-पत्रों के मालिकों ने टीस्टा के पुल को नाटकीय रंग क्यों नहीं दिया? मैं स्वीकार करता हूँ कि दोनों मामलों में नुकसान की सम्भावना और विस्तार में फर्क है। टीस्टा का पुल उड़ा दिया जाए, तो बाद में उसकी मरम्मत हो सकती है। नक्सलबाड़ी का विस्तार हो, तो मुमकिन है मर्ज लाइलाज साबित हो। उस हालत में मुमकिन है कि कम-से-कम कुछ क्षेत्रों में, विद्रोही लोग आगे बढ़ने वाली चीनी सेनाओं का स्वागत करें।

अगर मैंने साम्यवाद-विरोधी तर्कों के दोष दिखाए हैं तो इसका यह मतलब नहीं कि मैं किसी तरह से साम्यवादी तर्कों का समर्थक हूँ। मेरी नजर में साम्यवाद एक बुरा सिद्धान्त है, और कुछ परिस्थितियों में खतरनाक सिद्धान्त भी हो सकता है। उनकी विदेश-भक्ति स्पष्ट है। चीन या रूस इस समय उनके मन्दिर हैं। इस तर्क को किसी हद तक काटा जा सकता है। साम्यवाद दूसरे सिद्धान्तों से कम राष्ट्रवादी नहीं है, लेकिन वह सत्तारूढ़ होने और कुछ शक्ति संचित कर लेने के बाद ही राष्ट्रवादी बनता है। साम्यवादी चीन काफी लम्बे समय तक रूस का पिछलग्गू रहा। लेकिन पर्याप्त शक्ति प्राप्त करते ही उसने

हाथ-पैर मारना शुरू कर दिया। मैं दूसरे प्रकार के साम्यवाद के अस्तित्व से भी इनकार नहीं करता, जैसा पूर्वी जर्मनी में है। वे कभी भी रूस की अधीनता से मुक्त नहीं हो सकते, क्योंकि वे बहुत छोटे हैं।

अगर कभी ऐसी विपत्ति आई कि भारत साम्यवादी हो गया, तो जिस प्रकार चीन ने लम्बे समय तक रूस की अधीनता के बाद स्वतंत्रता प्राप्त की, उसी तरह वह भी पुन: स्वतंत्र हो जाएगा, या कि चीन के साथ बँधा ही रहेगा, यह एक ऐसा मामला है जिसके बारे में भविष्यवाणी करना मैं पसन्द नहीं करूँगा।

भविष्य में क्या हो सकता है, उससे अधिक परेशान करने वाली बात है कि इस समय क्या हो रहा है। साम्यवाद का सिद्धान्त उधार जीवन, उधार विचार, और उधार अनुभव को आवश्यक बनाता है, और उसमें प्रत्यक्ष और तात्कालिक अनुभव की गुंजाइश बहुत कम है। दुर्भाग्यवश, यह बात बड़ी हद तक आज की दुनिया में प्रचलित सभी सिद्धान्तों पर लागू होती है। अगर दोनों साम्यवादी दल रूस या चीन से उधार लिये गए अनुभव पर जीते हैं, तो स्वतंत्र विश्व की पार्टियाँ उसी तरह अमरीका, फ्रांस, इंगलिस्तान या अन्यत्र से उधार लिये गए अनुभवों पर जीती हैं। मनुष्य लगभग एक स्वचालित यंत्र-सा हो जाता है। उसके चारों ओर होने वाली घटनाओं की प्रत्यक्ष प्रतिक्रिया उस पर नहीं होती, बल्कि अप्रत्यक्ष प्रतिक्रिया उस अनुभव के माध्यम से होती है, जो उसकी राय में उसके आदर्श नमूने को हुआ था।

मैं समझता हूँ अनुभव की तात्कालिकता का यह अभाव ही है जिसके फलस्वरूप साम्यवादी इतने बड़े पैमाने पर झूठ बोलते हैं, जितने बड़े पैमाने पर शायद धर्म भी कभी नहीं बोला। इस झूठ के पीछे यह विचार है कि साधन का औचित्य लक्ष्य में होता है। नक्सलबाड़ी सम्बन्धी इन लेखों में भी हमको यह झूठ मिल जाता है। श्री नेहरू की और मेरी बातचीत आखिरी बार 1951 में हुई थी, जब उन्होंने एक ऐसे व्यक्ति की मृत्यु के बारे में बताने के लिए मुझे टेलीफोन किया था जो दोनों के मित्र थे। हमारी आखिरी भेंट उससे वर्षों पहले हुई थी। उसके बाद न हम मिले, न हमारी कोई बातचीत हुई। बाद में जो कुछ भी बात हुई वह लोकसभा में सारी दुनिया के सामने। फिर भी वामपक्षी साम्यवादियों ने गढ़ लिया कि 1954 में केरल में अल्पसंख्यक समाजवादी मंत्रिमंडल बनने के पहले श्री नेहरू और मेरे बीच टेलीफोन पर बातचीत हुई। 'भारत पर अमरीकी छाया' जैसे किसी नाम वाली पुस्तक में कुछ मित्रों ने एक ऐसे ही झूठ की ओर मेरा ध्यान खींचा। उसमें कहा गया है कि उत्तर कोरिया और दक्षिण कोरिया के बीच युद्ध शुरू होने पर मैंने उत्तर कोरिया के विरुद्ध

दक्षिण कोरिया का पक्ष लिया था। यह बिलकुल असत्य है। वास्तव में, क्या दृष्टिकोण अपनाया जाए, इस पर अपने कुछ सहयोगियों के साथ मेरा काफी झगड़ा हो गया था, क्योंकि मैं चाहता था किसी का पक्ष न लिया जाए, और मेरी राय में संयुक्त राष्ट्र संघ के माध्यम से अभिव्यक्त सामूहिक सुरक्षा का विचार सही उपकरण नहीं था। मुझे कभी-कभी शक होता है कि मेरा दृष्टिकोण सही था या नहीं, लेकिन हर हालत में, किताब में जैसा कहा गया है, मेरा दृष्टिकोण उसके सर्वथा विपरीत था। यह भी कहा गया कि 1951-52 के चुनाव अभियान के लिए मैं अमरीका से कुछ डालर लाया था। यह भी बिलकुल असत्य है। मुझे कुछ आश्चर्य हुआ कि साम्राज्यवाद सम्बन्धी सबसे प्रमुख सोवियत अर्थशास्त्री और इतिहासकार प्रोफेसर वार्गास ने भी अपनी पुस्तक में इस झूठ को दोहराया। मेरा खयाल था कि विद्वान लोग, साम्यवादी विद्वान भी, कुछ विवेक बनाए रखते हैं। लेकिन वे सभी लोग जिन्होंने प्रत्यक्ष और तात्कालिक रीति से जीना छोड़ दिया है, और जो उधार विचारों और अनुभव को लेकर जीते हैं, झूठ का इस्तेमाल करना बहुत आसान पाते हैं। उनके पास कोई उलझे हुए विचार नहीं होते जिन्हें खुद अपने दिमाग में सुलझाने की जरूरत हो, न ऐसे विभिन्न अनुभव होते हैं जिन्हें जोड़ना हो। उनके लिए इतना ही जरूरी होता है कि जो चीज पहले ही किसी एक विदेश या किसी एक पुस्तक से प्राप्त सम्पूर्ण और एकान्तिक ज्ञान द्वारा प्रमाणित हो चुकी है, उसे ही फिर प्रमाणित करें। और इसका सबसे अच्छा तरीका है कि हर तरह की बातें और घटनाएँ उद्धृत करें, भले ही वे झूठ हों। बल्कि, वास्तव में, झूठ हों तो बड़ा अच्छा।

हत्या भी एक औजार है, शायद उदारवादी सिद्धान्तों का उतना नहीं, जितना साम्यवाद और उस जैसे अन्य सिद्धान्तों का। युद्धों और क्रान्तियों में, सभी तरह के सिद्धान्तों को लेकर सारी दुनिया में बहुतेरी हत्याएँ होती हैं। लेकिन साम्यवादियों द्वारा मजदूर संघों और राजनीति में अपने विरोधियों को समाप्त करने के लिए की गई हत्याएँ भिन्न कोटि की हैं। यह रोजमर्रा की घटना है, सदी में कभी एकाध बार होने वाली घटना नहीं। आसनसोल के मजदूर नेता श्री झा की मृत्यु पर मैंने अभी तक किसी भी प्रमुख साम्यवादी के मुँह से खेद या शोक का एक शब्द भी नहीं सुना है। सुनने में आए हैं कि सिर्फ किस्से कि वे खान-मालिकों के एजेंट थे, या गुंडा थे। हमने ये किस्से भी सुने कि उन्होंने साम्यवादी क्षेत्रों में जुलूस निकालने की चेष्टा की, और वास्तव में खुद झगड़ा पैदा किया। किसी व्यक्ति की हत्या करने के लिए ये तर्क बेमतलब हैं। श्री झा के बारे में साम्यवादी जो कुछ कहते हैं अगर वह सब सच भी हो तो उनकी

हत्या करने का अधिकार इससे उन्हें नहीं मिल जाता। इसके बजाय उन्हें कोशिश करनी चाहिए थी कि खान मजदूरों पर से श्री झा का प्रभाव खतम करें, और खुद अपने संगठन का प्रभाव बढ़ाएँ। लेकिन इसमें शायद कठिनाई का अनुभव हुआ। इसलिए उन्होंने यह जघन्य तरीका अपनाया। मैं यह भी मानने को तैयार हूँ कि हत्या शायद योजना बनाकर नहीं की गई। लेकिन इस तरह की घटना एक खास तरह के दिमाग की उपज है—ऐसा दिमाग जो अगर किसी चीज को ठीक समझता है, तो उसकी सर्वोच्चता स्थापित करने के लिए किसी भी उपाय का, हत्या का भी इस्तेमाल करने को तैयार रहता है।

यूनान में अमरीका के राष्ट्रपति ट्रुमन के विशेष राजनीतिक प्रतिनिधि श्री सैम बर्गर ने मुझे जो कुछ बताया था कि यूनान पहुँचने पर उन्होंने उस देश में मजदूर और समाजवादी आन्दोलन की क्या हालत पाई, वह मुझे याद है। यूनानी साम्यवादियों ने 150 मजदूर और समाजवादी नेताओं को खतम कर दिया था, जिसके फलस्वरूप लोकतांत्रिक निर्माण के लिए कोई आधार नहीं बचा था। ट्रुमन और बर्गर के बारे में इतना मुझे कहना पड़ेगा कि ट्रुमन शायद पहले अमरीकी राष्ट्रपति थे जिन्होंने मजदूर वर्ग के एक व्यक्ति को अपने देश का प्रतिनिधि बनाकर विदेश भेजा, और बर्गर इतने कुशल और मजबूती से टिके रहने वाले नहीं थे कि नये सिरे से, बिना किसी पूर्व आधार के, एक प्राणवान लोकतांत्रिक आन्दोलन निर्मित करते। राजनीतिक और मजदूर आन्दोलन में विरोधियों को खतम करने के लिए हत्या करना साम्यवादियों की अन्तरराष्ट्रीय आदत है, और इसलिए आसनसोल और कलकत्ता में कोई असाधारण बात नहीं हुई। मैं यह भी कह दूँ कि उदारवादी और मानवतावादी भी कभी-कभी ऐसा ही करते हैं, लेकिन छिपकर।

कलकत्ता में एक कांग्रेसी संसद सदस्य को नंगा करने की घटना भी इसी तरह की थी, गन्दी, बेहूदा और मनुष्य को गिराने वाली। उस निर्वसन व्यक्ति को उसके इलाके की एक सड़क पर घुमाया गया, गो मैं आशा करता हूँ कि ज्यादा दूर तक नहीं। साम्यवादी-पत्र ऐसी घटनाओं को कोई महत्त्व नहीं देते। वे इनका जिक्र नहीं करते। इनके बारे में चर्चा नहीं करते। अगर कभी करते हैं तो केवल ऐसे कारण बताने के लिए, जो उनकी राय में ऐसी घटनाओं को उचित बनाते हैं।

ऐसा लगता है कि हिन्दुस्तानी दिमाग में एक जहरीला तत्त्व घुस गया है। यह हमेशा नहीं था, और मैं उम्मीद करता हूँ कि आगे चलकर मिट जाएगा। जो साम्यवाद-विरोधी हर समय आसनसोल की हत्या और कलकत्ता की घटना

की बातें करते रहते हैं, उन्हें मैं बताना चाहूँगा कि पिछले दिनों कांग्रेसी शासन में क्या हुआ था। क्या उन्हें याद नहीं कि कुछ मजदूर और प्रबन्धक जिन्दा ही जेसप कम्पनी की भट्ठियों में झोंक दिये गए थे? क्या उन्हें याद नहीं कि गाय-भैंस रखने, दूध बेचने और झोंपड़ियों में रहने वाले हिन्दी-भाषी लोगों की झोंपड़ियाँ जला दी गई थीं, और साथ ही पशु भी, और एक व्यक्ति के कटे हुए सिर को गेंद की तरह ठोकरें मारी गई थीं? ये सारे काम साम्यवादियों या उनके साथियों ने ही नहीं किये थे। उनमें से कुछ निश्चय ही साम्यवाद विरोधियों और गैर-साम्यवादियों द्वारा किये गए थे। पिछले पचास सालों में अब तक भी हिन्दू-मुस्लिम दंगों का क्या रूप रहा है? कभी जमकर कोई लड़ाई नहीं हुई, जिसमें दोनों पक्षों ने हिम्मत के साथ एक-दूसरे को लड़कर मारा हो। हमेशा बड़ी भीड़ छोटी भीड़ पर हमला करती थी, बल्कि ज्यादा पसन्द करती थी इक्का-दुक्का लोगों पर हमला करके उन्हें मारना। जंगली जानवरों की तरह आदमी दूसरे आदमियों पर पीछे से टूट पड़ते थे, बिना उनको कोई मौका दिये कि वे मुकाबला कर सकें। पिछली कुछ सदियों में यह हिन्दुस्तानी दिमाग की खासियत रही है। यह दिमाग इतना पतित और क्रूर, इतना मनुष्यता से गिरा हुआ और पाशविक रहा है कि विचारकों और राजनीतिक दलों का इससे न जूझना बड़े आश्चर्य का विषय है। मुझे शक है कि शायद यूरोपीय या अमरीकी साम्यवाद आसनसोल और कलकत्ता की घटनाओं पर उस तरह चुप न रहता, जैसा कि भारतीय साम्यवाद रहा है। मेरा यह मतलब नहीं कि भारतीय दिमाग अन्य क्षेत्रों में नहीं रहता। मुश्किल यही है कि वह दो जगतों में रहता है—एक इतना क्रूर और अमानवीय, तथा दूसरा इतना अहिंसक और मानवीय कि देवत्व की हद तक पहुँचे। साध्य द्वारा साधनों का औचित्य सिद्ध करने वाले सिद्धान्त के रूप में साम्यवाद ने इस क्रूर और अमानवीय भारतीय दिमाग में निवास पाया है, या ऐसा कहें कि अपने अधिक अवांछनीय पहलुओं के पोषण के लिए उसे ज्यादा अच्छा पाया है।

यह सवाल बहुधा पूछा जाता है कि जब साम्यवादियों के बारे में हमारे विचार ऐसे हैं, तो फिर हम उनके साथ सम्बन्ध क्यों रखते हैं? यह सवाल करने वाले क्या कभी यह भी जानने की कोशिश करते हैं कि हम कांग्रेस पार्टी के बारे में, या खुद अपने बारे में क्या सोचते हैं? यह एक सापेक्ष जगत है, और यद्यपि निजी आचरण और गैर-निजी प्रश्न दोनों का ही महत्त्व होता है, किन्तु गैर-निजी प्रश्नों का महत्त्व अधिक होता है। साम्यवाद एक कीड़ा है जो कांग्रेसी घूरे पर पलता है। इसलिए, जाहिर है कि पहला काम होना चाहिए घूरे

को साफ करना। इसके अलावा, कोई व्यक्ति पूरी तरह कीड़ा या पशु नहीं होता। कीड़ों में कोई अच्छे गुण होते हों या नहीं, बुरे-से-बुरे मनुष्य में भी अच्छे गुण होते हैं। मनुष्य बदलते हैं। पिछले दिनों फैले सबसे बुरे अन्ध-विश्वासों में से एक यह भी है कि साम्यवादियों के साथ सम्बन्ध रखने पर एक-दूसरे पक्ष को ही हानि होती है, और वे नहीं बदलते। साम्यवादी भी बदल सकते हैं, नेता और साधारण सदस्य दोनों ही। निस्सन्देह, ऐसा परिवर्तन तभी हो सकता है कि सभी तरह की साम्यवादी पार्टियाँ जो विकल्प सामने रख रही हैं, उससे ज्यादा अच्छा कोई विकल्प हो। अगर साम्यवादी नेतृत्व इस ज्यादा अच्छे विकल्प के बावजूद नहीं बदलता, तो दल टूटने लगेगा और उसके सदस्य घटेंगे या उसके सदस्य निष्क्रिय हो जाएँगे।

किन्तु, दुर्भाग्यवश, देश में सभी प्रकार के राजनीतिक नेतृत्व के एक बड़े हिस्से में दिमाग की हालत बड़ी खेदजनक है। अगर आदिवासी असन्तुष्ट हैं, तो उन्हें मारो, उनका दमन करो। नागा विद्रोही—मारो या दमन करो। साम्यवादी अगर हिंसक या मूर्ख व विदेश-भक्त हैं, तो उनको मारो या दमन करो। जो कोई भी असन्तुष्ट है उसे मारो या कम-से-कम दमन करो। दिमाग की यह बड़ी ही अस्वस्थ दशा है। इसकी जड़ में शायद हिन्दुओं की जाति-व्यवस्था है, जो मुसलमानों और ईसाइयों में भी फैल गई है। हमें जरूरत है कौशल की और राजनीतिक निपुणता की, और सबसे अधिक, आदर्शवाद की, यद्यपि मैं इससे इनकार नहीं करता कि आन्तरिक या बाहरी राजनीति में कभी ऐसी खेदजनक स्थिति आ सकती है कि बल-प्रयोग आवश्यक हो।

साम्यवादियों से ज्यादा अच्छा विकल्प सामने नहीं है, कम-से-कम बंगाल में नहीं। उस प्रदेश के सभी राजनीतिक दल एक जैसे दार्शनिक आधारों पर खड़े हैं। समय-समय पर, छोटे-मोटे कार्यक्रमों को लेकर उनमें झगड़े हो सकते हैं। अधिकांश समय उनमें ऐसे झगड़े भी नहीं होते। बंगाल के साम्यवादी दलों और अन्य दलों में अक्सर सिर्फ आग्रह का फर्क होता है। इतना जरूर है कि चीन, तिब्बत, रूस या हंगरी जैसे अन्तरराष्ट्रीय सवाल कभी-कभी कुछ उत्तेजना और गर्मागर्मी पैदा करते हैं। बाकी चाहे कांग्रेस हो या साम्यवादी, समाजवादी, फार्वर्ड ब्लाक या कोई और, सबकी बुनियाद एक ही है। यह बात उस प्रदेश के लगभग सभी शिक्षित वर्गों पर भी लागू होती है, निश्चय ही उन सभी शिक्षित स्त्री-पुरुषों पर जो बोलते हैं, और जनमत को प्रभावित करते हैं।

संयुक्त समाजवादी दल, फार्वर्ड ब्लाक, और प्रसोपा जैसे दल अपने को साम्यवादियों से अलग कैसे करते हैं? हो सकता है वे बेरूबाड़ी पर साम्यवादियों

की अपेक्षा कुछ ज्यादा जोर से बोलते हों, यद्यपि इसमें भी शक है, क्योंकि जब यह सवाल उठा था तो चीन-समर्थक साम्यवादी दल नहीं था जिसे चीन के मित्र देश के बारे में दबी जबान से बोलना पड़ता। कभी-कभी वे नेताजी सुभाषचन्द्र बोस के बारे में सवाल उठा देते हैं, कि वे जिन्दा हैं या मर गए, और यह कि उनकी मूर्ति, चित्र या नाम इस या उस जगह होना चाहिए। ऐसे आन्दोलनों में साम्यवादी भी अपने को शामिल कर लेने की नीति अपनाते हैं। वे उन दिनों को भूल गए हैं जब वे नेताजी को फासिस्ट कहते थे, और उन्हें इसमें बड़ी कामयाबी मिली है कि लोग भी उन दिनों की बात को भुला दें। साम्यवाद और साम्यवाद-विरोध दोनों भाषा के प्रश्न पर लगभग पूर्णत: सहमत हैं, दोनों 'हिन्दी साम्राज्यवाद' के विरुद्ध चिल्लाते हैं। कागज पर उनके सिद्धान्त, और समारोहों में कभी-कभी उनकी बोली चाहे जो भी हो, इन सब दलों का आचरण ऐसा होता है कि जिसमें अंग्रेजी कायम रहे। उसके साथ एक और किस्सा जुड़ा है।

प्रचार का एक मुख्य विषय होता है केन्द्र यानी दिल्ली सरकार द्वारा बंगाल की उपेक्षा। सभी पार्टियाँ इसको दोहराती हैं। कांग्रेस भी इससे बाहर नहीं है, हालाँकि जब वह प्रदेश में सत्तारूढ़ थी तो उसे स्वभावत: धीमे चलना पड़ता था, और शायद अब भी, क्योंकि केन्द्र पर अभी उसी का शासन है। बहुत कम लोग जानते हैं कि बंगाल के केवल एक नगर में सारी पंचवर्षीय योजनाओं के दौरान जितनी औद्योगिक पूँजी लगी, उतनी सारे हिन्दी-भाषी राज्यों में कुल मिलाकर भी नहीं। मैं केवल औद्योगिक पूँजी की बात कर रहा हूँ, सारी पूँजी की नहीं। एक और शिकायत भोजन के बारे में है। सब एक स्वर से चिल्लाते हैं कि प्रदेश को पर्याप्त भोजन पहुँचाने के मामले में केन्द्र उसकी उपेक्षा करता है।

कभी-कभी कुछ अन्तर इसमें देखा जा सकता है कि भूख-मार्च या बढ़ते दामों के विरुद्ध सभी विरोध प्रदर्शन हर पार्टी द्वारा अलग-अलग किये जाते हैं, या विभिन्न रीतियों से मिलकर किये जाते हैं। नारे बहुत कुछ एक जैसे ही होते हैं। यह सही है कि कांग्रेस पार्टी अभी तक इन आन्दोलनों में शामिल नहीं होती रही। लेकिन पिछले चार महीनों में, जब से गैर-कांग्रेसी सरकार सत्तारूढ़ रही है, अगर इस तरह के एकाध प्रदर्शन उसने किये हों तो मुझे अचरज नहीं होगा।

पिछले दिनों की एक घटना से बंगाल की स्थिति रोशन हो जाती है। शिक्षा मंत्री डॉ. त्रिगुण सेन ने, जो स्वयं इन मामलों में बहुत साफ नहीं हैं, बंगाल के विश्वविद्यालयों के उप-कुलपतियों से बातचीत की। ये उपकुलपति इस

नतीजे पर पहुँचे कि उच्च शिक्षा के लिए बंगला उपयुक्त माध्यम नहीं है, और इसलिए अंग्रेजी माध्यम जारी रहे। मैं इन उप-कुलपतियों की मूर्खता पर अपना समय नष्ट नहीं करना चाहता। अगर बंगला उपयुक्त माध्यम नहीं है, तो उसे अदालतों, सचिवालयों, विश्वविद्यालयों आदि में तत्काल और निरन्तर उपयोग के द्वारा ही उपयुक्त माध्यम बनाया जा सकता है, शब्दकोश या पाठ्य-पुस्तकें और अन्य पुस्तकें तैयार करके नहीं। मुझे चिढ़ सबसे ज्यादा इस बात से होती है कि राजनीतिक दल और उनके लगभग सभी प्रमुख नेता इन मूढ़ विद्वानों की राय उद्धृत करते हैं। किसी देश में बड़ी संख्या में प्रख्यात व्यक्ति होते हैं, लेकिन इसकी कोई गारंटी नहीं कि ख्याति का सम्बन्ध ज्ञान या बुद्धिमत्ता से हो। इस समय लगभग पचास उप-कुलपति और हजारों आचार्य तो होंगे ही। ये सभी प्रख्यात व्यक्ति हैं—कुछ छोटे-से क्षेत्र में, और कुछ सारे देश में। लेकिन अगर निकट से परीक्षा करें, तो हम देखेंगे कि उनकी ख्याति केवल उस पद के कारण है, जिस पर वे आसीन हैं। जीवन के सभी क्षेत्रों में ऐसी ख्याति है, जिसका सिद्धान्तों, ज्ञान, या बुद्धिमता से कोई सम्बन्ध नहीं। फिर भी मैंने देखा है, बंगाल में अन्य कहीं से भी अधिक, कि सामान्य लोग, ऐसी ख्याति से बड़े प्रभावित होते हैं, यहाँ तक कि 'सर' की उपाधि से भी, जो विदेशी सरकार कभी अपने उपयोगी सेवकों को देती थी, सिवाय एक-दो मिसालों के, जिनमें उपाधि पानेवालों ने बाद में सरकार को उपाधि वापस कर दी।

राजनीतिक बंगाल केवल हिन्दी-विरोधी नहीं है। वह बंगला-विरोधी भी है। मैं जन-साधारण की बात नहीं कर रहा हूँ। लेकिन उन बेचारों को अभी तक उनकी वाणी नहीं मिली है। कोई भी दल उनकी अनुभूत लेकिन अव्यक्त आवश्यकताओं को व्यक्त नहीं करता। पिछले दिनों मैं बंगाल के एक समाजवादी शिविर में गया था। मैंने साफ तौर पर कहा कि हिन्दी के विरुद्ध वे जितना चाहें तीव्र आन्दोलन करें, बशर्ते कि वे अंग्रेजी के विरुद्ध भी काफी तीव्रता से आन्दोलन करें। मुझे एक उत्तर मिला जिससे स्थिति स्पष्ट हो जाती है। वहाँ कम-से-कम एक सच्चा आदमी था। उसने कहा कि अंग्रेजी चली गई, और उसकी जगह बंगला आ गई, तो क्या फिर हिन्दी दूर रह जाएगी?

कितने आश्चर्य की बात है कि बंगाल में किसी भी दल ने पूर्वी पाकिस्तान या भारत-पाक एका के व्यापक प्रश्न को नहीं उठाया। जवाब में मुझे संयुक्त समाजवादी दल की बड़ा बाजार और मध्य-कलकत्ता क्षेत्र की कुछ शाखाओं की मिसाल बताई जा सकती है। यहाँ मैं अपना मुख्य तर्क जरा देर के लिए छोड़कर एक और बात कहूँगा। बड़ा बाजार, और गैर-बंगलाभाषी लोगों के

बारे में सभी राजनीतिक दलों का दिमाग एक जैसा है। बड़ा बाजार में सब धनी ही नहीं हैं। बल्कि, शायद इस क्षेत्र में गरीबी कलकत्ता के अन्य किसी भी क्षेत्र से अधिक ही होगी। लेकिन बंगाल के साम्यवादी या फार्वर्ड ब्लाक के कार्यकर्ता के लिए बड़ा बाजार कुछ वैसा ही है जैसे कुछ वर्ष पहले यूरोपीय साम्यवादियों के लिए कैवियर और शैम्पेन (सर्वोत्तम खाना और शराब) थे। सभी राजनीतिक दल इस बात पर सहमत प्रतीत होते हैं कि बंगाल की धरती पर कोई हिन्दी-भाषी नेता अपने अधिकार से नहीं उठेगा। मैं यह भी जोड़ दूँ कि सभी दलों में हिन्दी-भाषी उप-नेता दब्बू हैं, छोटे-मोटे भ्रष्टाचार में आसानी से पड़ जाते हैं, गरीब हैं और इस कारण प्रवासी गरीबी की सभी बुराइयों के शिकार हैं।

साम्यवाद आज वियतनाम पर पलता है, कल क्यूबा पर पलता था। साम्यवाद-विरोध तिब्बत या हंगरी पर पलता है। कभी-कभी दोनों ही पूर्वी पाकिस्तान में अल्पसंख्यकों पर होने वाले जुल्म पर पलने की कोशिश करते हैं। क्या धरती में जड़ें रखने वाले दल इस वाहियात ढंग से आचरण करते? पश्चिमी बंगाल और पूर्वी बंगाल पड़ोसी हैं, फ्रांस और इटली की तरह पड़ोसी नहीं, सीरिया और लेबनान की तरह, बल्कि उससे भी अधिक इंगलिस्तान और वेल्स की तरह। पिछले महीनों में एक सौ से अधिक व्यक्ति पूर्वी बंगाल में पुलिस के हाथों मारे गए। हजारों जेल में हैं। उनके नेता शेख मुजीबुर्रहमान को जेल में न जाने क्या कुछ सहना पड़ रहा है। लेकिन पूर्वी पाकिस्तान के इस दमन के विरुद्ध पश्चिम बंगाल में कोई आन्दोलन नहीं हुआ। एक तर्क बहुधा मेरे सामने रखा जाता है कि ऐसे आन्दोलनों से पश्चिम पाकिस्तानी शासक और भी अधिक क्रूर हो जाएँगे, विशेषतः हिन्दुओं के विरुद्ध, लेकिन पूर्वी पाकिस्तान के मुसलमानों के विरुद्ध भी। ऐसी बातें लगभग हमेशा ही हर आन्दोलन के बारे में कही जा सकती हैं। इन दिनों मुझे वह तर्क याद आता है कि बिना अंडा तोड़े उसकी भजिया नहीं बनाई जा सकती, गो यह आवश्यक नहीं कि इसमें वह हिंसा शामिल हो, जो लेनिन का तात्पर्य था। हर हालत में कोई आगे-देखू नीति नहीं है। कांग्रेस पार्टी के पास ऐसी नीति नहीं है, इसे मैं किसी हद तक समझ सकता हूँ, क्योंकि वह पेचीदगी से बहुत डरती है। कोई शासक दल भी किसी हद तक अपने शासन से अलग होता है, या कम-से-कम उसे होना चाहिए। यह फर्क कभी-कभी आग्रह का होता है, कभी चयन का, या कभी छिपा हुआ। जरूरी नहीं कि यह फर्क इतना हो जिसमें मुकाबले की हालत पैदा हो। अचरज की बात यह है कि बंगाल में कोई गैर-कांग्रेसी दल

भारत-पाक एका के मामले में आगे-देखू नहीं है। दक्षिण-पन्थी साम्यवादी दल स्वभावतः ऐसा नहीं हो सकता। उनका ताशकंदी सेठ नाराज होगा। वामपन्थी साम्यवादी दल इस बारे में सोच भी नहीं सकता, क्योंकि आजकल चीन की विचारधारा बिलकुल भिन्न दिशा में चल रही है। दूसरे ताशकंदी सेठ अमरीका से प्रेरणा लेने वाले दल भी ऐसे आन्दोलन को पसन्द नहीं करेंगे। रूस और अमरीका दोनों अस्थिरता को नापसन्द करते हैं। इसलिए कोई भी आन्दोलन अगर वर्तमान सन्तुलन के स्थान पर कोई नया सन्तुलन स्थापित करना चाहे, तो दोनों ही ताशकंदी सेठ उसे नापसन्द करेंगे।

संयुक्त समाजवादी दल ऐसा आन्दोलन क्यों नहीं चलाता इसकी ठीक से जाँच होनी चाहिए। मुझे यकीन है कि यह विश्वयारी और राष्ट्रीयता-विरोध का दल नहीं है, न यह उधार विचारों और अनुभवों के सहारे जीता है। इस मामले में उसकी निष्क्रियता का एकमात्र कारण भय हो सकता है। उसे डर है कि उसका आन्दोलन इतना अलग और छोटा होगा कि उसका कोई असर नहीं पड़ेगा, शायद लोग हँसी उड़ाएँ। उसे शायद यह भी डर हो कि उसके आन्दोलन से पश्चिम बंगाल के मुसलमानों में पाकिस्तान के भविष्य के बारे में आशंका तो पैदा हो जाए, लेकिन एके के प्रति उत्साह न पैदा हो। ऐसे डरों से कभी कोई बड़ा आन्दोलन नहीं बना। इनके चलते साम्यवादियों का कोई विकल्प प्रस्तुत नहीं किया जा सकता, जो विभिन्न कारणों से प्रदेश की राजनीति में जमे हुए हैं। सम्पत्ति और मिल्कियत के मामले में भी किसी दल ने साम्यवादियों को कोई उग्र चुनौती नहीं दी। साम्यवादी अगर बैंकों के राष्ट्रीयकरण की बात करते हैं, तो स्वतंत्र और जनसंघ को छोड़कर, जिनका प्रदेश में कोई अस्तित्व नहीं, अन्य सभी साम्यवाद विरोधी दल भी ऐसा ही करते हैं। अनाज का राजकीय व्यापार एक और ऐसी बात है जिसे सब मिलकर बोलते हैं। लेकिन कोई दल अभी तक खर्चों, सुविधाओं, मुनाफों और खर्च-खातों पर सीमा बाँधने का कार्यक्रम लेकर सामने नहीं आया। भारतीय संयुक्त समाजवादी दल का ऐसा कार्यक्रम है। लेकिन बंगाल के संयुक्त समाजवादी दल ने न कभी इसका प्रचार किया, न इसके लिए लड़ाई की। खर्चों और सुविधाओं में जबरदस्त कटौती करने का यह कार्यक्रम शायद दुनिया में कहीं भी प्रस्तुत किया गया सबसे उग्र परिवर्तनकारी आर्थिक कदम है। लेकिन राष्ट्रीयकरण की रट लगाने वाले तोते इसको समझना नहीं चाहते। इसका क्या कारण है?

साम्यवाद की भारत में एक और विशेषता है, जो उसे अन्यत्र कहीं से अधिक दूषित बनाती है। यह तटीय है। सारे तट क्षेत्र में भी यह नहीं फैला,

मुख्यत: बंगाली और मलयाली है। यह तेलुगु भी हो सकता था, और आगे कभी शायद हो, लेकिन आज नहीं है। भारत के तटीय क्षेत्र का आधा हिस्सा उसे प्रमुख सिद्धान्त के रूप में स्वीकार नहीं करता। देश के हृदय-क्षेत्र या मध्य-क्षेत्र में यह और भी गौण सिद्धान्त है। यह तथ्य साम्यवाद के प्रान्तीय-विश्वयार और राष्ट्रीयता-विरोधी स्वरूप को और अधिक तीव्र करता है।

बंगाल में हमेशा से तो विपरीत धाराएँ रही हैं, राष्ट्रवादी और विश्वमित्र तथा विश्वयार और अराष्ट्रीय धाराएँ। अन्य किसी स्थान से ये धाराएँ यहाँ अधिक मजबूत रही हैं। इसका कारण यह भी हो सकता है कि अंग्रेजी संस्कृति और प्रभुत्व की चुनौती का सामना बंगाल और मद्रास को सबसे पहले करना पड़ा था, और इनमें बंगाल के अधिक भावनात्मक होने के कारण उस पर दोनों ही तरह की प्रतिक्रियाएँ ज्यादा तीव्र हुईं। एक प्रतिक्रिया राष्ट्रीय आत्मसम्मान की थी। दूसरी प्रतिक्रिया वर्तमान को स्वीकार करने और विजेताओं की नकल करने की थी।

पिछले दिनों राष्ट्रवादी-विश्वमित्र धारा बंगाल में सूखती रही है। विद्यासागर, बंकिमचन्द्र चटर्जी, विवेकानन्द, रवीन्द्रनाथ ठाकुर, नजरूल इस्लाम और सुभाषचन्द्र बोस जैसे लोग उसके प्रवक्ताओं में थे। नेताजी सुभाषचन्द्र बोस शायद उसके आखिरी प्रमुख प्रवक्ता थे। मैं नकल धारा के पुराने नाम नहीं लूँगा क्योंकि लोगों को अनावश्यक रूप में बुरा लगेगा। यहाँ इतना ही कहना काफी है कि प्रो. सत्येन बोस के सम्भावित अपवाद को छोड़कर बंगाल के सार्वजनिक जीवन के किसी भी क्षेत्र में आज कोई भी प्रमुख व्यक्ति ऐसा नहीं है, जो विश्वयार-अराष्ट्रीय धारा का न हो।

विश्वयार बगल-देखू होता है। पुनरुत्थानवादी पीछे-देखू होता है। विश्वमित्र आगे-देखू होता है। किसी सिंह या सेना की भाँति, विश्वमित्र केवल आगे ही नहीं देखता। बहुधा मुड़कर पीछे और बगल में भी देख लेता है। कभी-कभी पीछे देख लेने के कारण वह आधारहीन और दिशाहीन नहीं होता, और राष्ट्रवादी होता है। बगल में नजर डालकर वह देखता है कि उसके चारों ओर की दुनिया में क्या हो रहा है। अत: विश्वमित्र आंशिक रूप में राष्ट्रवादी भी होता है और अन्तरराष्ट्रीय भी।

किन्तु विश्वयार आधारहीन होते हैं, और वे न ऊपर को बढ़ सकते हैं, न बगल को। उनकी दृष्टि इतनी सीमित होती है कि वे केवल बगल की ओर देख सकते हैं। इनमें से कुछ विश्वयार रूस को देखते हैं, कुछ अमरीका को, कुछ चीन को और कुछ शायद फ्रांस या अपनी पसन्द के अन्य किसी देश

को और अपने इस झूठे प्रेम में इतना फँस जाते हैं कि उनमें कोई सर्जनात्मक शक्ति नहीं रह जाती।

विश्वयार दोनों ही अर्थों में प्रान्तीय भी होता है। वह प्रान्तीय होता है, इस अर्थ में कि अपने छोटे-से प्रदेश और बाहर की दुनिया के बीच, बिना राष्ट्र और राष्ट्रीय केन्द्र को शामिल किये, सीधा सम्बन्ध स्थापित कर लेता है। बंगाली बुद्धिजीवी, लेखक, अध्यापक और वकील बंगाल और दुनिया के बीच सीधा सम्बन्ध स्थापित करते पाए जाते हैं, और बंगाली राजनीतिज्ञ अगर ऐसा नहीं कर पाते तो इस कारण नहीं कि उनमें इसकी इच्छा नहीं है, बल्कि इसलिए कि जब तक वे किसी के हाथ में कठपुतली बनने को तैयार न हों, तब तक दुनिया को उनकी परवाह नहीं है। यहाँ कोई यह तर्क दे सकता है कि राष्ट्रीय केन्द्र या राष्ट्रभाषा बहुत गरीब है। तब तो और भी जरूरी हो जाता है कि शिक्षित बंगाली अपने राष्ट्रीय केन्द्र और भाषा को बनाने की कोशिश करे। अगर बंगाली विश्वमित्र होता तो वह केवल हिन्दी की गरीबी का रोना रोकर ही न रह जाता, बल्कि इस गरीबी को दूर करने में जुटता। राष्ट्रीय केन्द्र, राष्ट्रीय संस्कृति, और राष्ट्रभाषा के साथ जुड़कर ही विश्वयार प्रान्तीय होने से बच सकता है।

विश्वयार जो कुछ भी मामूली सम्बन्ध बना पाता है, वह सारी दुनिया के साथ नहीं, केवल उसके एक बहुत ही छोटे-से हिस्से के साथ। यह चीज विश्वयार को और भी अधिक प्रान्तीय बनाती है। उसका सम्बन्ध कभी वाशिंगटन से होता है। किसी और का मास्को से हो सकता है। कुछ लोग, चाहे कितना भी अवास्तविक सम्बन्ध चीन से बनाने की कोशिश कर रहे हैं। अन्य छोटे-छोटे प्रान्तीय गुट भी हैं। कोई यह न सोचे कि लन्दन का महत्त्व नहीं रहा। वह शायद सबसे आगे है। एक बंगाली लेखक ने कैम्ब्रिज की बुर्जियाँ देखकर ऐसी ठंडी साँस भरी कि एक अंग्रेज व्यंग्य-लेखक ने उसका मजाक उड़ाया। विश्वयार नकलची होता है, और मुझे यह कहते हुए खेद होता है कि बंगाल में सभी राजनीतिक दलों के सभी प्रमुख नेता विश्वयार बन गए हैं।

आसनसोल की घटनाओं के प्रसंग में 'नाउ' ने हानिकर और हानिरहित वामपक्ष की चर्चा की है। संयुक्त समाजवादी दल हानिरहित वामपक्ष है। वामपन्थी साम्यवादी दल हानिकर वामपक्ष है। यह समझना मुश्किल है कि नकलची, अराष्ट्रीय, विश्वयार और बाँझ वामपक्षी साम्यवादी वर्तमान व्यवस्था के लिए किस तरह हानिकर हैं। केवल इसलिए कि वे हत्या करते हैं, और बहुधा निरर्थक रीति से राष्ट्रीयकरण या बड़ा बाजार की बात करते हैं, वे पूँजीपतियों

के लिए हानिकर नहीं हो जाते, चाहे पूँजीपति मारवाड़ी हों या बंगाली। वामपक्षी साम्यवादियों द्वारा किये गए 'घेराव' की एक विशेषता की ओर लोगों ने बहुधा संकेत किया है। इन घेरावों से बड़े मारवाड़ी या बंगाली पूँजीपतियों को कोई असुविधा नहीं होती, उनसे केवल मझोले पूँजीपतियों को, पचास लाख से कम पूँजीवालों को असुविधा हुई है। शायद कहा जाएगा कि ऊपर के समूह से शुरू करने के बजाय बीच से शुरू करने में कम खतरा है। फिर तो यह हानिरहित वामपक्ष हो जाता है। जो भी हो, साम्यवादी अगर वितरण के दृष्टिकोण को नहीं भी समझते और केवल बैंकों या सड़क परिवहन के राष्ट्रीयकरण में ही फँसे रह जाते हैं, तो गैर-साम्यवादी दलों को अब इस दृष्टिकोण को समझने की कोशिश करनी चाहिए।

भारत यूरोप और अमरीका के औद्योगिक देशों के जैसा नहीं है। अगर मान लें कि यहाँ उच्च वर्ग में करीब पचास लाख लोग हैं, तो इनमें से 30 लाख सरकारी अधिकारी होंगे और 20 लाख पूँजीपति व्यापारी। सभी तरह के विश्लेषणों में यह बात बराबर भुला दी जाती है। नौकरशाही के पास किसी बड़ी मात्रा में पूँजी की मिल्कियत भले न हो, लेकिन उसके उच्च स्तरों पर खर्च बहुत ही ज्यादा है। हमारा समाज सबसे अधिक भत्तों और सुविधाओं का समाज है। किसी ऊँचे नौकरशाह पर उसके राज्य का खर्च आसानी से उसके वेतन के पाँच गुने से अधिक निकलेगा। ज्यादा सम्भावना है कि आठ या दस गुना निकले। खर्च पर सीमा बाँधने से नौकरशाह और व्यापारी दोनों ही मर्यादित होंगे। 'नाउ' जैसा वामपक्षी पत्र शायद केवल व्यापारी पर ही मर्यादा लगाना चाहेगा, जिससे वह नौकरशाहों और स्वतंत्र पेशों के उच्च स्तरों के लिए 'हानि-रहित वामपक्ष' बन जाता है। लेकिन जिसे इस पत्र ने हानि-रहित वामपक्ष कहा है, वह दोनों तरह के लोगों के खर्च को मर्यादित करना चाहेगा। उसमें बैंकों के राष्ट्रीयकरण की सम्भावना भी शामिल है। वास्तव में खर्च की ऐसी सीमा बाँधने के लिए न केवल बैंकों बल्कि अन्य कई प्रकार के उद्योगों और कारखानों का राष्ट्रीयकरण भी आवश्यक हो सकता है, लेकिन यह कार्यक्रम उसके भी आगे जाता है। मैं इस आगे के पहलू पर ही जोर देना चाहता हूँ। दुर्भाग्यवश बंगाल में कोई भी राजनीतिक दल, जिसमें मेरा दल भी शामिल है, समाजवाद या साम्यवाद के इस वितरण पक्ष पर आग्रह करने को तैयार नहीं रहा।

संयुक्त समाजवादी दल ने आग्रह किया कि गैर-कांग्रेसी सरकार में एक हरिजन मंत्री भी होना चाहिए, इसका भी कुछ मजाक उड़ाया गया है। इससे

या अन्य आलोचनाओं से किसी हद तक मैं भी सहमत हूँ। संयुक्त समाजवादी दल के लिए ज्यादा अच्छा होता कि मंत्रिमंडल में उसे जो स्थान मिला, उसके लिए वह किसी हरिजन को चुनता। लेकिन 'नाउ' को मालूम होना चाहिए कि राजनीति में स्वार्थ और परमार्थ का एक विचित्र मेल होता है। इसी से राजनीति में वह राग उपजता है, जो और कहीं नहीं होता। किसी स्वार्थ-सिद्धि की चेष्टा में कोई परमार्थ भी हो जाता है, और परमार्थ की चेष्टा में कोई स्वार्थ भी सिद्ध हो जाता है, यह तो राजनीति का स्वभाव ही है। किसी भी समय किसी भी देश में ऐसे लोग बहुत कम होते हैं, जिनमें परमार्थ इतना प्रबल होता है कि स्वार्थ मर जाए या दब जाए।

बंगाल के शिक्षित वर्गों में जाति-समस्या की समझ शायद ही कभी मिलती है। बंगाल के लगभग तीन करोड़ लोगों में करीब पचास लाख ऊँची जात के हैं, सत्तर लाख से एक करोड़ के बीच हरिजन या अनुसूचित जातियों के लोग हैं, और लगभग आधी आबादी पिछड़ी जातियों की है। स्वयं अपने बल पर बने राजनीतिक नेता, चाहे किसी भी दल के हों, ऊँची जातियों के हैं। पिछड़ी जातियों में महिष्य वंश के वीरेन्द्र ससमल शायद अपने बल पर बने आखिरी राजनीतिक नेता थे, और वे भी शायद गांधी जी के प्रभाव के कारण आगे आ गए हों। विश्वयार लोग, बंगाल के साम्यवादी, जिनकी एक उत्तम मिसाल हैं, इन बातों को नहीं समझते। उनके लिए जाति कोई समस्या नहीं, क्योंकि यह न रूस में है न अमरीका में। इसलिए अगर वह उग्र परिवर्तन में विश्वास करने वाला हुआ, तो सोचता है कि वर्ग-संघर्ष सभी टकरावों को हल करके समाज को मुक्त करेगा। लेकिन मामला इतना आसान नहीं है। वर्ग-संघर्ष अगर तेजी से, अक्सर और सफलतापूर्वक चलाया जाए, तो भी सम्भावना यह है कि नेतृत्व ऊँची जातियों के अधिक साहसी या चतुर लोगों के हाथ में चला जाएगा। पिछड़ी जातियाँ तुलना में पिछड़ी ही रह जाएँगी। उनमें जब जान-बूझकर नेतृत्व निर्मित किया जाएगा, तभी वे उसे देखेंगे, उसमें अपना सम्भव भविष्य देखेंगे, और उसकी मदद से ऊपर उठेंगे। बंगाल के साम्यवादी और अन्य विश्वयार इसे ठीक तरह नहीं समझ पाते कि उन्होंने कितने प्रभावकारी ढंग से अपनी पिछड़ी जातियों को दबा दिया है, और इस रूप में बंगाल सबसे अधिक जातिवादी प्रदेश है। किसी दिन कोई राष्ट्रवादी, विश्वमित्र नेतृत्व उठेगा जो बंगाल और हिन्दुस्तान के इतिहास को वर्ग और जाति-संघर्षों के दो समान रूप से महत्त्वपूर्ण पहियों पर आगे ले जाएगा।

जब तक बंगाल में राष्ट्रवादी विश्वमैत्री का कोई दल नहीं बनता, साम्यवाद के लिए मैदान साफ रहेगा। दिल्ली वाले शोर मचाते रहें, अखबार वाले शोर

मचाते रहें, गैर-साम्यवादी दल शोर मचाते रहें, उसका कोई नतीजा नहीं निकलेगा। जिस प्रकार का सिद्धान्त मैंने ऊपर निरूपित किया है, और उससे निकलने वाला कार्यक्रम, केवल यही साम्यवाद को पराजित कर सकते हैं। तब नक्सलबाड़ी, आसनसोल और कलकत्ता जैसी घटनाएँ नहीं होंगी, और अगर हुईं भी, तो उनको हल करना ज्यादा आसान होगा। अन्यथा हमेशा कोई नक्सलबाड़ी रहेगी, और हमेशा कोई कलकत्ता या आसनसोल रहेगा।

हर आदमी इन दिनों जमीन की भूख की बात करता है। यह एक फैशन है। लोग यह नहीं समझते प्रतीत होते कि समय बीतने के साथ यह फैशन बढ़ेगा। इस समय हमारे यहाँ प्रति व्यक्ति 0.6 एकड़ भूमि है। और दस साल बाद 0.5 या 0.4 एकड़ रह जाएगी। अगर जंगल या खान या चायबागान में काम करने वाले सभी लोग जमीन के दावेदार माने जाएँ, और आगे आने वाली खेतिहर आबादी के लोग भी, तो जमीन की भूख सहारा रेगिस्तान की कभी न मिटने वाली प्यास जैसी हो जाएगी। मैं यह स्वीकार करता हूँ कि बटाईदारों और खेत-मजदूरों की समस्या का सन्तोषजनक हल होना चाहिए।

अन्न सेना के द्वारा, जिसमें अधिकांश खेत-मजदूर और बटाईदार हों, नई जमीन तोड़ने, लगान खतम करने, व्यवहार में खेत-मजदूरों की न्यूनतम मजदूरी लागू करने, जमीन की जोतों पर दृढ़ सीमा लगाने, और इन सबके ऊपर खेती और कारखाने दोनों की पैदावार के दाम बाँधने के अलावा, भूमि-समस्या का एक ही बुनियादी हल है। प्रति एकड़ न्यूनतम पैदावार तय कर दी जाए। प्रति एकड़ पानी, बीज, उर्वरक, और अन्य आधारभूत आवश्यकताओं की न्यूनतम मात्रा भी तय कर दी जाए। जब राज्य जमीन के मालिक को ये न्यूनतम आवश्यकताएँ मुहैया कर दे, और उसके बाद भी पैदावार निर्धारित न्यूनतम से कम रहे, तो वह जमीन उसके वर्तमान मालिक से ले ली जाए। दकियानूसी लोग भले ही इसे जब्ती कहते रहें। पता नहीं 'नाउ' इसे क्या कहेगा, हानिकर वामपक्ष या हानिरहित। लेकिन जमीन के साथ हिन्दुस्तानियों के मौजूदा तर्कहीन प्रेम को बदलकर अधिक समझदारी की चीज बनाने का यही एक रास्ता है। अभी हिन्दुस्तानी आदमी जमीन को उसके विस्तार में प्रेम करता है। चाहिए यह कि वह गहराई में उसे प्यार करे।

[1967]

औरतें और योनि-शुचिता

अक्सर लोग पूछते हैं कि देश के पतन का मुख्य कारण क्या है। उनका मतलब अल्पकाल के नहीं बल्कि लम्बान के कारणों से होता है। जैसे पेड़ की शाखा-परिशाखाएँ फूटती हैं, वैसे कारण अनेक हैं। लेकिन पेड़ की जड़ कहीं तो है ही और हमारी दृष्टि से वह जड़ है, जाति और औरत। जाति और औरत का जो ढाँचा इस समय देश में बना हुआ है, उससे पतन के अलावा और कोई परिणाम नहीं निकल सकता। यह ढाँचा हमेशा नहीं था। हम उम्मीद करते हैं कि आगे शीघ्र दूसरा ढाँचा बना पाएँगे। जाति के सम्बन्ध में 'जन' में अक्सर लिखा गया है। औरत को लेकर अन्यत्र एक अनोखी और अब तक अप्रकाशित मालवीय-गांधी चिट्ठी और उसके साथ-साथ मुद्राराक्षस का एक लेख छाप रहे हैं।

यों ऊपरी तर्क के लिए औरत का स्थान भारत में छोटा नहीं है। कहीं किसी आधुनिक देश में औरत प्रधानमंत्री अथवा राष्ट्रपति फिलहाल अचिन्त्य है। कई मंत्री अथवा राजदूत भी रही हैं। ये ऊपरी तर्क और बातें असलियत को छुपा देती हैं। असलियत यह है कि हिन्दुस्तानी नारी घर में देवी और बाहर नगण्य है। साधारण तौर पर पैरों के तले और कभी-कभी सिर पर बैठती हैं। वह व्यक्ति नहीं है, करीब-करीब उसी तरह से जिस तरह से पश्चिम एशिया की नारी अथवा इतिहास के कुछ युगों में चीन की।

पश्चिम एशिया में औरत एक सुन्दर खिलौना रही है। तफरीह के क्षणों में कदर और प्रेम, फिर अवस्तु। यूरोप में नारी कभी भी किसी युग में अवमानना की वैसी शिकार नहीं रही जैसी एशिया में। बहुत ढूँढ़ा लेकिन बड़े युद्धों के अलावा कहीं और एक मर्द के एक से अधिक औरत से विवाह की घटना न मिली। मध्ययुग में शार्लेमन ने अपने सरदारों की विधवाओं से एक साथ विवाह किया। ऐसी कुछ और भी घटनाएँ रही हैं। किन्तु पुराने-से-पुराने युग

से लेकर आज तक बहुपत्नी प्रथा यूरोप के कानून में सर्वथा त्याज्य है। जहाँ तक हम जानते हैं इस प्रश्न को लेकर अभी तक शोध नहीं हुआ है। हो तो मजेदार नतीजे निकल सकते हैं।

जो भी हो यूरोप की संस्कृति में नर और नारी को अगल-बगल बैठाने की कोशिश हुई है। यह सही है कि यह कोशिश अभी तक अपूर्ण है, जीवन के कई कोनों तक अभी बिलकुल पहुँची नहीं है, और कहीं-न-कहीं कोई बड़ी खराबी है कि जिससे औरत ऊँची-से-ऊँची जगह पर पहुँच नहीं पाती। हर हालत में एक बात साफ हुई। औरत को न सिर पर बैठाने से और न पैरों के तले बैठाने से हाथ कुछ लगेगा। अगर कभी मानव-संस्कृति ने सचमुच विकास किया तो नर और नारी अगल-बगल बराबर रहकर ही कुछ हासिल कर सकते हैं।

भारत की नारी उस अवस्था से अभी बहुत दूर है, इतनी दूर कि यही उसका स्थान हमारे देश के पतन का बड़ा कारण है। सारे संसार में कभी-न-कभी मर्द ने नारी के सम्बन्ध में शुचिता, शुद्धता, पवित्रता के बड़े लम्बे-चौड़े आदर्श बनाए हैं। घूम-फिरकर इन आदर्शों का सम्बन्ध शरीर तक सिमट जाता है, और शरीर के भी छोटे-से हिस्से पर। नारी का पर-पुरुष से स्पर्श न हो। शादी के पहले हरगिज न हो। बाद में अपने पति से ही। एक बार जो पति बने तो दूसरा किसी हालत में न आए। भले ही ऐसे विचार मर्द के लिए सारे संसार में कभी-न-कभी स्वाभाविक रहे हैं किन्तु भारतभूमि पर इन विचारों को जो जड़ें और प्रस्फुटन मिले वे अनिर्वचनीय हैं। अष्टवर्षा भवेत गौरी। यह सूत्र किसी बड़े ऋषि ने चाहे न बनाया हो लेकिन बड़ा प्रचलित है आज तक। इसे जकड़कर रखो, मन से, धर्म से, सूत्र से, समाज संगठन से और अन्ततोगत्वा शरीर की प्रणालियों से कि जल्दी-से-जल्दी लड़की का विवाह करके औरत को शुचशुद्ध और पवित्र बनाकर रखो।

और देशों में भी औरत को जकड़ने की कोशिश की गई है, लेकिन यहाँ गजब तरीकों से। उसे शुद्ध रखने के लिए उसे कितना लांछित और अपमानित किया गया है, वह अवसर आज तक एक भारतीय मर्द की बोली से अनायास टपकता है। ऐसे लगता है जानो उसकी कभी माँ न रही हो। अब तक ऐसी जातियाँ हैं जो अपनी माँ के हाथ की बनाई रसोई अशुद्ध समझती हैं और बाप अथवा भाई का बनाया भोजन खाते हैं। और महाभारत का वह अजीब श्लोक, क्षेपक है या नहीं सो पता नहीं, लेकिन दूर तक इसी उद्गम से प्रचलित है। "सुन्दरं पुरुषं दृष्ट्वा, भ्रातरं पितरं सुतं, योनिद्रवति नारीणां" वगैरह। पता नहीं बात सच है या झूठ, अगर सच है तो जितनी औरत के लिए उतनी ही मर्द

के लिए, और सिर्फ कला अथवा मजाक की सामग्री हो सकती है। लेकिन समाज के गठन की गम्भीर चर्चा के समय ऐसे श्लोक भारत के मर्द के असीम पाजीपन का नमूना हैं।

शक्ति मौका आने पर प्रकट होती है और प्रकट होते-होते बढ़ती है। शक्ति दबाने से दबती चली जाती है और फिर ऐसे लगता है कि मानो हो ही न और कभी न रही हो। भारत की नारी अथवा लड़की दबाकर रखी जाती है। बहुत ऊँचे वर्गों के कुछ अपवादों को छोड़कर, उसे किसी तरह के सार्वजनिक मौके नहीं मिलते। इन अपवादों को भी कुटुम्बजमक अथवा दिखावटी मौके ज्यादा मिलते हैं। यह सही है कि भारत की नारी जैसी एक अर्थ की संज्ञा व्यापक रूप में नहीं है। कई प्रकार की और वर्गों की नारियाँ हैं। एक तरफ खेत-मजदूरिनें हैं जो राम को सीता के मुँह से पापी कहलाने वाली सोहरें गाती हैं और जिनमें तलाक हमेशा चालू रहा है। दूसरी तरफ ऐसी मध्यवर्ग की और सनातनी नारियाँ हैं जो दिमाग और वचन से, कर्म चाहे भले ही अन्य दिशाओं में फूट पड़ता हो, राम को ही अपना आराध्य मानती हैं, चाहे वह अग्नि-परीक्षा लेने के बाद भी वनवास दे दे। फिर ऐसी उच्चवर्गीय औरतें हैं जिन्हें न तो राम और सीता के बारे में ज्यादा पता होगा और न आधुनिक संसार के बारे में, लेकिन जो अपने कुटुम्ब अथवा भाषा, कला अथवा हाव-भाव या और किसी ऐसे ऊपरी गुणों के कारण आधुनिकतम चालू रिवाजों की उस्ताद हैं। फिर भी एक बात सबके लिए लागू होती है। ऐसा लगता है कि उन्हें जकड़ दिया गया है, उन्हें परम्परा की सैकड़ों रस्सियों और बेड़ियों में बाँध दिया गया है उनमें शक्ति ही नहीं, चाहे वे जिस किसी वर्ग और प्रकार की नारियाँ हों। भारत की औरत सचमुच बँधी हुई है। नाम के लिए दुर्गा और भगवती है, जिसका एक स्वरूप काली है, लेकिन दरअसल एक शक्तिहीन पदार्थ है। जैसे ही बच्चे से लड़की होना शुरू होती है वैसे ही लोग उसे धीमे बोलना सिखाते हैं, अकड़ अथवा फैलकर चलने से रोकते हैं, एक शब्द में दुबकना सिखाते हैं। वे निस्तेज हो जाती हैं, चाहे निस्तेज सात्त्विक हों अथवा निस्तेज सामन्ती हों। दहेज की आग में भले ही अनेकों तरह से जल जाएँ, चौतरफा के प्रचलित मन्तव्यों को इतना मानकर चलती हैं, कि कभी मुश्किल से सुना जाता है कि किसी औरत ने समाज के वर्तमान संगठन को व्यापक रूप से तोड़ने का प्रयास किया है। अपने लिए भले ही तोड़ दे। छुपकर सैकड़ों तरह से तोड़ दे। लेकिन समाज का मौजूदा संगठन तोड़ने के लिए उसकी तरफ से सामूहिक चोट मारने का प्रयास नहीं होता।

गुजरात में दो-तीन औरतें रोज आत्मदाह करती हैं, वे समाजदाह क्यों नहीं करतीं, क्योंकि वे सर्वथा जकड़ दी गई हैं।

हमेशा शायद ऐसा नहीं रहा। पूर्व इतिहास-काल का एक सुन्दरतम सूत्र अब तक मिलता है। हर महीने औरत नई हो जाती है। इसमें कितनी बड़ी सच्चाई, उदारता और महानता है। दूसरी तरफ योनि-शुचिता को लेकर कैसे-कैसे गन्दे विचार हैं, जिनके फलस्वरूप औरत बँधे न तो हो क्या? जो साधु लोग नेची धोती करते हैं और अपने नाक-पेट-मुँह को सम्पूर्णतया साफ रखना चाहते हैं, गन्धाने लगते हैं। अतिशुचिता का ऐसा परिणाम अवश्यम्भावी है। योनि को सम्पूर्णतया अतिशुच रखने के उद्देश्य से कितने गन्दे मानसिक और शारीरिक परिणाम निकलते हैं, उसको कभी वही औरत लिख सकती है जिसने इस आदर्श को अपने जीवन में ढाला हो। क्या जीवन में और कुछ सोचने को नहीं है। क्या यही एक इतना मर्म का विषय है कि जिस पर सोच का इतना अधिक हिस्सा लगा रहे।

रजस्वला के बारे में कुछ पुरानी सोच इसी विकृति के परिणाम हैं। तब तो हर मर्द और औरत को चौबीसों घंटे अशौच अवस्था में अलग पड़े रहना चाहिए क्योंकि उसके पेट में हर समय थोड़ा-ज्यादा मल-मूत्र है। कौन नहीं शुचिता चाहेगा। कौन नहीं योनि की भी शुचिता चाहेगा। प्रश्न केवल इतना है कि उसे किस तरह हासिल किया जाए। अगर औरत के जीवन के नियमों और उपनियमों में योनि शुचिता ही केन्द्र बना दिया जाता है तो निस्सन्देह औरत गन्दी बेजान होकर रहेगी और ठीक उलटे परिणाम निकलते रहेंगे। केन्द्रबिन्दु न बनाकर बाकी और सभी नियमों और उपनियमों के साथ-साथ यह भी एक नियम रहे। नियम कभी-कभी टूट जाया करते हैं, चाहे भूल से अथवा और किसी बड़े सिद्धान्त के कारण। जहाँ भूल से कोई नियम टूटे वहाँ साधारण उपचार से काम निकालना चाहिए। जब पैर किसी गन्दगी में पड़ जाए उसे धो लेने से काम हो जाता है। अगर गन्दगी कुछ ज्यादा बड़े पैमाने की हो तो धुलाई उसके उपयुक्त हो सकती है, लेकिन एक भूल का नतीजा हो सदा-सर्वदा के लिए आत्मग्लानि अथवा समाज का तिरस्कार तब औरत जकड़ी रहेगी, और गन्दी बनेगी। थोड़ी-बहुत ग्लानि हर भूल के साथ आया करती है, लेकिन सात्त्विक दिमाग संसार पर और अपने ऊपर हँसकर इस ग्लानि को कालान्तर में पचा लेता है।

भारत का दिमाग बड़ा क्रूर हो गया है। जानवरों पर जैसी क्रूरता इस देश में होती है अन्य कहीं वैसी नहीं। मनुष्य एक-दूसरे के प्रति क्रूर है। गाँव क्रूर

है, महल्ला क्रूर है। लेकिन ऐसे कितने कुटुम्ब और लड़कियाँ हैं जो गाँव अथवा महल्ले की क्रूरता से बच सकें। इसलिए उन्हें परम्परा की रस्सियों और बेड़ियों में जकड़कर रखना पड़ता है। इसलिए भारत की क्रान्ति सोई हुई है। अगर कहीं औरत चल निकली समाज के असमान और जालिम ढाँचे को तोड़ने और फलस्वरूप शुचिता के सही अर्थ को ढूँढ़ने तो देश के जीवन में शक्ति का प्रादुर्भाव होगा। आखिर गार्गी, मैत्रेयी इसी देश की अनोखी प्रतिभाएँ हैं। यूरोप में तरह-तरह की विलक्षण औरतें हुई हैं, वैज्ञानिक और जरनैल भी, लेकिन केवल प्राचीन हिन्दुस्तान में दार्शनिक औरतें हुई हैं। लेकिन देश इतना पुराना है कि झट से कोई इसी पंक्ति में सती अनुसूया का नाम जोड़ देगा। वैसी सतियाँ तो सब देशों में सब युगों में अनगिनत हुई हैं। लेकिन गार्गी-मैत्रेयी जैसी द्रष्टा अथवा द्रौपदी जैसी तेजस्वी अन्य देशों के इतिहास या किंवदन्तियों तक में नहीं मिलतीं। यह भी शोध का विषय हो सकता है। कहीं हमारी संस्कृति में कोई ऐसा बीज पड़ा है जो अपनी प्रकृति में ही दोफटा है। अब समय आ गया है कि इस बीज के एक फांट को बिलकुल खतम किया जाए। कोई मोह अथवा संकोच करने से यह दो-फटा बीज हमेशा हमको निस्तेज बनाता रहेगा।

['जन' (जनवरी-फरवरी, 1967) का सम्पादकीय लेख]

गांधी जी का दोष

चूँकि आज मेरा इरादा गांधी जी के बारे में कुछ कड़ुवी बात कहने का है, इसलिए मैं सबसे पहले पृष्ठभूमि को साफ कर दूँ। मैं अब भी समझता हूँ कि वे राम और कृष्ण की तरह उस कोटि के व्यक्ति थे जिनको लेकर कथा-पुराण बन जाते हैं, और गौतम बुद्ध के बाद उनके जैसा आदमी कोई और नहीं हुआ। लेकिन ऐसे सारे फैसले इतने निजी और सम-सामयिक हैं, कि अपनी इस राय के बारे में भी मुझे शक है। 1947 में हिन्दुस्तान के बँटवारे के दोष से गांधी जी मुक्त नहीं किये जा सकते।

गांधी जी ने कहा था कि बँटवारा उनकी लाश पर ही होगा। उनकी मौत बँटवारे के बाद ही हुई। वे बँटवारे से लड़ते हुए नहीं मरे। बँटवारे और उनकी मौत के बीच छह महीने से भी कम वक्त गुजरा। लेकिन ये छह महीने देश के इतिहास में निर्णायक महत्त्व के हैं।

इलजाम और सफाई के दो पाटों के बीच सच्चाई पिस जाती है। गांधी जी की ओर से सफाई देने वाले उनके भाषणों और लेखों से ढेरों उद्धरण दे सकते हैं कि वे बँटवारे के हक में नहीं थे, कि वास्तव में उन्होंने बँटवारे का विरोध करने की कोशिश की, और यह कि बँटवारा उनकी इच्छा के विरुद्ध हुआ। लेकिन असली सवाल है कि अंग्रेजों के हिन्दुस्तान से हटने के आखिरी चरणों में यह इच्छा सक्रिय थी या निष्क्रिय। गांधी जी की ओर से दी जाने वाली सारी सफाई इस एक सवाल के सामने बेमतलब हो जाती है कि फैसले का वक्त आने पर उनकी यह इच्छा निष्क्रिय क्यों हो गई, और जब बँटवारा होने लगा, तो उसका उन्होंने सक्रिय विरोध क्यों नहीं किया।

मैं गांधी जी पर इलजाम लगाने वालों में नहीं हूँ। देश के बँटवारे के लिए जिस तरह श्री जिन्ना, श्री नेहरू, और सरदार पटेल मुख्य रूप में दोषी थे, उस तरह का दोष मैं उन्हें नहीं मानता, लेकिन दूसरे नम्बर के दोषी वे

भी थे, इसे कोई भी देख सकता है। मुख्य दोषियों में इतिहास की विशाल निर्वैयक्तिक शक्तियाँ, कन्नौज के विघटन के बाद हिन्दुओं का पतन, हिन्दुस्तान के इस्लाम की अन्धी आत्मघाती कट्टरता, ब्रितानी साम्राज्यवाद की आखिरी साजिश, और सबसे अधिक समर्पण और समझौते की वह दीन-भावना भी थी जिसे समन्वय और सहिष्णुता कहा जाता है, और जो मुख्य रूप में जाति-व्यवस्था के कारण है।

श्री नेहरू और श्री जिन्ना को किसी हद तक समझा जा सकता है। सत्ता के भूखे होने के अलावा, उनमें ज्ञान और दूरदर्शिता नहीं थी। वे पहले से बँटवारे के परिणामों को नहीं देख सकते थे कि लगभग दस लाख पुरुष, स्त्रियाँ और बच्चे हथियारी मुठभेड़ों में नहीं, बल्कि जानवरों की तरह मारे जाएँगे, और करीब दो करोड़ लोग अपने घरों से उजड़ जाएँगे। ऐसे हत्याकांड का दसवाँ हिस्सा भी न हो, यही बँटवारे के हक में सबसे बड़ा तर्क था, जिसके कारण देश की विशाल आबादी ने उसे स्वीकार कर लिया।

गांधी ज्ञानी और दूरदर्शी थे, इसलिए भी कि उनमें संकीर्ण स्वार्थ नहीं था। उस समय इस दूरदर्शिता ने उनका साथ क्यों नहीं दिया। दंगे होंगे, ऐसा तो उन्होंने समझ लिया था, लेकिन जिस जबरदस्त पैमाने पर दंगे वास्तव में हुए, उसका अनुमान उन्हें न था इसमें मुझे शक है। अगर ऐसा था, तब तो उनका दोष अक्षम्य होगा। दरअसल उनका दोष तो अभी भी अक्षम्य है। अगर बँटवारे के फलस्वरूप हुए हत्याकांड के विशाल पैमाने का अन्दाज उन्हें सचमुच था, तब तो उनके आचरण के लिए कुछ अन्य शब्दों का इस्तेमाल करना पड़ेगा। उस हत्याकांड और उजड़ने का असर अब भी सीमा के दोनों ओर के लोगों की तबियत में, भारत और पाकिस्तान दोनों के इतिहास में प्रकट हो रहा है। नेता के लिए आगे का अनुमान लगाना जरूरी होता है।

गांधी जी बँटवारे के खिलाफ क्यों नहीं लड़े? यह तर्क बेमतलब है कि उन्हें ऐसे लोगों से लड़ना पड़ता जो सारी जिन्दगी उनके सहयोगी रहे थे। देश का विभाजन ऐसा मौका नहीं था जब साथियों या अपने पूरे संगठन की भी राय निर्णायक हो। यह सच है कि बँटवारा होने के पहले रोज अपने प्रार्थना-प्रवचन के बावजूद वे जनता में बँटवारे के खिलाफ जोश नहीं पैदा कर सके। लेकिन उनके भाषणों में भी दुविधा का स्वर था। जब किसी सवाल पर नेता के विचारों और बोली में दुविधा हो तो जनता नहीं उठती। मैं यह मानने को तैयार हूँ कि कांग्रेस पार्टी के युवा नेतृवर्ग में कुछ कमी थी। गांधी जी ने अपने ढंग से बार-बार हमें टटोला और हमें लायक नहीं पाया।

लेकिन असली सवाल फिर कुछ और है। अगर गांधी जी बँटवारे का सक्रिय विरोध करते तो क्या होता? श्री नेहरू भारत में या श्री जिन्ना पाकिस्तान में क्या गांधी जी को मारकर या जेल में रखकर हुकूमत कर सकते थे? हत्या वास्तव में हुई, लेकिन उसका समय कितना दुख को बढ़ाने वाला था। हत्या की पीड़ा के अलावा, उस हिंसा ने अहिंसा के पैगम्बर के जीवन का अन्त कर दिया। कुसमय के परिणाम शायद और भी दुखद हैं।

पन्द्रह सदियों के इतिहास के जरिये राष्ट्र ने समर्पण और समझौते की दीन भावना प्राप्त की है, जिसे समन्वय की संस्कृति का गलत नाम दिया जाता है, बँटवारे की वेदी पर बलिदान के उस एक क्षण में राष्ट्र उसे उतार फेंकता। और सचमुच कौन जानता है कि अगर गांधी जी जेल में होते, या जेल जाने की धमकी भी देते, तो बँटवारे से बचा जा सकता।

किसी प्रकार का कमीशन गांधी जी की मौत की जिम्मेदारी और दोष तय करने की कोशिश कर रहा है। देश का विभाजन और गांधी जी की हत्या एक ही सिक्के के दो पहलू हैं। एक पहलू की जाँच किये बिना दूसरे की जाँच करना समय की मूर्खतापूर्ण बरबादी है।

इंगलिस्तान में पौर्वात्य और अफ्रीकी अध्ययन स्कूल ने विभाजन की, और शायद सबसे अधिक उसके दोष की जाँच करने के लिए किसी प्रकार का कमीशन नियुक्त किया है। ऐसा खयाल है कि इस कमीशन को अपने काम के लिए लाखों पौंड दिये गए हैं। अंग्रेजों को अपनी प्रतिष्ठा का बड़ा खयाल रहता है। वे अच्छी तरह जानते हैं कि इतिहास दोबारा लिखा जा सकता है, और भारत का इतिहास बिना किसी दिक्कत के दोबारा लिखा जा सकता है। खून के धब्बों को धोने के लिए सागरों या सुगन्धियों की जरूरत नहीं।

ब्रितानी सरकार ने भारत से अपने हटने से सम्बन्धित सभी दस्तावेज प्रकाशित कर देने का फैसला किया है। कुछ समितियाँ और प्रमुख ब्रितानी इतिहासकार प्रकाशन की देख-रेख करेंगे, और जहाँ आवश्यक होगा कुछ सम्पादन भी करेंगे। अंग्रेजों को सचमुच अपनी प्रतिष्ठा बड़ी प्यारी है। इस बीच, हो सकता है कि भारत सरकार या उसके कुछ हिस्से इस मूर्खतापूर्ण लालच में कुछ कागज नष्ट कर रहे हों कि इस तरह अपराध के दाग और सबूत खतम हो जाएँगे। कम-से-कम देशी विद्यार्थी और इतिहासकार से ये दस्तावेज बिलकुल गुप्त रखे गए हैं।

गांधी जी ने बँटवारे का प्रतिरोध क्यों नहीं किया? मैं एक कारण का अनुमान लगाने की कोशिश करूँगा, जो हिन्दुस्तान के इतिहास विशाल पुरानी

शक्तियों और गांधी जी के बूढ़े होने के जैसी तात्कालिक छोटी-छोटी बातों के बीच में है। हिन्दुस्तान की आजादी की लड़ाई लगभग पूरी तरह आजाद होने की लोगों की बिखरी हुई इच्छा के अलावा चतुर वाक्यों, बढ़िया सूत्रों, बुद्धिपूर्ण या आडम्बर भरे तर्कों पर निर्भर थी। गांधी जी आजादी की इच्छा को कायम और जारी रखने में और बुद्धिपूर्ण तर्क में बेमिसाल थे। लेकिन इस इच्छा को उन्होंने संगठित नहीं किया। ऐसा करने वाले सहायक उनके पास नहीं थे। उनका अपना तरीका और पद्धति शायद इस इच्छा को संगठित करने की दृष्टि से बहुत उपयुक्त नहीं थी।

छिछली नजर से देखने पर यह बात बिलकुल गलत लगती है। गांधी जी ने आखिरकर एक के बाद एक कितने ही संगठन बनाए थे। उन्होंने चर्खा-संघ बनाया, ग्रामोद्योग-संघ, तालीमी-संघ, हरिजन-संघ, आदिमजाति-संघ, और ऐसे ही अन्य सुधार संगठन बनाए। इनमें से किसी भी संगठन ने आजादी की इस इच्छा को मजबूत नहीं किया। ये अधिक-से-अधिक लोगों को काम में लगाए रखने वाले संगठन थे, और आलस तथा निराशा के विरुद्ध कवच का काम देते थे। इन संगठनों ने आजादी की इच्छा को मजबूत नहीं किया, इसका यह मतलब नहीं कि अन्य रूपों में ये महत्त्वपूर्ण नहीं थे।

कांग्रेस भी लड़नेवालों का संगठन बहुत अधिक नहीं थी। वह एक जन-संगठन जरूर थी। उसे किसी हद तक किसानों का वर्ग-संगठन भी कहा जा सकता था। लेकिन उसके संगठन की पद्धति और आधार ऐसे थे कि उसकी शक्ति लोगों में आजादी की अस्पष्ट इच्छा के अलावा वकील के चतुर सूत्र पर भी निर्भर थी। वह कभी बुराई से असहयोग करने के आदर्श तक नहीं पहुँच सकी। वह सिविल नाफरमानी तक ही और वह भी अपेक्षतया कुछ थोड़े-से लोगों की सिविल नाफरमानी तक सीमित रही। उसके ऊँचे नेताओं का चरित्र शायद इसका एक मुख्य कारण रहा हो। ये ऊँची जाति और मध्यवर्ग के लोग थे, अधिकांश मामूली खाते-पीते लोग, जो अपने भविष्य के बारे में कुछ चिन्तित और परेशान रहते थे।

अहिंसा और असहयोग शायद इसकी जड़ में रहे हों। छोटी लड़ाई और शीघ्र विजय के लिए ये उपयुक्त नहीं। न इनमें ऐसा ही सम्भव है कि अपना सिर चाहे जितनी बार फटे, बीच-बीच में कभी दुश्मन का सिर फोड़ने का मजा भी मिल जाए। किसान, मजदूर, विद्यार्थी और अन्य ऐसे समूह अपने वर्ग-संघर्ष चलाने के लिए संगठित होने पर, उग्र परिवर्तन के सिद्धान्त को लेकर अनुकूल परिस्थितियाँ होने पर तेजी से दुश्मन पर हमला कर सकते हैं।

गांधी जी मामूली नेता नहीं थे। लोग उनकी मुट्ठी में थे। इतिहास में कोई और नेता ऐसा नहीं हुआ, बिना सत्तारूढ़ हुए जिसका जनता पर इतना अधिकार रहा हो। सोवियत प्रेसीडियम के अध्यक्ष के रूप में लेनिन निश्चय ही गांधी जी से अधिक शक्तिशाली थे, लेकिन रूसी क्रान्ति की सफलता के पहले, जनता में अपनी ताकत की दृष्टि से वे गांधी जी से बहुत पीछे थे।

जनता में जिस नेता की इतनी ताकत हो, वह किसी बड़ी गलती पर समझ या माफी की माँग नहीं कर सकता। अगर अहिंसा और असहयोग की प्रकृति में ही यह निहित है कि उसकी असलियत उसके आदर्श से बहुत पीछे रह जाए, तो हिन्दुस्तान की इन दुख-भरी घटनाओं को किसी हद तक समझा जा सकता है। हिन्दुस्तान सारी दुनिया के लिए किसी प्रकार का बलि का बकरा था, लेकिन ऐसी सूरत में हमको यह मान लेना होगा कि अणुबम और पुरानी बन्दूक के विरुद्ध गांधी जी की जीत होगी। जो भी हो, असहयोग की सम्भावनाओं और रूपों के बारे में सोच-विचार चलते रहना चाहिए। कौन जानता है, शायद गांधी जी खुद अपने तरीकों और हथियारों को संगठित करने की दृष्टि से नाकाफी रहे हों।

लेकिन हम यह मान लें कि अहिंसा और असहयोग का संगठन जैसा था उससे बेहतर नहीं हो सकता था। हम यह मान लें कि 1942 का खुला विद्रोह अगली बार लड़ाई होने पर जनता की ओर आने का ब्रितानी वायुसेना के भारतीय हिस्से का वादा, आजाद हिन्द फौज, युद्ध के बाद नौसेना में विद्रोह, प्रतिबन्धों के खिलाफ लाखों व्यक्तियों का दिन-रात धरना देना और अन्य ऐसी घटनाएँ और भावनाएँ आजाद हिन्दुस्तान के लिए जनता के सफल विद्रोह में परिणत नहीं हो सकती थीं। अन्त में, हम यह भी मान लें कि देश के बँटवारे के खिलाफ अपनी लड़ाई में गांधी जी अकेले ही रहते। लेकिन यह हो सकता था कि आस्था और संकल्प का यह एक कार्य ही लोगों को सामूहिक आचरण का एक नया धर्म प्रदान करता।

आज तक भी हिन्दू लोग सीता को वनवास देने में राम के दोष की सफाइयाँ देते हैं। लोकतंत्र के नाम पर एक क्रूर और बेमतलब काम को, एक कल्पित अपराध के लिए दोहरी सजा देने के दोष को उचित ठहराने की कोशिश की जाती है। उस लोकतंत्र में कोई सार नहीं रह गया था और वह केवल ओझा का मंत्र रह गया था। गांधी जी को राम की तरह ईश्वर का अवतार बना दिया जाएगा, इसकी कोई आशंका नहीं है। बँटवारे के सम्बन्ध में उनके दोष का अधिक विस्तार में अध्ययन होना चाहिए। अगर और सब कुछ असफल रहा

था, तो भी उनके संकल्प को असफल नहीं होना चाहिए था। उनका संकल्प क्यों असफल रहा, इसके कुछ पहलुओं पर यहाँ विचार किया गया है। अधिक महत्त्वपूर्ण बात यह है कि अगर वह असफल न होता तो लोगों पर, राष्ट्र पर, देश और दुनिया पर उसका ऐसा असर पड़ता जैसा ईसा के सूली पर चढ़ने के बाद किसी और काम का नहीं हुआ। गांधीवादियों को गांधी जी से अधिक सक्रिय संकल्प वाला बनना सीखना पड़ेगा। आस्था और संकल्प के उनके काम अलग-अलग भले ही कोई चमत्कार न करें, क्योंकि वे गांधी जी की तरह लोगों के नेता नहीं हैं। किन्तु आगे चलकर और सामूहिक रूप में समता और सम्पन्नता के लिए संकल्प के ये काम परिवर्तन करने में सफल होंगे।

[1967]

परिशिष्ट

एक

संविधान और धारा 144

इलाहाबाद उच्च न्यायालय में राममनोहर लोहिया का वक्तव्य

11 अगस्त, 1966

लोहिया : माननीय जज साहब, विद्वान वकील श्री कक्कड़ की खूबसूरत बहस सुनने के बाद मैं कुछ कहना तो नहीं चाहता। कई बार ऐसा होता है कि जो आदमी अन्याय की मार खाता है उसकी आत्मा की पुकार जरूर सुनी जाती है। मेरा भाग्य अदालतों के मामले में अच्छा रहा है। इसके अलावा जब जनता बलवान नहीं होती है तो सरकार के अन्याय का मुकाबला न्यायालयों में होना ही चाहिए। इसीलिए मुझे आप लोगों को कष्ट देना पड़ रहा है।

सबसे पहले मैं ताजीरात हिन्द की दफा 188 लेता हूँ जिसमें धारा 144 के अपराधियों की सजा होती है। 144 के आधार पर ही 188 दफा चलती है। मेरे मामले में दोनों दफाएँ जुड़ी हुई हैं। पहले के कानूनों में बहुत कमियाँ रह गई हैं। यह भयंकर चीज है। दफा 144 में कई प्रकार के अपराध गिनाए गए हैं। उन अपराधों के दो प्रकार हैं : (1) जनता के विभिन्न समूहों के बीच झगड़े का कारण—यह झगड़ा विराट रूप भी ले सकता है। इसमें सैकड़ों आदमी भी हो सकते हैं। इससे व्यापार, स्वास्थ्य वगैरह की क्षति भी हो सकती है जैसे खाद्य-पदार्थों में मिलावट आदि। दूसरा है जनता के सरकार के खिलाफ झगड़े। वास्तव में यह कानून ब्रिटिश समय के बने हैं। बाद में अंग्रेजी शासन में जब जनता के आन्दोलन, प्रदर्शन आदि होने लगे तब अंग्रेजों ने इसमें पब्लिक ट्रैंक्विलिटी को भी जोड़ा। जैसे कोई कोट बच्चे के लिए बनाया जाए और जब बच्चा बड़ा हो जाता है तो या तो उस कोट को फाड़ा जाए या वह बच्चा उस

कोट में अपने हाथ-पैर को सिकोड़कर रखे। आज इस प्रकार के कानूनों के बारे में जो दिक्कत होती है उसका यही कारण है कि दोनों चीजों को एक ही में सान दिया गया है। ताजीरात हिन्द सन् 1881 में पास हुआ था, लेकिन जाब्ता फौजदारी 1882 में पहली बार आई। उस समय की ये धाराएँ हैं। अब हमारे सन् 1950 के संविधान के पहले के कानूनों पर ध्यान देना बहुत जरूरी है। जाब्ता फौजदारी और ताजीरात हिन्द दोनों अंग्रेजों के दिये कानून हैं। मैं आपसे निवेदन करूँगा कि पुराने कानूनों को भारतीय संविधान की कसौटी पर जाँचा जाए जिसको हम भारत के लोगों ने बनाया है।

यह दोनों धाराएँ संविधान की धारा 19 के सामने टिक नहीं सकतीं। बोलने की स्वतंत्रता की संविधान की यह धारा खतम नहीं की जा सकती, हाँ उस पर रोक या पाबन्दी लगाई जा सकती है। और संविधान की धारा 19 (1) और (2) में यह रोकथाम केवल लोक-व्यवस्था के हित में जायज करार की गई है और जब तक लोक अव्यवस्था साबित न हो जाए तब तक उस पर रोक नहीं लगाई जा सकती। मुझ पर क्या-क्या अन्याय किये गए हैं, इसे छोड़िए। मेरा मामला आपके सामने यह नहीं है कि जिला मजिस्ट्रेट ने जो हुक्म दिया उसे रद्द कीजिए बल्कि यह है कि दफा 144 और 188 को मैं गैर-कानूनी करार कराना चाहता हूँ।

दंगा और फसाद काफी बड़े हो सकते हैं, एक सीमित इलाके में भी हो सकते हैं, लेकिन उनसे लोक-व्यवस्था नहीं बिगड़ सकती। उदाहरण के लिए यहाँ सिविल लाइन में लड़ाई-झगड़ा मार-पीट हो सकती है, लेकिन उसका पता शायद दूसरे मुहल्लों के लोगों को कल सुबह अखबार पढ़ने पर चले। इसके कारण लोक-व्यवस्था नहीं बिगड़ सकती। प्राय: जमीन-जायदाद के बारे में किसानों में मार-पीट हो जाती है, इसी प्रकार धर्म और भाषा के नाम पर दंगे हो जाते हैं, लेकिन इसके कारण लोक-व्यवस्था नहीं बिगड़ती। यदि ऐसी स्थिति उत्पन्न हो जाए कि उसके कारण लोगों का दैनिक जीवन असम्भव हो जाए तो उसे लोक-अव्यवस्था कहते हैं। यानी लोक अव्यवस्था तभी होगी जब दैनिक जीवन असम्भव हो जाए। यहाँ भाषण और सभा की स्वतंत्रता पर रोक-थाम लगाई गई है, और उसके लिए उचित कारण केवल लोक-व्यवस्था को बताया गया है, इसके अन्तर्गत दंगा-फसाद आदि नहीं आता। ये सब धाराएँ पहले की हैं और उनका प्रयोग आज भी हो रहा है इसीलिए सारी गड़बड़ी हो रही है। मेरा आपसे अर्ज है ऐसा कोई फैसला हो जाए ताकि इन दोनों का निराकरण हो जाए।

पटना में जब मैं नजरबन्द हुआ था, तब उसका कारण कानून और व्यवस्था लिखा था—उसमें लोक-व्यवस्था नहीं लिखा था। जब इन दोनों धाराओं में इतना जबरदस्त अन्तर बता दिया गया, तब धारा 144 और 188 लागू नहीं हो सकतीं। केवल भाषण और सभा करने पर रोक लगाई जा सकती थी। धारा 144 का मतलब है कि मजिस्ट्रेट भाषण और सभा करने पर रोक लगा सकता है। कानून की दृष्टि से धारा 144 और 188 इन दोनों धाराओं में कोई संगति नहीं है। इस समय मेरा पक्ष राजनैतिक और कानूनी दोनों दृष्टियों से मजबूत है। धारा 144 में लोक-व्यवस्था की बात है, धारा 188 में लोक-व्यवस्था नहीं रह गई है। यदि कानून की नीतियाँ ठीक हैं तो मजिस्ट्रेट के उसके दुरुपयोग से कानून रद्द नहीं होता—यद्यपि इसका दुरुपयोग बहुत होता है। जनता तो अपने खाने-कमाने में लगी रहती है और जब जनता का मन भूखा होता है तो वह कुछ सुनना चाहती है। सुनने का अधिकार बोलने से ज्यादा है। अमरीका के श्री मैकेल जॉन ने इस पर एक शास्त्र भी लिखा था। यह बात प्रामाणिक है, बोलने वाले से सुनने वाले का अधिकार ज्यादा है।

12 अगस्त, 1966

लोहिया : धारा 144 के साथ-साथ धारा 188 को भी अवैध करार कराने का मेरा निवेदन है। मेरी इस गिरफ्तारी का मामला तो एक छोटा-सा मामला है। मैं नहीं चाहूँगा कि इस छोटे-से सवाल को लिया जाए और इससे व्यापक बड़े प्रश्न को रहने दिया जाए।

मैं कई बार ऐसे मामलों में फँस चुका हूँ अतएव इस बात का निर्णय हो जाना चाहिए। इस सम्बन्ध में मैं केवल इतना ही कहना चाहता हूँ कि ये सब बातें मजिस्ट्रेट के सामने आ चुकी हैं। मैंने उनके सामने भी यह कहा था कि यह गिरफ्तारी गैर-कानूनी है। मैंने किसी को भड़काया या उभाड़ा नहीं है, अतः मेरी गिरफ्तारी का कोई आधार नहीं है। लेकिन मजिस्ट्रेट ने कहा कि ये सब बातें मैं नहीं मानता। मैं आपको जेल भेज रहा हूँ। इस मामले में इसके अलावा भी कई ऐसी चीजें हुई हैं, जैसे कई तारीखें बदली गईं, मजिस्ट्रेट बदले गए, आदि-आदि। सरकारी वकील ने जिस नोटिफिकेशन का जिक्र किया है, मेरी समझ से वह संविधान की कसौटी पर ठीक नहीं आएगा। सरकारी अफसर इन कानूनों का नाजायज इस्तेमाल करते हैं। इस कानून की अवैधता के बारे में फैसले के लिए मैं आपके सामने आया हूँ। यदि आपके मन में यह राय

बन जाती है कि हमें इस मामले को व्यापक रूप में नहीं उठाना चाहिए तो मैं यह कहना चाहूँगा कि न्याय का एक और अंग भी है। साधारण तौर पर न्यायपति लोग छोटी बहस को स्वीकार कर लिया करते हैं और बड़ी बहस को स्वीकार नहीं करते।

न्यायाधीश श्री गंगेश्वरप्रसाद : इसमें कभी-कभी भ्रान्ति हो जाती है कि बड़ी बहस में ज्यादा तथ्य है, और कभी-कभी छोटी बहस में आकर्षण ज्यादा होता है।

लोहिया : यह तो आपकी कृपा है। मैं कल आपके सामने यह पक्ष रख रहा था। और कई कसौटियाँ भी हैं। तर्कपूर्ण कसौटी जो संविधान में है उससे धारा 144 और 188 को गैर-कानूनी करार करना चाहिए।

इसमें दो महीने का सीमित समय है और यह सीमित समय ऐसा होता है जब जनता को कुछ सुनने की भूख लगती है। उसका मन सुनने के लिए भूखा होता है। साधारण रूप में तो वह रोजमर्रा के काम-काज में लगी रहती है। कभी-कभी लोगों की इच्छा व्यापक सिद्धान्तों को जानने की होती है और ऐसी स्थिति में दफा 144 का प्रयोग कर दिया जाता है। इस परिस्थिति में जनतंत्र नहीं रह जाता। जब जनता ऐसी चर्चा सुनकर अपनी राय बनाती है, और उसके सुनने पर ही रोक लगा दी जाती है तो फिर जनतंत्र कहाँ? मेरा निवेदन है कि दो महीने की अवधि के कारण जो रोक लगाई गई है उससे कठिनाई होती है।

जनतंत्र के लिए आज्ञाकारिता भी खतरनाक है और अवज्ञा भी। मान लीजिए कि अभद्र व्यवहार होता है, तो उसके लिए क्या उपाय है? अन्य देशों में व्यवहार तथा कानून और व्यवस्था के लिए अलग-अलग कानून हुआ करते हैं। हमारे यहाँ ऐसी बात नहीं है। यदि इस प्रकार से कानून का इस्तेमाल होने लगता है, तो देश में अवज्ञा बढ़ेगी। उदाहरण के लिए यदि किसी स्थान पर सुन्दर पार्क बना हुआ है और छड़ों की चहारदीवारी से चारों तरफ से घिरा हुआ है और उसके कारण लोगों को वहाँ थोड़ा घूमकर चक्कर लगाकर रास्ते पर जाना पड़ता है, तो प्राय: लोग छड़ों को फैला या दबाकर बीच से ही रास्ता निकाल लेते हैं—ऐसा मुझे पसन्द नहीं, मैं इसे अवज्ञा मानता हूँ और इस तरह की अवज्ञा को मैं खतरनाक मानता हूँ। पत्थर आदि फेंकना भी इसी तरह की अवज्ञा है, हालाँकि अब पुलिस की ओर से भी पथराव होने लगे हैं...खैर छोड़िए इस बात को...। तो मैं कह रहा था कि धारा 144 के जरिये इस प्रकार की जो अवज्ञा होती है, उसके कारण देश में अवज्ञा और अधिक बढ़ेगी। आज देश में जहाँ अवज्ञा है वहाँ आज्ञाकारिता बढ़ गई है,

और जहाँ आज्ञाकारिता है वहाँ अवज्ञा है। कल आपकी तरफ से कहा गया कि मान लो दफा 144 को कोई मजिस्ट्रेट लगातार लगाकर बोलने, भाषण करने आदि की स्वतंत्रता को रद्द कर दे तो उसके लिए मैं यह कहना चाहूँगा कि उसके लिए कानून भी है। यदि देश के ऊपर कोई आसन्न संकट हो, तभी संकटकालीन कानून बनाए जाते हैं। तरह-तरह के कानून हैं। लेकिन कानून में मात्रा भेद अवश्य होना चाहिए।

अब मैं प्रतिबन्ध की कसौटी पर जाना चाहता हूँ। संविधान में प्रतिबन्ध है, निषेध नहीं। लेकिन यदि समय बाँधकर अर्थात अवधि के साथ निषेध है तो वह प्रतिबन्ध हो जाया करता है, जैसे 10 या 12 दिन के लिए। यहाँ मुझे आपसे अर्ज करना है कि यह परिभाषा बिलकुल गलत होगी। निषेध की वस्तु असली बात है। यदि काल के निषेध को प्रतिबन्ध समझ लिया जाता है तो इसका बड़ा खतरनाक परिणाम होगा। तर्कपूर्ण प्रतिबन्ध लगाए जा सकते हैं। अब जरा दफा 144 को देखिए कि मजिस्टर किसी को कोई ऐसा काम करने से रोक सकता है जिससे अशान्ति, दंगा, फसाद हो तो वह निषेध इस नतीजे का होना चाहिए कि उससे अशान्ति, दंगा, फसाद रुके, न कि बढ़े। यदि इस 144 दफा में संविधान की वह शर्तें भी जोड़ दी जाएँ तो इसका कोई अर्थ निकल सकता है, अन्यथा संविधान की धारा 19 का कोई मतलब नहीं रह जाता।

न्यायाधीश श्री गंगेश्वरप्रसाद : संविधान की धारा 19 (1) में जो मौलिक अधिकार दिया गया है वह धारा 19 (2) में ले लिया गया है ऐसा... लेकिन यह राजनीतिक चीज है...।

लोहिया : लेकिन ऐसा निषेधात्मक माने में नहीं है, यह प्रतिबन्धात्मक अर्थ में है। मैं केवल वस्तु और देश के सम्बन्ध में कहना चाहूँगा। यदि काल के बारे में यह कानून निषेधात्मक हो जाता है तो कोई भी अफसर किसी व्यक्ति के भाषण के पहले उसका अनुमान लगा सकता है और आदेश जारी कर सकता है। मैंने अवधि को केवल तर्कपूर्ण प्रतिबन्ध के लिए लिया है। लेकिन अब मैं तर्कपूर्ण निषेध पर आता हूँ। संविधान की धारा 19 (2) लोकसभा को यह अधिकार देती है कि वह कोई ऐसा कानून बनाए जो भाषण करने वाले को गिरफ्तार कर सकता हो। लेकिन पहले से ही उसका अनुमान लगाकर सजा देने का अधिकार नहीं देता है।

न्यायाधीश श्री गंगेश्वरप्रसाद : आपका तर्क है कि मैंने जुर्म किया नहीं और सिर्फ अनुमान से गिरफ्तार कर लिया गया। यह बात एक मामले में सुप्रीम कोर्ट में आ चुकी है और उसने उसे अस्वीकार कर दिया है।

लोहिया : सर्वोच्च न्यायालय ने यह माना है कि अपराध पहले से अनुमानित किया जा सकता है, लेकिन मुझे देखना है भाषण के मामले में यह बात है कि नहीं। संविधान के मौलिक अधिकारों में यह बात नहीं दी गई है।

न्यायाधीश श्री गंगेश्वरप्रसाद : यह सुप्रीम कोर्ट की बात है...।

लोहिया : आपने देखा है कि मेरे ही मामले में सुप्रीम कोर्ट ने कानून-व्यवस्था और लोक-व्यवस्था में कितना फर्क किया है और इसी आधार पर मुझे रिहा किया गया था। इलाहाबाद उच्च न्यायालय से तो मेरी तकदीर कुछ अच्छी रही है।...भाषण के सम्बन्ध में किसी अवधि का निषेध-प्रतिबन्ध अगर मान लिया जाएगा तो संविधान की धारा को इसमें शामिल करके बोलने की स्वतंत्रता को खतम किया जा सकता है इसलिए मैं आपके सामने अर्ज करता हूँ कि संविधान की धारा 19 में भाषण की स्वतंत्रता जनता ने जो दी है, उसमें भाषण के होने के बाद ही सजा दी जा सकती है। यद्यपि रोग की दवा करना अच्छी बात है, रोग की दवा करने के पहले ही रोग को रोक दिया जाए तो सुनने में यह बात अच्छी है, लेकिन अगर रोग हैजे का हो और दवा चेचक की कर दी जाए तो उसका क्या परिणाम होगा? दफा 144 रोक न लगाकर लोगों को भड़काने और उभाड़ने की दफा हो गई है। इस प्रकार यह धारा अपराधों को रोकने के बजाय उसे बढ़ाने वाली हो गई है। इसलिए मैं आपका ध्यान सर्वोच्च न्यायालय के उस फैसले की ओर ले जाऊँगा जो सुप्रीम कोर्ट ने मेरे मामले में किया है। लोक-व्यवस्था का टकराव है कानून और व्यवस्था से और 144 में कानून और व्यवस्था की बात ही की गई है। मुझे आपकी यह बात पसन्द है कि टेक्निकल बात को छोड़कर बड़े अर्थ और तात्पर्य की बात लेनी चाहिए। जहाँ तक लोक-सुरक्षा और लोक-व्यवस्था की बात है यह दोनों शब्द मेरी राय में प्राय: एक ही अर्थ के होते हैं किन्तु सुप्रीम कोर्ट ने इन दोनों में बड़ा फर्क बताया है। लोगों के मन में अशान्ति हो सकती है लेकिन लोक-व्यवस्था बनी रह सकती है। मेरा बुनियादी प्रश्न यह है कि धारा 144 और 188 संविधान की 19वीं धारा की लोक-व्यवस्था के विपरीत हो जाती हैं। धारा 144 में बिलकुल साफ दंगा, फसाद लिखा गया है। संविधान की धारा कानून बनाने की इजाजत देती है, न कि प्रतिबन्धक कानून बनाने की—यह मूल बात मैं कहना चाहता हूँ। हम लोग जहाँ कानून बनाते हैं वहाँ के सदस्य हैं। हम लोग कानून बनाने में कभी-कभी असफल रहते हैं। हो सकता है कि ताजीरात हिन्द की जो कलमें दूषित हैं, उसे ठीक करने की आशा हम सर्वोच्च न्यायालय या उच्च न्यायालयों से ही कर सकते हैं—लोकसभा में तो

शायद इतनी ताकत कभी न होगी जो उसे ठीक करे। ये धाराएँ बनाते समय लार्ड मैकाले के मन में था—इसे बताने से कोई नतीजा नहीं निकलने का...

मेरे मामले को ही ले लीजिए। मेरे ऊपर क्या आरोप लगा है। 144 का जो आरोप है वह किस कारण है—यह तो आपने देखा—इसमें लोक-व्यवस्था का तो कोई सवाल ही नहीं उठता। मुझे दंगा-फसाद करने के मातहत गिरफ्तार किया गया है, उसमें पब्लिक ट्रैंक्विलिटी नहीं है, इस कारण मेरी गिरफ्तारी गैर-कानूनी है। इस प्रकार धारा 144 और 188 में जनता के समूह का झगड़ा तथा जनता और सरकार के झगड़े दोनों को एक में ही जोड़ दिया गया है। संविधान में केवल पब्लिक आर्डर है। ऐसा हो सकता है कि मजिस्टर साहब ने लोकशान्ति के लिए किसी को गिरफ्तार किया हो, लेकिन उस पर दंगा-फसाद का मुकदमा नहीं चलाया जा सकता। आप देखें कि निदेश किसी और मामले में हो और सजा किसी दूसरे मामले में हो—यह तो अजीब बात होगी। मैं समझता हूँ कि अब यह जरूरी हो गया है कि ये दोनों धाराएँ खतम की जाएँ ताकि लोकसभा इसके लिए कानून बनाए। इसे आप न भी मानें तब भी 'रायट' और 'अफ्रे' संविधान की 19वीं धारा के अनुसार इसमें से हटा दिया जाना चाहिए। मेरी आपके सामने कई अर्जियाँ हैं। मेरे आरोप-पत्र में सिर्फ 'रायट' और 'अफ्रे' आता है, लोक-व्यवस्था भंग करने की बात नहीं आती है। लोक-शान्ति के लिए व्यापक स्थिति होती है। लोक-शान्ति और लोक-व्यवस्था में फर्क है। यदि दोनों को पर्याय मान लिया जाए तो भी 'रायट' और 'अफ्रे' शब्द हटा दिये जाने चाहिए।...

अब मैं आपसे अर्ज करूँगा कि धारा 144 और 188 के मामले में जो भी बातें हमने आपके सामने रखी हैं, उसे इस तरह लीजिए कि एक आदमी ने जो बहुत मार खाया है, उसने रखी हैं। जेल मुझे कतई पसन्द नहीं। अब तो जब मैं जेल के फाटक पर पहुँचता हूँ तो मुझे जैसे साँप छू जाता है, लेकिन लार्ड मैकाले ने जो कानून बनाया है उसे क्या कहूँ। मैं जेल में नहीं रहना चाहता! मैं जिद्दी नहीं हूँ लेकिन मैं अपने देश में कानून और अमन को कायम रखना चाहता हूँ। मैं सिर्फ यह कहना चाहता हूँ कि यह धारा 144 और 188 देश को फँसा रही है। संविधान की धारा 19 को लेने पर ये दोनों धाराएँ रद्द हो जाती हैं।

'हर मामले में शान्ति-भंग का फल लोक-अव्यवस्था नहीं होता।' जज साहब, या तो मैं सिद्धान्त पर जा सकता हूँ या कानून पर। मैं दोनों की दृष्टि से यह

कह रहा हूँ कि लोक-व्यवस्था, लोक-शान्ति के अन्तर्गत नहीं आती है। लोक-शान्ति से यदि लोक-व्यवस्था को जोड़ देते हैं, तब इस बात से छुट्टी नहीं मिल सकती कि दंगा और फसाद को आप काटें। यदि आप दोनों शब्दों को पर्याय बना देते हैं, तो लोक-शान्ति में छोटे-मोटे दंगे, फसाद नहीं आ सकते हैं। या तो लोक-व्यवस्था और लोक-सुरक्षा को अलग-अलग मानें, या यदि एक मान लिया जाए तो दंगा-फसाद को इसमें अलग हटाना आवश्यक हो जाता है। शान्ति-भंग को लोक-व्यवस्था के अन्तर्गत लाते हैं, यह हो नहीं सकता। दंगा, फसाद बड़े पैमाने के नहीं समझे जा सकते। न्यायशास्त्र का सिद्धान्त है कि छोटे उपद्रव को दबाने के लिए बड़े उपद्रवों को दबाने का साधन अपनाया जाता है, तो लोक-अव्यवस्था ही होगी, अवज्ञा ही होगी।

सितम्बर, 1965 का फैसला नया मतलब देता है। जैसा कि सरकारी वकील साहब ने कहा कि सन्दर्भ को देखना चाहिए और उसी सन्दर्भ में लोक-व्यवस्था का अर्थ निकालना चाहिए। अर्थात वह वस्तुस्थिति को लेते हैं। जैसा आपने बताया कि अफसर अनुमानित आशंका के कारण भी किसी को गिरफ्तार कर सकते हैं और मैंने बताया है कि निषेध और प्रतिबन्ध में बड़ा फर्क है। सर्वोच्च न्यायालय ने लोक-व्यवस्था तथा कानून और व्यवस्था दोनों को अलग-अलग संज्ञाएँ दी हैं और आज मैं आपके सामने लोक-व्यवस्था के सम्बन्ध में आया हूँ, इसलिए आपको नये सिरे से इसका फैसला करना है। दफा 144 निरोधक है और दफा 188 दंडकारी है। अत: एक की बात दूसरे में नहीं आ सकती। यहाँ निरोधक की सारी बातें दंडकारी में आई हैं—केवल एक 'लोक सुरक्षा' नहीं आई है। इसे मेरे ऊपर जो अन्याय हुआ है उसके सन्दर्भ में देखिए। ये दोनों कानून उकसाने की आवश्यकता के लिए बनाए गए थे—एक जनता के विभिन्न समूहों के आपसी झगड़ों के लिए दूसरा जनता और सरकार के मामलों के लिए। जाब्ता फौजदारी में 1898 तक 'लोक सुरक्षा' का शब्द नहीं था। इसका कारण है। इसका कारण यह है कि उसमें आखिर तक इस 144 धारा का उद्देश्य था जनता के आपसी पारस्परिक सम्बन्ध सुधारने का। यह धारा जनता के विभिन्न वर्गों के पारस्परिक रिश्तों को सुलझाने के लिए बनाई गई थी और बाद में जब अंग्रेजों को जरूरत पड़ी तो लोक-सुरक्षा को उसमें उन्होंने जोड़ दिया। एक कलक्टर किसी को लोक-शान्ति के नाम पर गिरफ्तार कर सकता है लेकिन जब उस व्यक्ति के अपराध को देखा जाता है तो केवल दंगे, फसाद का मामला आ पाता है और लोकशान्ति की बात छोड़ दी जाती है। इस प्रकार गिरफ्तारी हो किसी धारा में, और सजा होती है किसी दूसरी

धारा में। और जब इन दोनों को एक साथ लेते हैं तो न्याय के लिए इसका निराकरण होना चाहिए। इन दफाओं में परिवर्तन होना चाहिए। यह बात जब मैंने छोटी अदालतों में कही तो वहाँ के मजिस्टरों ने कहा कि मैं कुछ नहीं कर सकता, आप यह बात उच्च न्यायालय में कहिए। आप देखें कि भाषग की स्वतंत्रता इस प्रकार रह नहीं जाती। 'अपराध का पूर्ण निर्धारण' कानून और व्यवस्था के सन्दर्भ में आया है, न कि लोक-व्यवस्था के सम्बन्ध में। यदि मैंने भाषण में कोई अपराध किया होता तो दफा 22 उसके लिए है—वह नजरबन्द कर सकता है, लेकिन भाषण के पहले ही 144 के अन्तर्गत हुक्म निकले और उसके बाद 188 का प्रयोग किया जाए—यह गलत है। अतः इस कानून को गैर-कानूनी करार करना आवश्यक हो जाता है।

मैं उम्मीद करता हूँ कि जाब्ता फौजदारी और ताजीरात हिन्द दोनों की धाराओं पर विचार होगा। आप इसका निर्णय करें कि एक नागरिक आपके पास आया है। वह नागरिक भारत के 1950 के संविधान की ओर आपका ध्यान खींचता है और उसके अनुसार कानूनों में परिवर्तन कराना चाहता है।

दो

डॉ. राममनोहर लोहिया : एक साक्षात्कार

अजीब यह देश है और अजीब हैं यहाँ के निवासी। भारी बोझ उठाने से जैसे लोग डरते हैं, लोग भारी (वजनी) विचारों से भी भागते हैं। यही कारण है कि लोहिया के विचारों को समझ न पाकर लोगों ने उनकी बातों पर हँसने की आदत बना ली। लेकिन अब यह आदत अपने-आप छूट रही है। आज भारत में एक ऐसा बुद्धिजीवी वर्ग पैदा हो गया है जो राममनोहर लोहिया को वैचारिक सतह पर मौलिकता का प्रतीक मानता है।

राममनोहर लोहिया के मधुर व चित्रमय व्यक्तित्व की ऊपरी सतह के नीचे एक ज्वलन्त अन्तर्धारा है जो निरन्तर मानवता के विकास का पथ खोजती रहती है। जर्मन दर्शन की परम्परा में अवगाहित, गांधी जी के व्यक्तित्व से प्रभावित, विद्रोही अन्तर से प्रताड़ित और वर्तमान राजनीतिक व्यवस्था से आहत लोहिया की स्थिति उस नदी की तरह है जो दुनिया के स्वार्थपरक, नपे-तुले और पके-पकाए विचारों की मरुभूमि में अपना रास्ता खो चुकी है और उसका हृदय क्षुब्ध है। पर भीतर कोई छिपी शक्ति है जो चुम्बक की तरह मन को अपनी ओर खींचती है क्योंकि एक व्यावहारिक दर्शन उनकी हड्डियों में समा गया है। उनमें एक स्वाभाविक आत्मशक्ति उत्पन्न हो गई है और साथ ही आ गई है विचारों की निर्भयता। दूसरों को पसन्द आए या न आए—वे अपने निर्भीक विचार रखेंगे, रखेंगे...शायद यही कारण है कि भारत के राजनीतिकों में वे अकेले ऐसे व्यक्ति हैं जिन्हें आजादी मिलने के बाद भी अनेक वर्ष जेलों में बिताने पड़े और यही नहीं—विदेश की जेलें भी आबाद करनी पड़ीं—सालाजार की जेल और जानसन की जेल।

लोहिया के विचारों को (निम्नलिखित प्रश्नों के सन्दर्भ में) एकत्रित करने का जिम्मा जब मुझ पर छोड़ा गया तो मेरे लिए सहज लगने वाला काम भी

पहाड़ लगने लगा। आहत बाघ जैसे राममनोहर लोहिया अगर मेरे सवालों को स्वागत न दें तो? मैं क्या करूँगा?

दिल्ली से पटना तक, लोहिया को उचित मूड में पकड़ पाने के प्रयत्न में पराजित होकर, निराशा के कगार पर जा खड़ा हुआ था कि गत 28 अक्टूबर, 65 को पिपरी से लौटते लोहिया से मैं मिरजापुर में आखिर टकरा ही गया। लोहिया की सहज, स्वाभाविक, चिरपरिचित फक्कड़ मुस्कराहट के पीछे एक काली छाया-सी देखकर मैं सहम गया। वह छाया थी एक राष्ट्रीय अपमान की, पाकिस्तानी प्रतिनिधि द्वारा 25 अक्टूबर को सुरक्षा परिषद् में भारत के अपमान की। समस्त राष्ट्र में लोहिया से अधिक उस राष्ट्रीय अपमान से दूसरा कोई व्यक्तिगत रूप से सम्भवत: आहत न था। बुदबुदाते हुए, अपने मन की गहराई में डूबे से, स्वागत भाषण के ढंग से, खोए-खोए-से लोहिया के होंठ हिले..."काश, मैं सुरक्षा परिषद् में होता...।"

यह एक बेबस, आहत, क्रुद्ध और जख्मी शेर की आह थी जो अपने शील और देश-काल की मर्यादा से जकड़ा था।

मैंने उन कमजोर क्षणों का लाभ उठाकर तत्काल अपने स्वार्थ की रस्सी फेंक दी : "डॉक्टर साहब! मेरे प्रश्न...?"

लोहिया हिले, "क्यों तुम भी परेशान करते हो? क्या तुम्हारे पास ऐसे भी प्रश्न हैं, जिनका उत्तर अभी तक मुझसे न पाया हो?...खैर, बोलो क्या है?"

मैंने चाहा कि उनकी यह मन:स्थिति थोड़ी देर और बनी रहे और विचार के जिस कंटक वन में वे टहल रहे हैं, वहीं रहें, अत: उनकी उस क्षण की विचारधारा के सूत्र को ही मैंने भी पकड़ लिया। उनके भीतर के उबाल की चिन्ता न कर तनिक लालची की तरह मैंने पूछा, "अगर आप सुरक्षा परिषद् में होते तो क्या होता?"

अपनी स्वाभाविक असतर्कता से लोहिया बोले, "इस बदतमीजी के जवाब में उन लोगों को कम-से-कम 15 दिनों का मेरा भाषण सुनना पड़ता। मैं एक-एक का इतिहास बताता। अमरीका, ब्रिटेन और पाकिस्तान के डेढ़ हजार वर्षों के इतिहास के पन्नों को एक-एक करके उलट देता। बताता कि क्या अठारह वर्षों में ही पाकिस्तान की नस्ल बदल गई?...लेकिन क्या हो सकता है? मजबूरी तो यह है कि जो लोग देश के प्रतिनिधि बनकर जाते हैं, उन्हें न तो इतिहास का ज्ञान है और न तो वे राजनीति ही जानते हैं।...लेकिन इसे छोड़ो अभी। तुम अपने सवाल पूछो।"

मैंने प्रश्न किया : "गांधी और नेहरू के विचारों में स्पष्ट ही अन्तर था। देश के संविधान को नेहरू की देख-रेख और प्रभाव में निर्मित किया गया था। इस तथ्य को ध्यान में रखते हुए कि नेहरू ही इस संविधान के मूल्यों का संरक्षण 14 वर्षों तक करते रहे, क्या आप समझते हैं कि नेहरू का झुकाव जनतंत्र या समाजवाद की ओर था?"

डॉक्टर लोहिया ने जरा सोचा फिर मुस्कराए और बोले : "गांधी जी और नेहरू के अन्तर को साफ-साफ समझ लो। आज सरकार से जुड़ा हर व्यक्ति अपने को गांधीवादी कहता है। लेकिन कोई असली गांधीवादी नहीं है। बल्कि हमें इस समय कितने प्रकार के गांधीवादी हैं यह जान लेना चाहिए। एक तो हैं सरकारी गांधीवादी जिनके नेता थे श्री नेहरू। और गांधीवादियों में आजकल ज्यादातर सरकारी गांधीवादी ही हैं। दूसरे प्रकार के हैं मठ-मन्दिर वाले गांधीवादी और तीसरे प्रकार के हैं इन दोनों से निकाले हुए—कुजात गांधीवादी। हमारे जैसे लोग तीसरे प्रकार के गांधीवादी हैं। अब तुम्हें गांधी नेहरू का फर्क अपने-आप समझ में आ जाएगा। और जो न समझना वह चार वर्ष बाद देख लेना जब गांधी जी के जन्म का बड़ा उत्सव मनाया जाएगा—100 बरस वाला। अगर हिन्दुस्तान की जनता चेती न होगी तो वह उत्सव खाली आरती उतारने वाला ही होकर रह जाएगा।" क्षण-भर को ठिठककर लोहिया ने आगे कहा, "संविधान से गांधी जी को जोड़ना गलती होगी। संविधान के बनाने वाले गांधीवादी हैं और जनतंत्र या लोकशाही के आदर्श की बात करते हैं। इसका व्यावहारिक पक्ष इसी से देखा जा सकता है कि गांधी जी का रोजाना का खर्च तीन आने से कम था और श्री नेहरू पर रोजाना 25 हजार रुपये खर्च होते थे। लोकशाही के नाम पर 15 साल के कांग्रेस शासन ने जितनी बार जनता पर गोलियाँ चलाईं वह पूरे अंग्रेजी शासन में चली गोलियों से कहीं अधिक हैं। और भी इस प्रकार के कई ठोस उदाहरणों से संविधान के मूल्यों के संरक्षण की बात और जनतंत्र की ओर झुकाव की बात समझी व देखी जा सकती है।...पर मुझे और भी बात कहनी है।...संविधान को बनाते वक्त कुछ कमियाँ रहीं, उन्हें दूर करने का मेरे पास कोई इलाज नहीं है। यह संविधान बनाया था गुलाम भारत के प्रतिनिधियों ने। संविधान को बनाने को जो सभा बैठी थी उसको चुना था उन विधान सभाओं ने जो अंग्रेज जमाने में चुनी गई थीं। और उसी तरह की दूसरी कमी रही कि जिन लोगों ने इन विधान सभाओं और संविधान बनानेवाली सभा को चुना वे सारे-के-सारे बालिग नहीं थे। इसलिए यह संविधान बालिग मत पर बना हुआ नहीं है। ये दो कमियाँ तो मैंने बताईं, यह सामने जो पुराना इतिहास है उनके आधार पर रखीं।

"फिर ऐसा संविधान जनतंत्र की कहाँ तक स्थापना कर सकता है जो स्वयं दोषपूर्ण है।...मैं...मैं संविधान की बहुत हद तक इज्जत करता हूँ और चाहता हूँ कि इसमें जो रुकावट रहती है, वह दूर की जाए। अगर सरकारी पार्टी उनको और किसी तरह से दूर कर सके तो अच्छा है, लेकिन कम-से-कम हम अपने दिमाग में रखें कि आजाद हिन्दुस्तान के सभी बालिगों का बनाया हुआ यह संविधान नहीं है।

"मैं संविधान पर जो अधूरा अमल होता है उसकी दौड़ती हुई मिसाल देता हूँ। धारा 40 है इस संविधान की, जिसमें स्वराज्य की छोटी इकाइयों का जिक्र है। लेकिन मुझे अफसोस होता है कि नगरपालिकाएँ, जिला परिषदें और गाँव-पंचायतें बजाय इसके कि वे खुदमुख्तार हों, ताकत वाली हों, अपने नन पर रहें, वे इस तरह रहती हैं कि या तो प्रदेश सरकार या कोई संस्था उनको भ्रष्ट मान ले तो वे भंग कर दी जाती हैं। इसी तरह से मान लो कि प्रदेशीय और केन्द्रीय सरकारें भ्रष्ट हों तो फिर उनको क्यों न भंग कर दिया जाए। वे भी स्वराज्य की इकाइयाँ हैं, चाहे वे बड़ी हों या छोटी हों।

"मैं समझता हूँ कि पिछले सत्तरह-अठारह वर्षों में भारत की जनता और सरकार ने एक-दूसरे को अच्छी तरह पहचान लिया है। गांधीवाद के नाम पर, संविधान की सार्वभौमिकता के नाम पर, झूठी तरक्की के नाम पर, और भी दूसरे बहानों से समाजवाद का कितना और कैसा रूप सामने लाया गया है वह स्पष्ट है।"

मैंने प्रश्न किया : "परन्तु अपने देश में सत्तारूढ़ दल समाजवादी समाज की स्थापना के उद्देश्य की घोषणा कर चुका है। क्या संघीय, संसदीय, दलीय संघर्षों वाली, अन्य मूलाधिकारों के साथ सम्पत्ति-सम्बन्धी व्यवस्था करने वाली राजव्यवस्था ऐसे समाज की स्थापना में उपयुक्त है? ताकि आधुनिकीकरण और उद्योगीकरण का लाभ जनता के हर वर्ग को मिल सके?"

लोहिया जी ने कहा : "समाजवाद और समाजवादी समाज की स्थापना की बात सभी करते हैं। लेकिन व्यवहार में यह है कहाँ? आज तो हिन्दुस्तान में राजनीति किसी प्रश्न को हल नहीं करती। इसका कारण है हिन्दुस्तान की जनता की रीढ़ टूट चुकी है। आज मध्यवर्ग के दिमाग से क्रान्ति कुछ हट गई है। अभी देश की राजनीति पर मध्यवर्ग का बहुत असर रहेगा। सत्तारूढ़ दल चाहे जितना भी समाजवादी समाज की स्थापना का नारा दे पर ऐसा समाज बनेगा कब और कैसे? जब क्रान्ति ही हट गई है। क्यों क्रान्ति हट गई है? उसके अनेक कारण हैं, कुछ हमारी सभ्यता, कुछ हमारी संस्कृति, कुछ

हमारी जाति-प्रथा, लेकिन क्रान्ति हट गई है। (इस क्षण बड़े दार्शनिक ढंग से डॉक्टर लोहिया जैसे अपने-आप में खोने से लगे पर बोलते गए)—मैं अक्सर कहा करता हूँ कि जनता की क्षमावृत्ति और सरकार की भोगवृत्ति के सम्बन्ध में—क्या दोनों वृत्तियों के रहते असली समाजवाद आ सकता है? मध्यवर्गीय जनता सरकार को पिछले सत्रह वर्षों से क्षमा कर रही हैं। इधर-उधर छुटपुट लड़ाइयाँ हो जाएँ तो उन्हें छोड़ देना होगा। शायद इसलिए कि बुढ़ापे में जब बच्चा पैदा होता है तो उसके माँ-बाप उसे दुलार करते हैं, वैसे ही कई सौ वर्षों बाद हिन्दुस्तान आजाद हुआ तो हिन्दुस्तान की जनता ने सरकार की गलतियों को माफ किया। क्षमावृत्ति में और भोगवृत्ति में सम्बन्ध है। जनता या मध्यवर्ग क्रान्ति की तरफ अभी जाने को तैयार नहीं है।

"राजनीति का एक बड़ा पहलू मैं सामने रखूँगा। एक भ्रान्त धारणा है कि यदि देश का उद्योगीकरण और आधुनिकीकरण होता रहेगा तो सभी समस्याएँ हल हो जाएँगी। सारे एशिया में यही धारणा है। हिन्दुस्तान में भी। जैसे कारखाने बनाओ, बाँध बनाओ, बिजली लगाओ, खेती के ऐसे प्रयास करो कि पैदावार बढ़े और तब देश की हालत सुधरेगी और गरीबों को खाना मिलेगा। सोचने का यह एक ढंग बन गया है। इस सोचने को सूक्ष्म रूप से लोग नहीं समझते, उसकी परीक्षा नहीं करते। भाखड़ा बन गया, दामोदर घाटी बाँध बन गया, तुंगभद्रा बन गया या बन रहा है, इतने लाख-करोड़ बीघों को पानी मिल गया। बस क्या है, अब तो अन्न की समस्या हल हो गई। एक सीधा सम्बन्ध दिमाग में जोड़ देते हैं, पंचवर्षीय योजनाओं के इन उपक्रमों का और देश के सुखी होने का या पेट भरने का। दोनों में सीधा सम्बन्ध जोड़ दिया जाता है। यही नहीं, मैं फिर कहता हूँ, समस्त एशिया में। पाकिस्तान, मिस्र और पश्चिम एशिया, हिन्दुस्तान तो है ही, बर्मा, हिन्देशिया में, ये जितने देश हैं, सब में मध्यवर्गीय जनता के दिमाग में यह बात धँसी हुई है कि पंचवर्षीय योजना या ऐसी योजनाओं के द्वारा जो उद्योगीकरण हो रहा है, आधुनिकीकरण हो रहा है, उसका परिणाम होगा कि देश की स्थिति सुधरे। लेकिन वास्तव में ऐसी हालत नहीं है। इन योजनाओं से आधुनिकीकरण होता है या उद्योगीकरण होता है, एक अंश का, सब का नहीं। जनता के एकांश का, देश के एकांश का और जो लोग कि आधुनिक बन जाते हैं, उनमें और जो नहीं बन पाते हैं, उनमें एक तनाव चलता रहता है। परिणाम यही है कि पंचवर्षीय योजना के फलस्वरूप हिन्दुस्तान के एक छोटे-से वर्ग का आधुनिकीकरण होता है।...

"...एक चीज मैं साफ कह देना चाहता हूँ कि इस आधुनिकीकरण के मामले में, जहाँ तक पैदावार का आधुनिकीकरण है, उसमें तो कम्युनिस्ट और पूँजीवादी दोनों ही समान रूप से राक्षस हैं। शायद साम्यवादी और अधिक राक्षस हैं लेकिन खपत के आधुनिकीकरण के मामले में मुझे साम्यवादियों में कुछ अच्छाई का अन्तर मालूम पड़ता है। यों मैंने आशा की थी कि कम-से-कम गांधी के देश में जो गद्दी पर लोग बैठेंगे, उनका अपना खर्च कम होगा और कम खर्चे का उदाहरण वे सारे देश के सामने रखेंगे। अगर यह किया होता तो फिर खपत का आधुनिकीकरण एक वर्ग का ही होता। केवल पैदावार के आधुनिकीकरण से जो बुराइयाँ निकलतीं वह निकलतीं। लेकिन कम-से-कम खपत के आधुनिकीकरण में तो बराबरी रहती। आज क्या हो रहा है? जो वर्ग ऊँचा उठता है, उद्योग-धन्धे में सामने आता है, जिसका आधुनिकीकरण होता है, वह योरोप-अमरीका की तरह रहने लग जाता है। उन्हीं के जैसे मकान, उन्हीं के जैसा फर्नीचर, उन्हीं के जैसे चेहरे की शोभा वगैरह-वगैरह। उसमें खर्चा बहुत बढ़ जाता है। इन योजनाओं, यानी आर्थिक योजनाओं से देश की जो पैदावार बढ़नी चाहिए, उसमें से एक बड़ा हिस्सा ऐसी खपत में खर्च हो जाता है।"

मैंने बीच में ही प्रश्न किया : "भारत में समाजवादी उद्देश्य से काम करने वाले कई दल हैं पर प्रत्येक एक-दूसरे को असमाजवादी घोषित करता है। क्या आप समाजवादी तत्त्वों के एकजुट होने की सम्भावना देखते हैं?"

लोहिया जी ने तत्काल कहा : "आजकल अधिक लोग नकली समाजवादी हैं। समाजवाद के नाम पर बने दलों के अलावा कांग्रेस के अन्दर ये नकली समाजवादी भरे हुए हैं, लेकिन कांग्रेस में कुछ अच्छे लोग भी हैं। उनका मन आज तकलीफ पा रहा है। ये नये-नये कांग्रेसी, नकली समाजवादी नेहरू जी के चेले बने हैं, गांधी जी वाले चेले नहीं। जब हम यह कहते हैं तो गांधी जी के चेलों का दिल खिल जाता है। उनका नहीं जो नेहरू जी के चेले हैं, जो नकली समाजवादी हैं, जो आधे कम्युनिस्ट हैं। समझ लो कि कम्युनिस्टों में भी नकली कम्युनिस्ट कम नहीं हैं, काफी हैं।...(क्षण-भर को लोहिया जी चुप हुए, कुछ सोचा फिर बोले)...आज हिन्दुस्तान में करीब-करीब हर एक राजकाजी पार्टी कहती है कि उसका मकसद बराबरी हासिल करना है। लेकिन शायद एक दल को छोड़कर यह साफ कहने को तैयार नहीं कि उसकी बराबरी का मतलब क्या है, ठोस मतलब। बराबरी के वसूल के निर्गुण रूप को सभी पार्टियाँ अपना लेती हैं लेकिन उसके सगुण रूप को कोई भी पार्टी

कहने को तैयार नहीं कि उसकी बराबरी का क्या मतलब होता है। और जब तक उसका सगुण रूप नहीं बतलाया जाता, तब तक उस वसूल का कोई मतलब ही नहीं निकलता। वैसे तो हिन्दुस्तान की जिन्दगी के सबसे बड़े पाँच मकसद हैं, उनको अपनी समझ के मुताबिक मैं गिनाऊँगा। एक बराबरी, दूसरा जनतंत्र, तीसरा विकेन्द्रीकरण, चौथा अहिंसा और पाँचवाँ समाजवाद। और जिस किसी पार्टी के कार्यक्रम और मकसद की तरफ निगाह डालो, ये पाँच उद्‌देश्य अवश्य मिलेंगे। इसलिए अक्सर यह गलती हो जाया करती है, बातचीत और बहस के दौरान कि आखिर फर्क कहाँ है, बताओ तो सही। किन्हीं दो पार्टियों के बारे में सोचें तो फर्क नहीं मालूम पड़ेगा। जब तक हिन्दुस्तान के लोग यह नहीं समझेंगे कि हर एक सिद्धान्त के दो रूप साथ-साथ होते हैं, एक तो साधारण निर्गुण रूप और दूसरा ठोस सगुण रूप, तब तक उसूलों की बहसें यों ही बेमतलब चलती रहेंगी। सभी पार्टियों के मकसद एक से ही दिखेंगे और पार्टियाँ अपने को अन्य से अधिक अच्छी बतावेंगी। सभी पार्टियाँ कहती हैं कि हमें बराबरी हासिल करनी है, लेकिन आखिर बराबरी के मतलब क्या? बराबरी हासिल करना है इस बात को हर वक्त और हर इलाके में देश और काल के मुताबिक एक ठोस जामा देना पड़ेगा। यह ठोस जामा देश और काल के मुताबिक बदल सकता है, इलाके और वक्त के मुताबिक। मुमकिन है बराबरी का जो मतलब सौ बरस पहले होना चाहिए था, वह आज न होकर कोई दूसरा हो। सौ बरस के बाद कोई दूसरा हो जाए। लेकिन कोई यह कहे कि बराबरी हवा में रह सकती है बिना कोई एक ठोस मतलब के, तो यह नामुमकिन बात है। बराबरी देश और काल से परे सारी दुनिया के इनसानों के लिए हमेशा का उसूल और सपना जरूर है। लेकिन यह असली मतलब तभी हासिल करता है जब इलाके और वक्त को देखते हुए ठोस मतलब रखा जाता है, वरना वह कोई जिन्दा, सगुण मतलब नहीं हासिल करता। जैसे सभी पार्टियाँ कहती रहें कि बराबरी हासिल करनी है और यह न बताएँ कि कैसी बराबरी, किस तरह की, कितनी बराबरी हासिल करनी है, किस ढंग की, तो फिर उसूल बेमतलब हो जाया करते हैं। क्योंकि यह बताने में कि कैसी और किस मतलब की बराबरी तो उस उसूल में मतलब आ जाने के साथ, पकड़ भी आ जाती है। यों किसी उसूल को अगर सिर्फ साधारण, व्यापक और निर्गुण सकल के रूप में रख दिया जाता है, उसका ठोस मतलब नहीं बताया जाता है, तो वह धोखा और बेमतलब हो जाता है। उसमें धोखे की गुंजाइश आ जाया करती है। जरूरी नहीं कि ऐसे में बेईमानी

के कारण ही ढूँढ़े जाएँ। बेईमानी के अलावा नासमझी की भी बड़ी गुंजाइश है। हर काम में दो तरह के दोष हो सकते हैं। एक तो चरित्र का दोष, दूसरे समझ का दोष। जब कोई पार्टी लालच से, घमंड से, गुस्से से या दूसरे के ऊपर राज्य कायम करने की नीयत से बुरा काम करे तो चरित्र का दोष है। और जो समझ की कमी के कारण बुरा काम करे वह समझ का दोषी होता है। इन दोनों को अलग-अलग करके देखना सीखना होगा। अब इन्हीं उसूलों पर और उनके निर्गुण और सगुण शकलों में समाजवाद या बराबरी का सपना देखने वाली पार्टियों के चरित्रों की नापतौल आसानी से हो सकती है।

प्रश्न : एक ही उसूल वाली पार्टियों की एका क्या सम्भव होगी और स्वस्थ राजनीति के साथ एका वाली पार्टी क्या सत्तारूढ़ हो सकेगी?

(मेरे इस प्रश्न से लोहिया जी के चेहरे पर चार-छह ऐसी रेखाएँ उभरीं कि लगा कि यह प्रश्न उन्हें कहीं दुखा रहा है। अपनी खीझ को किसी तरह समेटते और छिपाते हुए उन्होंने अपने को सँभाला।)

बोले : "एका? एका पर मेरे विचार कोई छिपे नहीं हैं। बहुत बार, बहुत तरह से कह चुका हूँ।...खुद समझ सकते हो, मुझे कौन-सी बड़ी इच्छा हुई है कि मैं छोटे दल में पड़ा रहूँ। मैं भी एक बड़े दल में रह चुका हूँ और उसके मजे भी चख चुका हूँ। मैं भी चाहता हूँ कि बड़े दल में रहूँ। जरा बड़ा नेता बनकर देश में घूमूँ, दुनिया में घूमूँ।...लेकिन किया क्या जाए, युग ही कुछ अजीब है! आज क्या हो रहा है अन्तरराष्ट्रीय समाजवाद में? इस समाजवाद शब्द का क्या हो रहा है? फ्रांस में क्या हुआ? अपनी इज्जत बचाने के लिए ताकत हासिल करने के लिए, गद्दी पर बैठने के लिए या कोई भी ज्यादा, गद्दी के एक कोने पर बैठने के लिए अन्तरराष्ट्रीय समाजवाद का जो सिद्धान्त बना है, वह बड़ा ही खतरनाक है। इसके कई पहलू हैं। एक समाजवाद घबड़ा गया है साम्यवाद से कम्युनिस्टों से। उस घबराहट में, अपनी आत्मा को बेचने के लिए वह तैयार रहता है। एक समाजवाद आकर्षित हो गया है योरोप की पूँजीशाही से। और आकर्षण और घबराहट से वहाँ भी अपनी आत्मा बेचने के लिए तैयार रहता है। फिर उसके मन में, समाजवाद के मन में, एक और विचार घुस गया है कि यदि देश को और दुनिया को बदलना चाहते हो तो शक्ति की जगहों पर पहुँचो, उसके बिना कैसे बदल सकते हो? नतीजा? सिद्धान्त को हासिल करने के लिए शक्ति हासिल करो। शक्ति को हासिल करने के लिए थोड़ा-बहुत समझौता करो। समझौता करते-करते आदत हो जाती है फिसलने की और जब एक बार फिसलन शुरू होती है तो पूरा चक्र चल जाता है यह है

समाजवाद का सच्चा चित्र। सिद्धान्त के बाद शक्ति, शक्ति के बाद सुधार, सुधार के बाद समझौता और समझौते के बाद फिसलन। फिसलो। कभी दगाल के साथ, कभी अजय घोष के साथ, कभी सत्तारूढ़ नकली समाजवादी के साथ, बस फिसलो, फिसलते रहो! फिसलते-फिसलते शायद गद्दी मिल जाए!!... क्या आप चाहते हो कि मेरे जैसा आदमी इस फिसलन वाले समाजवाद के साथ एका कायम करे! इतना समय जब काट दिया तो और भी कट जाएगा।... एका करो, जरूर एका करो, लेकिन एके के बारे में, एक चीज जरूर देख लेना। पिछले तमाम वर्षों में क्या हुआ? एका एका करने के बाद दूसरे एके की भी भूख खड़ी हो जाती है। और उस एके के बाद तीसरे की भूख खड़ी हो जाती है। एके की भूख के लिए सिद्धान्तविहीन एका असम्भव है।...ऐसा एका अगर कायम हो जिसमें फिसलन कम हो और जो सिद्धान्त पर चले, जो क्रान्तिकारी राजनीति चलाए तो ऐसे एके के मैं खिलाफ नहीं हूँ। हो सकता है कि इसमें समय लगे। क्रान्तिकारी राजनीति के बिना अब हिन्दुस्तान में किसी भी राजनीति को चलाना अब बेमतलब है। क्रान्ति का मतलब भी बिलकुल साफ है, उलट-पुलट होनी चाहिए। मेरी समझ में वह बन्दूक वाली उलट-पुलट न हो, बिना बन्दूक के उलट-पुलट हो, लेकिन उलट-पुलट होनी चाहिए। हाँ, इसी सम्बन्ध में मैं साफ कर दूँ कि मैं कई पार्टियों का बहुत कायल नहीं हूँ। मुझे भी पार्टियों के बारे में पिछले तीस बरस में बहुत बुरे अनुभव हुए हैं। अगर कोई रास्ता मिल जाए जिससे बिना पार्टी के क्रान्तिकारी राजनीति चलाई जा सकें, तो मैं सचमुच अब तो छुटकारा चाहता हूँ। क्रान्तिकारी राजनीति यह नहीं कि गद्दी की बगल में गुरु बनकर बैठ जाओ और समझौतावादी राजनीति चलाओ। उसके लिए मैं तैयार नहीं हूँ। बहुत सोचने-समझने के बाद एक रास्ता मैंने ढूँढ़ निकाला है, लेकिन अब उमर बढ़ रही है इसलिए हिम्मत नहीं होती उस रास्ते पर चलने की। कोई जवान लोग हों, हिम्मत करें तो मैं रास्ता बतलाए देता हूँ।...एक ऐसी पार्टी बनाओ जो संकल्प कर ले और घोषणा कर दे कि हमको गद्दी पर कभी नहीं बैठना है। लेकिन जो भी लोग या पार्टी गद्दी पर बैठे, उनको अन्याय के अवसर पर टँगड़ी मारना है। ऐसा संकल्प करो तो पता नहीं आगे चलकर क्या हो जाए! मुझे यह कहने की हिम्मत इसलिए हो रही है कि थोड़ा-बहुत मैं भी अपने को गांधी का चेला समझता हूँ। अगर कोई गांधी का सच्चा चेला हो, तो उसे कम-से-कम ऐसे विचार पर सोच-विचार करना चाहिए कि एक ऐसी पार्टी बने, जो गद्दी पर न बैठने का संकल्प करे और जो कोई गद्दी पर बैठे उसके अन्याय से लड़े।"

लोहिया जी का मूड बदलने और बात के रुख को बदलने के लिए मैंने नया प्रश्न किया। और सचमुच मेरे इस प्रश्न से लोहिया जी जैसे दूसरे ही वैचारिक स्तर पर आ खड़े हुए और वातावरण का तनाव अपने-आप फट गया।

मैंने पूछा : "आज सत्तारूढ़ दल आपत्काल का उपयोग अपनी रक्षा के लिए कर रहा है। क्या आपत्काल घोषित करने के अधिकार की संवैधानिकता पर किसी प्रकार के वैधानिक प्रतिबन्ध की आप सम्भावना सोचते हैं?"

लोहिया जी का उत्तर था : "घाव अभी ताजा है। उसे बार-बार तुम लोग दुखा देते हो...। 'आपत्काल' की घोषणा 1962 में चीनी हमले के कारण की गई थी। लेकिन बाद में तो सरकार ने उसका उपयोग अपने बचाव के लिए करना शुरू कर दिया। मुझे अगस्त में पटना में जो गिरफ्तार किया गया वह 'आपत्काल' का नकाब लगाकर 'भारत रक्षा कानून' के अन्तर्गत मेरी गिरफ्तारी दरअसल बिहार सरकार और केन्द्र की जालसाजी थी। पटना की सरकार यह नहीं चाहती थी कि मैं देश को बताऊँ कि पटना में उन दिनों में क्या हुआ और किस तरह छात्रों पर गोलियाँ चलाई गईं। केन्द्र की सरकार चाहती थी कि मैं लोकसभा की बहस में भाग न लूँ। और मैं तो यह कल्पना भी नहीं कर सकता था कि मुझे देश की सुरक्षा भंग करने के अभियोग में भारत रक्षा कानून के मातहत गिरफ्तार किया जाएगा। मैंने देश की आजादी के लिए बिहार और भारत सरकार के कई मंत्रियों से ज्यादा संघर्ष किया है।...भारत रक्षा कानून तो वही चक्रव्यूह है जिसमें फँसकर अभिमन्यु निकल न पाया। इसके फन्दे से किसी का छूट निकलना कठिन है। पर मैं किसी तरह निकल आया। क्योंकि देश की सबसे बड़ी अदालत का जज आज राजा की गद्दी या तख्त के नीचे बैठा शेर है जब वह शेर तख्त के नीचे से खिसककर तख्त के बगल में बैठ जाता है तो न्याय मिल जाता है।... इससे बड़ा उदाहरण 'आपत्काल' के दुरुपयोग का और क्या? रही इसके संवैधानिक वैधानिकता की बात तो हमारी ताकत अभी इसके बदलवाने-भर की नहीं बन पाई है पर देश में ऐसे कानूनदाँ जरूरी हैं जो शायद सोच रहे हों और इस ओर कोई विचार या बहस वे शुरू करें। अब तो पाकिस्तानी पलटनी लड़ाई के बाद सरकार को इस कानून के औचित्य का और भी बहाना मिल गया है।"

मेरा अगला प्रश्न था : "पाकिस्तान व चीन के निरन्तर युद्ध का खतरा और तनाव और देश की अन्दरूनी टूटी हालत के कारण कुछ लोग देश में तानाशाही के खतरे की बात करते हैं। क्या आपको भी ऐसा कुछ लगता है?"

लोहिया जी ने कहा : "पहले यह समझ लो कि पाकिस्तान में पलटनी डिक्टेटरी है और चीन में दल की डिक्टेटरी कायम है। हिन्दुस्तान में भी डिक्टेटरी आ चुकी है और आने वाली है और वह है आत्मा की डिक्टेटरी। शरीर की डिक्टेटरी अभी नहीं आई है। यह फर्क तो है अभी हिन्दुस्तान और पाकिस्तान में। आत्मा की डिक्टेटरी? यह क्या चीज है? जहाँ तर्क होगा, जहाँ दिमाग होगा, वहाँ विचार होंगे, जहाँ आपस में बहस होगी वहाँ पक्ष-विपक्ष होगा। जहाँ पक्ष-विपक्ष खतम करके अपक्ष रह जाएगा, इसके मतलब तर्क खतम, दिमाग खतम, बहस खतम। तो यह बहुत ही साफ-सी बात है।...मोटे तौर पर यह कहे देता हूँ कि हिन्दुस्तान तरक्की कर रहा है। यह याद रखना। मैं नहीं समझता कि हिन्दुस्तान थिर रहा है। उन्नति कर रहा है, हिन्दुस्तान आगे बढ़ रहा है। लेकिन कैसे? जो हमारी सामाजिक और बुनियादी राजनीतिक बातें हैं, उनके हिसाब से उन्नति हो रही है। करोड़ों लोगों में धीरे-धीरे निडरता आ रही है। धीरे-धीरे, तेजी से नहीं। तेजी से आती तो बड़ा अच्छा होता। जो लोग पहले दब जाते थे, डर जाते थे, अब धीरे-धीरे उनकी जुबानें खुल रही हैं।...लेकिन बड़े लोग तो कहते हैं कि भाई देश का तो पतन हो रहा है, नैतिक पतन हो रहा है। मैं कहता हूँ कि होने दो। यह भी एक अवस्था होती है कि जब अन्दर-अन्दर उन्नति हो रही है। कहीं इसका उलटा भी हो सकता है। कई दफा जब सभ्यता खतम होने लगती है तो ऊपर-ऊपर से तो मालूम होती है जगमगाहट। लोग समझते हैं कि उन्नति, लेकिन अन्दर-अन्दर सड़ान चलती है, अवनति होती है। इसके ऊपर तुम लेखक लोग कुछ लिखना शुरू करो तो अच्छा हो।...आप सावधान रहना। यदि चाहते हो कि हिन्दुस्तान में भी डिक्टेटरी न हो तो जरूरी है कि गरीबों को ऊँचा उठाओ और यह प्रयत्न तभी सफल हो सकता है जब आधुनिकीकरण आंशिक न होकर सम्पूर्ण हो। इसका नतीजा क्या होगा। जो अत्यधिक आधुनिकीकरण है, वह बन्द हो जाए, ऐसी सब चीजें बन्द हो जाएँ जिन्हें देखकर विदेशी राय देते हैं कि हिन्दुस्तान उन्नति कर रहा है। आंशिक आधुनिकीकरण वाले कहेंगे—देश सुन्दर नहीं बन पाएगा, सुन्दर उसी अर्थ में जो योरोप और अमरीका का अर्थ है—ऊपरी सुन्दरता। वह आधुनिकीकरण तो बन्द हो जाएगा लेकिन 45 करोड़ आदमियों का धीरे-धीरे आधुनिकीकरण होता रहेगा। फिर जब पैंतालीस करोड़ जागेंगे तब ऐसे बहुत-से खतरे मिट जाएँगे।

"पाकिस्तानी लड़ाई से देश में हल्के से कर्तव्य का युग शुरू हो गया है। जोरों से शुरू हो तो खुशी हो। सन् 1947 के बाद से तो अब तक भोग का

युग चल रहा है। अतः पक्के तौर पर तो नहीं कहता पर एक शुरुआत जरूर हुई है। भोग से मन थोड़ा हटा है।...इतिहास की गति बड़ी विचित्र होती है। युद्ध और रजामन्दी दोनों मिलकर निकटता लाते हैं।...बस, अब बन्द करो।"

मैंने प्रयत्न किया, "डॉक्टर साहब, सिर्फ एक बात और?"

लोहिया जी, "क्या?"

मेरा प्रश्न : "श्री जयप्रकाश ने कुछ वर्ष पूर्व राज्य-व्यवस्था के बारे में आपत्तियाँ उठाई थीं और नये सिरे से राजनीतिक संघटन का सुझाव दिया था। क्या उनके सुझाव को मानने का आधार इस अवधि में दृढ़ हुआ है?"

(प्रश्न सुनते ही लोहिया जी जैसे एक कड़ुआहट से भर गए। फिर बात को बिलकुल विराम देते हुए अपने को सँभालकर हँस पड़े।)

लोहिया जी (हँसते हुए) : "अब यह तो उन्हीं से पूछो। मुझे बख्शो!"

मैंने देखा कि आगे बात अब न चल पाएगी। अतः बन्द किया। भला, आग से कितनी देर खेलता!

—ओंकार शरद